Direito de Menores

Direito de Menores

2020 · 12ª Edição · Reimpressão

Regime Geral do Processo Tutelar Cível

Lei Tutelar Educativa

Lei de Proteção de Crianças e Jovens em Perigo

Regime Jurídico do Processo de Adoção

Prestação de Alimentos a Menores

Guarda de Menores

Convenções Internacionais

ALMEDINA

DIREITO DE MENORES
1ª Edição: Junho, 2005
EDITOR
EDIÇÕES ALMEDINA, S.A.
Rua Fernandes Tomás, nºs 76, 78, 80
3000-167 Coimbra
Tel.: 239 851 904 · Fax: 239 851 901
www.almedina.net · editora@almedina.net
DESIGN DE CAPA
FBA.
CAPA: Edições Almedina
PRÉ-IMPRESSÃO
EDIÇÕES ALMEDINA, S.A.
IMPRESSÃO E ACABAMENTO
PENTAEDRO, LDA.

agosto, 2020
DEPÓSITO LEGAL
461925/19

Apesar do cuidado e rigor colocados na elaboração da presente obra, devem os diplomas legais dela constantes ser sempre objeto de confirmação com as publicações oficiais.
Toda a legislação contida na presente obra encontra-se atualizada de acordo com os diplomas publicados em Diário da República, independentemente de terem já iniciado a sua vigência ou não.
Os textos legislativos apresentam a grafia com que foram publicados em Diário da República. Por determinação da RCM 8/2011, de 25-01, a partir de 1 de janeiro de 2012, tornou-se obrigatória a aplicação do Acordo Ortográfico à publicação do Diário da República, razão pela qual coexistem ambas as grafias.

ALMEDINA | GRUPOALMEDINA

BIBLIOTECA NACIONAL DE PORTUGAL – CATALOGAÇÃO NA PUBLICAÇÃO
PORTUGAL. Leis, decretos, etc.
Direito de menores. – 12ª ed. – (Textos da lei)
ISBN 978-972-40- 8150-2
CDU 347

NOTA PRÉVIA À 12ª EDIÇÃO

Várias e relevantes foram as alterações legislativas com influência em diplomas contidos nesta obra desde a sua última edição.

O Decreto-Lei nº 171/2015, de 25 de agosto, que aprovou a regulamentação do regime jurídico do registo das medidas cautelares educativas, sofreu várias alterações, tendo sido republicado pelo Decreto-Lei nº 115/2019, de 20 de agosto.

Por sua vez, o Decreto-Lei nº 11/2008, de 17 de janeiro, que aprovou o regime de execução do acolhimento familiar de crianças e jovens em perigo, foi revogado. Rege agora sobre esta matéria o Decreto-Lei nº 139/2019, de 16 de setembro, que alterou também o regime de execução das medidas de promoção dos direitos e de proteção das crianças e jovens em perigo.

Contendo estas e outras alterações legislativas, esta 12ª edição do Direito de Menores encontra-se totalmente atualizada, sendo uma ferramenta valiosa tanto para os que estudam esta matéria como para aqueles que com ela se cruzam na sua atividade profissional.

Coimbra, outubro de 2019
CECÍLIA SANTOS

I. Processo Tutelar Cível

Regime Geral do Processo Tutelar Cível

Lei nº 141/2015, de 8 de setembro

CAPÍTULO I
Disposições gerais

ARTIGO 1º
Objeto

O Regime Geral do Processo Tutelar Cível, doravante designado RGPTC, regula o processo aplicável às providências tutelares cíveis e respetivos incidentes.

ARTIGO 2º
Âmbito

O RGPTC não é aplicável ao processo de adoção e respetivos procedimentos preliminares, os quais são regulados em diploma próprio.

ARTIGO 3º
Providências tutelares cíveis

Para efeitos do RGPTC, constituem providências tutelares cíveis:

a) A instauração da tutela e da administração de bens;

b) A nomeação de pessoa que celebre negócio em nome da criança e, bem assim, a nomeação de curador geral que represente, extrajudicialmente, a criança sujeita às responsabilidades parentais;

c) A regulação do exercício das responsabilidades parentais e o conhecimento das questões a este respeitantes;

d) A fixação dos alimentos devidos à criança e aos filhos maiores ou emancipados a que se refere o artigo 1880º do Código Civil e a execução por alimentos;

e) A entrega judicial de criança;

f) A autorização do representante legal da criança à prática de certos atos, a confirmação dos que tenham sido praticados sem autorização e as providências acerca da aceitação de liberalidades;

g) A determinação da caução que os pais devam prestar a favor dos seus filhos ainda crianças;

h) A inibição, total ou parcial, e o estabelecimento de limitações ao exercício das responsabilidades parentais;

i) A averiguação oficiosa da maternidade e da paternidade;

j) A determinação, em caso de desacordo dos pais, do nome e apelidos da criança;

k) A constituição da relação de apadrinhamento civil e a sua revogação;

l) A regulação dos convívios da criança com os irmãos e ascendentes.

ARTIGO 4º
Princípios orientadores

1 – Os processos tutelares cíveis regulados no RGPTC regem-se pelos princípios orientadores de intervenção estabelecidos na lei de proteção de crianças e jovens em perigo e ainda pelos seguintes:

a) Simplificação instrutória e oralidade – a instrução do processo recorre preferencialmente a formas e a atos processuais simplificados, nomeadamente, no que concerne à audição da criança que deve decorrer de forma compreensível, ao depoimento dos pais, familiares ou outras pessoas de especial referência afetiva para a criança, e às declarações da assessoria técnica, prestados oralmente e documentados em auto;

b) Consensualização – os conflitos familiares são preferencialmente dirimidos por via do consenso, com recurso a audição técnica especializada e ou à mediação, e, excecionalmente, relatados por escrito;

c) Audição e participação da criança – a criança, com capacidade de compreensão dos assuntos em discussão, tendo em atenção a sua idade e maturidade, é sempre ouvida sobre as decisões que lhe digam respeito, preferencialmente com o apoio da assessoria técnica ao tribunal, sendo garantido, salvo recusa fundamentada do juiz, o acompanhamento por adulto da sua escolha sempre que nisso manifeste interesse.

2 – Para efeitos do disposto na alínea *c*) do número anterior, o juiz afere, casuisticamente e por despacho, a capacidade de compreensão dos assuntos em discussão pela criança, podendo para o efeito recorrer ao apoio da assessoria técnica.

ARTIGO 5º
Audição da criança

1 – A criança tem direito a ser ouvida, sendo a sua opinião tida em consideração pelas autoridades judiciárias na determinação do seu superior interesse.

2 – Para efeitos do disposto no número anterior, o juiz promove a audição da criança, a qual pode ter lugar em diligência judicial especialmente agendada para o efeito.

3 – A audição da criança é precedida da prestação de informação clara sobre o significado e alcance da mesma.

4 – A audição da criança respeita a sua específica condição, garantindo-se, em qualquer caso, a existência de condições adequadas para o efeito, designadamente:

a) A não sujeição da criança a espaço ou ambiente intimidatório, hostil ou inadequado à sua idade, maturidade e características pessoais;

b) A intervenção de operadores judiciários com formação adequada.

5 – Tendo em vista o cumprimento do disposto no número anterior, privilegia-se a não utilização de traje profissional aquando da audição da criança.

6 – Sempre que o interesse da criança o justificar, o tribunal, a requerimento ou oficiosamente, pode proceder à audição da criança, em qualquer fase do processo, a fim de que o seu depoimento possa ser considerado como meio probatório nos atos processuais posteriores, incluindo o julgamento.

7 – A tomada de declarações obedece às seguintes regras:

a) A tomada de declarações é realizada em ambiente informal e reservado, com vista a garantir, nomeadamente, a espontaneidade e a sinceridade das respostas, devendo a criança ser assistida no decurso do ato processual por um técnico especialmente habilitado para o seu acompanhamento, previamente designado para o efeito;

b) A inquirição é feita pelo juiz, podendo o Ministério Público e os advogados formular perguntas adicionais;

c) As declarações da criança são gravadas mediante registo áudio ou audiovisual, só podendo ser utilizados outros meios técnicos idóneos a assegurar a reprodução integral daquelas quando aqueles meios não estiverem disponíveis e dando-se preferência, em qualquer caso, à gravação audiovisual sempre que a natureza do assunto a decidir ou o interesse da criança assim o exigirem;

d) Quando em processo-crime a criança tenha prestado declarações para memória futura, podem estas ser consideradas como meio probatório no processo tutelar cível;

e) Quando em processo de natureza cível a criança tenha prestado declarações perante o juiz ou Ministério Público, com observância do princípio do contraditório, podem estas ser consideradas como meio probatório no processo tutelar cível;

f) A tomada de declarações nos termos das alíneas anteriores não prejudica a prestação de depoimento em audiência de julgamento, sempre que ela deva ser possível e não puser em causa a saúde física e psíquica e o desenvolvimento integral da criança;

g) Em tudo o que não contrarie este preceito, aplica-se, com as necessárias adaptações, o regime processual civil previsto para a prova antecipada.

ARTIGO 6º
Competência principal das secções de famílias e menores

Compete às secções de família e menores da instância central do tribunal de comarca em matéria tutelar cível:

a) Instaurar a tutela e a administração de bens;

b) Nomear pessoa que celebre negócios em nome da criança e, bem assim, nomear curador geral que represente, extrajudicialmente, a criança sujeita às responsabilidades parentais;

c) Regular o exercício das responsabilidades parentais e conhecer das questões a este respeitantes;

d) Fixar os alimentos devidos à criança e aos filhos maiores ou emancipados a que se refere o artigo 1880º do Código Civil e preparar e julgar as execuções por alimentos;

e) Ordenar a entrega judicial de criança;

f) Autorizar o representante legal da criança a praticar certos atos, confirmar os que tenham sido praticados sem autorização e providenciar acerca da aceitação de liberalidades;

g) Decidir acerca da caução que os pais devam prestar a favor dos seus filhos ainda crianças;

h) Decretar a inibição, total ou parcial, e estabelecer limitações ao exercício das responsabilidades parentais;

i) Proceder à averiguação oficiosa da maternidade e da paternidade;

j) Decidir, em caso de desacordo dos pais, sobre o nome e apelidos da criança;

k) Constituir a relação de apadrinhamento civil e decretar a sua revogação;

l) Regular os convívios da criança com os irmãos e ascendentes.

ARTIGO 7º
Competência acessória das secções de família e menores

Compete ainda às secções de família e menores:

a) Havendo tutela ou administração de bens, determinar a remuneração do tutor ou administrador, conhecer da escusa, exoneração ou remoção do tutor, administrador ou vogal do conselho de família, exigir e julgar as contas, autorizar a substituição da hipoteca legal e determinar o reforço e substituição da caução prestada, e nomear curador especial que represente a criança extrajudicialmente;

b) Nomear curador especial que represente a criança em qualquer processo tutelar;

c) Decidir acerca do reforço e substituição da caução prestada a favor dos filhos ainda crianças;

d) Exigir e julgar as contas que os pais devam prestar;

e) Conhecer de quaisquer outros incidentes dos processos referidos no artigo anterior.

ARTIGO 8º
Secções da instância local

1 – Fora das áreas abrangidas pela jurisdição das secções de família e menores, cabe às secções cíveis da instância local conhecer das causas que àquelas estão atribuídas.

2 – Sem prejuízo do disposto no número anterior, em caso de não ocorrer desdobramento, cabe às secções de competência genérica da instância local conhecer das causas ali referidas, conforme o disposto na alínea *a*) do nº 1 do artigo 130º da Lei nº 62/2013, de 26 de agosto.

3 – Nos casos previstos nos números anteriores, o tribunal constitui-se em secção de família e menores.

ARTIGO 9º
Competência territorial

1 – Para decretar as providências tutelares cíveis é competente o tribunal da residência da criança no momento em que o processo foi instaurado.

2 – Sendo desconhecida a residência da criança, é competente o tribunal da residência dos titulares das responsabilidades parentais.

3 – Se os titulares das responsabilidades parentais tiverem residências diferentes, é competente o tribunal da residência daquele que exercer as responsabilidades parentais.

4 – No caso de exercício conjunto das responsabilidades parentais, é competente o tribunal da residência daquele com quem residir a criança ou, em situações de igualdade de circunstâncias, o tribunal em que a providência tiver sido requerida em primeiro lugar.

5 – Se alguma das providências disser respeito a duas crianças, filhos dos mesmos progenitores e residentes em comarcas diferentes, é competente o tribunal em que a providência tiver sido requerida em primeiro lugar.

6 – Se alguma das providências disser respeito a mais do que duas crianças, filhos dos mesmos progenitores e residentes em comarcas diferentes, é competente o tribunal da residência do maior número delas.

7 – Se no momento da instauração do processo a criança residir no estrangeiro e o tribunal português for internacionalmente competente, é competente para apreciar e decidir a causa o tribunal da residência do requerente ou do requerido.

8 – Quando o requerente e o requerido residam no estrangeiro e o tribunal português for internacionalmente competente, o conhecimento da causa pertence à secção da instância central de família e menores de Lisboa, na Comarca de Lisboa.

9 – Sem prejuízo das regras de conexão e do previsto em lei especial, são irrelevantes as modificações de facto que ocorram após a instauração do processo.

ARTIGO 10º
Exceção de incompetência territorial

1 – A incompetência territorial pode ser deduzida até decisão final, devendo o tribunal conhecer dela oficiosamente.

2 – Para julgar a exceção, o tribunal pode ordenar as diligências que entender necessárias.

ARTIGO 11º
Competência por conexão

1 – Se, relativamente à mesma criança, forem instaurados, separadamente, processo tutelar cível e processo de promoção e proteção, incluindo os processos perante a comissão de proteção de crianças e jovens, ou processo tutelar educativo, devem os mesmos correr por apenso, independentemente do respetivo estado, sendo competente para deles conhecer o juiz do processo instaurado em primeiro lugar.

2 – O disposto no número anterior não se aplica às providências tutelares cíveis relativas à averiguação oficiosa da maternidade ou da paternidade, nem às que sejam da competência das conservatórias do registo civil, ou às que respeitem a mais que uma criança.

3 – Estando pendente ação de divórcio ou de separação judicial, os processos de regulação do exercício das responsabilidades parentais, de prestação de alimentos e de inibição do exercício das responsabilidades parentais correm por apenso àquela ação.

4 – Quando o processo tutelar cível respeitar a mais do que uma criança, pode ser instaurado um único processo e, tendo sido instaurados processos distintos, pode proceder-se à apensação de todos eles ao que foi instaurado em primeiro lugar, se as relações familiares assim o justificarem.

5 – A incompetência territorial não impede a observância do disposto nos nºs 1, 3 e 4.

CAPÍTULO II
Disposições processuais comuns

ARTIGO 12º
Natureza dos processos

Os processos tutelares cíveis têm a natureza de jurisdição voluntária.

ARTIGO 13º
Processos urgentes

Correm durante as férias judiciais os processos tutelares cíveis cuja demora possa causar prejuízo aos interesses da criança.

ARTIGO 14º
Prazo e seu excesso

1 – Na falta de disposição especial, é de 10 dias o prazo para a prática de qualquer ato processual.

2 – Os despachos ou promoções de mero expediente, bem como os considerados urgentes, devem ser proferidos no prazo máximo de dois dias.

3 – Decorridos três meses sobre o termo do prazo fixado para a prática de ato próprio do juiz sem que o mesmo tenha sido praticado, deve o juiz consignar a concreta razão da inobservância do prazo.

4 – A secretaria envia, mensalmente, ao presidente do tribunal informação discriminada dos casos em que se mostrem decorridos três meses sobre o termo do prazo fixado para a prática de ato próprio do juiz, ainda que o ato tenha sido entretanto praticado, incumbindo ao presidente do tribunal, no prazo de 10 dias a contar da data de receção da informação, remeter o expediente à entidade com competência disciplinar.

ARTIGO 15º
Notificações e convocatórias

As notificações e as convocatórias para comparecer no tribunal ou noutros locais designados são realizadas, em regra, através do meio técnico mais expedito e adequado ao efeito pretendido, só se admitindo o recurso ao registo postal quando aquelas não puderem ser realizadas nos termos referidos.

ARTIGO 16º
Processamento

As providências a que se refere o artigo 7º, com exceção da prestação de contas, correm nos autos em que tenha sido decretada a providência principal, e os restantes incidentes dos processos tutelares cíveis correm por apenso.

ARTIGO 17º
Iniciativa processual

1 – Salvo disposição expressa e sem prejuízo do disposto nos artigos 52º e 58º, a iniciativa processual cabe ao Ministério Público, à criança com idade superior a 12 anos, aos ascendentes, aos irmãos e ao representante legal da criança.

2 – Compete especialmente ao Ministério Público instruir e decidir os processos de averiguação oficiosa, representar as crianças em juízo, intentando ações em seu nome, requerendo ações de regulação e a defesa dos seus direitos e usando de quaisquer meios judiciais necessários à defesa dos seus direitos e superior interesse, sem prejuízo das demais funções que estão atribuídas por lei.

3 – O Ministério Público está presente em todas as diligências e atos processuais presididos pelo juiz.

ARTIGO 18º
Constituição de advogado

1 – Nos processos previstos no RGPTC é obrigatória a constituição de advogado na fase de recurso.

2 – É obrigatória a nomeação de advogado à criança, quando os seus interesses e os dos seus pais, representante legal ou de quem tenha a guarda de facto, sejam conflituantes, e ainda quando a criança com maturidade adequada o solicitar ao tribunal.

ARTIGO 19º
Juiz singular

As causas referidas nos artigos 6º e 7º são sempre julgadas por juiz singular, com exceção da constituição do vínculo do apadrinhamento civil.

ARTIGO 20º
Assessoria técnica

1 – As secções de família e menores são assessoradas por equipas técnicas multidisciplinares, funcionando, de preferência, junto daquelas.

2 – Compete às equipas técnicas multidisciplinares apoiar a instrução dos processos tutelares cíveis e seus incidentes, apoiar as crianças que intervenham nos processos e acompanhar a execução das decisões, nos termos previstos no RGPTC.

3 – Por razões de segurança, os técnicos das equipas multidisciplinares podem ser ouvidos sem a presença das partes, mas na presença dos advogados destas, garantindo-se, em qualquer caso, o contraditório.

4 – Sem prejuízo de outra ordem que venha a ser definida pelo tribunal, os técnicos das equipas multidisciplinares são ouvidos em audiência, antes dos demais convocados, sendo dispensados logo que possível.

5 – Sempre que possível e adequado, a assessoria técnica prestada ao tribunal relativamente a cada criança e respetiva família é assumida pelo mesmo técnico com a função de gestor de processo, inclusive no que respeita a processos de promoção e proteção.

ARTIGO 21º
Instrução

1 – Tendo em vista a fundamentação da decisão, o juiz:

a) Toma depoimento às partes, aos familiares e outras pessoas cuja relevância para a causa reconheça, designadamente, pessoas de especial referência afetiva para a criança, ficando os depoimentos documentados em auto;

b) Ordena, sempre que entenda conveniente, a audição técnica especializada e ou mediação das partes, nos termos previstos nos artigos 23º e 24º;

c) Toma declarações aos técnicos das equipas multidisciplinares de assessoria técnica;

d) Sem prejuízo da alínea anterior, solicita informações às equipas multidisciplinares de assessoria técnica ou, quando necessário e útil, a entidades externas, com as finalidades previstas no RGPTC, a realizar no prazo de 30 dias;

e) Solicita a elaboração de relatório, por parte da equipa multidisciplinar de assessoria técnica, nos termos previstos no nº 4, no prazo de 60 dias.

2 – Para efeitos do disposto na alínea *c*) do número anterior, o tribunal notifica o técnico com a antecedência mínima de 10 dias, remetendo-lhe toda a informação relevante constante do processo.

3 – As entidades públicas e privadas têm o dever de colaborar com o tribunal, prestando as informações de que disponham e que lhes forem solicitadas.

4 – Para efeitos do disposto no nº 2 do artigo anterior, as entidades públicas e privadas colaboram com as equipas multidisciplinares de assessoria técnica, disponibilizando a informação relevante que lhes seja solicitada.

5 – Só há lugar a relatório nos processos e nos casos expressamente previstos no capítulo seguinte, quando a sua realização se revelar de todo indispensável depois de esgotadas as formas simplificadas de instrução, nomeadamente se forem insuficientes os depoimentos e as informações a que se referem as alíneas *a*), *c*) e *d*) do nº 1.

6 – O despacho que ordena o relatório deve circunscrever o seu objeto.

ARTIGO 22º
Assessoria técnica externa

1 – Em qualquer fase do processo e sempre que o entenda necessário, o juiz pode nomear ou requisitar assessores técnicos externos, a fim de assistirem a diligências, prestarem esclarecimentos, realizarem exames ou elaborarem pareceres.

2 – Quando o juiz nomear ou requisitar assessores técnicos externos que prestem serviços em instituições públicas ou privadas, devem estas prestar toda a colaboração, prevalecendo o serviço do tribunal sobre qualquer outro, salvo no caso de escusa justificada.

3 – Aos assessores técnicos externos aplicam-se as regras do Código do Processo Civil relativas às causas de impedimento, de suspeição e de dispensa legal do exercício da função de perito.

ARTIGO 23º
Audição técnica especializada

1 – O juiz pode, a todo o tempo e sempre que o considere necessário, determinar audição técnica especializada, com vista à obtenção de consensos entre as partes.

2 – A audição técnica especializada em matéria de conflito parental consiste na audição das partes, tendo em vista a avaliação diagnóstica das competências parentais e a aferição da disponibilidade daquelas para um acordo, designadamente em matéria de regulação do exercício das responsabilidades parentais, que melhor salvaguarde o interesse da criança.

3 – A audição técnica especializada inclui a prestação de informação centrada na gestão do conflito.

ARTIGO 24º
Mediação

1 – Em qualquer estado da causa e sempre que o entenda conveniente, designadamente em processo de regulação do exercício das responsabilidades parentais, oficiosamente com o consentimento dos interessados ou a requerimento destes, pode o juiz determinar a intervenção de serviços públicos ou privados de mediação.

2 – Para efeitos do disposto no número anterior, compete ao juiz informar os interessados sobre a existência e os objetivos dos serviços de mediação familiar.

3 – O juiz homologa o acordo obtido por via de mediação se este satisfizer o interesse da criança.

ARTIGO 24º-A
Inadmissibilidade do recurso à audição técnica especializada e à mediação

O recurso à audição técnica especializada e à mediação, previstas nos artigos anteriores, não é admitido entre as partes quando:

a) For decretada medida de coação ou aplicada pena acessória de proibição de contacto entre progenitores, ou

b) Estiverem em grave risco os direitos e a segurança de vítimas de violência doméstica e de outras formas de violência em contexto familiar, como maus tratos ou abuso sexual de crianças.

(Aditado pela Lei nº 24/2017, de 24-05)

ARTIGO 25º
Contraditório

1 – As partes têm direito a conhecer as informações, as declarações da assessoria técnica e outros depoimentos, processados de forma oral e documentados em auto, relatórios, exames e pareceres constantes do processo, podendo pedir esclarecimentos, juntar outros elementos ou requerer a solicitação de informações que considerem necessárias.

2 – O juiz indefere, por despacho irrecorrível, os requerimentos apresentados que se mostrem inúteis, de realização impossível ou com intuito manifestamente dilatório.

3 – É garantido o contraditório relativamente às provas que forem obtidas pelos meios previstos no nº 1.

ARTIGO 26º
Dever de cooperação de agentes consulares

O tribunal e o Ministério Público podem dirigir-se, nos termos da lei processual e do regulamento consular, aos agentes consulares portugueses e requisitar a sua intervenção ou auxílio quanto a medidas e providências relativas a crianças sob sua jurisdição, bem como solicitar o auxílio e os bons ofícios dos agentes consulares estrangeiros em Portugal quanto a crianças de outros países residentes em território nacional.

ARTIGO 27º
Conjugação de decisões

1 – As decisões que apliquem medidas tutelares cíveis e de promoção e proteção, ainda que provisórias, devem conjugar-se e harmonizar-se entre si, tendo em conta o superior interesse da criança.

2 – Para efeitos do disposto no número anterior, o juiz, por despacho fundamentado, procede, se necessário, à revisão da medida anteriormente decretada.

3 – No caso de, em processo tutelar cível, se obterem indícios de uma situação de perigo para a criança, o Ministério Público requer, por apenso, o processo judicial de promoção e proteção e, se necessário, a aplicação de medida judicial de proteção da criança.

ARTIGO 28º
Decisões provisórias e cautelares

1 – Em qualquer estado da causa e sempre que o entenda conveniente, a requerimento ou oficiosamente, o tribunal pode decidir provisoriamente questões que devam ser apreciadas a final, bem como ordenar as diligências que se tornem indispensáveis para assegurar a execução efetiva da decisão.

2 – Podem também ser provisoriamente alteradas as decisões já tomadas a título definitivo.

3 – Para efeitos do disposto no presente artigo, o tribunal procede às averiguações sumárias que tiver por convenientes.

4 – O tribunal ouve as partes, exceto quando a audiência puser em risco sério o fim ou a eficácia da providência.

5 – Quando as partes não tiverem sido ouvidas antes do decretamento da providência, é-lhes lícito, em alternativa, na sequência da notificação da decisão que a decretou:

a) Recorrer, nos termos gerais, quando entenda que, face aos elementos apurados, ela não devia ter sido deferida;

b) Deduzir oposição, quando pretenda alegar factos ou produzir meios de prova não tidos em conta pelo tribunal e que possam afastar os fundamentos da providência ou determinem a sua redução.

ARTIGO 29º
Audiência de discussão e julgamento

1 – Quando haja lugar a audiência de discussão e julgamento, esta efetua-se nos seguintes termos:

a) Estando presentes ou representadas as partes, o juiz procura conciliá-las, tomando declarações às que estiverem presentes;

b) Se não conseguir a conciliação, passa-se à produção de prova, que se inicia com a tomada de declarações às partes que estiverem presentes;

c) Finda a produção da prova, é dada a palavra ao Ministério Público e aos advogados constituídos, podendo cada um usar dela uma só vez e por tempo que não exceda 30 minutos.

2 – Atendendo à complexidade da causa, o juiz pode determinar o alargamento do tempo para o uso da palavra, previsto na alínea *c*) do número anterior.

3 – A audiência é sempre gravada, devendo apenas ser assinalados na ata o início e o termo de cada depoimento, declaração, informação, esclarecimento, requerimento e respetiva resposta, despacho, decisão e alegações orais.

4 – A audiência só pode ser adiada uma vez por falta das partes, dos seus advogados ou testemunhas.

5 – Se a audiência for adiada por impedimento do tribunal, deve ficar consignado nos autos o respetivo fundamento.

6 – Quando o adiamento se dever à realização de outra diligência, deve ainda ser identificado o processo a que respeita.

ARTIGO 30º
Princípio da plenitude da assistência do juiz

1 – Se durante a audiência de discussão e julgamento falecer ou se impossibilitar permanentemente o juiz, repetem-se os atos já praticados.

2 – Sendo temporária a impossibilidade, interrompe-se a audiência pelo tempo indispensável a não ser que as circunstâncias aconselhem a repetição dos atos já praticados, o que é decidido sem recurso, mas em despacho fundamentado, pelo juiz substituto.

3 – O juiz substituto continua a intervir, não obstante o regresso ao serviço do juiz efetivo.

4 – O juiz que for transferido, promovido ou aposentado conclui o julgamento, exceto se a aposentação tiver por fundamento a incapacidade física, moral ou profissional para o exercício do cargo ou se for preferível a repetição dos atos já praticados em julgamento.

5 – Nos casos de transferência ou promoção, o juiz elabora também a sentença.

ARTIGO 31º
Continuidade da audiência

1 – A audiência é contínua, só podendo ser interrompida por motivos de força maior ou absoluta necessidade ou nos casos previstos no nº 2 do artigo anterior.

2 – Se não for possível concluir a audiência num dia, esta é suspensa, e o juiz, mediante acordo das partes, marca a continuação para a data mais próxima; se a continuação não ocorrer dentro dos 30 dias imediatos, por impedimento do tribunal ou por impedimento dos mandatários em consequência de outro serviço judicial já marcado, deve o respetivo motivo ficar consignado em ata, identificando-se expressamente a diligência e o processo a que respeita.

3 – Para efeitos do disposto no número anterior, não é considerado o período das férias judiciais, nem o período em que, por motivo estranho ao tribunal, os autos aguardem a realização de diligências de prova.

4 – As pessoas que tenham sido ouvidas não podem ausentar-se sem autorização do juiz, que a não concede quando haja oposição de qualquer das partes.

ARTIGO 32º
Recursos

1 – Salvo disposição expressa, cabe recurso das decisões que se pronunciem definitiva ou provisoriamente sobre a aplicação, alteração ou cessação de medidas tutelares cíveis.

2 – Sem prejuízo do disposto no artigo 63º, podem recorrer o Ministério Público e as partes, os pais, o representante legal e quem tiver a guarda de facto da criança.

3 – Os recursos são processados e julgados como em matéria cível, sendo o prazo de alegações e de resposta de 15 dias.

4 – Os recursos têm efeito meramente devolutivo, exceto se o tribunal lhes fixar outro efeito.

ARTIGO 33º
Direito subsidiário

1 – Nos casos omissos são de observar, com as devidas adaptações, as regras de processo civil que não contrariem os fins da jurisdição de menores.

2 – Salvo disposição expressa, são correspondentemente aplicáveis, com as devidas adaptações aos processos tutelares cíveis, as disposições dos artigos 88º a 90º da Lei de Proteção de Crianças e Jovens em Perigo, aprovada pela Lei nº 147/99, de 1 de setembro, alterada pelas Leis nºs 31/2003, de 22 de agosto, e 142/2015, de 8 de setembro.

CAPÍTULO III
Processos especiais

SECÇÃO I
Regulação do exercício das responsabilidades parentais e resolução de questões conexas

ARTIGO 34º
Homologação do acordo

1 – A homologação do acordo sobre o exercício das responsabilidades parentais, nos casos de divórcio, separação judicial de pessoas e bens, declaração de nulidade ou anulação do casamento a que se refere o artigo 1905º do Código Civil, é pedida por qualquer dos pais, nos 10 dias subsequentes ao trânsito em julgado da sentença proferida na respetiva causa.

2 – Antes de decidir, o juiz pode ordenar as diligências que considere necessárias.

3 – Quando não tenha sido pedida homologação do acordo ou este não seja homologado, é notificado o Ministério Público, que, nos 10 dias imediatos, deve requerer a regulação.

4 – Se o tribunal competente para a regulação não for aquele onde correu termos a ação que determinou a sua necessidade, é extraída certidão dos articulados, da decisão final e de outras peças do processo que sejam indicadas pelo juiz ou pelo Ministério Público, a remeter ao tribunal onde aquela ação deva ser proposta.

ARTIGO 35º
Conferência

1 – Autuado o requerimento ou a certidão, os pais são citados para conferência, a realizar nos 15 dias imediatos.

2 – O juiz pode também determinar que estejam presentes os avós ou outros familiares e pessoas de especial referência afetiva para a criança.

3 – A criança com idade superior a 12 anos ou com idade inferior, com capacidade para compreender os assuntos em discussão, tendo em atenção a sua idade e maturidade, é ouvida pelo tribunal, nos termos previstos na alínea *c*) do artigo 4º e no artigo 5º, salvo se a defesa do seu superior interesse o desaconselhar.

4 – Os pais são obrigados a comparecer pessoalmente sob pena de multa, apenas podendo fazer-se representar por mandatário judicial ou por seus ascendentes ou irmãos, com poderes especiais para intervir no ato, no caso de estarem impossibilitados de comparecer ou de residirem fora do município da sede da instância central ou local onde a conferência se realize, sem prejuízo de serem ouvidos por teleconferência a partir do núcleo de secretaria da área da sua residência.

ARTIGO 36º
Ausência dos pais

Se algum dos pais estiver ausente em parte incerta, a convocação para a conferência é realizada por meio de editais, nos termos do Código de Processo Civil.

ARTIGO 37º
Acordo ou falta de comparência de algum dos pais

1 – Estando ambos os pais presentes ou representados, o juiz procura obter acordo que corresponda aos interesses da criança sobre o exercício das responsabilidades parentais.

2 – Se conseguir obter o acordo, o juiz faz constar do auto da conferência o que for acordado e dita a sentença de homologação.

3 – Se faltarem um ou ambos os pais e não se fizerem representar, o juiz ouve as pessoas que estejam presentes, fazendo exarar em auto as suas declarações, e manda proceder às diligências de instrução necessárias, nos termos previstos no artigo 21º e decide.

4 – A conferência não pode ser adiada mais de uma vez por falta dos pais ou seus representantes.

5 – A conferência já iniciada pode ser suspensa, estabelecendo-se, por período e condições determinados, um regime provisório, em consideração pelos interesses da criança.

ARTIGO 38º
Falta de acordo na conferência

Se ambos os pais estiverem presentes ou representados na conferência, mas não chegarem a acordo que seja homologado, o juiz decide provisoriamente sobre o pedido em função dos elementos já obtidos, suspende a conferência e remete as partes para:

a) Mediação, nos termos e com os pressupostos previstos no artigo 24º, por um período máximo de três meses; ou

b) Audição técnica especializada, nos termos previstos no artigo 23º, por um período máximo de dois meses.

ARTIGO 39º
Termos posteriores à fase de audição técnica especializada e mediação

1 – Finda a intervenção da audição técnica especializada, o tribunal é informado do resultado e notifica as partes para a continuação da conferência a realizar nos cinco dias imediatos, com vista à obtenção de acordo da regulação do exercício das responsabilidades parentais.

2 – Quando houver lugar a processo de mediação nos termos previstos no artigo 24º, o tribunal é informado em conformidade.

3 – Finda a mediação ou decorrido o prazo a que se refere a alínea *a*) do artigo anterior, o juiz notifica as partes para a continuação da conferência, que se realiza nos cinco dias imediatos com vista à homologação do acordo estabelecido em sede de mediação.

4 – Se os pais não chegarem a acordo, o juiz notifica as partes para, em 15 dias, apresentarem alegações ou arrolarem até 10 testemunhas e juntarem documentos.

5 – Findo o prazo das alegações previsto no número anterior e sempre que o entenda necessário, o juiz ordena as diligências de instrução, de entre as previstas nas alíneas *a*), *c*), *d*) e *e*) do nº 1 do artigo 21º

6 – De seguida, caso não haja alegações nem sejam indicadas provas, ouvido o Ministério Público, é proferida sentença.

7 – Se forem apresentadas alegações ou apresentadas provas, tem lugar a audiência de discussão e julgamento no prazo máximo de 30 dias.

8 – As testemunhas são apresentadas pelas partes no dia do julgamento.

9 – Atendendo à natureza e extensão da prova, pode o juiz, por decisão irrecorrível, admitir a inquirição de testemunhas para além do previsto no nº 4.

ARTIGO 40º
Sentença

1 – Na sentença, o exercício das responsabilidades parentais é regulado de harmonia com os interesses da criança, devendo determinar-se que seja confiada a ambos ou a um dos progenitores, a outro familiar, a terceira pessoa ou a instituição de acolhimento, aí se fixando a residência daquela.

2 – É estabelecido regime de visitas que regule a partilha de tempo com a criança, podendo o tribunal, no interesse desta e sempre que se justifique, determinar que tais contactos sejam supervisionados pela equipa multidisciplinar de assessoria técnica, nos termos que forem ordenados pelo tribunal.

3 – Excecionalmente, ponderando o superior interesse da criança e considerando o interesse na manutenção do vínculo afetivo com o visitante, pode o tribunal, pelo período de tempo que se revele estritamente necessário, ordenar a suspensão do regime de visitas.

4 – Quando for caso disso, a sentença pode determinar que a administração dos bens do filho seja exercida pelo progenitor a quem a criança não foi confiada.

5 – Quando o filho for confiado a terceira pessoa ou a instituição de acolhimento, o tribunal decide a qual dos progenitores compete o exercício das responsabilidades parentais na parte não abrangida pelos poderes e deveres que àqueles devem ser atribuídos para o adequado desempenho das suas funções.

6 – Nos casos em que julgue haver risco de incumprimento da decisão, o juiz pode determinar o acompanhamento da execução do regime estabelecido pelos serviços de assessoria técnica, por período de tempo a fixar.

7 – Nos casos previstos no número anterior, os serviços de assessoria técnica informam o tribunal sobre a forma como decorre a execução da decisão, com a periodicidade por ele fixada, ou antes de decorrido tal prazo, oficiosamente, sempre que ocorra incumprimento reiterado ou gravoso do regime fixado.

8 – Quando for caso disso, a sentença pode determinar que o exercício das responsabilidades parentais relativamente a questões de particular importância na vida do filho caiba em exclusivo a um dos progenitores.

9 – Para efeitos do disposto no número anterior e salvo prova em contrário, presume-se contrário ao superior interesse da criança o exercício em comum das responsabilidades parentais quando seja decretada medida de coação ou aplicada pena acessória de proibição de contacto entre os progenitores.

10 – Nos casos previstos no número anterior, o regime de visitas pode ser condicionado, contemplando a mediação de profissionais especializados ou, verificando-se os respetivos pressupostos, suspenso nos termos do nº 3.

ARTIGO 41º
Incumprimento

1 – Se, relativamente à situação da criança, um dos pais ou a terceira pessoa a quem aquela haja sido confiada não cumprir com o que tiver sido acordado ou decidido, pode o tribunal, oficiosamente, a requerimento do Ministério Público ou do outro progenitor, requerer, ao tribunal que no momento for territorialmente competente, as diligências necessárias para o cumprimento coercivo e a condenação do remisso em multa até vinte unidades de conta e, verificando-se os respetivos pressupostos, em indemnização a favor da criança, do progenitor requerente ou de ambos.

2 – Se o acordo tiver sido homologado pelo tribunal ou este tiver proferido a decisão, o requerimento é autuado por apenso ao processo onde se realizou o acordo ou foi proferida decisão, para o que será requisitado ao respetivo tribunal, se, segundo as regras da competência, for outro o tribunal competente para conhecer do incumprimento.

3 – Autuado o requerimento, ou apenso este ao processo, o juiz convoca os pais para uma conferência ou, excecionalmente, manda notificar o requerido para, no prazo de cinco dias, alegar o que tiver por conveniente.

4 – Na conferência, os pais podem acordar na alteração do que se encontra fixado quanto ao exercício das responsabilidades parentais, tendo em conta o interesse da criança.

5 – Não comparecendo na conferência nem havendo alegações do requerido, ou sendo estas manifestamente improcedentes, no incumprimento do regime de visitas e para efetivação deste, pode ser ordenada a entrega da criança acautelando-se os termos e local em que a mesma se deva efetuar, presidindo à diligência a assessoria técnica ao tribunal.

6 – Para efeitos do disposto no número anterior e sem prejuízo do procedimento criminal que ao caso caiba, o requerido é notificado para proceder à entrega da criança pela forma determinada, sob pena de multa.

7 – Não tendo sido convocada a conferência ou quando nesta os pais não chegarem a acordo, o juiz manda proceder nos termos do artigo 38º e seguintes e, por fim, decide.

8 – Se tiver havido condenação em multa e esta não for paga no prazo de 10 dias, há lugar à execução por apenso ao respetivo processo, nos termos legalmente previstos.

ARTIGO 42º
Alteração de regime

1 – Quando o acordo ou a decisão final não sejam cumpridos por ambos os pais, ou por terceira pessoa a quem a criança haja sido confiada, ou quando circunstâncias supervenientes tornem necessário alterar o que estiver estabelecido, qualquer um daqueles ou o Ministério Público podem requerer ao tribunal, que no momento for territorialmente competente, nova regulação do exercício das responsabilidades parentais.

2 – O requerente deve expor sucintamente os fundamentos do pedido e:

a) Se o regime tiver sido estabelecido por acordo extrajudicial, juntar ao requerimento:

i) Certidão do acordo, e do parecer do Ministério Público e da decisão a que se referem, respetivamente, os nºs 4 e 3 do artigo 14º do Decreto-Lei nº 272/2001, de 13 de outubro, alterado pelo Decreto-Lei nº 324/2007, de 28 de setembro, pela Lei nº 61/2008, de 31 de outubro, e pelo Decreto-Lei nº 122/2013, de 26 de agosto; ou

ii) Certidão do acordo e da sentença homologatória;

b) Se o regime tiver sido fixado pelo tribunal, o requerimento é autuado por apenso ao processo onde se realizou o acordo ou foi proferida decisão final, para o que será requisitado ao respetivo tribunal, se, segundo as regras da competência, for outro o tribunal competente para conhecer da nova ação.

3 – O requerido é citado para, no prazo de 10 dias, alegar o que tiver por conveniente.

4 – Junta a alegação ou findo o prazo para a sua apresentação, o juiz, se considerar o pedido infundado, ou desnecessária a alteração, manda arquivar o processo, condenando em custas o requerente.

5 – Caso contrário, o juiz ordena o prosseguimento dos autos, observando-se, na parte aplicável, o disposto nos artigos 35º a 40º

6 – Antes de mandar arquivar os autos ou de ordenar o seu prosseguimento, pode o juiz determinar a realização das diligências que considere necessárias.

ARTIGO 43º
Outros casos de regulação

1 – O disposto nos artigos anteriores é aplicável à regulação do exercício das responsabilidades parentais de filhos de cônjuges separados de facto, de filhos de progenitores não unidos pelo matrimónio e ainda de crianças apadrinhadas civilmente quando os padrinhos cessem a vida em comum.

2 – Qualquer das pessoas a quem incumba o exercício das responsabilidades parentais pode requerer a homologação do acordo extrajudicial sobre aquele exercício.

3 – A regulação prevista neste artigo, bem como as diligências executórias da decisão judicial ou do acordo homologado, podem ser requeridas por qualquer das pessoas a quem caiba o exercício das responsabilidades parentais ou pelo Ministério Público.

4 – A necessidade da intervenção judicial pode ser comunicada ao Ministério Público por qualquer pessoa.

ARTIGO 44º
Falta de acordo dos pais em questões de particular importância

1 – Quando o exercício das responsabilidades parentais seja exercido em comum por ambos os pais, mas estes não estejam de acordo em alguma questão de particular importância, pode qualquer deles requerer ao tribunal a resolução do diferendo.

2 – Autuado o requerimento, seguem-se os termos previstos nos artigos 35º a 40º

3 – O tribunal decide uma vez realizadas as diligências que considere necessárias.

ARTIGO 44º-A
Regulação urgente

1 – Quando seja decretada medida de coação ou aplicada pena acessória de proibição de contacto entre progenitores ou se estiver em grave risco os direitos e a segurança das vítimas de violência doméstica e de outras formas de violência em contexto familiar, como maus tratos ou abuso sexual de crianças, o Ministério Público requer, no prazo máximo de 48 horas após ter conhecimento da situação, a regulação ou alteração da regulação do exercício das responsabilidades parentais.

2 – Autuado o requerimento, os progenitores são citados para conferência, a realizar nos 5 dias imediatos.

3 – Sempre que os progenitores não cheguem a acordo ou qualquer deles faltar, é fixado regime provisório nos termos do artigo 38º, seguindo-se-lhe os termos posteriores previstos nos artigos 39º e seguintes da presente lei.

(Aditado pela Lei nº 24/2017, de 24-05)

SECÇÃO II
Alimentos devidos a criança

ARTIGO 45º
Petição

1 – Podem requerer a fixação dos alimentos devidos a criança, ou a alteração dos

anteriormente fixados, o seu representante legal, o Ministério Público, a pessoa à guarda de quem aquela se encontre ou o diretor da instituição de acolhimento a quem tenha sido confiada.

2 – A necessidade da fixação ou alteração de alimentos pode ser comunicada ao Ministério Público por qualquer pessoa.

3 – O requerimento deve ser acompanhado de certidões comprovativas do grau de parentesco ou afinidade existentes entre a criança e o requerido, de certidão da decisão que anteriormente tenha fixado os alimentos e do rol de testemunhas.

4 – As certidões podem ser requisitadas oficiosamente pelo tribunal às entidades competentes, que as passam gratuitamente, quando o requerente, por falta de recursos, as não possa apresentar.

ARTIGO 46º
Conferência

1 – O juiz designa o dia para uma conferência, que se realiza nos 15 dias imediatos.

2 – O requerido é citado para a conferência, devendo a ela assistir o requerente e a pessoa que tiver a criança à sua guarda, se não for o autor, que, para o efeito, são notificados.

3 – À conferência aplica-se, com as devidas adaptações, o disposto no artigo 35º

ARTIGO 47º
Contestação e termos posteriores

1 – Se a conferência não se puder realizar ou nela não se chegar a acordo, é imediatamente ordenada a notificação do requerido para contestar, devendo, na contestação, ser oferecidos os meios de prova.

2 – Apresentada a contestação ou findo o prazo para a apresentação desta, o juiz manda proceder às diligências necessárias e à elaboração do relatório sobre os meios do requerido e as necessidades da criança.

3 – Apresentada contestação, há lugar a audiência de discussão e julgamento.

4 – Não tendo havido contestação, o juiz decide.

SECÇÃO III
Da efetivação da prestação de alimentos

ARTIGO 48º
Meios de tornar efetiva a prestação de alimentos

1 – Quando a pessoa judicialmente obrigada a prestar alimentos não satisfizer as quantias em dívida nos 10 dias seguintes ao vencimento, observa-se o seguinte:

a) Se for trabalhador em funções públicas, são-lhe deduzidas as respetivas quantias no vencimento, sob requisição do tribunal dirigida à entidade empregadora pública;

b) Se for empregado ou assalariado, são-lhe deduzidas no ordenado ou salário, sendo para o efeito notificada a respetiva entidade patronal, que fica na situação de fiel depositário;

c) Se for pessoa que receba rendas, pensões, subsídios, comissões, percentagens, emolumentos, gratificações, comparticipações ou rendimentos semelhantes, a dedução é feita nessas prestações quando tiverem de ser pagas ou creditadas, fazendo-se para tal as requisições ou notificações necessárias e ficando os notificados na situação de fiéis depositários.

2 – As quantias deduzidas abrangem também os alimentos que se forem vencendo e são diretamente entregues a quem deva recebê-las.

SECÇÃO IV
Entrega judicial de criança

ARTIGO 49º
Articulados e termos posteriores

1 – Se a criança abandonar a casa dos pais ou aquela que estes lhe destinaram ou dela for retirada, ou se encontrar subtraída à responsabilidade da pessoa ou da instituição a quem esteja legalmente confiada, deve a sua entrega ser requerida ao tribunal com jurisdição na área em que ela se encontre.

2 – O tribunal emite mandados de comparência para audição imediata da criança na sua presença, podendo ainda ouvir a pessoa que a tiver acolhido, ou em poder de quem ela se encontre.

3 – Após a realização das diligências previstas anteriormente, o juiz decide ou, se o processo tiver de prosseguir, ordena a citação do Ministério Público e da pessoa que tiver acolhido a criança, ou em poder de quem ela se encontre, para contestarem no prazo de 10 dias.

4 – Os citados podem contradizer os factos que fundamentam o pedido, ou mostrar que existe decisão capaz de obstar à diligência, ou que foi requerida a entrega da criança como preliminar ou incidente da ação de inibição do exercício das responsabilidades parentais ou de remoção das funções tutelares.

5 – Não havendo contestação, ou sendo esta manifestamente improcedente, é imediatamente ordenada a entrega e designado o local onde deve efetuar-se, só presidindo o juiz à diligência quando o julgue conveniente.

6 – No caso previsto no número anterior, o requerido é notificado para proceder à entrega pela forma determinada, sob pena de desobediência.

7 – Se houver contestação e necessidade de provas, o juiz só decide depois de produzidas as provas que admitir.

ARTIGO 50º
Diligências

1 – Antes de decretar a entrega da criança, o juiz pode ordenar as diligências convenientes, nos termos do artigo 21º

2 – Se as diligências realizadas mostrarem a falta de idoneidade do requerente, este é notificado para, no prazo de 10 dias, alegar o que tiver por conveniente e oferecer provas.

3 – Se não apresentar alegações e não oferecer provas, a criança é confiada a pessoa ou família idóneas, preferindo os familiares obrigados a alimentos, ou é acolhida numa instituição de acolhimento, conforme parecer mais conveniente.

4 – No caso de o requerente apresentar alegações e oferecer provas, o juiz decide, depois de produzidas as provas que admitir, ordenando a entrega ou o acolhimento.

5 – Quando o requerente da entrega for algum dos pais e estes vivam separados, a criança pode ser entregue àquele que o juiz considere mais idóneo, sem prejuízo de se definir o seu destino em ação de regulação do exercício das responsabilidades parentais.

ARTIGO 51º
Termos posteriores

Se a criança for entregue ou acolhida e não tiver sido requerida a regulação ou a inibição do exercício das responsabilidades parentais, o Ministério Público deve requerer a providência adequada.

SECÇÃO V
Inibição e limitações ao exercício das responsabilidades parentais

ARTIGO 52º
Legitimidade e fundamentos da inibição

O Ministério Público, qualquer familiar da criança ou pessoa sob cuja guarda se encontre ainda que de facto, podem requerer a inibição, total ou parcial, do exercício das responsabilidades parentais quando qualquer dos pais infrinja culposamente os deveres para com os filhos, com grave prejuízo destes, ou quando, por inexperiência, enfermidade, ausência ou outras razões, se não mostre em condições de cumprir aqueles deveres.

ARTIGO 53º
Prejudicialidade

O pedido de inibição do exercício das responsabilidades parentais fica prejudicado se, no processo de promoção e proteção pendente, estiver promovida a medida prevista na alínea *g*) do nº 1 do artigo 35º da Lei de Proteção de Crianças e Jovens em Perigo, aprovada pela Lei nº 147/99, de 1 de setembro, alterada pelas Leis nºs 31/2003, de 22 de agosto, e 142/2015, de 8 de setembro, e até decisão desta.

ARTIGO 54º
Articulados

1 – Requerida a inibição, o requerido é citado para contestar.

2 – Com a petição e a contestação, as partes devem arrolar testemunhas e requerer quaisquer outras diligências de prova.

ARTIGO 55º
Diligências e audiência de discussão e julgamento

1 – Se o processo houver de prosseguir, efetuam-se as diligências que devam ter lugar antes da audiência de discussão e julgamento e que o juiz considere necessárias, nos termos do artigo 21º

2 – Realizadas as diligências previstas no número anterior, tem lugar a audiência de discussão e julgamento, no prazo máximo de 10 dias.

ARTIGO 56º
Sentença

1 – Na sentença deve o tribunal, segundo o seu prudente arbítrio e tomando em consideração todas as circunstâncias, fixar os limites da inibição e os alimentos devidos à criança.

2 – Julgada procedente a inibição, instaura-se a tutela ou outra providência tutelar cível adequada e a administração de bens, se for caso disso.

ARTIGO 57º
Suspensão do exercício das responsabilidades parentais e do acolhimento da criança

1 – Como preliminar ou como incidente da ação de inibição do exercício das responsabilidades parentais, pode ordenar-se a suspensão desse exercício e o acolhimento da criança, se o relatório sumário mostrar que o requerido ou os requeridos são manifestamente incapazes, física ou moralmente, de cuidar da criança.

2 – O acolhimento tem lugar em casa de pessoa ou família idónea, preferindo os familiares obrigados a alimentos ou, não sendo possível, em instituição de acolhimento.

3 – No caso previsto no número anterior, fixa-se logo, provisoriamente, a pensão que os pais devem pagar para sustento e educação da criança e é lavrado auto de acolhimento em que são especificadas as condições em que a criança é entregue.

4 – A suspensão do exercício das responsabilidades parentais e o acolhimento da criança ficam sem efeito nos mesmos casos e termos que as providências cautelares, segundo o Código de Processo Civil.

ARTIGO 58º
Outras medidas limitativas do exercício das responsabilidades parentais

1 – O Ministério Público, qualquer familiar da criança ou pessoa a cuja guarda esteja confiada, ainda que de facto, podem requerer as providências previstas no nº 2 do artigo 1920º do Código Civil, ou outras que se mostrem necessárias, quando a má administração de qualquer dos pais ponha em perigo o património do filho e não seja caso de inibição do exercício das responsabilidades parentais.

2 – Nos casos referidos no número anterior observa-se o disposto nos artigos 54º a 56º

ARTIGO 59º
Levantamento da inibição ou da medida limitativa do exercício das responsabilidades parentais

1 – O requerimento para levantamento da inibição ou de medida limitativa do exercício das responsabilidades parentais é autuado por apenso.

2 – Se tiver sido instituída tutela ou administração de bens ou se tiver sido constituído vínculo de apadrinhamento civil, é notificado, além do Ministério Público, o tutor, o administrador dos bens ou o padrinho civil, respetivamente, para contestar.

3 – Feita a notificação, observam-se os termos prescritos para a inibição.

SECÇÃO VI
Averiguação oficiosa da maternidade ou da paternidade

ARTIGO 60º
Instrução

1 – A instrução dos processos de averiguação oficiosa para investigação de maternidade ou paternidade ou para sua impugnação incumbe ao Ministério Público, que pode usar de qualquer meio de prova legalmente admitido.

2 – São obrigatoriamente reduzidos a escrito os depoimentos dos pais ou dos presumidos progenitores e as provas que concorram para o esclarecimento do tribunal.

ARTIGO 61º
Carácter secreto do processo

1 – A instrução do processo é secreta e é conduzida por forma a evitar ofensa à reserva e à dignidade das pessoas.

2 – No processo não há lugar a intervenção de mandatários judiciais, salvo na fase de recurso.

3 – As pessoas podem ser assistidas por advogado nas diligências para que forem convocadas.

ARTIGO 62º
Decisão final do Ministério Público

1 – Finda a instrução, o Ministério Público emite decisão sobre a inviabilidade da ação de investigação de maternidade ou paternidade ou de impugnação desta, ou, concluindo pela viabilidade, propõe a ação de investigação ou de impugnação.

2 – Nas situações em que não haja lugar à propositura da ação a que se refere o artigo anterior pelo decurso do prazo a que alude a alínea *b*) do artigo 1809º do Código Civil, o Ministério Público inicia de imediato todas as diligências tidas por necessárias à instauração de ação de investigação, usando de todos os meios de prova já recolhidos no âmbito da instrução da averiguação oficiosa.

3 – A decisão de inviabilidade proferida pelo Ministério Público é notificada aos interessados.

ARTIGO 63º
Reapreciação hierárquica

Da decisão de inviabilidade é admissível reapreciação hierárquica, a qual deve ser requerida no prazo de 10 dias junto do imediato superior hierárquico.

ARTIGO 64º
Termo de perfilhação

Quando o presumido progenitor confirme a maternidade ou a paternidade, é imediatamente lavrado termo da perfilhação, na presença do Ministério Público.

SECÇÃO VII
Processos regulados no Código de Processo Civil

ARTIGO 65º
Tramitação

As providências que tenham correspondência nos processos e incidentes regulados no Código de Processo Civil seguem os termos aí prescritos, com as adaptações resultantes do disposto no RGPTC.

SECÇÃO VIII
Apadrinhamento civil

ARTIGO 66º
Tramitação

À constituição e revogação da relação de apadrinhamento civil aplicam-se as normas processuais constantes do Regime Jurídico do Apadrinhamento Civil, aprovado pela Lei nº 103/2009, de 11 de setembro, e o disposto no RGPTC, em tudo quanto não contrarie aquele regime especial.

SECÇÃO IX
Ação tutelar comum

ARTIGO 67º
Tramitação

Sempre que a qualquer providência cível não corresponda nenhuma das formas de processo previstas nas secções anteriores, o tribunal pode ordenar livremente as diligências que repute necessárias antes de proferir a decisão final.

Competência, Reconhecimento e Execução de Decisões em Matéria Matrimonial e em Matéria de Responsabilidade Parental

Regulamento (CE) nº 2201/2003 do Conselho, de 27 de novembro de 2003

Relativo à competência, ao reconhecimento e à execução de decisões em matéria matrimonial e em matéria de responsabilidade parental e que revoga o Regulamento (CE) nº 1347/2000

O CONSELHO DA UNIÃO EUROPEIA, Tendo em conta o Tratado que institui a Comunidade Europeia e, nomeadamente, a alínea *c*) do seu artigo 61º e o nº 1 do seu artigo 67º, Tendo em conta a proposta da Comissão (1),

Tendo em conta o parecer do Parlamento Europeu (2),

Tendo em conta o parecer do Comité Económico e Social Europeu (3),

Considerando o seguinte:

(1) A Comunidade Europeia fixou o objectivo de criar um espaço de liberdade, de segurança e de justiça em que será garantida a livre circulação das pessoas. Para o efeito, a Comunidade deve adoptar, nomeadamente, medidas no domínio da cooperação judiciária em matéria civil necessárias para o correcto funcionamento do mercado interno.

(2) O Conselho Europeu de Tampere aprovou o princípio do reconhecimento mútuo das decisões judiciais como pedra angular da criação de um verdadeiro espaço judiciário e identificou o direito de visita como uma prioridade.

(3) O Regulamento (CE) nº 1347/2000 do Conselho, de 29 de Maio de 2000 (4), estabelece normas relativas à competência, ao reconhecimento e à execução de deci-

(1) *JO C 203 E de 27.8.2002, p. 155.*

(2) *Parecer de 20 de Setembro de 2002 (ainda não publicado no Jornal Oficial).*

(3) *JO C 61 de 14.3.2003, p. 76.*

(4) *JO L 160 de 30.6.2000, p. 19.*

sões em matéria matrimonial e de regulação da responsabilidade parental em relação a filhos comuns do casal, proferidas no âmbito de acções de natureza matrimonial conteúdo do referido regulamento retoma, em grande medida, a convenção de 28 de Maio de 1998 relativa ao mesmo assunto ([1]).

(4) Em 3 de Julho de 2000, a França apresentou uma iniciativa tendo em vista a aprovação do regulamento do Conselho relativo à execução mútua das decisões respeitantes ao direito de visita dos filhos ([2]).

(5) A fim de garantir a igualdade de tratamento de todas as crianças, o presente regulamento abrange todas as decisões em matéria de responsabilidade parental, incluindo as medidas de protecção da criança, independentemente da eventual conexão com um processo matrimonial.

(6) Visto que a aplicação das regras em matéria de responsabilidade parental se impõe frequentemente em sede de acções de natureza matrimonial, convém dispor de um único acto em matéria de divórcio e em matéria de responsabilidade parental.

(7) O âmbito de aplicação do presente regulamento abrange as matérias cíveis, independentemente da natureza da jurisdição.

(8) Quanto às decisões de divórcio, de separação ou de anulação do casamento, o presente regulamento apenas deve ser aplicável à dissolução do vínculo matrimonial e não deve abranger questões como as causas do divórcio, os efeitos patrimoniais do casamento ou outras eventuais medidas acessórias.

(9) No que se refere aos bens da criança, o presente regulamento apenas deve ser aplicável às medidas de protecção da criança, ou seja:

i) à designação e às funções de qualquer pessoa ou organismo encarregado da gestão dos seus bens, da sua representação ou assistência; e

ii) às medidas relativas à administração, conservação ou disposição dos bens da criança. Neste contexto, e a título de exemplo, o presente regulamento deve ser aplicável aos casos em que os pais estão em litígio sobre a administração dos bens da criança. As medidas relativas aos bens da criança não relacionadas com a sua protecção devem continuar a ser reguladas pelo Regulamento (CE) nº 44/2001 do Conselho, de 22 de Dezembro de 2000, relativo à competência judiciária, ao reconhecimento e à execução de decisões em matéria civil e comercial ([3]).

(10) O presente regulamento não se destina a ser aplicável a matérias como as relativas à segurança social, às medidas públicas de carácter geral em matéria de educação e saúde ou às decisões sobre o direito de asilo e a imigração. Além disso, não é aplicável ao estabelecimento da filiação, que é uma questão diferente da atribuição da responsabilidade parental, nem a outras questões relacionadas com o estado civil das pessoas. Também não é aplicável às medidas tomadas na sequência de infracções penais cometidas por crianças.

([1]) *Ao aprovar o Regulamento (CE) nº 1347/2000, o Conselho tomou conhecimento do relatório explicativo relativo à convenção elaborado pela professora Alegria Borras (JO C 221 de 16.7.1998, p. 27).*

([2]) *JO C 234 de 15.8.2000, p. 7.*

([3]) *JO L 12 de 16.1.2001, p. 1. Regulamento com a última redação que lhe foi dada pelo Regulamento (CE) nº 1496/2002 da Comissão (JO L 228 de 22.8.2002, p. 13).*

(11) Os alimentos estão excluídos do âmbito de aplicação do presente regulamento uma vez que já se encontram regulados pelo Regulamento (CE) nº 44/2001 os tribunais competentes nos termos do presente regulamento serão igualmente competentes para decidir em matéria de alimentos, ao abrigo do nº 2 do artigo 5º do Regulamento (CE) nº 44/2001.

(12) As regras de competência em matéria de responsabilidade parental do presente regulamento são definidas em função do superior interesse da criança e, em particular, do critério da proximidade. Por conseguinte, a competência deverá ser, em primeiro lugar, atribuída aos tribunais do Estado-Membro de residência habitual da criança, excepto em determinados casos de mudança da sua residência habitual ou na sequência de um acordo entre os titulares da responsabilidade parental.

(13) No interesse da criança, o presente regulamento permite que o tribunal competente possa, a título excepcional e em certas condições, remeter o processo a um tribunal de outro Estado-Membro se este estiver em melhores condições para dele conhecer. Todavia, nesse caso, o segundo tribunal não deverá ser autorizado a remeter o processo a um terceiro tribunal.

(14) Os efeitos do presente regulamento não deverão prejudicar a aplicação do Direito Internacional Público em matéria de imunidade diplomática. Se o tribunal competente por força do presente regulamento não puder exercer a sua competência em razão da existência de uma imunidade diplomática conforme ao direito nacional, a competência deverá ser determinada, no Estado-Membro em que a pessoa em causa não beneficie de qualquer imunidade, de acordo com a lei desse Estado.

(15) O Regulamento (CE) nº 1348/2000 do Conselho, de 29 de Maio de 2000, relativo à citação e à notificação dos actos judiciais e extrajudiciais em matéria civil e comercial nos Estados-Membros ([1]), será aplicável à citação e à notificação de actos praticados em acções intentadas nos termos do presente regulamento.

(16) O presente regulamento não impede que, em caso de urgência, os tribunais de um Estado-Membro ordenem medidas provisórias ou cautelares em relação a pessoas ou bens presentes nesse Estado-Membro.

(17) Em caso de deslocação ou de retenção ilícitas de uma criança, deve ser obtido sem demora o seu regresso; para o efeito, deverá continuar a aplicar-se a Convenção de Haia de 25 de Outubro de 1980, completada pelas disposições do presente regulamento, nomeadamente o artigo 11º Os tribunais do Estado-Membro para o qual a criança tenha sido deslocada ou no qual tenha sido retida ilicitamente devem poder opor-se ao seu regresso em casos específicos devidamente justificados. Todavia, tal decisão deve poder ser substituída por uma decisão posterior do tribunal do Estado-Membro da residência habitual da criança antes da deslocação ou da retenção ilícitas. Se esta última decisão implicar o regresso da criança, este deverá ser efectuado sem necessidade de qualquer procedimento específico para o reconhecimento e a execução da referida decisão no Estado-Membro onde se encontra a criança raptada.

([1]) *JO L 160 de 30.6.2000, p. 37.*

(18) Em caso de decisão de recusa de regresso, proferida ao abrigo do artigo 13º da Convenção de Haia de 1980, o tribunal deve informar o tribunal competente ou a autoridade central do Estado-Membro no qual a criança tinha a sua residência habitual antes da deslocação ou da retenção ilícitas. Este tribunal, se a questão ainda não lhe tiver sido submetida, ou a autoridade central deve notificar as partes. Este dever não deve impedir a autoridade central de notificar também as autoridades públicas competentes, de acordo com o direito interno.

(19) A audição da criança desempenha um papel importante na aplicação do presente regulamento embora este instrumento não se destine a alterar os procedimentos nacionais aplicáveis na matéria.

(20) A audição de uma criança num outro Estado-Membro pode ser efectuada segundo as regras previstas no Regulamento (CE) nº 1206/2001 do Conselho, de 28 de Maio de 2001, relativo à cooperação entre os tribunais dos Estados-Membros no domínio da obtenção de provas em matéria civil ou comercial [1].

(21) O reconhecimento e a execução de decisões proferidas num Estado-Membro têm por base o princípio da confiança mútua e os fundamentos do não-reconhecimento serão reduzidos ao mínimo indispensável.

(22) Os actos autênticos e os acordos entre as partes com força executória num Estado-Membro são equiparados a «decisões» para efeitos de aplicação das regras de reconhecimento e de execução.

(23) O Conselho Europeu de Tampere afirmou, nas suas conclusões (ponto 34) que as decisões proferidas em litígios em matéria de direito da família deveriam ser «automaticamente reconhecidas em toda a União sem quaisquer procedimentos intermediários ou motivos de recusa de execução». Por este motivo, as decisões relativas ao direito de visita e as decisões relativas ao regresso da criança que tenham sido homologadas no Estado-Membro de origem nos termos do presente regulamento deverão ser reconhecidas e têm força executória em todos os outros Estados-Membros sem necessidade de qualquer outra formalidade. As regras de execução destas decisões continuam a ser reguladas pelo direito interno.

(24) A certidão emitida para facilitar a execução da decisão não deverá ser susceptível de recurso. Só pode dar origem a uma acção de rectificação em caso de erro material, ou seja quando a certidão não reflicta correctamente o conteúdo da decisão.

(25) As autoridades centrais deverão cooperar tanto em termos gerais como em casos específicos, principalmente para favorecer a resolução amigável de litígios familiares em matéria de responsabilidade parental. Para este efeito, as autoridades centrais deverão participar na rede judiciária europeia em matéria civil e comercial criada pela Decisão 2001/470/CE do Conselho, de 28 de Maio de 2001, que cria uma rede judiciária europeia em matéria civil e comercial [2].

(26) A Comissão deverá publicar e actualizar as listas de tribunais e de recursos comunicadas pelos Estados-Membros.

(1) *JO L 174 de 27.6.2001, p. 1.*
(2) *JO L 174 de 27.6.2001, p. 25.*

(27) As medidas necessárias à execução do presente regulamento serão aprovadas nos termos da Decisão 1999/468/CE do Conselho, de 28 de Junho de 1999, que fixa as regras de exercício das competências de execução atribuídas à Comissão ([1]).

(28) O presente regulamento substitui o Regulamento (CE) nº 1347/2000 que é, por conseguinte, revogado.

(29) Para assegurar o bom funcionamento do presente regulamento, a Comissão deve analisar a sua aplicação e propor, se for caso disso, as alterações necessárias.

(30) O Reino Unido e a Irlanda, nos termos do artigo 3º do protocolo relativo à posição do Reino Unido e da Irlanda, anexo ao Tratado da União Europeia e ao Tratado que institui a Comunidade Europeia, manifestaram o desejo de participar na aprovação e aplicação do presente regulamento.

(31) A Dinamarca, nos termos dos artigos 1º e 2º do protocolo relativo à posição da Dinamarca anexo ao Tratado da União Europeia e ao Tratado que institui a Comunidade Europeia, não participa na aprovação do presente regulamento e, por conseguinte, não lhe fica vinculada nem sujeita à sua aplicação.

(32) Atendendo a que, em conformidade com o princípio da subsidiariedade consagrado no artigo 5º do Tratado, os objectivos do presente regulamento não podem ser suficientemente realizados pelos Estados-Membros e podem, pois, ser melhor alcançados a nível comunitário. Em conformidade com o princípio da proporcionalidade, consagrado no mesmo artigo, o presente regulamento não excede o necessário para alcançar esses objectivos.

(33) O presente regulamento reconhece os direitos fundamentais e os princípios consagrados na Carta dos Direitos Fundamentais da União Europeia; pretende, designadamente, garantir o pleno respeito dos direitos fundamentais da criança enunciados no artigo 24º da Carta dos Direitos Fundamentais da União Europeia,

ADOPTOU O PRESENTE REGULAMENTO:

CAPÍTULO I
Âmbito de Aplicação e Definições

ARTIGO 1º
Âmbito de aplicação

1 – presente regulamento é aplicável, independentemente da natureza do tribunal, às matérias civis relativas:

a) Ao divórcio, à separação e à anulação do casamento;

b) À atribuição, ao exercício, à delegação, à limitação ou à cessação da responsabilidade parental.

2 – As matérias referidas na alínea *b*) do nº 1 dizem, nomeadamente, respeito:

a) Ao direito de guarda e ao direito de visita;

([1]) *JO L 184 de 17.7.1999, p. 23 (Retificação: JO L 269 de 19.10.1999 p. 45).*

b) À tutela, à curatela e a outras instituições análogas;

c) À designação e às funções de qualquer pessoa ou organismo encarregado da pessoa ou dos bens da criança e da sua representação ou assistência;

d) À colocação da criança ao cuidado de uma família de acolhimento ou de uma instituição;

e) Às medidas de protecção da criança relacionadas com a administração, conservação ou disposição dos seus bens.

3 – O presente regulamento não é aplicável:

a) Ao estabelecimento ou impugnação da filiação;

b) Às decisões em matéria de adopção, incluindo as medidas preparatórias, bem como à anulação e revogação da adopção;

c) Aos nomes e apelidos da criança;

d) À emancipação;

e) Aos alimentos;

f) Aos fideicomissos («trusts») e sucessões;

g) Às medidas tomadas na sequência de infracções penais cometidas por crianças.

ARTIGO 2º
Definições

Para efeitos do presente regulamento, entende-se por:

1 – «Tribunal», todas as autoridades que nos Estados-Membros têm competência nas matérias abrangidas pelo âmbito de aplicação do presente regulamento por força do artigo 1º

2 – «Juiz», o juiz ou o titular de competências equivalentes às do juiz nas matérias abrangidas pelo âmbito de aplicação do presente regulamento.

3 – «Estado-Membro», qualquer Estado-Membro, com excepção da Dinamarca.

4 – «Decisão», qualquer decisão de divórcio, separação ou anulação do casamento, bem como qualquer decisão relativa à responsabilidade parental proferida por um tribunal de um Estado-Membro, independentemente da sua designação, tal como «acórdão», «sentença» ou «despacho judicial».

5 – «Estado-Membro de origem», o Estado-Membro no qual foi proferida a decisão a executar.

6 – «Estado-Membro de execução», o Estado-Membro no qual é requerida a execução da decisão.

7 – «Responsabilidade parental», o conjunto dos direitos e obrigações conferidos a uma pessoa singular ou colectiva por decisão judicial, por atribuição de pleno direito ou por acordo em vigor relativo à pessoa ou aos bens de uma criança. O termo compreende, nomeadamente, o direito de guarda e o direito de visita.

8 – «Titular da responsabilidade parental», qualquer pessoa que exerça a responsabilidade parental em relação a uma criança.

9 – «Direito de guarda», os direitos e as obrigações relativos aos cuidados devidos à criança e, em particular, o direito de decidir sobre o seu lugar de residência.

10 – «Direito de visita», nomeadamente o direito de levar uma criança, por um período limitado, para um lugar diferente do da sua residência habitual.

11 – «Deslocação ou retenção ilícitas de uma criança», a deslocação ou a retenção de uma criança, quando:

a) Viole o direito de guarda conferido por decisão judicial, por atribuição de pleno direito ou por acordo em vigor por força da legislação do Estado-Membro onde a criança tinha a sua residência habitual imediatamente antes da deslocação ou retenção; e

b) No momento da deslocação ou retenção, o direito de guarda estivesse a ser efectivamente exercido, quer conjunta, quer separadamente, ou devesse estar a sê-lo, caso não tivesse ocorrido a deslocação ou retenção. Considera-se que a guarda é exercida conjuntamente quando um dos titulares da responsabilidade parental não pode, por força de uma decisão ou por atribuição de pleno direito, decidir sobre local de residência da criança sem o consentimento do outro titular da responsabilidade parental.

CAPÍTULO II
Competência

SECÇÃO 1
Divórcio, separação e anulação do casamento

ARTIGO 3º
Competência geral

1. São competentes para decidir das questões relativas ao divórcio, separação ou anulação do casamento, os tribunais do Estado-Membro:

a) Em cujo território se situe:

– a residência habitual dos cônjuges, ou
– a última residência habitual dos cônjuges, na medida em que um deles ainda aí resida, ou
– a residência habitual do requerido, ou
– em caso de pedido conjunto, a residência habitual de qualquer dos cônjuges, ou
– a residência habitual do requerente, se este aí tiver residido pelo menos, o ano imediatamente anterior à data do pedido, ou
– a residência habitual do requerente, se este aí tiver residido pelo menos, nos seis meses imediatamente anteriores à data do pedido, quer seja nacional do Estado-Membro em questão quer, no caso do Reino Unido e da Irlanda, aí tenha o seu «domicílio»;

b) Da nacionalidade de ambos os cônjuges ou, no caso do Reino Unido e da Irlanda,do «domicílio» comum.

2 – Para efeitos do presente regulamento, o termo «domicílio» é entendido na acepção que lhe é dada pelos sistemas jurídicos do Reino Unido e da Irlanda.

ARTIGO 4º (1)
Reconvenção

O tribunal em que, por força do artigo 3º, estiver pendente o processo é igualmente competente para conhecer da reconvenção, desde que esta seja abrangida pelo âmbito de aplicação do presente regulamento.

ARTIGO 5º
Conversão da separação em divórcio

Sem prejuízo do artigo 3º, o tribunal do Estado-Membro que tiver proferido uma decisão de separação é igualmente competente para converter a separação em divórcio, se a lei desse Estado-Membro o previr.

ARTIGO 6º
Carácter exclusivo das competências definidas nos artigos 3º, 4º e 5º

Qualquer dos cônjuges que:

a) Tenha a sua residência habitual no território de um Estado-Membro; ou

b) Seja nacional de um Estado-Membro ou, no caso do Reino Unido e da Irlanda, tenha o seu «domicílio» no território de um destes dois Estados-Membros, só por força dos artigos 3º, 4º e 5º pode ser demandado nos tribunais de outro Estado-Membro.

ARTIGO 7º
Competências residuais

1 – Se nenhum tribunal de um Estado-Membro for competente nos termos dos artigos 3º, 4º e 5º, a competência, em cada Estado-Membro, é regulada pela lei desse Estado-Membro.

2 – Qualquer nacional de um Estado-Membro que tenha a sua residência habitual no território de outro Estado-Membro pode invocar neste último, em pé de igualdade com os respectivos nacionais, as regras de competência aplicáveis nesse mesmo Estado-Membro a um requerido que não tenha a sua residência habitual num Estado-Membro e não possua a nacionalidade de um Estado-Membro ou, no caso do Reino Unido ou da Irlanda, não tenha o seu «domicílio» no território de um destes últimos Estados-Membros.

(1) *Cfr. Retificação publicada no JO L 174, de 28.06.2006.*

SECÇÃO 2
Responsabilidade parental

ARTIGO 8º
Competência geral

1 – Os tribunais de um Estado-Membro são competentes em matéria de responsabilidade parental relativa a uma criança que resida habitualmente nesse Estado-Membro à data em que o processo seja instaurado no tribunal.

2 – O nº 1 é aplicável sob reserva do disposto nos artigos 9º, 10º e 12º

ARTIGO 9º
Prolongamento da competência do Estado-Membro da anterior residência habitual da criança

1 – Quando uma criança se desloca legalmente de um Estado-Membro para outro e passa a ter a sua residência habitual neste último, os tribunais do Estado-Membro da anterior residência habitual da criança mantêm a sua competência, em derrogação do artigo 8º, durante um período de três meses após a deslocação, para alterarem uma decisão, sobre o direito de visita proferida nesse Estado-Membro antes da deslocação da criança, desde que o titular do direito de visita, por força dessa decisão, continue a residir habitualmente no Estado-Membro da anterior residência habitual da criança.

2 – O nº 1 não é aplicável se o titular do direito de visita referido no nº 1 tiver aceitado a competência dos tribunais do Estado-Membro da nova residência habitual da criança, participando no processo instaurado nesses tribunais, sem contestar a sua competência.

ARTIGO 10º
Competência em caso de rapto da criança

Em caso de deslocação ou retenção ilícitas de uma criança, os tribunais do Estado-Membro onde a criança residia habitualmente imediatamente antes da deslocação ou retenção ilícitas, continuam a ser competentes até a criança passar a ter a sua residência habitual noutro Estado-Membro e:

a) Cada pessoa, instituição ou outro organismo titular do direito de guarda dar o seu consentimento à deslocação ou à retenção; ou

b) A criança ter estado a residir nesse outro Estado-Membro durante, pelo menos, um ano após a data em que a pessoa, instituição ou outro organismo, titular do direito de guarda tenha tomado ou devesse ter tomado conhecimento do paradeiro da criança, se esta se encontrar integrada no seu novo ambiente e se estiver preenchida pelo menos uma das seguintes condições:

i) não ter sido apresentado, no prazo de um ano após a data em que o titular do direito de guarda tenha tomado ou devesse ter tomado conhecimento do paradeiro da criança, qualquer pedido de regresso desta às autoridades competentes do Estado-Membro para onde a criança foi deslocada ou se encontra retida,

ii) o titular do direito de guarda ter desistido do pedido de regresso e não ter sido apresentado nenhum novo pedido dentro do prazo previsto na subalínea *i*),

iii) o processo instaurado num tribunal do Estado-Membro da residência habitual da criança imediatamente antes da deslocação ou retenção ilícitas ter sido arquivado nos termos do nº 7 do artigo 11º,

iv) os tribunais do Estado-Membro da residência habitual da criança imediatamente antes da deslocação ou retenção ilícitas terem proferido uma decisão sobre a guarda que não determine o regresso da criança.

ARTIGO 11º
Regresso da criança

1 – Os nºs 2 a 8 são aplicáveis quando uma pessoa, instituição ou outro organismo titular do direito de guarda pedir às autoridades competentes de um Estado-Membro uma decisão, baseada na Convenção da Haia de 25 de Outubro de 1980 sobre os aspectos civis do rapto internacional de crianças (a seguir designada «Convenção de Haia de 1980»), a fim de obter o regresso de uma criança que tenha sido ilicitamente deslocada ou retida num Estado-Membro que não o da sua residência habitual imediatamente antes da deslocação ou retenção ilícitas.

2 – Ao aplicar os artigos 12º e 13º da Convenção da Haia de 1980, deve-se providenciar no sentido de que a criança tenha a oportunidade de ser ouvida durante o processo, excepto se tal for considerado inadequado em função da sua idade ou grau de maturidade.

3 – O tribunal ao qual seja apresentado um pedido de regresso de uma criança, nos termos do disposto no nº 1, deve acelerar a tramitação do pedido, utilizando o procedimento mais expedito previsto na legislação nacional. Sem prejuízo do disposto no primeiro parágrafo, o tribunal deve pronunciar-se o mais tardar no prazo de seis semanas a contar da apresentação do pedido, excepto em caso de circunstâncias excepcionais que o impossibilitem.

4 – O tribunal não pode recusar o regresso da criança ao abrigo da alínea *b*) do artigo 13º da Convenção da Haia de 1980, se se provar que foram tomadas medidas adequadas para garantir a sua protecção após o regresso.

5 – O tribunal não pode recusar o regresso da criança se a pessoa que o requereu não tiver tido oportunidade de ser ouvida.

6 – Se um tribunal tiver proferido uma decisão de retenção, ao abrigo do artigo 13º da Convenção da Haia de 1980, deve imediatamente enviar, directamente ou através da sua autoridade central, uma cópia dessa decisão e dos documentos conexos, em especial as actas das audiências, ao tribunal competente ou à autoridade central do Estado-Membro da residência habitual da criança imediatamente antes da sua retenção ou deslocação ilícitas, tal como previsto no direito interno.

O tribunal deve receber todos os documentos referidos no prazo de um mês a contar da data da decisão de retenção.

7 – Excepto se uma das partes já tiver instaurado um processo nos tribunais do Estado-Membro da residência habitual da criança imediatamente antes da retenção ou deslocação ilícitas, o tribunal ou a autoridade central que receba a informação referida no nº 6 deve notificá-la às partes e convidá-las a apresentar as suas observações ao tribunal, nos termos do direito interno, no prazo de três meses a contar da data da notificação, para que o tribunal possa analisar a questão da guarda da criança.

Sem prejuízo das regras de competência previstas no presente regulamento, o tribunal arquivará o processo se não tiver recebido observações dentro do prazo previsto.

8 – Não obstante uma decisão de retenção, proferida ao abrigo do artigo 13º da Convenção da Haia de 1980, uma decisão posterior que exija o regresso da criança, proferida por um tribunal competente ao abrigo do presente regulamento, tem força executória nos termos da secção 4 do capítulo III, a fim de garantir o regresso da criança.

ARTIGO 12º
Extensão da competência

1 – Os tribunais do Estado-Membro que,por força do artigo 3º, são competentes para decidir de um pedido de divórcio, de separação ou de anulação do casamento, são competentes para decidir de qualquer questão relativa à responsabilidade parental relacionada com esse pedido quando:

a) Pelo menos um dos cônjuges exerça a responsabilidade parental em relação à criança; e

b) A competência desses tribunais tenha sido aceite, expressamente ou de qualquer outra forma inequívoca pelos cônjuges ou pelos titulares da responsabilidade parental à data em que o processo é instaurado em tribunal, e seja exercida no superior interesse da criança.

2 – A competência exercida nos termos do nº 1 cessa:

a) Quando a decisão de procedência ou improcedência do pedido de divórcio, de separação ou de anulação do casamento transite em julgado; ou

b) Se, à data referida na alínea *a*), ainda estiver pendente uma acção relativa à responsabilidade parental, logo que a decisão deste processo transite em julgado; ou

c) Nos casos referidos nas alíneas *a*) e *b*), logo que o processo tenha sido arquivado por qualquer outra razão.

3 – Os tribunais de um Estado-Membro são igualmente competentes em matéria de responsabilidade parental em processos que não os referidos no nº 1, quando:

a) A criança tenha uma ligação particular com esse Estado-Membro, em especial devido ao facto de um dos titulares da responsabilidade parental ter a sua residência habitual nesse Estado-Membro ou de a criança ser nacional desse Estado-Membro; e *b*) A sua competência tenha sido aceite explicitamente ou de qualquer outra forma inequívoca por todas as partes no processo à data em que o processo é instaurado em tribunal e seja exercida no superior interesse da criança.

4 – Se a criança tiver a sua residência habitual no território de um Estado terceiro que não seja parte contratante na Convenção da Haia, de 19 de Outubro de 1996, relativa à competência, à lei aplicável, ao reconhecimento, à execução e à cooperação em matéria de responsabilidade parental e de medidas de protecção das crianças, presume-se que a competência baseada no presente artigo é do interesse da criança, nomeada- mente quando for impossível instaurar um processo no Estado terceiro em questão.

ARTIGO 13º
Competência baseada na presença da criança

1 – Se não puder ser determinada a residência habitual da criança nem for possível determinar a competência com base no artigo 12º, são competentes os tribunais do Estado-Membro onde a criança se encontra. 2º nº 1 é igualmente aplicável a crianças refugiadas ou a crianças internacionalmente deslocadas, na sequência de perturbações no seu país.

ARTIGO 14º
Competências residuais

Se nenhum tribunal de um Estado-Membro for competente, por força dos artigos 8º a 13º, a competência é, em cada Estado-Membro, regulada pela lei desse Estado.

ARTIGO 15º
Transferência para um tribunal mais bem colocado para apreciar a acção

1 – Excepcionalmente, os tribunais de um Estado-Membro competentes para conhecer do mérito podem, se considerarem que um tribunal de outro Estado-Membro, com o qual a criança tenha uma ligação particular, se encontra mais bem colocado para conhecer do processo ou de alguns dos seus aspectos específicos, e se tal servir o superior interesse da criança:

a) Suspender a instância em relação à totalidade ou a parte do processo em questão e convidar as partes a apresentarem um pedido ao tribunal desse outro Estado-Membro, nos termos do nº 4; ou

b) Pedir ao tribunal de outro Estado-Membro que se declare competente nos termos do nº 5.

2 – O nº 1 é aplicável:

a) A pedido de uma das partes; ou

b) Por iniciativa do tribunal; ou

c) A pedido do tribunal de outro Estado-Membro com o qual a criança tenha uma ligação particular, nos termos do nº 3.

Todavia, a transferência só pode ser efectuada por iniciativa do tribunal ou a pedido do tribunal de outro Estado-Membro, se for aceite pelo menos por uma das partes.

3 – Considera-se que a criança tem uma ligação particular com um Estado-Membro, na acepção do nº 2, se:

a) Depois de instaurado o processo no tribunal referido no nº 1, a criança tiver adquirido a sua residência habitual nesse Estado-Membro; ou

b) A criança tiver tido a sua residência habitual nesse Estado-Membro; ou

c) A criança for nacional desse Estado-Membro; ou

d) Um dos titulares da responsabilidade parental tiver a sua residência habitual nesse Estado-Membro; ou

e) O litígio se referir às medidas de protecção da criança relacionadas com a administração, a conservação ou a disposição dos bens na posse da criança, que se encontram no território desse Estado-Membro.

4 – O tribunal do Estado-Membro competente para conhecer do mérito deve fixar um prazo para instaurar um processo nos tribunais do outro Estado-Membro, nos termos do nº 1.

Se não tiver sido instaurado um processo dentro desse prazo, continua a ser competente o tribunal em que o processo tenha sido instaurado nos termos dos artigos 8º a 14º

5 – O tribunal desse outro Estado-Membro pode,se tal servir o superior interesse da criança, em virtude das circunstâncias específicas do caso, declarar-se competente no prazo de seis semanas a contar da data em que tiver sido instaurado o processo com base nas alíneas *a*) ou *b*) do nº 1. Nesse caso, o tribunal em que o processo tenha sido instaurado em primeiro lugar renuncia à sua competência. No caso contrário, o tribunal em que o processo tenha sido instaurado em primeiro lugar continua a ser competente, nos termos dos artigos 8º a14º

6 – Os tribunais devem cooperar para efeitos do presente artigo, quer directamente, quer através das autoridades centrais designadas nos termos do artigo 53º

SECÇÃO 3
Disposições comuns

ARTIGO 16º
Apreciação da acção por um tribunal

1 – Considera-se que o processo foi instaurado:

a) Na data de apresentação ao tribunal do acto introdutório da instância, ou acto equivalente, desde que o requerente não tenha posteriormente deixado de tomar as medidas que lhe incumbem para que seja feita a citação ou a notificação ao requerido; ou

b) Se o acto tiver de ser citado ou notificado antes de ser apresentado ao tribunal, na data em que é recebido pela autoridade responsável pela citação ou notificação, desde que o requerente não tenha posteriormente deixado de tomar as medidas que lhe incumbem para que o acto seja apresentado a tribunal.

ARTIGO 17º
Verificação da competência

O tribunal de um Estado-Membro no qual tenha sido instaurado um processo para o qual não tenha competência nos termos do presente regulamento e para o qual o tribunal de outro Estado-Membro seja competente, por força do presente regulamento, declara-se oficiosamente incompetente.

ARTIGO 18º
Verificação da admissibilidade

1 – Se um requerido, que tenha a sua residência habitual num Estado-Membro que não aquele em que foi instaurado o processo, não comparecer, o tribunal competente deve suspender a instância enquanto não se estabelecer que o requerido foi devidamente notificado do acto introdutório da instância, ou acto equivalente, a tempo de deduzir a sua defesa, ou que foram efectuadas todas as diligências nesse sentido.

2 – É aplicável o artigo 19º do Regulamento (CE) nº 1348/2000, em lugar do nº 1 do presente artigo, se o acto introdutório da instância, ou acto equivalente, tiver de ser transmitido de um Estado-Membro para outro, nos termos do referido regulamento.

3 – Se o disposto no Regulamento (CE) nº 1348/2000 não for aplicável, é então aplicável o artigo 15º da Convenção de Haia, de 15 de Novembro de 1965, relativa à citação e à notificação no estrangeiro dos actos judiciais e extrajudiciais em matéria civil ou comercial, se o acto introdutório da instância, ou acto equivalente, tiver de ser enviado para o estrangeiro, em aplicação da referida convenção.

ARTIGO 19º
Litispendência e acções dependentes

1 – Quando os processos de divórcio, separação ou anulação do casamento entre as mesmas partes são instaurados em tribunais de Estados-Membros diferentes, o tribunal em que o processo foi instaurado em segundo lugar suspende oficiosamente a instância até que seja estabelecida a competência do tribunal em que o processo foi instaurado em primeiro lugar.

2 – Quando são instauradas em tribunais de Estados-Membros diferentes acções relativas à responsabilidade parental em relação à uma criança, que tenham o mesmo pedido e a mesma causa de pedir, o tribunal em que o processo foi instaurado em

segundo lugar suspende oficiosamente a instância até que seja estabelecida a competência do tribunal em que o processo foi instaurado em primeiro lugar.

3 – Quando estiver estabelecida a competência do tribunal em que o processo foi instaurado em primeiro lugar, o tribunal em que o processo foi instaurado em segundo lugar declarar-se incompetente a favor daquele. Neste caso, o processo instaurado no segundo tribunal pode ser submetida pelo requerente à apreciação do tribunal em que a acção foi instaurada em primeiro lugar.

ARTIGO 20º
Medidas provisórias e cautelares

1 – Em caso de urgência, o disposto no presente regulamento não impede que os tribunais de um Estado-Membro tomem as medidas provisórias ou cautelares relativas às pessoas ou bens presentes nesse Estado-Membro, e previstas na sua legislação, mesmo que, por força do presente regulamento, um tribunal de outro Estado-Membro seja competente para conhecer do mérito.

2 – As medidas tomadas por força do nº 1 deixam de ter efeito quando o tribunal do Estado-Membro competente quanto ao mérito ao abrigo do presente regulamento tiver tomado as medidas que considerar adequadas.

CAPÍTULO III
Reconhecimento e Execução

SECÇÃO 1
Reconhecimento

ARTIGO 21º
Reconhecimento das decisões

1 – As decisões proferidas num Estado-Membro são reconhecidas nos outros Estados-Membros, sem quaisquer formalidades.

2 – Em particular, e sem prejuízo do disposto no nº3, não é exigível nenhuma formalidade para a actualização dos registos do estado civil de um Estado-Membro com base numa decisão de divórcio, separação ou anulação do casamento, proferida noutro Estado-Membro e da qual já não caiba recurso, segundo a legislação desse Estado-Membro.

3 – Sem prejuízo do disposto na secção 4 do presente capítulo, qualquer parte interessada pode requerer, nos termos dos procedimentos previstos na secção 2 do presente capítulo, o reconhecimento ou o não-reconhecimento da decisão.

A competência territorial dos tribunais indicados na lista comunicada por cada Estado-Membro à Comissão nos termos do artigo 68º é determinada pela lei do Estado-Membro em que é apresentado o pedido de reconhecimento ou de não-reconhecimento.

4 – Se o reconhecimento de uma decisão for invocado a título incidental num tribunal de um Estado-Membro,este é competente para o apreciar.

ARTIGO 22º
Fundamentos de não-reconhecimento de decisões de divórcio, separação ou anulação do casamento

Uma decisão de divórcio, separação ou anulação do casamento não é reconhecida:

a) Se o reconhecimento for manifestamente contrário à ordem pública do Estado-Membro requerido;

b) Se a parte revel não tiver sido citada ou notificada do acto introdutório da instância ou acto equivalente, em tempo útil e de forma a poder deduzir a sua defesa, excepto se estiver estabelecido que o requerido aceitou a decisão de forma inequívoca;

c) Se for inconciliável com outra decisão proferida num processo entre as mesmas partes no Estado-Membro requerido; ou

d) Se for inconciliável com uma decisão proferida anteriormente noutro Estado-Membro ou num país terceiro entre as mesmas partes, desde que a primeira decisão reuna as condições necessárias para o seu reconhecimento no Estado-Membro requerido.

ARTIGO 23º
Fundamentos de não-reconhecimento de decisões em matéria de responsabilidade parental

Uma decisão em matéria de responsabilidade parental não é reconhecida:

a) Se o reconhecimento for manifestamente contrário à ordem pública do Estado-Membro requerido,tendo em conta o superior interesse da criança;

b) Se, excepto em caso de urgência, tiver sido proferida sem que a criança tenha tido a oportunidade de ser ouvida, em violação de normas processuais fundamentais do Estado-Membro requerido;

c) Se a parte revel não tiver sido citada ou notificada do acto introdutório da instância ou acto equivalente, em tempo útil e de forma a poder deduzir a sua defesa, excepto se estiver estabelecido que essa pessoa aceitou a decisão de forma inequívoca;

d) A pedido de qualquer pessoa que alegue que a decisão obsta ao exercício da sua responsabilidade parental, se a decisão tiver sido proferida sem que essa pessoa tenha tido a oportunidade de ser ouvida;

e) Em caso de conflito da decisão com uma decisão posterior, em matéria de responsabilidade parental no Estado-Membro requerido;

f) Em caso de conflito da decisão com uma decisão posterior, em matéria de responsabilidade parental noutro Estado-Membro ou no Estado terceiro em que a criança tenha a sua residência habitual, desde que essa decisão posterior reuna as condições necessárias para o seu reconhecimento no Estado-Membro requerido; ou

g) Se não tiver sido respeitado o procedimento previsto no artigo 56º

ARTIGO 24º
Proibição do controlo da competência do tribunal de origem

Não se pode proceder ao controlo da competência do tribunal do Estado--Membro de origemº critério de ordem pública, referido na alínea *a*) do artigo 22º e na alínea *a*) do artigo 23º, não pode ser aplicado às regras de competência enunciadas nos artigos 3º a14º

ARTIGO 25º
Diferenças entre as leis aplicáveis

O reconhecimento de uma decisão não pode ser recusado com o fundamento de a lei do Estado-Membro requerido não permitir o divórcio, a separação ou a anulação do casamento com base nos mesmos factos.

ARTIGO 26º
Proibição de revisão quanto ao mérito

A decisão não pode em caso algum ser revista quanto ao mérito.

ARTIGO 27º
Suspensão da instância

1 – O tribunal de um Estado-Membro ao qual seja requerido o reconhecimento de uma decisão proferida noutro Estado-Membro pode suspender a instância, se a decisão foi objecto de recurso ordinário.

2 – O tribunal de um Estado-Membro ao qual seja requerido o reconhecimento de uma decisão proferida na Irlanda ou no Reino Unido pode suspender a instância, se a execução estiver suspensa no Estado-Membro de origem em virtude da interposição de um recurso.

SECÇÃO 2
Pedido de uma declaração de executoriedade

ARTIGO 28º
Decisões com força executória

1 – As decisões proferidas num Estado-Membro sobre o exercício da responsabilidade parental relativa a uma criança, que aí tenham força executória e que tenham sido citadas ou notificadas, são executadas noutro Estado-Membro depois de nele terem sido declaradas executórias a pedido de qualquer parte interessada.

2 – Todavia, no Reino Unido,essas decisões só são executadas em Inglaterra e no País de Gales, na Escócia ou na Irlanda do Norte depois de registadas para execução, a pedido de qualquer parte interessada, numa dessas partes do Reino Unido, consoante o caso.

ARTIGO 29º
Competência territorial dos tribunais

1 – O pedido de declaração de executoriedade deve ser apresentado ao tribunal indicado na lista comunicada por cada Estado-Membro à Comissão nos termos do artigo 68º

2 – A competência territorial é determinada pelo lugar da residência habitual da parte contra a qual a execução é requerida ou pelo lugar da residência habitual da criança a que o pedido diga respeito.

Quando não é possível encontrar no Estado-Membro requerido nenhum dos lugares de residência referidos no primeiro parágrafo, o tribunal territorialmente competente é determinado pelo lugar da execução.

ARTIGO 30º
Procedimento

1 – A forma de apresentação do pedido é regulada pela lei do Estado-Membro de execução.

2 – O requerente deve eleger domicílio na área de jurisdição do tribunal competente.Todavia, se a lei do Estado-Membro de execução não previr a eleição de domicílio, o requerente designa um mandatário *ad litem.*

3 – O pedido deve ser acompanhado dos documentos referidos nos artigos 37º e 39º

ARTIGO 31º
Decisão do tribunal

1 – O tribunal a que for apresentado o pedido deve proferir a sua decisão no mais curto prazo. Nem a pessoa contra a qual a execução é requerida nem a criança podem apresentar quaisquer observações nesta fase do processo.

2 – O pedido só pode ser indeferido por um dos motivos previstos nos artigos 22º, 23º e 24º.

3 – A decisão não pode em caso algum ser revista quanto ao mérito.

ARTIGO 32º
Comunicação da decisão

A decisão proferida sobre o pedido deve ser rapidamente comunicada ao requerente pelo funcionário do tribunal, na forma determinada pela lei do Estado-Membro de execução.

ARTIGO 33º
Recurso

1 – Qualquer das partes pode recorrer da decisão relativa ao pedido de declaração de executoriedade.

2 – O recurso deve ser dirigido ao tribunal identificado na lista comunicada por cada Estado-Membro à Comissão nos termos do artigo 68º

3 – O recurso é tratado segundo as regras do processo contraditório.

4 – Se o recurso for interposto pelo requerente da declaração de executoriedade, a parte contra a qual a execução é requerida deverá ser notificada para comparecer no tribunal de recurso. Em caso de não comparecimento, é aplicável o disposto no artigo 18º

5 – O recurso contra a declaração de executoriedade é interposto no prazo de um mês a contar da sua notificação. Se a parte contra a qual é pedida a execução tiver a sua residência habitual num Estado-Membro diferente daquele onde foi proferida a declaração de executoriedade, o prazo de recurso é de dois meses a contar da data em que tiver sido feita a citação pessoal ou domiciliária. Este prazo não é susceptível de prorrogação em razão da distância.

ARTIGO 34º
Tribunais de recurso e meios de impugnação

Da decisão de um recurso só cabe um dos recursos previstos na lista comunicada por cada Estado-Membro à Comissão nos termos do artigo 68º

ARTIGO 35º
Suspensão da instância

1 – O tribunal onde foi interposto recurso nos termos dos artigos 33º ou 34º pode, a pedido da parte contra a qual seja requerida a execução, suspender a instância se, no Estado-Membro de origem, a decisão tiver sido objecto de recurso ordinário ou se o prazo para o interpor ainda não tiver decorrido. Neste último caso, o tribunal pode fixar o prazo para a interposição desse recurso.

2 – Quando a decisão tiver sido proferida na Irlanda ou no Reino Unido, qualquer tipo de recurso existente no Estado-Membro de origem será tratado como um recurso ordinário para efeitos do nº 1.

ARTIGO 36º
Execução parcial

1 – Quando a decisão se referir a vários aspectos do pedido e a execução não puder ser autorizada em relação a todos, o tribunal ordenará a execução relativamente a um ou vários desses aspectos.

2 – O requerente pode pedir uma execução parcial de uma decisão.

SECÇÃO 3
Disposições comuns às secções 1 e 2

ARTIGO 37º
Documentos

1 – A parte que pede ou contesta o reconhecimento de uma decisão ou pede uma declaração de executoriedade de uma decisão deve apresentar:

a) Uma cópia dessa decisão, que preencha os requisitos de autenticidade necessários; e
b) A certidão referida no artigo 39º

2 – Além disso e em caso de decisão à revelia, a parte que pede o reconhecimento ou uma declaração de executoriedade deve apresentar:

a) O original ou uma cópia autenticada do documento que ateste que a parte revel foi citada ou notificada do acto introdutório da instância ou acto equivalente; ou
b) Um documento que indique a aceitação inequívoca da decisão pelo requerido.

ARTIGO 38º
Falta de documentos

1 – Na falta de apresentação dos documentos referidos na alínea *b*) do nº 1 ou no nº 2 do artigo 37º, o tribunal pode conceder um prazo para a sua apresentação, aceitar documentos equivalentes ou, se se considerar suficientemente esclarecido, dispensar a sua apresentação.

2 – Se o tribunal competente o exigir, deve ser apresentada tradução dos documentos. A tradução deve ser autenticada por uma pessoa habilitada para o efeito num dos Estados-Membros.

ARTIGO 39º
Certidão relativa a decisões em matéria matrimonial e certidão relativa a decisões em matéria de responsabilidade parental

O tribunal ou a autoridade competente do Estado-Membro de origem deve emitir, a pedido de qualquer parte interessada, uma certidão, utilizando o formulário constante do anexo I (decisões em matéria matrimonial) ou do anexo II (decisões em matéria de responsabilidade parental).

SECÇÃO 4
Força executória de certas decisões em matéria de direito de visita e de certas decisões que exigem o regresso da criança

ARTIGO 40º
Âmbito de aplicação

1 – A presente secção é aplicável:

a) Ao direito de visita (...); e

b) Ao regresso da criança, na sequência de uma decisão que exija o regresso da criança, nos termos do nº 8 do artigo 11º.

2 – O disposto na presente secção não impede o titular da responsabilidade parental de requerer o reconhecimento e a execução de uma decisão, nos termos das secções 1 e 2 do presente capítulo.

ARTIGO 41º
Direito de visita

1 – O direito de visita referido na alínea *a*) do nº 1do artigo 40º, concedido por uma decisão executória proferida num Estado-Membro, é reconhecido e goza de força executória noutro Estado-Membro sem necessidade de qualquer declaração que lhe reconheça essa força e sem que seja possível contestar o seu reconhecimento, se essa decisão tiver sido homologada no Estado-Membro de origem nos termos do nº 2.

Mesmo se a legislação nacional não previr a força executória de pleno direito de uma decisão que conceda um direito de visita, o tribunal de origem pode declarar a decisão executória, não obstante qualquer recurso.

2 – O juiz de origem só emite a certidão referida no nº 1, utilizando o formulário constante do anexo III (certidão relativa ao direito de visita), se:

a) A parte revel não tiver sido citada ou notificada do acto introdutório da instância ou acto equivalente, em tempo útil e de forma a poder deduzir a sua defesa, ou, se tiver sido citada ou notificada sem observância dessas condições, se estiver estabelecido que essa pessoa aceitou a decisão de forma inequívoca;

b) Todas as partes implicadas tiverem tido a oportunidade de ser ouvidas; e

c) A criança tiver tido a oportunidade de ser ouvida, excepto se for considerada inadequada uma audição,em função da sua idade ou grau de maturidade.

A certidão é redigida na língua da decisão.

3 – Se o direito de visita se referir a uma situação que, desde que a decisão seja proferida, apresente um carácter transfronteiriço, a certidão é emitida oficiosamente, logo que a decisão se torne executória, mesmo que provisoriamente. Se a situação adquirir o carácter transfronteiriço apenas posteriormente, a certidão é emitida a pedido de uma das partes.

ARTIGO 42º
Regresso da criança

1 – O regresso da criança referido na alínea *b*) do nº 1 do artigo 40º, resultante de uma decisão executória proferida num Estado-Membro é reconhecido e goza de força executória noutro Estado-Membro sem necessidade de qualquer declaração que lhe reconheça essa força e sem que seja possível contestar o seu reconhecimento, se essa decisão tiver sido homologada no Estado-Membro de origem, nos termos do nº 2.

Mesmo se a legislação nacional não previr a força executória de pleno direito de uma decisão que exija o regresso da criança previsto no nº 8 do artigo 11º, o tribunal pode declarar a decisão executória, não obstante qualquer recurso.

2 – O juiz de origem que pronunciou a decisão referida na alínea *b*) do nº 1 do artigo 40º só emite a certidão referida no nº 1, se:

a) A criança tiver tido oportunidade de ser ouvida, excepto se for considerada inadequada uma audição, tendo em conta a sua idade ou grau de maturidade;

b) As partes tiverem tido a oportunidade de ser ouvidas; e

c) O tribunal, ao pronunciar-se, tiver tido em conta a justificação e as provas em que assentava a decisão pronunciada ao abrigo do artigo 13º da Convenção de Haia de 1980.

Se o tribunal ou qualquer outra autoridade tomarem medidas para garantir a protecção da criança após o seu regresso ao Estado-Membro onde reside habitualmente, essas medidas deverão ser especificadas na certidão.

O juiz de origem emite a referida certidão, por sua própria iniciativa, utilizando o formulário constante do anexo IV (certidão relativa ao regresso da criança).

A certidão é redigida na língua da decisão.

ARTIGO 43º
Acção de rectificação

1 – A legislação do Estado-Membro de origem é aplicável a qualquer rectificação da certidão.

2 – A emissão de uma certidão nos termos do nº 1do artigo 41º ou do nº 1 do artigo 42º não é susceptível de recurso.

ARTIGO 44º
Efeitos da certidão

A certidão só produz efeitos nos limites do carácter executório da decisão.

ARTIGO 45º
Documentos

1 – A parte que requer a execução de uma decisão deve apresentar:

a) Uma cópia dessa decisão, que satisfaça os requisitos de autenticidade necessários; e

b) A certidão referida no nº 1 do artigo 41º ou no nº 1 do artigo 42º

2 – Para efeitos do presente artigo

- a certidão referida no nº 1 do artigo 41º deve ser acompanhada de uma tradução do ponto 12 relativo às disposições respeitantes ao exercício do direito de visita,
- a certidão referida no nº 1 do artigo 42º é acompanhada de uma tradução do ponto 14 relativo às disposições sobre as medidas tomadas para assegurar o regresso da criança.

A tradução é feita para a língua ou uma das línguas oficiais do Estado-Membro de execução ou para qualquer outra língua que este tenha declarado aceitar. A tradução deve ser autenticada por uma pessoa habilitada para esse efeito num dos Estados-Membros.

SECÇÃO 5
Actos autênticos e acordos

ARTIGO 46º

Os actos autênticos exarados e com força executória num Estado-Membro, bem como os acordos entre partes com força executória no Estado-Membro em que foram celebrados, são reconhecidos e declarados executórios nas mesmas condições que as decisões.

SECÇÃO 6
Outras disposições

ARTIGO 47º
Processo de execução

1 – O processo de execução é regulado pela lei do Estado-Membro de execução.

2 – Qualquer decisão proferida pelo tribunal de outro Estado-Membro, e declarada executória nos termos da secção 2 ou homologada nos termos do nº 1 do artigo 41º ou do nº 1 do artigo 42º, é executada no Estado-Membro de execução como se nele tivesse sido emitida.

Em particular, uma decisão homologada nos termos do nº 1 do artigo 41º ou do nº 1 do artigo 42º não pode ser executada em caso de conflito com uma decisão com força executória proferida posteriormente.

ARTIGO 48º
Disposições práticas para o exercício do direito de visita

1 – Os tribunais do Estado-Membro de execução podem adoptar disposições práticas para o exercício do direito de visita, quando as disposições neces-

sárias não tenham sido previstas ou não tenham sido suficientemente previstas na decisão proferida pelos tribunais do Estado-Membro competentes para conhecer do mérito e desde que os elementos essenciais dessa decisão sejam respeitados.

2 – As disposições práticas adoptadas nos termos do nº 1 deixam de ser aplicáveis na sequência de uma decisão posterior dos tribunais do Estado-Membro competentes para conhecer do mérito.

ARTIGO 49º
Custas

O disposto no presente capítulo, com excepção da secção 4, é igualmente aplicável à fixação do montante das custas de processos instaurados ao abrigo do presente regulamento e à execução de qualquer decisão relativa a essas custas.

ARTIGO 50º
Assistência judiciária

O requerente que, no Estado-Membro de origem, tiver beneficiado, no todo ou em parte, de assistência judiciária ou de isenção de preparos e custas, beneficia, nos processos previstos nos artigos 21º, 28º, 41º, 42º e 48º da assistência judiciária mais favorável ou da isenção mais ampla prevista na lei do Estado-Membro de execução.

ARTIGO 51º
Caução ou depósito

Não pode ser exigida qualquer caução ou depósito,seja qual for a sua designação, à parte que, num Estado-Membro, requeira a execução de uma decisão proferida noutro Estado-Membro, com base nos seguinte fundamentos:

a) Não ter residência habitual no Estado-Membro onde se requer a execução; ou

b) Tratar-se de um estrangeiro ou, quando se requeira a execução no Reino Unido ou na Irlanda, não ter «domicílio» num desses Estados-Membros.

ARTIGO 52º
Legalização ou formalidades análogas

Não é necessária a legalização ou outra formalidade análoga, em relação aos documentos referidos nos artigos 37º, 38º e 45º, ou à procuração *ad litem*.

CAPÍTULO IV
Cooperação entre autoridades centrais em matéria de responsabilidade parental

ARTIGO 53º
Designação

Cada Estado-Membro designa uma ou várias autoridades centrais encarregadas de o assistir na aplicação do presente regulamento, especificando as respectivas competências territoriais ou materiais. Quando um Estado-Membro tenha designado várias autoridades centrais, as comunicações devem, em princípio, ser enviadas directamente à autoridade central competente. Se for enviada uma comunicação a uma autoridade central não competente, esta será responsável pela sua transmissão à autoridade central competente e pela informação do remetente.

ARTIGO 54º
Funções gerais

As autoridades centrais devem comunicar informações sobre a legislação e procedimentos nacionais e tomar medidas para melhorar a aplicação do presente regulamento e reforçar a sua cooperação. Deve-se, para o efeito, utilizar a rede judiciária europeia em matéria civil e comercial, criada pela Decisão 2001/470/CE.

ARTIGO 55º
Cooperação em casos específicos de responsabilidade parental

A pedido de uma autoridade central de outro Estado-Membro ou do titular da responsabilidade parental, as autoridades centrais cooperam em casos específicos, a fim de cumprir os objectivos do presente regulamento, devendo, para o efeito, actuando directamente ou através de autoridades públicas ou outras entidades, tomar todas as medidas apropriadas, nos termos da legislação desse Estado-Membro em matéria de protecção de dados pessoais, para:

a) Recolher e proceder ao intercâmbio de informações:

i) sobre a situação da criança,

ii) sobre qualquer procedimento em curso, ou

iii) sobre qualquer decisão proferida em relação à criança;

b) Fornecer informações e assistência aos titulares da responsabilidade parental que pretendam obter o reconhecimento e a execução de decisões no seu território, sobretudo em matéria de direito de visita e de regresso da criança;

c) Apoiar a comunicação entre tribunais, nomeadamente para efeitos dos nºs 6 e 7 do artigo 11º e do artigo 15º;

d) Fornecer todas as informações e assistência úteis para a aplicação do artigo 56º pelos tribunais; e

e) Facilitar acordos entre os titulares da responsabilidade parental, através da mediação ou de outros meios, e facilitar para o efeito a cooperação transfronteiriça.

ARTIGO 56º
Colocação da criança noutro Estado-Membro

1 – Quando o tribunal competente por força dos artigos 8º a 15º previr a colocação da criança numa instituição ou numa família de acolhimento e essa colocação ocorrer noutro Estado-Membro, consultará previamente a autoridade central ou outra autoridade competente deste último Estado-Membro se a intervenção de uma autoridade pública para os casos internos de colocação de crianças estiver prevista nesse Estado-Membro.

2 – A decisão de colocação a que se refere o nº 1 só pode ser tomada no Estado-Membro requerente, se a autoridade competente do Estado-Membro requerido a tiver aprovado.

3 – As normas relativas à consulta ou à aprovação a que se referem os nºs 1 e 2 são reguladas pelo direito nacional do Estado-Membro requerido.

4 – Quando o tribunal competente por força dos artigos 8º a 15º decidir da colocação da criança numa família de acolhimento essa colocação ocorrer noutro Estado-Membro e a intervenção de uma autoridade pública para os casos internos de colocação de crianças não estiver prevista nesse Estado-Membro, o tribunal prevenirá a autoridade central ou outra autoridade competente deste último Estado-Membro.

ARTIGO 57º
Método de trabalho

1 – Os titulares da responsabilidade parental podem, nos termos do artigo 55º, apresentar um pedido de assistência à autoridade central do Estado-Membro da sua residência habitual ou à autoridade central do Estado-Membro em que a criança reside habitualmente ou se encontra. De um modo geral, o pedido deve ser acompanhado de todas as informações disponíveis que possam facilitar a sua execução. Se o pedido de assistência disser respeito ao reconhecimento ou à execução de uma decisão relativa à responsabilidade parental, abrangida pelo âmbito de aplicação do presente regulamento, os titulares da responsabilidade parental devem anexar ao seu pedido as certidões previstas no artigo 39º, no nº 1 do artigo 41º ou no nº 1 do artigo 42º.

2 – Os Estados-Membros notificam a Comissão da ou das línguas oficiais das instituições da Comunidade em que, para além da sua, podem ser redigidas as comunicações às autoridades centrais.

3 – A assistência prestada pelas autoridades centrais nos termos do artigo 55º é gratuita.

4 – Cada autoridade central suporta as suas próprias despesas.

ARTIGO 58º
Reuniões

1 – As autoridades centrais reúnem-se periodicamente, para facilitar a aplicação do presente regulamento.

2 – A convocação dessas reuniões faz-se nos termos da Decisão 2001/470/CE que cria uma rede judiciária europeia em matéria civil e comercial.

CAPÍTULO V
Relações com outros actos

ARTIGO 59º
Relação com outros actos

1 – Sem prejuízo do disposto nos artigos 60º, 63º, 64º e no nº 2 do presente artigo, o presente regulamento substitui, entre os Estados-Membros, as convenções existentes à data da sua entrada em vigor, celebradas entre dois ou mais Estados-Membros e relativas a matérias reguladas pelo presente regulamento.

2 – *a*) A Finlândia e a Suécia podem declarar que a convenção de 6 de Fevereiro de 1931 entre a Dinamarca, a Finlândia, a Islândia, a Noruega e a Suécia relativa às disposições de Direito Internacional Privado em matéria de casamento, adopção e guarda de menores e o respectivo protocolo final se aplicam, no todo ou em parte, nas suas relações mútuas, em lugar das normas do presente regulamento. Essas declarações serão publicadas no *Jornal Oficial da União Europeia*, em anexo ao presente regulamento, podendo os referidos Estados-Membros a elas renunciar, total ou parcialmente, em qualquer momento.

b) Deve ser respeitado o princípio de não discriminação em razão da nacionalidade entre cidadãos da União.

c) Os critérios de competência incluídos em qualquer acordo a celebrar entre os Estados-Membros referidos na alínea *a*) nas matérias reguladas pelo presente regulamento devem ser alinhados pelos previstos no presente regulamento.

d) As decisões proferidas em qualquer dos Estados nórdicos que tenha feito a declaração a que se refere a alínea *a*), ao abrigo de um critério de competência que corresponda a um dos previstos no capítulo II do presente regulamento, são reconhecidas e executadas nos outros Estados-Membros nos termos das normas previstas no capítulo III do presente regulamento.

3 – Os Estados-Membros transmitem à Comissão:

a) Uma cópia dos acordos e das respectivas leis uniformes de execução a que se referem as alíneas *a*) e *c*) do nº 2;

b) Qualquer denúncia ou alteração desses acordos ou leis uniformes.

ARTIGO 60º
Relações com determinadas convenções multilaterais

Nas relações entre os Estados-Membros, o presente regulamento prevalece sobre as seguintes convenções, na medida em que estas se refiram a matérias por ele reguladas:

a) Convenção de Haia, de 5 de Outubro de 1961, relativa à competência das autoridades e à lei aplicável em matéria de protecção de menores;

b) Convenção do Luxemburgo, de 8 de Setembro de 1967, sobre o reconhecimento das decisões relativas ao vínculo conjugal;

c) Convenção de Haia, de 1 de Junho de 1970, sobre o reconhecimento dos divórcios e separações de pessoas;

d) Convenção Europeia, de 20 de Maio de 1980, sobre o reconhecimento e a execução das decisões relativas à custódia de menores e sobre o restabelecimento da custódia de menores; e

e) Convenção de Haia, de 25 de Outubro de 1980, sobre os aspectos civis do rapto internacional de crianças.

ARTIGO 61º
Relações com a Convenção de Haia, de 19 de Outubro de 1996, relativa à competência, à lei aplicável, ao reconhecimento, à execução e à cooperação em matéria de poder paternal e de medidas de protecção de menores

No que se refere às relações com a Convenção de Haia, de 19 de Outubro de 1996, relativa à competência, à lei aplicável, ao reconhecimento, à execução e à cooperação em matéria de poder paternal e de medidas de protecção de menores, o presente regulamento é aplicável:

a) Quando a criança tenha a sua residência habitual no território de um Estado-Membro;

b) Em relação ao reconhecimento e à execução de uma decisão proferida pelo tribunal competente de um Estado-Membro no território de outro Estado-Membro, mesmo se a criança em causa residir habitualmente no território de um Estado não membro que seja parte contratante na referida convenção.

ARTIGO 62º
Alcance dos efeitos

1 – Os acordos e as convenções referidos no nº 1 do artigo 59º e nos artigos 60º e 61º continuam a produzir efeitos nas matérias não reguladas pelo presente regulamento.

2 – As convenções mencionadas no artigo 60º, nomeadamente a Convenção da Haia de 1980, continuam a produzir efeitos entre os Estados-Membros que nelas são partes, na observância do disposto no artigo 60º.

ARTIGO 63º
Tratados com a Santa Sé

1 – O presente regulamento é aplicável sem prejuízo do Tratado Internacional (Concordata) entre a Santa Sé e Portugal, assinado no Vaticano, em 7 de Maio de 1940.

2 – Qualquer decisão relativa à invalidade do casamento regulada pelo Tratado a que se refere o nº 1 é reconhecida nos Estados-Membros nas condições previstas na secção 1 do capítulo III.

3 – O disposto nos nºs 1 e 2 é igualmente aplicável aos seguintes tratados internacionais (concordatas) com a Santa Sé:

a) «Concordato Lateranense», de 11 de Fevereiro de 1929, entre a Itália e a Santa Sé, alterado pelo acordo, com protocolo adicional, assinados em Roma em 18 de Fevereiro de 1984;

b) Acordo de 3 de Janeiro de 1979, entre a Santa Sé e Espanha, sobre questões jurídicas.

4 – O reconhecimento das decisões previstas no nº 2 pode, em Itália e em Espanha, ser sujeito aos mesmos procedimentos e verificações aplicáveis a decisões proferidas por tribunais eclesiásticos, nos termos dos tratados internacionais celebrados com a Santa Sé, a que se refere o nº 3.

5 – Os Estados-Membros transmitem à Comissão:

a) Uma cópia dos Tratados a que se referem os nºs 1 e 3;

b) Qualquer denúncia ou alteração desses Tratados.

CAPÍTULO VI
Disposições transitórias

ARTIGO 64º

1 – As disposições do presente regulamento são aplicáveis apenas às acções judiciais, actos autênticos e acordos entre as partes posteriores à sua data de aplicação, prevista no artigo 72º.

2 – As decisões proferidas após a data de aplicação do presente regulamento, na sequência de processos instaurados antes dessa data, mas após a data de entrada em vigor do Regulamento (CE) nº 1347/2000, são reconhecidas e executadas nos termos do capítulo III do presente regulamento, se a competência do tribunal se fundava em normas conformes com as previstas no capítulo II do presente regulamento, no Regulamento (CE) nº 1347/2000 ou numa convenção em vigor entre o Estado-Membro de origem e o Estado-Membro requerido aquando da instauração do processo.

3 – As decisões proferidas antes da data de aplicação do presente regulamento, na sequência de processos intentados após a data de entrada em vigor do Regulamento (CE) nº 1347/2000, são reconhecidas e executadas nos termos do capítulo III do presente regulamento, desde que se trate de divórcio, de separação ou de anulação do casamento ou de uma decisão relativa à responsabilidade parental de filhos comuns no âmbito de uma acção de natureza matrimonial.

4 – As decisões proferidas antes da data de aplicação do presente regulamento, mas após a data de entrada em vigor do Regulamento (CE) nº 1347/2000, na sequência de processos instaurados antes da data de entrada em vigor do Regulamento (CE) nº 1347/2000, são reconhecidas e executadas nos termos do capítulo III do presente regulamento, desde que se trate de uma decisão de divórcio, de separação, de anulação do casamento ou relativa à responsabilidade parental de filhos comuns no

âmbito de uma acção de natureza matrimonial, e se a competência do tribunal se fundava em regras conformes com as previstas no capítulo II do presente regulamento, no Regulamento (CE) nº 1347/2000 ou numa convenção em vigor entre o Estado-Membro de origem e o Estado-Mem- bro requerido aquando da instauração do processo.

CAPÍTULO VII
Disposições finais

ARTIGO 65º
Reexame

O mais tardar em 1 de Janeiro de 2012, e posteriormente de cinco em cinco anos, a Comissão apresenta ao Parlamento Europeu, ao Conselho e ao Comité Económico e Social Europeu, com base nas informações fornecidas pelos Estados-Membros, um relatório sobre a aplicação do presente regulamento, eventualmente acompanhado de propostas de adaptação.

ARTIGO 66º
Estados-Membros com dois ou mais sistemas jurídicos

Relativamente a um Estado-Membro no qual sejam aplicados, em unidades territoriais diferentes, dois ou mais sistemas jurídicos ou conjuntos de regras relativos às questões reguladas pelo presente regulamento:

a) Qualquer referência à residência habitual nesse Estado-Membro diz respeito à residência habitual numa unidade territorial;

b) Qualquer referência à nacionalidade, ou no caso do Reino Unido ao «domicílio», diz respeito à unidade territorial designada pela lei desse Estado;

c) Qualquer referência à autoridade de um Estado-Membro diz respeito à autoridade da unidade territorial desse Estado;

d) Qualquer referência às regras do Estado-Membro requerido diz respeito às regras da unidade territorial em que é invocada a competência, o reconhecimento ou a execução.

ARTIGO 67º
Informações relativas às autoridades centrais e às línguas aceites

Os Estados-Membros notificam a Comissão, no prazo de três meses a contar da data de entrada em vigor do presente regulamento:

a) Dos nomes, moradas e meios de comunicação das autoridades centrais designadas nos termos do artigo 53º;

b) Das línguas aceites para as comunicações dirigidas às autoridades centrais, nos termos do nº 2 do artigo 57º; e

c) Das línguas aceites para a passagem da certidão relativa ao direito de visita, nos termos do nº 2 do artigo 45º.

Os Estados-Membros comunicam à Comissão quaisquer alterações destas informações.

A Comissão deve colocar estas informações à disposição do público.

ARTIGO 68º
Informações relativas aos tribunais e às vias de recurso

Os Estados-Membros comunicam à Comissão as listas de tribunais e de recursos referidas nos artigos 21º, 29º, 33º e 34º, bem como as alterações que nelas sejam introduzidas.

A Comissão actualiza essas informações e coloca-as à disposição do público mediante publicação no *Jornal Oficial da União Europeia* e por qualquer outro meio adequado.

ARTIGO 69º
Alterações dos anexos

Qualquer alteração dos formulários constantes dos anexos I a IV deve ser adoptada nos termos do nº 2 do artigo 70º.

ARTIGO 70º
Comité

1 – A Comissão é assistida por um comité (a seguir designado «comité»).

2 – Sempre que se faça referência ao presente número, são aplicáveis os artigos 3º e7º da Decisão 1999/468/CE.

3 – O comité aprovará o seu regulamento interno.

ARTIGO 71º
Revogação do Regulamento (CE) nº 1347/2000

1 – O Regulamento (CE) nº 1347/2000 é revogado com efeitos à data de aplicação do presente regulamento.

2 – Qualquer referência ao Regulamento (CE) nº 1347/2000 deve ser considerada como sendo feita ao presente regulamento, de acordo com o quadro de correspondência do anexo V.

ARTIGO 72º
Entrada em vigor

O presente regulamento entra em vigor em 1 de Agosto de 2004.

É aplicável a partir de 1 de Março de 2005, com excepção dos artigos 67º, 68º, 69º e 70º que são aplicáveis a partir de 1 de Agosto de 2004.

O presente regulamento é obrigatório em todos os seus elementos e directamente aplicável nos Estados-Membros, em conformidade com o Tratado que institui a Comunidade Europeia.

Feito em Bruxelas, em 27 de Novembro de 2003.

Pelo Conselho
O Presidente
R. CASTELLI

ANEXO I
Certidão Referida no Artigo 39º Relativa a Decisões em Matéria Matrimonial ([1])

1. País de origem
2. Tribunal ou autoridade que emite a certidão:
   2.1. Nome
   2.2. Morada:
   2.3. Telefone/Fax/Endereço electrónico
3. Casamento
   3.1. Esposa
      3.1.1. Nome completo
      3.1.2. Morada
      3.1.3. País e local de nascimento
      3.1.4. Data de nascimento
   3.2. Esposo
      3.2.1. Nome completo
      3.2.2. Morada
      3.2.3. País e local de nascimento
      3.2.4. Data de nascimento
   3.3. País, local (se este dado estiver disponível) e data do casamento
      3.3.1. País do casamento
      3.3.2. Local do casamento (se este dado estiver disponível)
      3.3.3. Data do casamento
4. Tribunal que proferiu a decisão
   4.1. Designação do tribunal
   4.2. Localização do tribunal
5. Decisão
   5.1. Data
   5.2. Número de referência
   5.3. Tipo de decisão
      5.3.1. Divórcio
      5.3.2. Anulação do casamento
      5.3.3. Separação
   5.4. A decisão foi proferida à revelia?
      5.4.1. Não
      5.4.2. Sim ([2])
6. Nomes das partes que beneficiaram de assistência jurídica

([1]) *Regulamento (CE) nº 2201/2003 do Conselho, de 27 de Novembro de 2003, relativo à competência, ao reconhecimento e à execução de decisões em matéria matrimonial e de regulação do poder paternal e que revoga o Regulamento (CE) nº 1347/2000.*

([2]) *Devem ser juntos os documentos referidos no nº 2 do artigo 37º*

7. A decisão é susceptível de recurso ao abrigo da lei do Estado-Membro de origem?
   7.1. Não
   7.2. Sim
8. Data da produção dos efeitos jurídicos no Estado-Membro em que foi proferida a decisão
   8.1. Divórcio
   8.2. Separação

Feito em ...., data ....

Assinatura e/ou carimbo

ANEXO II
Certidão Referida no Artigo 39º Relativa a Decisões em Matéria de Responsabilidade Parental (1)

1. Estado-Membro de origem
2. Tribunal ou autoridade que emite a certidão:
   2.1. Nome
   2.2. Morada
   2.3. Telefone/Fax/Endereço electrónico
3. Titular(es)de um direito de visita
   3.1. Nome completo
   3.2. Morada
   3.3. Data e local de nascimento (se estes dados estiverem disponíveis)
4. Titulares da responsabilidade parental não mencionados no ponto 3 (2).
   4.1.
      4.1.1. Nome completo
      4.1.2. Morada
      4.1.3. Data e local de nascimento (se estes dados estiverem disponíveis)
   4.2.
      4.2.1. Nome completo
      4.2.2. Morada
      4.2.3. Data e local de nascimento (se estes dados estiverem disponíveis)
   4.3.
      4.3.1. Nome completo

(1) *Regulamento (CE) nº 2201/2003 do Conselho, de 27 de Novembro de 2003, relativo à competência, ao reconhecimento e à execução de decisões em matéria matrimonial e de regulação do poder paternal e que revoga o Regulamento (CE)nº 1347/2000.*

(2) *Em caso de guarda conjunta, a pessoa mencionada no ponto 3 também pode ser mencionada no ponto 4.*

4.3.2. Morada
4.3.3. Data e local de nascimento (se estes dados estiverem disponíveis)

5. Tribunal que proferiu a decisão
   5.1. Designação do tribunal
   5.2. Localização do tribunal
6. Decisão
   6.1. Data
   6.2. Número de referência
   6.3. A decisão foi proferida à revelia?
      6.3.1. Não
      6.3.2. Sim (1)
7. Crianças abrangidas pela decisão (2)
   7.1. Nome completo e data de nascimento
   7.2. Nome completo e data de nascimento
   7.3. Nome completo e data de nascimento
   7.4. Nome completo e data de nascimento
8. Nomes das partes que beneficiaram de assistência jurídica
9. Certidão que comprova o carácter executório e a citação/notificação
   9.1. A decisão é executória nos termos da lei do Estado-Membro de origem?
      9.1.1. Sim
      9.1.2. Não
   9.2. A parte contra quem a execução é requerida foi citada ou notificada da decisão?
      9.2.1. Sim
         9.2.1.1. Nome completo da parte
         9.2.1.2. Morada
         9.2.1.3. Data de citação ou notificação
      9.2.2. Não
10. Informações específicas para as decisões relativas ao direito de visita se for exigido o «exequatur» nos termos do artigo 28º Essa possibilidade está prevista no nº 2 do artigo 40º:
   10.1. Disposições respeitantes ao exercício do direito de visita (se e na medida em que estes pormenores constem da decisão)
      10.1.1. Data, hora
         10.1.1.1. Início
         10.1.1.2. Fim
      10.1.2. Local
      10.1.3. Obrigações especiais do titular da responsabilidade parental
      10.1.4. Obrigações especiais do beneficiário do direito de visita
      10.1.5. Restrições eventuais associadas ao exercício do direito de visita

(1) *Devem ser juntos os documentos referidos no nº 2 do artigo 37º*
(2) *Se forem abrangidas mais de quatro crianças, utilizar um segundo formulário.*

11. Informações específicas para as decisões relativas ao regresso da criança se for exigido o «exequatur» nos termos do artigo 28º Essa possibilidade está prevista no nº 2 do artigo 45º
    - 11.1. A decisão implica o regresso da criança
    - 11.2. Pessoa para junto da qual a criança deve regressar (se e na medida em que estiver indicada na decisão)
        - 11.2.1. Nome completo
        - 11.2.2. Morada

Feito em ...., data ....

Assinatura e/ou carimbo

ANEXO III
Certidão Referida no nº 1 do Artigo 41º Relativa a Decisões em Matéria de Direito de Visita (1)

1. Estado-Membro de origem
2. Tribunal ou autoridade que emite a certidão:
    - 2.1. Nome
    - 2.2. Morada
    - 2.3. Telefone/Fax/Endereço electrónico
3. Titular(es) de um direito de visita
    - 3.1. Nome completo
    - 3.2. Morada
    - 3.3. Data e local de nascimento (se estes dados estiverem disponíveis)
4. Titulares da responsabilidade parental não mencionados no ponto 3 (2) (3).
    - 4.1.
        - 4.1.1. Nome completo
        - 4.1.2. Morada
        - 4.1.3. Data e local de nascimento (se estes dados estiverem disponíveis)
    - 4.2.
        - 4.2.1. Nome completo
        - 4.2.2. Morada
        - 4.2.3. Data e local de nascimento (se estes dados estiverem disponíveis)
    - 4.3. Outros
        - 4.3.1. Nome completo

(1) *Regulamento (CE) nº 2201/2003 do Conselho, de 27 de Novembro de 2003, relativo à competência, ao reconhecimento e à execução de decisões em matéria matrimonial e de regulação do poder paternal e que revoga o Regulamento (CE) nº 1347/2000.*

(2) *Em caso de guarda conjunta, a pessoa mencionada no ponto 3 também pode ser mencionada no ponto 4.*

(3) *Marcar a casa correspondente à pessoa em relação à qual a decisão deveria ter sido executada.*

4.3.2. Morada
4.3.3. Data e local de nascimento (se estes dados estiverem disponíveis)
5. Tribunal que proferiu a decisão
5.1. Designação do tribunal
5.2. Localização do tribunal
6. Decisão
6.1. Data
6.2. Número de referência
7. Crianças abrangidas pela decisão ([1])
7.1. Nome completo e data de nascimento
7.2. Nome completo e data de nascimento
7.3. Nome completo e data de nascimento
7.4. Nome completo e data de nascimento
8. A decisão é executória no Estado-Membro de origem?
8.1. Sim
8.2. Não
9. Em caso de processo à revelia,a pessoa implicada que não participou no procedimento foi citada ou notificada do acto que introduz a instância ou de um acto equivalente em tempo útil e de tal forma que essa pessoa tenha podido deduzir a sua defesa ou, se a pessoa foi citada ou notificada sem se respeitarem essas condições, ficou estabelecido que aceitou a decisão de forma inequívoca.
10. Todas as partes tiveram a oportunidade de ser ouvidas
11. A criança teve oportunidade de ser ainda, a não ser que tenha sido considerado inadequado realizar uma audição tendo em conta a sua idade e grau de maturidade
12. Disposições respeitantes ao exercício do direito de visita (se e na medida em que estes pormenores constarem da decisão)
12.1. Data, hora
12.1.1. Início
12.1.2. Fim
12.2. Local
12.3. Obrigações específicas do titular da responsabilidade parental
12.4. Obrigações específicas do beneficiário do direito de visita
12.5. Restrições eventuais associadas ao exercício do direito de visita
13. Nomes das partes que beneficiaram de assistência jurídica

Feito em ...., data ....

Assinatura e/ou carimbo

([1]) *Se forem abrangidas mais de quatro crianças, utilizar um segundo formulário.*

ANEXO IV
Certidão Referida no nº 1 do Artigo 42º Relativa ao Regresso da Criança (1)

1. Estado-Membro de origem
2. Tribunal ou autoridade que emite a certidão:
   2.1. Nome
   2.2. Morada
   2.3. Telefone/Fax/Endereço electrónico
3. Pessoa para junto da qual a criança deve regressar
   3.1. Nome completo
   3.2. Morada
   3.3. Data e local de nascimento (se estes dados estiverem disponíveis)
4. Titulares da responsabilidade parental (2)
   4.1. Mãe
      4.1.1. Nome completo
      4.1.2. Morada (se este dado estiver disponível)
      4.1.3. Data e local de nascimento (se estes dados estiverem disponíveis)
   4.2. Pai
      4.2.1. Nome completo
      4.2.2. Morada (se este dado estiver disponível)
      4.2.3. Data e local de nascimento (se estes dados estiverem disponíveis)
   4.3. Outro
      4.3.1. Nome completo
      4.3.2. Morada (se este dado estiver disponível)
      4.3.3. Data e local de nascimento (se estes dados estiverem disponíveis)
5. Requerido (se este dado estiver disponível)
   5.1. Nome completo
   5.2. Morada (se este dado estiver disponível)
6. Tribunal que proferiu a decisão
   6.1. Designação do tribunal
   6.2. Localização do tribunal
7. Decisão
   7.1. Data
   7.2. Número de referência
8. Crianças abrangidas pela decisão (3)
   8.1. Nome completo e data de nascimento

(1) *Regulamento (CE) nº 2201/2003 do Conselho, de 27 de Novembro de 2003, relativo à competência, ao reconhecimento e à execução de decisões em matéria matrimonial e de regulação do poder paternal e que revoga o Regulamento (CE) nº 1347/2000.*

(2) *Ponto facultativo.*

(3) *Se forem abrangidas mais de quatro crianças, utilizar um segundo formulário.*

8.2. Nome completo e data de nascimento
8.3. Nome completo e data de nascimento
8.4. Nome completo e data de nascimento

9. A decisão implica o regresso da criança
10. A decisão é executória no Estado-Membro de origem?
   10.1. Sim
   10.2. Não
11. A criança teve oportunidade de ser ouvida,a não ser que tenha sido considerado inadequado realizar uma audição tendo em conta a sua idade e grau de maturidade
12. As partes tiveram a oportunidade de ser ouvidas
13. A decisão prevê o regresso da criança e o tribunal teve em conta na sua decisão os motivos e elementos de prova em que assenta a decisão tomada nos termos da alínea *b*) do artigo 13º da Convenção de Haia, de 25 de Outubro de 1980, sobre os aspectos civis do rapto internacional de crianças?
14. Se for caso disso, as modalidades das medidas tomadas por tribunais ou por autoridades com vista a assegurar a protecção da criança após o seu regresso ao Estado-Membro de residência habitual
15. Nomes das partes que beneficiaram de assistência jurídica

Feito em ...., data ....

Assinatura e/ou carimbo

ANEXO V
Quadro de Correspondência com o Regulamento (CE) nº 1347/2000

Artigos revogados	Artigos correspondentes do novo texto
1.º	1.º, 2.º
2.º	3.º
3.º	12.º
4.º	
5.º	4.º
6.º	5.º
7.º	6.º
8.º	7.º
9.º	17.º
10.º	18.º
11.º	16.º, 19.º
12.º	20.º
13.º	2.º, 49.º, 46.º
14.º	21.º
15.º	22.º, 23.º
16.º	
17.º	24.º
18.º	25.º
19.º	26.º
20.º	27.º
21.º	28.º
22.º	21.º, 29.º
23.º	30.º
24.º	31.º
25.º	32.º
26.º	33.º
27.º	34.º
28.º	35.º
29.º	36.º
30.º	50.º
31.º	51.º
32.º	37.º
33.º	39.º
34.º	38.º
35.º	52.º
36.º	59.º
37.º	60.º, 61.º
38.º	62.º
39.º	
40.º	63.º
41.º	66.º
42.º	64.º
43.º	65.º
44.º	68.º, 69.º
45.º	70.º
46.º	72.º
Anexo I	68.º
Anexo II	68.º
Anexo III	68.º
Anexo IV	Anexo I
Anexo V	Anexo II

ANEXO VI

Declarações apresentadas pela Suécia e pela Finlândia nos termos do nº 2, alínea *a*) do artigo 59º do Regulamento do Conselho relativo à competência, ao reconhecimento e à execução de decisões em matéria matrimonial e em matéria de responsabilidade parental e que revoga o Regulamento (CE) nº 1347/2000.

Declaração da Suécia:

Nos termos da alínea *a*) do nº 2 do artigo 59º do regulamento do Conselho relativo à competência, ao reconhecimento e à execução de decisões em matéria matrimonial e em matéria de responsabilidade parental e que revoga o Regulamento (CE) nº 1347/2000, a Suécia declara que a convenção de 6 de Fevereiro de 1931 entre a Dinamarca, a Finlândia, a Islândia, a Noruega e a Suécia relativa às disposições de direito internacional privado em matéria de casamento, e de adopção e guarda de menores e o respectivo protocolo final é plenamente aplicável às relações entre a Suécia e a Finlândia, em lugar das regras do presente regulamento.

Declaração da Finlândia:

Nos termos da alínea *a*) do nº 2 do artigo 59º do regulamento do Conselho relativo à competência, ao reconhecimento e à execução de decisões em matéria matrimonial e em matéria de responsabilidade parental e que revoga o Regulamento (CE) nº 1347/2000, a Finlândia declara que a convenção de 6 de Fevereiro de 1931 entre a Dinamarca, a Finlândia, a Islândia, a Noruega e a Suécia relativa às disposições de direito internacional privado em matéria de casamento e de adopção e guarda de menores e o respectivo protocolo final é plenamente aplicável às relações entre a Finlândia e a Suécia, em lugar das regras do presente regulamento.

II. Lei Tutelar Educativa

Lei Tutelar Educativa

Lei nº 166/99, de 14 de setembro

A Assembleia da República decreta, nos termos da alínea *c*) do artigo 161º da Constituição, para valer como lei geral da República, o seguinte:

ARTIGO 1º

É aprovada a Lei Tutelar Educativa, anexa à presente lei e que dela faz parte integrante.

ARTIGO 2º

1 – A presente lei é de aplicação imediata, sem prejuízo da validade dos actos realizados na vigência da lei anterior.

2 – As disposições de natureza processual não se aplicam aos processos iniciados anteriormente à sua vigência quando da sua aplicabilidade imediata possa resultar quebra de harmonia e unidade dos vários actos do processo.

3 – Os processos tutelares pendentes na data da entrada em vigor da nova lei que tenham por objecto a prática, por menor com idade compreendida entre os 12 e os 16 anos, de facto qualificado pela lei como crime são reclassificados como processos tutelares educativos, observando-se o disposto no artigo 43º da Lei Tutelar Educativa.

4 – No caso previsto no número anterior:

a) Procede-se, se necessário, à revisão das medidas aplicadas;

b) São obrigatoriamente revistas as medidas de internamento, bem como as situações de menores colocados para observação ou acolhidos em instituições.

5 – Aos processos tutelares pendentes não incluídos na previsão do nº 3 é aplicável o disposto na Lei de Protecção de Crianças e Jovens em Perigo.

6 – Aos menores com idade compreendida entre os 12 e os 16 anos que tenham praticado facto qualificado pela lei penal como crime antes da data referida no nº 1 podem ser aplicadas:

a) As medidas tutelares previstas no artigo 18º do Decreto-Lei nº 314/78, de 27 de Outubro, salvo a referida na respectiva alínea *j*); ou

b) As medidas tutelares educativas previstas na Lei Tutelar Educativa.

7 – Nos casos previstos nos nºs 4 e 6 é aplicável a medida que concretamente se mostre mais favorável ao interesse educativo do menor, tendo em conta a gravidade do facto e a necessidade de educação do menor para o direito manifestada na prática do facto e subsistente no momento da decisão.

8 – As medidas tutelares previstas nas alíneas *i*) e *l*) do artigo 18º do Decreto-Lei nº 314/78, de 27 de Outubro, consideram-se, para todos os efeitos, nomeadamente para efeitos de execução, equiparadas à medida de internamento em centro educativo em regime aberto e à medida de internamento em centro educativo em regime semiaberto, respectivamente.

9 – À execução da medida prevista na alínea *j*) do artigo 18º do Decreto-Lei nº 314/78, de 27 de Outubro, anteriormente aplicada é aplicável o regime previsto para a medida de internamento em centro educativo em regime semiaberto.

10 – Os processos pendentes nos tribunais de menores ou nos tribunais de competência especializada mista de família e menores que, em virtude do disposto nos artigos 28º, 29º e 31º da Lei Tutelar Educativa, deixarem de ser competentes são remetidos ao tribunal que for territorialmente competente nos termos desta lei e das leis de organização e funcionamento dos tribunais judiciais.

ARTIGO 3º

1 – A classificação dos centros educativos é efectuada por acto regulamentar do Governo.

2 – O Governo adoptará as providências regulamentares necessárias à aplicação da presente lei.

3 – A regulamentação da execução das medidas tutelares educativas consta de decreto-lei.

ARTIGO 4º

1 – São revogadas as disposições legais que contenham normas que contrariem as disposições da Lei Tutelar Educativa aprovada pela presente lei, nomeadamente as disposições do título I e do título II do Decreto-Lei nº 314/78, de 27 de Outubro, alterado pelo Decreto-Lei nº 58/95, de 31 de Março.

2 – São revogados os artigos 23º e 24º do Decreto-Lei nº 39/83, de 25 de Janeiro.

ARTIGO 5º

A entrada em vigor da legislação que, nos termos do artigo 144º, nº 4, da Lei Tutelar Educativa, proceda à reorganização dos colégios de acolhimento, de educação e formação do Instituto de Reinserção Social e à sua classificação como centros educativos não determina a cessação das comissões de serviço dos respectivos dirigentes que tenham sido nomeados na sequência de concurso público.

ARTIGO 6º

A Lei Tutelar Educativa, bem como a presente lei, com excepção do artigo 3º, entram em vigor com a legislação a que se refere o nº 4 do artigo 144º da mesma lei.

Aprovada em 2 de Julho de 1999. – O Presidente da Assembleia da República, *António de Almeida Santos.* Promulgada em 26 de Agosto de 1999. – Publique-se. – O Presidente da República, JORGE SAMPAIO. – Referendada em 2 de Setembro de 1999. – O Primeiro-Ministro, *António Manuel de Oliveira Guterres.*

ANEXO

Lei Tutelar Educativa*

TÍTULO I

Disposição introdutória

ARTIGO 1º

Âmbito da lei

A prática, por menor com idade compreendida entre os 12 e os 16 anos, de facto qualificado pela lei como crime dá lugar à aplicação de medida tutelar educativa em conformidade com as disposições da presente lei.

TÍTULO II

Das medidas tutelares educativas

CAPÍTULO I

Disposições gerais

ARTIGO 2º

Finalidades das medidas

1 – As medidas tutelares educativas, adiante abreviadamente designadas por medidas tutelares, visam a educação do menor para o direito e a sua inserção, de forma digna e responsável, na vida em comunidade.

2 – As causas que excluem ou diminuem a ilicitude ou a culpa são consideradas para a avaliação da necessidade e da espécie de medida.

** Texto de acordo com a republicação da Lei nº 4/2015, de 15 de janeiro.*

ARTIGO 3º
Aplicação da lei no tempo

1 – Só pode aplicar-se medida tutelar a menor que cometa facto qualificado pela lei como crime e passível de medida tutelar por lei anterior ao momento da sua prática.

2 – No caso de sucessão de leis no tempo, é sempre aplicado o regime que concretamente se mostrar mais favorável ao menor.

ARTIGO 3º-A
Momento da prática do facto

O facto considera-se praticado no momento em que o menor atuou ou, em caso de omissão, deveria ter atuado, independentemente do momento da produção do resultado.

ARTIGO 3º-B
Aplicação da lei no espaço

1 – A presente lei é aplicável ao menor que, residindo ou sendo encontrado em território nacional, aqui tenha praticado facto qualificado pela lei como crime.

2 – Salvo tratado ou convenção internacional em contrário, a presente lei é, ainda, aplicável aos menores desde que:

a) Pratiquem facto qualificado como crime em território estrangeiro, sejam encontrados em território nacional e residam em Portugal;

b) O facto praticado seja qualificado como crime, quer pela lei portuguesa, quer pela lei do lugar da prática do facto.

ARTIGO 3º-C
Lugar da prática do facto

O facto considera-se praticado tanto no lugar em que o menor atuou ou, no caso de omissão, devia ter atuado, como naquele em que o resultado se tiver produzido.

ARTIGO 4º
Princípio da legalidade

1 – São medidas tutelares:

a) A admoestação;

b) A privação do direito de conduzir ciclomotores ou de obter permissão para conduzir ciclomotores;

c) A reparação ao ofendido;

d) A realização de prestações económicas ou de tarefas a favor da comunidade;

e) A imposição de regras de conduta;

f) A imposição de obrigações;

g) A frequência de programas formativos;

h) O acompanhamento educativo;

i) O internamento em centro educativo.

2 – Considera-se medida institucional a prevista na alínea *i*) do número anterior e não institucionais as restantes.

3 – A medida de internamento em centro educativo aplica-se segundo um dos seguintes regimes de execução:

a) Regime aberto;
b) Regime semiaberto;
c) Regime fechado.

ARTIGO 5º
Execução das medidas tutelares

A execução das medidas tutelares pode prolongar-se até o jovem completar 21 anos, momento em que cessa obrigatoriamente.

ARTIGO 6º
Critério de escolha das medidas

1 – Na escolha da medida tutelar aplicável o tribunal dá preferência, de entre as que se mostrem adequadas e suficientes, à medida que represente menor intervenção na autonomia de decisão e de condução de vida do menor e que seja suscetível de obter a sua maior adesão e a adesão de seus pais, representante legal ou pessoa que tenha a sua guarda de facto.

2 – O disposto no número anterior é correspondentemente aplicável à fixação da modalidade ou do regime de execução de medida tutelar.

3 – A escolha da medida tutelar aplicável é orientada pelo interesse do menor.

4 – Quando o menor for considerado autor da prática de uma pluralidade de factos qualificados como crime o tribunal aplica uma ou várias medidas tutelares, de acordo com a concreta necessidade de educação do menor para o direito.

ARTIGO 7º
Determinação da duração das medidas

1 – A medida tutelar deve ser proporcionada à gravidade do facto e à necessidade de educação do menor para o direito manifestada na prática do facto e subsistente no momento da decisão.

2 – A duração da medida de internamento em centro educativo não pode, em caso algum, exceder o limite máximo da pena de prisão prevista para o crime correspondente ao facto.

ARTIGO 8º
Aplicação de várias medidas

1 – Quando forem aplicadas várias medidas tutelares ao mesmo menor, no mesmo ou em diferentes processos, o tribunal determina o seu cumprimento simultâneo, quando entender que as medidas são concretamente compatíveis.

2 – Quando considerar que o cumprimento simultâneo de medidas tutelares aplicadas no mesmo processo não é possível, o tribunal, ouvido o Ministério Público, substitui todas ou algumas medidas por outras ou determina o seu cumprimento sucessivo, nos termos da presente lei.

3 – No caso de aplicação de várias medidas ao mesmo menor em diferentes processos, cujo cumprimento simultâneo não seja possível nos termos do nº 1, o tribunal determina o seu cumprimento sucessivo, nos termos da presente lei.

4 – Quando for aplicada mais do que uma medida de internamento ao mesmo menor, sem que se encontre integralmente cumprida uma delas, é efetuado, ouvido o Ministério Público, o menor e o seu defensor, o competente cúmulo jurídico de medidas, nos termos previstos na lei penal.

5 – No caso de substituição de medidas tutelares o tribunal toma em conta o disposto nos artigos anteriores do presente capítulo.

6 – Se for caso de cumprimento sucessivo de medidas tutelares, o tempo total de duração não pode ultrapassar o dobro do tempo de duração da medida mais grave aplicada, cessando, em qualquer caso, o cumprimento na data em que seu destinatário completar 21 anos.

7 – Sempre que forem aplicáveis medidas de internamento com diferentes regimes de execução, o tempo total de duração não pode ultrapassar o dobro do tempo de duração da medida mais grave aplicada, cessando, em qualquer caso, o cumprimento com o limite de idade previsto no número anterior.

CAPÍTULO II
Conteúdo das medidas

ARTIGO 9º
Admoestação

A admoestação consiste na advertência solene feita pelo juiz ao menor, exprimindo o carácter ilícito da conduta e o seu desvalor e consequências e exortando-o a adequar o seu comportamento às normas e valores jurídicos e a inserir-se, de uma forma digna e responsável, na vida em comunidade.

ARTIGO 10º
Privação do direito de conduzir

A medida de privação do direito de conduzir ciclomotores ou de obter permissão para conduzir ciclomotores consiste na cassação ou na proibição de obtenção da licença, por período entre um mês e um ano.

ARTIGO 11º
Reparação ao ofendido

1 – A reparação ao ofendido consiste em o menor:

a) Apresentar desculpas ao ofendido;

b) Compensar economicamente o ofendido, no todo ou em parte, pelo dano patrimonial, exclusivamente através de bens ou verbas que estejam na disponibilidade do menor;

c) Exercer, em benefício do ofendido, atividade que se conexione com o dano, sempre que for possível e adequado.

2 – A apresentação de desculpas ao ofendido consiste em o menor exprimir o seu pesar pelo facto, por qualquer das seguintes formas:

a) Manifestação, na presença do juiz e do ofendido, do seu propósito de não repetir factos análogos;

b) Satisfação moral ao ofendido, mediante ato que simbolicamente traduza arrependimento.

3 – O pagamento da compensação económica pode ser efetuado em prestações, desde que não desvirtue o significado da medida, atendendo o juiz, na fixação do montante da compensação ou da prestação, apenas às disponibilidades económicas do menor.

4 – A atividade exercida em benefício do ofendido não pode ocupar mais de dois dias por semana e três horas por dia e respeita o período de repouso do menor, devendo salvaguardar um dia de descanso semanal e ter em conta a frequência da escolaridade, bem como outras atividades que o tribunal considere importantes para a formação do menor.

5 – A atividade exercida em benefício do ofendido tem o limite máximo de doze horas, distribuídas, no máximo, por quatro semanas.

6 – A medida de reparação nas modalidades previstas nas alíneas *b*) e *c*) do nº 1 exige o consentimento do ofendido.

ARTIGO 12º
Prestações económicas ou tarefas a favor da comunidade

1 – A medida de prestações económicas ou de realização de tarefas a favor da comunidade consiste em o menor entregar uma determinada quantia ou exercer atividade em benefício de entidade, pública ou privada, de fim não lucrativo.

2 – A atividade exercida tem a duração máxima de sessenta horas, não podendo exceder três meses.

3 – A realização de tarefas a favor da comunidade pode ser executada em fins de semana ou dias feriados.

4 – É correspondentemente aplicável o disposto nos nºs 3 e 4 do artigo 11º

ARTIGO 13º
Imposição de regras de conduta

1 – A medida de imposição de regras de conduta tem por objetivo criar ou fortalecer condições para que o comportamento do menor se adeque às normas e valores jurídicos essenciais da vida em sociedade.

2 – Podem ser impostas, entre outras, as seguintes regras de conduta com a obrigação de:

a) Não frequentar certos meios, locais ou espetáculos;

b) Não acompanhar determinadas pessoas;

c) Não consumir bebidas alcoólicas;

d) Não frequentar certos grupos ou associações;

e) Não ter em seu poder certos objetos.

3 – As regras de conduta não podem representar limitações abusivas ou desrazoáveis à autonomia de decisão e de condução de vida do menor e têm a duração máxima de dois anos.

ARTIGO 14º
Imposição de obrigações

1 – A medida de imposição de obrigações tem por objetivo contribuir para o melhor aproveitamento na escolaridade ou na formação profissional e para o fortalecimento de condições psicobiológicas necessárias ao desenvolvimento da personalidade do menor.

2 – A imposição de obrigações pode consistir na obrigação de o menor:

a) Frequentar um estabelecimento de ensino com sujeição a controlo de assiduidade e aproveitamento;

b) Frequentar um centro de formação profissional ou seguir uma formação profissional, ainda que não certificada;

c) Frequentar sessões de orientação em instituição psicopedagógica e seguir as diretrizes que lhe forem fixadas;

d) Frequentar atividades de clubes ou associações juvenis;

e) Submeter-se a programas de tratamento médico, médico-psiquiátrico, médico-psicológico ou equiparado junto de entidade ou de instituição oficial ou particular, em regime de internamento ou em regime ambulatório.

3 – A submissão a programas de tratamento visa, nomeadamente, o tratamento das seguintes situações:

a) Habituação alcoólica;

b) Consumo habitual de estupefacientes;

c) Doença infetocontagiosa ou sexualmente transmissível;

d) Anomalia psíquica.

4 – O juiz deve, em todos os casos, procurar a adesão do menor ao programa de tratamento, sendo necessário o consentimento do menor quando tiver idade superior a 16 anos.

5 – É correspondentemente aplicável o disposto no nº 3 do artigo 13º

ARTIGO 15º
Frequência de programas formativos

1 – A medida de frequência de programas formativos consiste na participação em:

a) Programas de ocupação de tempos livres;

b) Programas de educação sexual;

c) Programas de educação rodoviária;

d) Programas de orientação psicopedagógica;

e) Programas de despiste e orientação profissional;

f) Programas de aquisição de competências pessoais e sociais;

g) Programas desportivos.

2 – A medida de frequência de programas formativos tem a duração máxima de seis meses, salvo nos casos em que o programa tenha duração superior, não podendo exceder um ano.

3 – A título excecional, e para possibilitar a execução da medida, o tribunal pode decidir que o menor resida junto de pessoa idónea ou em instituição de regime aberto não dependente do Ministério da Justiça que faculte o alojamento necessário para a frequência do programa.

ARTIGO 16º
Acompanhamento educativo

1 – A medida de acompanhamento educativo consiste na execução de um projeto educativo pessoal que abranja as áreas de intervenção fixadas pelo tribunal.

2 – O tribunal pode impor ao menor sujeito a acompanhamento educativo regras de conduta ou obrigações, bem como a frequência de programas formativos.

3 – O projeto é elaborado pelos serviços de reinserção social e sujeito a homologação judicial.

4 – Compete aos serviços de reinserção social supervisionar, orientar, acompanhar e apoiar o menor durante a execução do projeto educativo pessoal.

5 – A medida de acompanhamento educativo tem a duração mínima de três meses e a máxima de dois anos, contados desde a data do trânsito em julgado da decisão de homologação judicial prevista no nº 3.

6 – No caso de o tribunal impor ao menor a frequência de programas formativos é correspondentemente aplicável o disposto no nº 3 do artigo 15º

7 – No caso de o tribunal impor ao menor a obrigação prevista na alínea *e*) do nº 2 do artigo 14º vale correspondentemente o disposto no nº 4 do mesmo artigo.

ARTIGO 17º
Internamento

1 – A medida de internamento visa proporcionar ao menor, por via do afastamento temporário do seu meio habitual e da utilização de programas e métodos pedagógicos, a interiorização de valores conformes ao direito e a aquisição de

recursos que lhe permitam, no futuro, conduzir a sua vida de modo social e juridicamente responsável.

2 – A medida de internamento em regime aberto, em regime semiaberto e em regime fechado é executada em centro educativo classificado com o correspondente regime de funcionamento e grau de abertura ao exterior.

3 – A medida de internamento em regime semiaberto é aplicável quando o menor tiver cometido facto qualificado como crime contra as pessoas a que corresponda pena máxima, abstratamente aplicável, de prisão superior a três anos ou tiver cometido dois ou mais factos qualificados como crimes a que corresponda pena máxima, abstratamente aplicável, superior a três anos.

4 – A medida de internamento em regime fechado é aplicável quando se verifiquem cumulativamente os seguintes pressupostos:

a) Ter o menor cometido facto qualificado como crime a que corresponda pena máxima, abstratamente aplicável, de prisão superior a cinco anos ou ter cometido dois ou mais factos contra as pessoas qualificados como crimes a que corresponda pena máxima, abstratamente aplicável, de prisão superior a três anos; e

b) Ter o menor idade igual ou superior a 14 anos à data da aplicação da medida.

ARTIGO 18º
Duração da medida de internamento

1 – A medida de internamento em regime aberto e semiaberto tem a duração mínima de seis meses e a máxima de dois anos.

2 – A medida de internamento em regime fechado tem a duração mínima de seis meses e a máxima de dois anos, salvo o disposto no número seguinte.

3 – A medida de internamento em regime fechado tem a duração máxima de três anos, quando o menor tiver praticado facto qualificado como crime a que corresponda pena máxima, abstratamente aplicável, de prisão superior a oito anos, ou dois ou mais factos qualificados como crimes contra as pessoas a que corresponda a pena máxima, abstratamente aplicável, de prisão superior a cinco anos.

CAPÍTULO III
Regime das medidas

ARTIGO 19º
Não cumulação

1 – Salvo o disposto no nº 2 do artigo 16º e no número seguinte, as medidas tutelares não podem ser aplicadas cumulativamente por um mesmo facto ao mesmo menor.

2 – A medida de privação do direito de conduzir ciclomotores ou de obter permissão para conduzir ciclomotores pode cumular-se com outra medida.

ARTIGO 20º
Prestações económicas ou tarefas a favor da comunidade

1 – Se for aplicada medida de realização de prestações económicas ou de tarefas a favor da comunidade, o tribunal fixa, na decisão:

a) A modalidade da medida;

b) Consoante o caso, o montante e a forma da prestação económica ou a atividade, a duração e a forma da sua prestação;

c) Consoante o caso, a entidade que acompanha a execução ou a entidade destinatária da prestação.

2 – O tribunal pode deferir aos serviços de reinserção social a definição da forma da prestação de atividade.

ARTIGO 21º
Imposição de obrigações, frequência de programas formativos e acompanhamento educativo

1 – Antes de aplicar as medidas de imposição de obrigações, de frequência de programas formativos ou de acompanhamento educativo que incluir obrigações ou frequência de programas formativos o tribunal pode pedir aos serviços de reinserção social informação sobre instituições ou entidades junto das quais o menor deve cumprir a medida, respetivos programas, horários, condições de frequência e vagas disponíveis.

2 – Os serviços de reinserção social informam o tribunal em prazo não superior a 20 dias.

ARTIGO 22º
Execução participada

1 – O tribunal associa à execução de todas as medidas tutelares, sempre que for possível e adequado aos fins educativos visados, os pais ou outras pessoas de referência para o menor, familiares ou não.

2 – O tribunal delimita a colaboração das pessoas referidas no número anterior relativamente a serviços e entidades encarregados de acompanhar e assegurar a execução das medidas, em ordem a garantir a conjugação de esforços.

3 – Na ausência de qualquer pessoa de referência e colaborante, o tribunal associa uma entidade de proteção social à execução das medidas tutelares educativas.

CAPÍTULO IV
Interatividade entre penas e medidas tutelares

ARTIGO 23º
Execução cumulativa de medidas e penas

O menor sujeito a processo tutelar que for simultaneamente arguido em processo penal cumpre cumulativamente as medidas tutelares e as penas que lhe forem aplicadas, sempre que as mesmas forem entre si concretamente compatíveis.

ARTIGO 24º
Condenação em pena de prisão efetiva

1 – Cessa a execução das medidas tutelares quando o jovem maior de 16 anos for condenado em pena de prisão efetiva, salvo o disposto no número seguinte.

2 – Tratando-se das medidas de admoestação, de reparação ao ofendido na modalidade de compensação económica ou de prestações económicas a favor da comunidade a sua execução não cessa com a condenação em pena de prisão efetiva, nos casos em que a situação concreta do jovem, durante a execução da pena, lhe garanta disponibilidades económicas bastantes para satisfazer os encargos resultantes do cumprimento das medidas.

3 – Quando a execução da medida tutelar cesse nos termos do nº 1, a execução da pena de prisão inicia-se com o trânsito em julgado da sentença condenatória.

ARTIGO 25º
Condenação nas penas de internamento em centro de detenção, colocação por dias livres em centro de detenção ou colocação em centro de detenção em regime de semi-internato

1 – Quando for aplicada pena de internamento em centro de detenção, pena de colocação por dias livres em centro de detenção ou pena de colocação em centro de detenção em regime de semi-internato a jovem maior de 16 anos que esteja a cumprir medida tutelar de internamento, a execução das penas referidas tem início após o cumprimento da medida tutelar.

2 – Quando for aplicada medida tutelar não institucional a jovem maior de 16 anos que esteja a cumprir pena de internamento em centro de detenção, pena de colocação por dias livres em centro de detenção ou pena de colocação em centro de detenção em regime de semi-internato e a medida aplicada for incompatível com a pena em execução, aquela é executada após o cumprimento desta.

3 – Quando for aplicada medida tutelar de internamento em regime aberto ou semiaberto a jovem maior de 16 anos que esteja a cumprir pena de internamento em centro de detenção, pena de colocação por dias livres em centro de detenção ou pena de colocação em centro de detenção em regime de semi-internato, a execução da medida tutelar tem início após o cumprimento da pena.

4 – Quando for aplicada medida tutelar de internamento em regime fechado a jovem maior de 16 anos que esteja a cumprir pena de internamento em centro de detenção, pena de colocação por dias livres em centro de detenção ou pena de colocação em centro de detenção em regime de semi-internato, a pena cessa no momento em que o tempo que falte cumprir for igual ou inferior ao da duração da medida cuja execução se inicia nesse momento.

ARTIGO 26º
Condenação em pena de multa, prestação de trabalho a favor da comunidade ou suspensão da execução da pena de prisão

1 – Quando for aplicada pena de multa, prestação de trabalho a favor da comunidade ou suspensão da execução da pena de prisão a jovem maior de 16 anos que esteja a cumprir medida tutelar de internamento, o tribunal da condenação:

a) Tratando-se de multa que o jovem não possa cumprir dada a sua situação concreta, pode proceder à suspensão da prisão subsidiária, nos termos do nº 3 do artigo 49º do Código Penal;

b) Tratando-se de prestação de trabalho a favor da comunidade, procede à suspensão da pena de prisão determinada na sentença, nos termos da alínea *b*) do nº 6 do artigo 59º do Código Penal;

c) Tratando-se da suspensão da pena de prisão, modifica os deveres, regras de conduta ou obrigações impostos.

2 – Nos casos previstos nas alíneas *a*) a *c*) do número anterior, o tribunal da condenação procede, respetivamente, à fixação ou modificação dos deveres, regras de conduta ou obrigações, por forma a adequá-los à situação concreta do jovem, ou pode solicitar ao tribunal que aplicou a medida as informações que entender necessárias para proceder a essa fixação ou modificação.

3 – Quando for aplicada medida tutelar de internamento a jovem maior de 16 anos que esteja a cumprir alguma das penas referidas no nº 1, o regime da medida a executar tem em conta, tanto quanto possível, a compatibilidade da pena com a medida.

ARTIGO 27º
Prisão preventiva

1 – A aplicação de prisão preventiva a jovem maior de 16 anos não prejudica a execução cumulativa de medida tutelar não institucional que esteja a cumprir ou lhe seja aplicada, desde que esta não seja concretamente incompatível com a prisão.

2 – Tratando-se das medidas de admoestação, de reparação ao ofendido na modalidade de compensação económica ou de prestações económicas a favor da comunidade a execução é compatível com a prisão preventiva, salvo nos casos em que a situação concreta do jovem não lhe permitir disponibilidades económicas bastantes para satisfazer os encargos resultantes do cumprimento das medidas.

3 – A execução das medidas tutelares não institucionais incompatíveis com a prisão preventiva não se inicia ou interrompe-se conforme o momento em que a prisão seja ordenada.

4 – Compete ao juiz que aplica a prisão preventiva determinar, em concreto, a compatibilidade da execução cumulativa de medida tutelar não institucional com a prisão preventiva.

5 – Quando for aplicada prisão preventiva a jovem maior de 16 anos que esteja a cumprir medida tutelar de internamento, a execução da medida não se interrompe, o menor é colocado ou mantido em centro educativo de regime fechado pelo tempo correspondente à prisão preventiva e o seu termo não afeta a continuação da medida pelo tempo que falte.

6 – Quando for aplicada medida tutelar de internamento a jovem maior de 16 anos que esteja a cumprir prisão preventiva, bem como quando a medida tutelar não se iniciar ou for interrompida nos termos do nº 3, a execução da medida ou a sua continuação depende do resultado do processo penal, procedendo-se à revisão da medida e o jovem for absolvido ou aplicando-se, conforme o caso, o disposto nos artigos 23º a 26º

TÍTULO III
Dos tribunais

CAPÍTULO I
Tribunal

ARTIGO 28º
Competência

1 – Compete às secções de família e menores da instância central do tribunal de comarca:

a) Praticar os atos jurisdicionais relativos ao inquérito tutelar educativo;

b) Apreciar os factos qualificados pela lei como crime, praticados por menor com idade compreendida entre os 12 e os 16 anos, com vista à aplicação de medida tutelar;

c) Executar e rever as medidas tutelares;

d) Declarar a cessação ou a extinção das medidas tutelares;

e) Conhecer, nos termos previstos no artigo 201º, do recurso das decisões que apliquem medidas disciplinares a menores a quem tenha sido aplicada medida de internamento.

2 – Cessa a competência das secções de família e menores da instância central do tribunal de comarca quando:

a) For aplicada pena de prisão efetiva, em processo penal, por crime praticado pelo menor com idade compreendida entre os 16 e os 18 anos;

b) O menor completar 18 anos antes da data da decisão em 1ª instância.

3 – Nos casos previstos no número anterior, o processo não é iniciado ou, se o tiver sido, é arquivado.

ARTIGO 29º
Secções da instância local

1 – Fora das áreas abrangidas pela jurisdição das secções de família e menores, cabe às secções criminais da instância local conhecer dos processos tutelares educativos, por aplicação, com as devidas adaptações, do disposto no nº 5 do artigo 124º, da Lei nº 62/2013, de 26 de agosto.

2 – Sem prejuízo do disposto no número anterior, em caso de não ocorrer desdobramento, cabe às secções de competência genérica da instância local conhecer dos processos tutelares educativos, conforme o disposto na alínea *a)* do nº 1 do artigo 130º, da Lei nº 62/2013, de 26 de agosto.

3 – Nos casos previstos nos números anteriores, o tribunal constitui-se em secção de família e menores.

ARTIGO 30º
Constituição

1 – A secção de família e menores funciona, em regra, com um só juiz.

2 – Na audiência em que esteja em causa a aplicação de medida de internamento o tribunal é constituído pelo juiz do processo, que preside, e por dois juízes sociais.

ARTIGO 31º
Competência territorial

1 – É competente para a apreciação dos factos e para a aplicação de medida tutelar o tribunal da residência do menor no momento em que for instaurado o processo.

2 – Sendo desconhecida a residência do menor é competente o tribunal da residência dos titulares das responsabilidades parentais.

3 – Se os titulares das responsabilidades parentais tiverem diferentes residências é competente o tribunal da residência daquele a cuja guarda o menor estiver confiado ou, no caso da guarda conjunta, com quem o menor residir.

4 – Nos casos não previstos nos números anteriores é competente o tribunal do local da prática do facto ou, não estando este determinado, o tribunal do local onde o menor for encontrado.

ARTIGO 32º
Momento da fixação da competência

1 – Para efeitos da presente lei, o momento da instauração do processo corresponde àquele em que for determinada a abertura de inquérito pelo Ministério Público.

2 – São irrelevantes as modificações que ocorrerem posteriormente ao momento da instauração do processo.

ARTIGO 33º
Atos urgentes

A prática de atos urgentes é assegurada pelas secções de competência genérica da instância local, ainda que a respetiva comarca seja servida por secção de família e menores, nos casos em que esta se encontre sediada em diferente município.

ARTIGO 34º
Carácter individual do processo

1 – Sem prejuízo do disposto no número seguinte, organiza-se um único processo relativamente a cada menor, ainda que lhe sejam atribuídos factos diversos ocorridos na mesma ou em diferentes comarcas.

2 – A conexão só opera em relação a processos que se encontrem simultaneamente na fase de inquérito, na fase jurisdicional ou na fase de execução.

ARTIGO 35º
Conexão subjetiva

1 – Organiza-se um só processo quando vários menores tiverem cometido um ou diversos factos, em comparticipação ou reciprocamente, na mesma ocasião ou lugar, sendo uns causa ou efeito dos outros, ou destinando-se uns a continuar ou a ocultar os outros.

2 – No caso referido no número anterior é competente o tribunal da residência do maior número de menores e, em igualdade de circunstâncias, o tribunal do processo que tiver sido instaurado em primeiro lugar.

3 – É correspondentemente aplicável o disposto no nº 2 do artigo anterior.

ARTIGO 36º
Separação de processos

A autoridade judiciária determina a separação de processos quando a celeridade do processo ou o interesse do menor o justificar.

ARTIGO 37º
Apensação

1 – Se houver vários processos procede-se à apensação ao processo instaurado em primeiro lugar, se os menores forem irmãos, ou sujeitos à guarda de facto da mesma pessoa.

2 – Quando forem organizados vários processos relativamente ao mesmo menor, após o trânsito em julgado da decisão, os processos são apensados àquele cuja decisão tenha transitado em primeiro lugar.

ARTIGO 38º
Tribunal competente para a execução

A execução das medidas tutelares, incluída a revisão, compete ao tribunal que as aplicou.

ARTIGO 39º
Execução

1 – A execução das medidas tutelares corre nos próprios autos, perante o juiz da secção de família e menores ou constituída como tal.

2 – Compete ao juiz:

a) Tomar as decisões necessárias à execução efetiva das medidas tutelares aplicadas;

b) Ordenar os procedimentos que considere adequados face a ocorrências que comprometam a execução e que sejam levadas ao seu conhecimento;

c) Homologar os projetos educativos pessoais dos menores em acompanhamento educativo ou internados;

d) Decidir sobre a revisão da medida tutelar aplicada;

e) Acompanhar a evolução do processo educativo do menor através dos relatórios de execução das medidas;

f) Decidir sobre os recursos interpostos relativamente à execução das medidas tutelares a que se refere o artigo 134º;

g) Decidir sobre os pedidos e queixas apresentados sobre quaisquer circunstâncias da execução das medidas suscetíveis de pôr em causa os direitos dos menores;

h) Realizar visitas aos centros educativos e contactar com os menores internados.

CAPÍTULO II
Ministério Público

ARTIGO 40º
Competência

1 – Compete ao Ministério Público:

a) Dirigir o inquérito;

b) Promover as diligências que tiver por convenientes e recorrer, na defesa da lei e no interesse do menor;

c) Promover a execução das medidas tutelares e das custas e demais quantias devidas ao Estado;

d) Dar obrigatoriamente parecer sobre recursos, pedidos e queixas interpostos ou apresentados nos termos da lei;

e) Dar obrigatoriamente parecer sobre o projeto educativo pessoal de menor em acompanhamento educativo ou internado em centro educativo;

f) Realizar visitas a centros educativos e contactar com os menores internados.

2 – É correspondentemente aplicável o disposto nos artigos 31º e 33º

TÍTULO IV
Do processo tutelar

CAPÍTULO I
Princípios gerais

ARTIGO 41º
Sigilo

1 – O processo tutelar é secreto até ao despacho que designar data para a audiência prévia ou para a audiência, se aquela não tiver lugar.

2 – A publicidade do processo faz-se com respeito pela personalidade do menor e pela sua vida privada, devendo, na medida do possível, preservar a sua identidade.

ARTIGO 42º
Mediação

1 – Para realização das finalidades do processo, e com os efeitos previstos na presente lei, a autoridade judiciária pode determinar a cooperação de entidades públicas ou privadas de mediação.

2 – A mediação tem lugar por iniciativa da autoridade judiciária, do menor, seus pais, representante legal, pessoa que tenha a sua guarda de facto ou defensor.

ARTIGO 43º
Iniciativas cíveis e de proteção

1 – Em qualquer fase do processo tutelar educativo, nomeadamente em caso de arquivamento, o Ministério Público:

a) Participa às entidades competentes a situação de menor que careça de proteção social;

b) Toma as iniciativas processuais que se justificarem relativamente ao exercício ou ao suprimento das responsabilidades parentais;

c) Requer a aplicação de medidas de proteção.

2 – Em caso de urgência, as medidas a que se refere a alínea *c*) do número anterior podem ser decretadas provisoriamente no processo tutelar educativo, caducando se não forem confirmadas em ação própria proposta no prazo de um mês.

3 – As decisões proferidas em processos que decretem medidas ou providências de qualquer natureza relativamente ao menor devem conjugar-se com as proferidas no processo tutelar educativo.

ARTIGO 44º
Processos urgentes

1 – Correm durante as férias judiciais os processos relativos a menor sujeito a medida cautelar de guarda em instituição pública ou privada ou em centro educativo ou a internamento para efeito de realização de perícia sobre a personalidade.

2 – Quando a demora do processo puder causar prejuízo ao menor, o tribunal decide, por despacho fundamentado, que o processo seja considerado urgente e corra durante férias.

3 – Sempre que for aplicada medida de internamento, e houver recurso, o processo assume natureza urgente e corre durante férias.

ARTIGO 45º
Direitos do menor

1 – A participação do menor em qualquer diligência processual, ainda que sob detenção ou guarda, faz-se de modo que se sinta livre na sua pessoa e com o mínimo de constrangimento.

2 – Em qualquer fase do processo, o menor tem especialmente direito a:

a) Ser ouvido, oficiosamente ou quando o requerer, pela autoridade judiciária;

b) Não responder a perguntas feitas por qualquer entidade sobre os factos que lhe forem imputados ou sobre o conteúdo das declarações que acerca deles prestar;

c) Não responder sobre a sua conduta, o seu carácter ou a sua personalidade;

d) Ser assistido por especialista em psiquiatria ou psicologia sempre que o solicite, para efeitos de avaliação da necessidade de aplicação de medida tutelar;

e) Ser assistido por defensor em todos os atos processuais em que participar e, quando detido, comunicar, mesmo em privado, com ele;

f) Ser acompanhado pelos pais, representante legal ou pessoa que tiver a sua guarda de facto, salvo decisão fundada no seu interesse ou em necessidades do processo;

g) Oferecer provas e requerer diligências;

h) Ser informado dos direitos que lhe assistem;

i) Recorrer, nos termos desta lei, das decisões que lhe forem desfavoráveis.

3 – O menor não presta juramento em caso algum.

4 – Os direitos referidos nas alíneas *f*) e *h*) do nº 2 podem ser exercidos, em nome do menor, pelos pais, representante legal, pessoa que tenha a sua guarda de facto ou defensor.

ARTIGO 46º
Defensor

1 – O menor, os pais, o representante legal ou a pessoa que tenha a sua guarda de facto podem constituir ou requerer a nomeação de defensor, em qualquer fase do processo.

2 – Não tendo sido anteriormente constituído ou nomeado, a autoridade judiciária providencia pela nomeação de defensor no despacho em que determine a audição ou a detenção do menor.

3 – O defensor nomeado cessa funções logo que seja constituído outro.

4 – O defensor é advogado ou, quando não seja possível, advogado estagiário.

5 – A nomeação de defensor deve recair preferencialmente entre advogados com formação especializada, segundo lista a elaborar pela Ordem dos Advogados.

ARTIGO 46º-A
Obrigatoriedade de assistência

É obrigatória a assistência de defensor em qualquer ato processual do processo tutelar, incluindo nos recursos ordinários ou extraordinários.

ARTIGO 47º
Audição do menor

1 – A audição do menor é sempre realizada pela autoridade judiciária.

2 – A autoridade judiciária pode designar um técnico de serviço social ou outra pessoa especialmente habilitada para acompanhar o menor em ato processual e, se for caso disso, proporcionar ao menor o apoio psicológico necessário por técnico especializado.

ARTIGO 48º
Condições dos meios de transporte utilizados nas deslocações de menores

A deslocação e o transporte do menor devem realizar-se de modo a assegurar, em todos os casos, o respeito pela sua dignidade e condições particulares de maturidade física, intelectual e psicológica e a evitar, tanto quanto possível, a aparência de intervenção de justiça.

ARTIGO 49º
Inimputabilidade em razão de anomalia psíquica

1 – Quando, em qualquer fase do processo, se verificar que o menor sofre de anomalia psíquica que o impede de compreender o sentido da intervenção tutelar, o processo é arquivado.

2 – No caso previsto no número anterior, o Ministério Público encaminha o menor para os serviços de saúde mental, examina a necessidade de internamento e, se for caso disso, providencia, nos termos da lei, o internamento compulsivo.

3 – O despacho de arquivamento é notificado ao menor, aos pais, representante legal ou pessoa que tenha a sua guarda de facto e ao ofendido.

CAPÍTULO II
Identificação, detenção e medidas cautelares

SECÇÃO I
Identificação

ARTIGO 50º
Formalidades

O procedimento de identificação de menor obedece às formalidades previstas no processo penal, com as seguintes especialidades:

a) Na impossibilidade de apresentação de documento, o órgão de polícia criminal procura, de imediato, comunicar com os pais, representante legal ou pessoa que tenha a guarda de facto do menor;

b) O menor não pode permanecer em posto policial, para efeito de identificação, por mais de três horas.

SECÇÃO II
Detenção

ARTIGO 51º
Pressupostos

1 – A detenção do menor é efetuada:

a) Em caso de flagrante delito, para, no mais curto prazo, sem nunca exceder quarenta e oito horas, ser apresentado ao juiz, a fim de ser interrogado ou para sujeição a medida cautelar;

b) Para assegurar a presença imediata ou, não sendo possível, no mais curto prazo, sem nunca exceder doze horas, perante o juiz, a fim de ser interrogado ou para aplicação ou execução de medida cautelar, ou em ato processual presidido por autoridade judiciária;

c) Para sujeição, em regime ambulatório ou de internamento, a perícia psiquiátrica ou sobre a personalidade.

2 – A detenção fora de flagrante delito tem apenas lugar quando a comparência do menor não puder ser assegurada pelos pais, representante legal ou pessoa que tenha a sua guarda de facto e faz-se por mandado do juiz, a requerimento do Ministério Público durante o inquérito e, depois, mesmo oficiosamente.

ARTIGO 52º
Flagrante delito

1 – O menor só pode ser detido em flagrante delito por facto qualificado como crime punível com pena de prisão, sem prejuízo do disposto no número seguinte.

2 – A detenção só se mantém quando o menor tiver cometido facto qualificado como crime contra as pessoas, a que corresponda pena máxima, abstratamente aplicável, de prisão igual ou superior a três anos ou tiver cometido facto qualificado como crime a que corresponda pena máxima, abstratamente aplicável, igual ou superior a cinco anos ou, ainda, tiver cometido dois ou mais factos qualificados como crimes a que corresponda pena máxima, abstratamente aplicável, superior a três anos, cujo procedimento não dependa de queixa ou de acusação particular.

3 – Fora dos casos referidos no número anterior procede-se apenas à identificação do menor.

4 – Em caso de flagrante delito:

a) A autoridade judiciária ou qualquer entidade policial procede à detenção;

b) Se não estiver presente autoridade judiciária ou entidade policial nem puder ser chamada em tempo útil, qualquer pessoa pode proceder à detenção, entregando imediatamente o menor àquelas entidades.

ARTIGO 53º
Comunicação

1 – Salvo quando haja risco de a inviabilizar, a detenção fora de flagrante delito é precedida de comunicação aos pais, representante legal ou pessoa que tenha a guarda de facto do menor.

2 – Sem prejuízo do disposto no número anterior, qualquer detenção é comunicada, no mais curto prazo e pelo meio mais rápido, aos pais, representante legal ou pessoa que tiver a guarda de facto do menor.

ARTIGO 54º
Confiança do menor

1 – Quando não for possível apresentá-lo imediatamente ao juiz, o menor é confiado aos pais, ao representante legal, a quem tenha a sua guarda de facto ou a instituição onde se encontre internado.

2 – Se a confiança do menor nos termos do número anterior não for suficiente para garantir a sua presença perante o juiz ou para assegurar as finalidades da detenção, o menor é recolhido no centro educativo mais próximo ou em instalações próprias e adequadas de entidade policial, sendo-lhe, em qualquer caso, ministrados os cuidados e a assistência médica, psicológica e social que forem aconselhados pela sua idade, sexo e condições individuais.

3 – O menor confiado nos termos dos números anteriores é apresentado ao juiz no prazo e para os efeitos do disposto na alínea *a*) do nº 1 do artigo 51º

ARTIGO 55º
Primeiro interrogatório

Quando assistirem ao primeiro interrogatório, os pais, representante legal ou pessoa que tiver a guarda de facto do menor abstêm-se de qualquer interferência.

SECÇÃO III
Medidas cautelares

ARTIGO 56º
Adequação e proporcionalidade

As medidas cautelares devem ser adequadas às exigências preventivas ou processuais que o caso requerer e proporcionadas à gravidade do facto e às medidas tutelares aplicáveis.

ARTIGO 57º
Tipicidade

São medidas cautelares:

a) A entrega do menor aos pais, representante legal, família de acolhimento, pessoa que tenha a sua guarda de facto ou outra pessoa idónea, com imposição de obrigações ao menor;
b) A guarda do menor em instituição pública ou privada;
c) A guarda do menor em centro educativo.

ARTIGO 58º
Pressupostos

1 – A aplicação de medidas cautelares pressupõe:
a) A existência de indícios do facto;
b) A previsibilidade de aplicação de medida tutelar; e
c) A existência fundada de perigo de fuga ou de cometimento de outros factos qualificados pela lei como crime.

2 – A medida prevista na alínea *c*) do artigo anterior só pode ser aplicada quando se verificarem os pressupostos previstos na alínea *a*) do nº 4 do artigo 17º

3 – No caso previsto no número anterior, a medida é executada em centro educativo semiaberto se o menor tiver idade inferior a 14 anos. Se o menor tiver idade igual ou superior a 14 anos, o juiz determina a execução da medida em centro educativo de regime semiaberto ou fechado.

ARTIGO 59º
Formalidades

1 – As medidas cautelares são aplicadas por despacho do juiz, a requerimento do Ministério Público durante o inquérito e, posteriormente, mesmo oficiosamente.

2 – A aplicação de medidas cautelares exige a audição prévia do Ministério Público, se não for o requerente, do defensor e, sempre que possível, dos pais, representante legal ou pessoa que tenha a guarda de facto do menor.

3 – O despacho referido no nº 1 é notificado ao menor e comunicado aos pais, representante legal ou pessoa que tenha a sua guarda de facto.

ARTIGO 60º
Duração

1 – A medida de guarda de menor em centro educativo tem o prazo máximo de três meses, prorrogável até ao limite máximo de mais três meses em casos de especial complexidade devidamente fundamentados.

2 – O prazo de duração das restantes medidas cautelares é de seis meses até à decisão do tribunal de 1ª instância e de um ano até ao trânsito em julgado da decisão.

ARTIGO 61º
Revisão

1 – Oficiosamente ou a requerimento, as medidas cautelares são substituídas, se o juiz concluir que a medida aplicada não realiza as finalidades pretendidas.

2 – As medidas cautelares são revistas, oficiosamente, de dois em dois meses.

3 – O Ministério Público e o defensor são ouvidos, se não forem os requerentes, bem como os pais, representante legal ou pessoa que tenha a guarda de facto do menor.

ARTIGO 62º
Cessação

As medidas cautelares cessam logo que deixarem de se verificar os pressupostos da sua aplicação.

ARTIGO 63º
Pedido de informação

A fim de fundamentar as decisões sobre a substituição e a cessação da medida de guarda em centro educativo o juiz, oficiosamente ou a requerimento, pode solicitar informação aos serviços de reinserção social.

ARTIGO 64º
Extinção

1 – As medidas cautelares extinguem-se:

a) Quando tiver decorrido o prazo da sua duração;

b) Com a suspensão do processo;

c) Com o arquivamento do inquérito ou do processo;

d) Com o trânsito em julgado da decisão.

2 – As medidas cautelares extinguem-se também quando a decisão de 1ª instância, ainda que não transitada em julgado, não tiver aplicado qualquer medida ou tiver aplicado medida menos grave do que a de acompanhamento educativo.

CAPÍTULO III
Provas

ARTIGO 65º
Objeto

Constituem objeto de prova os factos juridicamente relevantes para a verificação da existência ou inexistência do facto, para avaliação da necessidade de medida tutelar e para determinação da medida a aplicar.

ARTIGO 66º
Declarações e inquirições

1 – Os pais, o representante legal ou quem tenha a guarda de facto do menor prestam declarações, mas não são ajuramentados.

2 – A inquirição sobre factos relativos à personalidade e ao carácter do menor, bem como às suas condições pessoais e à sua conduta anterior e posterior, é permitida, quer para prova do facto quer para avaliação da necessidade de medida tutelar e determinação da medida a aplicar.

3 – Quando tenham idade inferior a 16 anos, o ofendido e as testemunhas são inquiridos pela autoridade judiciária.

4 – O ofendido é inquirido quando a autoridade judiciária, oficiosamente ou a requerimento, o entender conveniente para a boa decisão da causa.

ARTIGO 67º
Convocação de menores

As testemunhas ou quaisquer outros participantes processuais com idade inferior a 18 anos são convocados na sua pessoa e nas pessoas dos pais, representante legal ou quem tiver a sua guarda de facto, podendo o juiz fazer recair sobre estes as sanções devidas por falta injustificada.

ARTIGO 68º
Exames e perícias

1 – Os exames e as perícias têm carácter de urgência e, salvo quando outro prazo for exigido pela sua natureza, são apresentados no prazo máximo de dois meses.

2 – As perícias sobre o menor podem ser realizadas em regime ambulatório ou de internamento, total ou parcial. A realização de perícia em regime não ambulatório é autorizada por despacho do juiz.

3 – O internamento para a realização da perícia não pode exceder dois meses, prorrogáveis por um mês, por despacho do juiz, em caso de especial complexidade devidamente fundamentado.

ARTIGO 69º
Perícia sobre a personalidade

Quando for de aplicar medida de internamento em regime fechado a autoridade judiciária ordena aos serviços de reinserção social a realização de perícia sobre a personalidade.

ARTIGO 70º
Acareação

A prova por acareação em que intervenha o menor é ordenada pela autoridade judiciária e tem lugar na sua presença.

ARTIGO 71º
Informação e relatório social

1 – Podem utilizar-se como meios de obtenção da prova a informação e o relatório social.

2 – A informação e o relatório social têm por finalidade auxiliar a autoridade judiciária no conhecimento da personalidade do menor, incluída a sua conduta e inserção socioeconómica, educativa e familiar.

3 – A informação é ordenada pela autoridade judiciária e pode ser solicitada aos serviços de reinserção social ou a outros serviços públicos ou entidades privadas, devendo ser apresentada no prazo de 15 dias.

4 – O relatório social é ordenado pela autoridade judiciária e solicitado aos serviços de reinserção social, devendo ser apresentado no prazo máximo de 30 dias. Pode solicitar-se a sua atualização ou informação complementar e ouvir-se, em esclarecimentos e sem ajuramentação, os técnicos que o subscreveram.

5 – É obrigatória a elaboração de relatório social com avaliação psicológica quando for de aplicar medida de internamento em regime aberto ou semiaberto.

CAPÍTULO IV
Inquérito

SECÇÃO I
Abertura

ARTIGO 72º
Denúncia

1 – Qualquer pessoa pode denunciar ao Ministério Público ou a órgão de polícia criminal facto qualificado pela lei como crime, independentemente da natureza deste, praticado por menor com idade compreendida entre os 12 e os 16 anos.

2 – *(Revogado.)*

3 – A denúncia não está sujeita a formalismo especial, mas deve, sempre que possível, indicar os meios de prova.

4 – A denúncia apresentada a órgão de polícia criminal é transmitida, no mais curto prazo, ao Ministério Público.

ARTIGO 73º
Denúncia obrigatória

1 – A denúncia é obrigatória:

a) Para os órgãos de polícia criminal, quanto a factos de que tomem conhecimento;

b) Para os funcionários, quanto a factos de que tomem conhecimento no exercício das suas funções e por causa delas.

2 – A denúncia ou a transmissão da denúncia feita por órgão de polícia criminal é, sempre que possível, acompanhada de informação que puder obter sobre a conduta anterior do menor e sua situação familiar, educativa e social. Se não puder acompanhar a denúncia, a informação é apresentada no prazo máximo de oito dias.

ARTIGO 74º
Abertura

Adquirida a notícia do facto, o Ministério Público determina a abertura de inquérito.

SECÇÃO II
Formalidades

ARTIGO 75º
Direção, objeto e prazo

1 – O inquérito é dirigido pelo Ministério Público, assistido por órgãos de polícia criminal e por serviços de reinserção social.

2 – O inquérito compreende o conjunto de diligências que visam investigar a existência de facto qualificado pela lei como crime e determinar a necessidade de educação do menor para o direito, com vista à decisão sobre a aplicação de medida tutelar.

3 – A assistência dos serviços de reinserção social tem por objeto a realização dos meios de obtenção da prova a que se refere o artigo 71º

4 – O prazo para a conclusão do inquérito é de três meses, podendo, mediante despacho fundamentado, ser prorrogado por mais três meses, em razão de especial complexidade.

ARTIGO 76º
Cooperação

O Ministério Público pratica os atos e assegura os meios de prova necessários à realização do inquérito e pode solicitar as diligências e informações que entender convenientes a qualquer entidade pública ou privada.

ARTIGO 77º
Audição do menor

1 – Aberto o inquérito, o Ministério Público ouve o menor, no mais curto prazo.

2 – A audição pode ser dispensada quando for caso de arquivamento liminar e pode ser adiada no interesse do menor.

ARTIGO 78º
Arquivamento liminar

1 – O Ministério Público procede ao arquivamento liminar do inquérito quando, sendo o facto qualificado como crime punível com pena de prisão de máximo não superior a um ano e, perante a informação a que se refere o nº 2 do artigo 73º, se revelar desnecessária a aplicação de medida tutelar face à reduzida gravidade dos factos, à conduta anterior e posterior do menor e à sua inserção familiar, educativa e social.

2 – Se o crime for de consumo de estupefacientes ou substâncias psicotrópicas, o Ministério Público procede ao arquivamento liminar do inquérito e, sendo caso disso, encaminha o menor para serviços de apoio e tratamento, se não tiver notícia do cometimento ou do perigo de cometimento de facto qualificado como crime de diferente espécie.

3 – O despacho de arquivamento é comunicado ao menor e aos pais, ao representante legal ou a pessoa que tenha a sua guarda de facto.

4 – *(Revogado.)*

ARTIGO 79º
Diligências

O inquérito é constituído pelas diligências que se mostrarem necessárias e, quando útil às finalidades do processo, por uma sessão conjunta de prova.

ARTIGO 80º
Disciplina processual

1 – Os atos de inquérito efetuam-se pela ordem que o Ministério Público reputar mais conveniente.

2 – O Ministério Público indefere, por despacho, os atos requeridos que não interessem à finalidade do inquérito ou sirvam apenas para protelar o andamento do processo.

ARTIGO 81º
Sessão conjunta de prova

A sessão conjunta de prova tem por objetivo examinar contraditoriamente os indícios recolhidos e as circunstâncias relativas à personalidade do menor e à sua inserção familiar, educativa e social, com a finalidade de fundamentar a suspensão do processo ou o despacho final.

ARTIGO 82º
Obrigação de comparência na sessão conjunta de prova

1 – Na sessão conjunta de prova é obrigatória a presença do menor e dos pais, representante legal ou quem tenha a sua guarda de facto e do defensor.

2 – Quando se mostrar necessária à finalidade do ato o Ministério Público determina a comparência do ofendido.

3 – O Ministério Público pode ainda determinar a comparência de outras pessoas, nomeadamente técnicos de serviço social e de reinserção social.

ARTIGO 83º
Notificações e adiamento da sessão conjunta de prova

1 – A notificação para a sessão conjunta de prova faz-se com a antecedência mínima de cinco dias, com menção de segunda data para o caso de o menor não poder comparecer e da cominação das consequências a que se referem os números seguintes.

2 – A sessão é adiada, se o menor faltar.

3 – Na ausência de outras pessoas que tenham sido convocadas, o Ministério Público decide sobre se a sessão deve ou não ser adiada.

4 – A sessão conjunta de prova só pode ser adiada uma vez.

5 – Se o menor faltar na data novamente designada, é representado por defensor.

SECÇÃO III
Suspensão do processo

ARTIGO 84º
Regime

1 – Verificando-se a necessidade de medida tutelar e sendo o facto qualificado como crime punível com pena de prisão de máximo não superior a cinco anos, o Ministério Público pode decidir-se pela suspensão do processo, mediante a apresentação de um plano de conduta, quando o menor:

a) Der a sua concordância ao plano proposto;

b) Não tiver sido sujeito a medida tutelar anterior;

c) Evidenciar que está disposto a evitar, no futuro, a prática de factos qualificados pela lei como crime.

2 – Os pais, o representante legal ou quem tiver a guarda de facto do menor são ouvidos sobre o plano de conduta.

3 – O Ministério Público pode solicitar aos serviços de reinserção social ou aos serviços de mediação a elaboração do plano de conduta.

4 – O plano de conduta pode consistir, nomeadamente:

a) Na apresentação de desculpas ao ofendido;

b) No ressarcimento, efetivo ou simbólico, total ou parcial, do dano, com dispêndio de dinheiro de bolso ou com a prestação de uma atividade a favor do ofendido, observados os limites fixados no artigo 11º;

c) Na consecução de certos objetivos de formação pessoal nas áreas escolar, profissional ou de ocupação de tempos livres;

d) Na execução de prestações económicas ou tarefas a favor da comunidade, observados os limites fixados no artigo 12º;

e) Na não frequência de determinados lugares ou no afastamento de certas redes de companhia.

5 – Para os efeitos previstos na alínea *a*) do nº 1 e no nº 2, o Ministério Público procede à audição do menor e das pessoas aí referidas.

6 – A suspensão do processo faz-se pelo prazo máximo de um ano e interrompe o prazo do inquérito.

7 – É correspondentemente aplicável o disposto no nº 3 do artigo 78º

ARTIGO 85º
Termo

1 – No decurso do período de suspensão, o Ministério Público determina o prosseguimento do processo se verificar que não está a ser observado o plano de conduta.

2 – Esgotado o prazo de suspensão e cumprido o plano de conduta, o Ministério Público arquiva o inquérito; caso contrário, o inquérito prossegue com as diligências a que houver lugar.

3 – Se, no período de suspensão, for recebida notícia de facto qualificado como crime imputado ao menor, a denúncia ou participação é junta aos autos e o inquérito prossegue, sendo o objeto do processo alargado aos novos factos.

4 – É correspondentemente aplicável o disposto no nº 3 do artigo 78º

SECÇÃO IV
Encerramento

ARTIGO 86º
Modalidades

O Ministério Público encerra o inquérito, arquivando-o ou requerendo a abertura da fase jurisdicional.

ARTIGO 87º
Arquivamento

1 – O Ministério Público arquiva o inquérito logo que conclua pela:

a) Inexistência do facto;

b) Insuficiência de indícios da prática do facto;

c) Desnecessidade de aplicação de medida tutelar, sendo o facto qualificado como crime punível com pena de prisão de máximo não superior a três anos.

2 – O Ministério Público pode ainda determinar o arquivamento do inquérito quando, tratando-se de facto qualificado pela lei como crime de natureza semipública ou particular, o ofendido manifeste no processo oposição ao seu prosseguimento, invocando fundamento especialmente relevante.

3 – É correspondentemente aplicável o disposto no nº 3 do artigo 78º

ARTIGO 88º
Intervenção hierárquica

No prazo de 30 dias, contado da data da notificação do despacho de arquivamento, o imediato superior hierárquico do Ministério Público pode determinar o prosseguimento dos autos, indicando as diligências ou a sequência a observar.

ARTIGO 89º
Requerimento para abertura da fase jurisdicional

Devendo o processo prosseguir, o Ministério Público requer a abertura da fase jurisdicional.

ARTIGO 90º
Requisitos do requerimento

1 – O requerimento para abertura da fase jurisdicional contém:

a) A identificação do menor, seus pais, representante legal ou quem tenha a sua guarda de facto;

b) A descrição dos factos, incluindo, quando possível, o lugar, o tempo e motivação da sua prática e o grau de participação do menor;

c) A qualificação jurídico-criminal dos factos;

d) A indicação de condutas anteriores, contemporâneas ou posteriores aos factos e das condições de inserção familiar, educativa e social que permitam avaliar da personalidade do menor e da necessidade da aplicação de medida tutelar;

e) A indicação da medida a aplicar ou das razões por que se torna desnecessária;

f) Os meios de prova, limitando-se o rol de testemunhas a vinte;

g) A data e a assinatura.

2 – O limite do número de testemunhas previsto na alínea *f*) do número anterior pode ser ultrapassado desde que tal se afigure necessário para a descoberta da ver-

dade material, designadamente quando tiver sido praticado facto qualificado como crime a que corresponda algum dos crimes referidos no nº 2 do artigo 215º do Código de Processo Penal ou se o processo se revelar de excecional complexidade, devido ao número de arguidos ou ofendidos ou ao carácter altamente organizado do crime, sem prejuízo do disposto no nº 4 do artigo 340º do Código de Processo Penal.

ARTIGO 91º
Princípio da não adesão

O pedido civil é deduzido em separado perante o tribunal competente.

CAPÍTULO V
Fase jurisdicional

SECÇÃO I
Natureza e atos preliminares

ARTIGO 92º
Natureza

1 – A fase jurisdicional compreende:

a) A comprovação judicial dos factos;
b) A avaliação da necessidade de aplicação de medida tutelar;
c) A determinação da medida tutelar;
d) A execução da medida tutelar.

2 – A fase jurisdicional é presidida pelo juiz e obedece ao princípio do contraditório.

ARTIGO 92º-A
Saneamento do processo

1 – Recebido o requerimento para abertura da fase jurisdicional, o juiz verifica se existem questões prévias que obstem ao conhecimento da causa.

2 – O juiz rejeita o requerimento:

a) Que não contenha os requisitos que constam do artigo 90º;
b) Se os factos nele descritos não forem qualificados pela lei penal como crime.

ARTIGO 93º
Despacho inicial

1 – Resolvidas as questões referidas no artigo anterior, o juiz:

a) *(Revogada.)*

b) Arquiva o processo quando, sendo o facto qualificado como crime punível com pena de prisão de máximo superior a três anos, lhe merecer concordância a proposta do Ministério Público no sentido de que não é necessária a aplicação de medida tutelar;

c) Designa dia para audiência prévia se, tendo sido requerida a aplicação de medida não institucional, a natureza e gravidade dos factos, a urgência do caso ou a medida proposta justificarem tratamento abreviado.

2 – Não se verificando nenhuma das situações referidas no número anterior, o juiz determina o prosseguimento do processo, mandando notificar o menor, os pais, representante legal ou quem tenha a sua guarda de facto e o defensor de que podem:

a) Requerer diligências, no prazo de 10 dias;

b) Alegar, no mesmo prazo, ou diferir a alegação para a audiência;

c) Indicar, no mesmo prazo, os meios de prova a produzir em audiência, se não requererem diligências.

3 – É correspondentemente aplicável o disposto no nº 3 do artigo 78º

SECÇÃO II
Audiência prévia

ARTIGO 94º
Designação da audiência

1 – A designação da audiência prévia faz-se dentro dos 10 dias imediatos ao recebimento do requerimento para a abertura da fase jurisdicional, para a data mais próxima compatível com a notificação das pessoas que nela devem participar.

2 – Se o menor se encontrar sujeito a medida cautelar, a data de audiência é designada com precedência sobre qualquer outro processo.

3 – O despacho que designa dia para a audiência prévia contém:

a) A indicação dos factos imputados ao menor e a sua qualificação criminal;

b) Os pressupostos de conduta e de personalidade que justificam a aplicação de medida tutelar;

c) A medida proposta;

d) A indicação do lugar, dia e hora da comparência, o número de sessões da audiência e a sua provável duração;

e) A indicação de defensor, se não tiver sido constituído.

4 – As indicações constantes das alíneas *a*) a *c*) podem ser exaradas por remissão, no todo ou em parte, para o requerimento de abertura da fase jurisdicional.

5 – O despacho é notificado ao Ministério Público.

6 – O despacho, com o requerimento do Ministério Público quando tenha havido remissão, é ainda notificado ao menor, aos pais ou representante legal e ao defensor, com indicação de que podem ser apresentados meios de prova na audiência prévia.

ARTIGO 95º
Notificações

O despacho que designa dia para audiência prévia é notificado às pessoas que nela devam comparecer com a antecedência mínima de oito dias.

ARTIGO 96º
Local da audiência e trajo profissional

1 – Oficiosamente ou a requerimento, o juiz pode determinar que a audiência prévia decorra fora das instalações do tribunal, tendo em conta, nomeadamente, a natureza e gravidade dos factos e a idade, personalidade e condições físicas e psicológicas do menor.

2 – Os magistrados, os advogados e os funcionários de justiça usam trajo profissional na audiência prévia, salvo quando o juiz, oficiosamente ou a requerimento, considerar que não é aconselhado pela natureza ou gravidade dos factos, pela personalidade do menor ou pela finalidade da intervenção tutelar.

ARTIGO 97º
Restrições e exclusão da publicidade

1 – O juiz, oficiosamente ou a requerimento, pode restringir, por despacho fundamentado, a assistência do público ou determinar que a audiência prévia decorra com exclusão da publicidade, para salvaguarda da dignidade das pessoas e da moral pública ou para garantir o normal funcionamento do tribunal.

2 – A restrição ou exclusão de publicidade destinada a garantir o normal funcionamento do tribunal compreende os casos em que a presença do público é suscetível de afetar psíquica ou psicologicamente o menor ou a genuinidade das provas.

3 – O juiz, oficiosamente ou a requerimento, pode determinar, por despacho fundamentado, que a comunicação social, sob cominação de desobediência, não proceda à narração ou à reprodução de certos atos ou peças do processo nem divulgue a identidade do menor.

4 – A leitura da decisão é sempre pública.

ARTIGO 98º
Audição separada

1 – O juiz pode ordenar que o menor seja temporariamente afastado do local da audiência, quando houver razões para crer que a sua presença possa:

a) Afetá-lo na sua integridade psíquica, diminuir a sua espontaneidade ou prejudicar a sua capacidade de reconstituição dos factos;

b) Inibir qualquer participante de dizer a verdade.

2 – Voltando ao local da audiência, o menor é resumidamente informado pelo juiz do que se tiver passado na sua ausência.

3 – O juiz pode ouvir as pessoas separadamente ou em conjunto.

ARTIGO 99º
Assistência

1 – O juiz assegura que a prova seja produzida de forma a não ferir a sensibilidade do menor ou de outros menores envolvidos e que o decurso dos atos lhes seja acessível, tendo em conta a sua idade e o seu grau de desenvolvimento intelectual e psicológico.

2 – Para efeito do disposto no número anterior, o juiz pode determinar a assistência de médicos, de psicólogos, de outros especialistas ou de pessoa da confiança do menor e determinar a utilização dos meios técnicos ou processuais que lhe pareçam adequados.

ARTIGO 100º
Organização e regime da audiência

1 – A audiência prévia é contínua, decorrendo sem interrupção ou adiamento até ao encerramento, salvo as suspensões necessárias para alimentação e repouso dos participantes.

2 – Se a audiência prévia não puder ser concluída no dia em que tiver iniciado, é interrompida, para continuar no dia útil imediatamente posterior.

3 – O adiamento da audiência só é admissível quando, não sendo a simples interrupção bastante para remover o obstáculo:

a) Faltar ou ficar impossibilitada de participar pessoa que não possa ser de imediato substituída e cuja presença seja indispensável por força da lei ou de despacho do tribunal, exceto se estiverem presentes outras pessoas, caso em que se procederá à sua inquirição ou audição, mesmo que tal implique a alteração da ordem de produção de prova;

b) For absolutamente necessário proceder à produção de qualquer meio de prova superveniente e indisponível no momento em que a audiência estiver a decorrer;

c) Surgir qualquer questão prejudicial, prévia ou incidental, cuja resolução seja essencial para a boa decisão da causa e que torne altamente inconveniente a continuação da audiência; ou

d) For absolutamente necessário proceder à atualização de relatório social ou de informação dos serviços de reinserção social, nos termos previstos no artigo 71º

4 – Em caso de interrupção da audiência ou do seu adiamento, a audiência retoma-se a partir do último ato processual praticado na audiência interrompida ou adiada.

5 – A interrupção e o adiamento dependem sempre de despacho fundamentado do juiz que é notificado a todos os sujeitos processuais.

6 – Se a continuação da audiência não puder ocorrer dentro dos 30 dias subsequentes à data do adiamento, por impedimento do tribunal ou por impedimento do defensor, em consequência de outro serviço judicial já marcado, deve o respetivo motivo ficar consignado em ata, identificando-se expressamente a diligência e o processo a que respeita.

7 – Sem prejuízo do previsto no artigo 44º, para efeitos do disposto no número anterior, não é considerado o período das férias judiciais, nem o período em que, por motivo estranho ao tribunal, os autos aguardem a realização de diligências de prova.

8 – O anúncio público em audiência do dia e hora para continuação ou recomeço daquela vale como notificação das pessoas que devam considerar-se presentes.

9 – Na organização da agenda e na programação das sessões são especialmente ponderadas a idade e a condição física e psicológica do menor.

ARTIGO 101º
Deveres de participação e de presença

1 – É obrigatória a participação na audiência prévia do Ministério Público e do defensor.

2 – São convocados para a audiência prévia:

a) O menor;

b) Os pais, representante legal ou quem tenha a guarda de facto do menor;

c) O ofendido;

d) Qualquer pessoa cuja participação seja necessária para assegurar as finalidades da audiência.

3 – Oficiosamente ou a requerimento, o juiz pode dispensar a comparência do menor ou de quaisquer outras pessoas ou ouvi-los separadamente, se o interesse do menor o justificar.

ARTIGO 102º
Comparência do menor

1 – Em caso de falta do menor a audiência é adiada e os pais, representante legal ou quem tenha a sua guarda de facto devem apresentar justificação no próprio dia, em que se especifique a razão da impossibilidade e o tempo provável da duração do impedimento.

2 – Sempre que possível, a justificação de falta é acompanhada de prova, sendo exigido atestado médico se o motivo for doença.

3 – O valor probatório do atestado médico pode ser contrariado por outro meio de prova.

ARTIGO 103º
Medida compulsória

1 – Se se tornar necessário para assegurar a realização da audiência, o juiz emite mandados de detenção do menor e determina as diligências necessárias para a realização da audiência no mais curto prazo que não pode exceder doze horas.

2 – É correspondentemente aplicável o disposto no nº 2 do artigo 51º

ARTIGO 104º
Formalidades

1 – Aberta a audiência, o juiz expõe o objeto e a finalidade do ato, em linguagem simples e clara, por forma a ser compreendido pelo menor, tendo em atenção a sua idade e grau de desenvolvimento.

2 – De seguida, se não considerar que a medida proposta pelo Ministério Público é desproporcionada ou desadequada, o juiz:

a) Interroga o menor e pergunta-lhe se aceita a proposta;

b) Ouve, sobre a proposta, os pais, o representante legal ou a pessoa que tenha a guarda de facto do menor, o defensor e, se estiver presente, o ofendido.

3 – Não sendo obtido consenso, o juiz pode:

a) Procurar consenso para outra medida que considere adequada, salvo a medida tutelar de internamento;

b) Determinar a intervenção de serviços de mediação e suspender a audiência por prazo não superior a 30 dias.

4 – Se for obtida a concordância de todos, o juiz homologa a proposta do Ministério Público ou aplica a medida proposta nos termos do número anterior.

5 – Quando considerar desproporcionada ou desadequada a medida proposta pelo Ministério Público ou não existir consenso sobre ela, o juiz determina a produção dos meios de prova apresentados e:

a) Profere decisão quando considerar que o processo contém todos os elementos;

b) Determina o prosseguimento do processo, nos outros casos.

6 – Sempre que possível, a decisão é ditada para a ata.

7 – Em caso de complexidade, é designada data para leitura da decisão, dentro de cinco dias.

ARTIGO 105º
Regime das provas

1 – Para a formação da convicção do tribunal e a fundamentação da decisão valem apenas as provas produzidas ou examinadas em audiência.

2 – Ressalvam-se do disposto no número anterior as provas contidas em atos processuais cuja leitura em audiência seja permitida nos termos dos artigos seguintes.

ARTIGO 106º
Leitura de autos

1 – Sem prejuízo do disposto no número seguinte, é permitida a leitura em audiência de autos de qualquer das fases do processo tutelar que não contenham declarações do menor, seus pais, representante legal ou quem tenha a sua guarda de facto.

2 – A leitura de declarações anteriormente prestadas pelo menor, pelos pais ou representante legal ou por quem tenha a sua guarda de facto é permitida:

a) A pedido dos próprios ou, se não houver oposição, independentemente da entidade perante a qual tenham sido prestadas;
b) Quando tenham sido prestadas perante a autoridade judiciária.

ARTIGO 107º
Declarações e inquirições

1 – O menor, os pais, o representante legal ou quem tenha a sua guarda de facto são ouvidos pelo juiz.

2 – Se o interesse do menor não o desaconselhar, e for requerido, o juiz pode autorizar que o Ministério Público e o defensor inquiram diretamente os pais, o representante legal ou quem tenha a guarda de facto do menor.

3 – As testemunhas, os peritos e os consultores técnicos são inquiridos diretamente pelo Ministério Público e pelo defensor.

4 – O Ministério Público e o defensor podem sempre propor a formulação de perguntas adicionais.

ARTIGO 108º
Documentação

1 – As declarações prestadas em audiência são documentadas em ata quando o tribunal dispuser de meios idóneos para assegurar a sua reprodução integral.

2 – Se o tribunal não dispuser dos meios referidos no número anterior, o juiz dita para a ata uma súmula das declarações, podendo o Ministério Público e o defensor requerer que sejam aditados os elementos que se mostrarem necessários à boa decisão da causa.

ARTIGO 109º
Alegações

1 – Produzida a prova, o juiz concede a palavra ao Ministério Público e ao defensor para alegações, por trinta minutos cada uma, prorrogáveis por mais quinze, se o justificar a complexidade da causa.

2 – Oficiosamente ou a requerimento, o juiz pode ouvir o menor e os pais, o representante legal ou quem tiver a sua guarda de facto até ao encerramento da audiência.

ARTIGO 110º
Decisão

1 – A decisão inicia-se por um relatório que contém:

a) As indicações tendentes à identificação do menor e dos pais, representante legal ou de quem tenha a sua guarda de facto e do ofendido, quando o houver;

b) A indicação dos factos imputados ao menor, sua qualificação e medida tutelar proposta, se a houver.

2 – Ao relatório segue-se a fundamentação que consiste na enumeração dos factos provados e não provados, indicação da sua qualificação e exposição, tão completa quanto concisa, das razões que justificam o arquivamento ou a aplicação de medida tutelar, com indicação das provas que serviram para formar a convicção do tribunal.

3 – A decisão termina pela parte dispositiva que contém:

a) As disposições legais aplicáveis;

b) A decisão de arquivamento ou de aplicação de medida tutelar;

c) A designação das entidades, públicas ou privadas, a quem é deferida a execução da medida tutelar e o seu acompanhamento;

d) O destino a dar a coisas ou objetos relacionados com os factos;

e) A ordem de remessa de boletins ao registo;

f) A data e a assinatura do juiz.

ARTIGO 111º
Nulidade da decisão

É nula a decisão:

a) Que não contenha as menções referidas no nº 2 e na alínea *b*) do nº 3 do artigo anterior;

b) Que dê como provados factos que constituam alteração substancial dos factos descritos no requerimento para abertura da fase jurisdicional.

ARTIGO 112º
Correção da decisão

1 – O tribunal procede, oficiosamente ou a requerimento, à correção da decisão quando:

a) Fora dos casos previstos no artigo anterior, não tiver sido observado, no todo ou em parte, o disposto no artigo 110º;

b) A decisão contiver erro, lapso, obscuridade ou ambiguidade cuja eliminação não afete o seu conteúdo essencial.

2 – Se o recurso tiver subido, a correção é feita pelo tribunal competente para dele conhecer.

3 – O disposto nos números anteriores é correspondentemente aplicável a despachos judiciais.

ARTIGO 113º
Publicidade da decisão

1 – É obrigatória a presença do menor na sessão em que for tornada pública ou lida a decisão, salvo se, no seu interesse, for dispensada.

2 – É também obrigatória a presença do Ministério Público e do defensor.

3 – A decisão é explicada ao menor.

4 – A leitura da decisão equivale à sua notificação.

5 – Após a leitura, o juiz procede ao depósito da decisão na secretaria, devendo o secretário apor a data e subscrever a declaração de depósito.

ARTIGO 114º
Ata

A ata de audiência contém:

a) O lugar, a data e a hora de abertura e de encerramento da audiência e das sessões que tiverem ocorrido;

b) O nome do juiz e do representante do Ministério Público;

c) A identificação do menor, dos pais, do representante legal ou de quem tenha a sua guarda de facto e do defensor;

d) A identificação das testemunhas, peritos, consultores técnicos, intérpretes e pessoas que tenham intervindo para prestar assistência ao menor;

e) A indicação das provas produzidas ou examinadas;

f) A decisão de exclusão ou restrição da publicidade e as medidas tomadas relativamente à audição de pessoas em separado ou ao afastamento do menor da audiência;

g) Os requerimentos, decisões e quaisquer outras indicações que, por força da lei, dela devem constar;

h) A assinatura do presidente e do funcionário de justiça que a lavrar.

SECÇÃO III
Audiência

ARTIGO 115º
Notificações

Se, realizada a audiência prévia, o processo tiver de prosseguir, é correspondentemente aplicável o disposto no nº 2 do artigo 93º

ARTIGO 116º
Vistos

1 – No prazo de 10 dias sobre o termo de realização das diligências a que houver lugar, o juiz designa dia para a audiência.

2 – O despacho que designa dia para a audiência, acompanhado de cópia do requerimento para abertura da fase jurisdicional, é transmitido, no mais curto prazo, aos juízes sociais, se deverem intervir.

3 – Os juízes sociais podem solicitar vistos, cujo prazo o juiz fixa, tendo em conta a data da audiência.

4 – Sempre que a complexidade do processo o justifique, o juiz manda extrair cópia dos autos para realização de vistos simultâneos.

5 – Sem prejuízo do disposto na alínea *c)* do nº 2 do artigo 93º, o menor, os pais, o representante legal ou quem tenha a sua guarda de facto e o defensor indicam, no prazo de cinco dias, contados da notificação do despacho que designa dia para audiência, as testemunhas e os peritos ou técnicos de reinserção social e oferecem outros meios de prova.

ARTIGO 117º
Regime

1 – Aberta a audiência, o juiz expõe as questões que considera relevantes para a solução do caso, precisando as que são controvertidas.

2 – De seguida, indica os meios de prova a produzir e concede a palavra ao Ministério Público e ao defensor para dizerem se têm provas complementares a oferecer, deferindo as que considerar necessárias ao esclarecimento do caso.

3 – Segue-se a produção de prova, decidindo o juiz, por despacho, os incidentes que sobre ela se suscitarem.

ARTIGO 118º
Decisão

1 – Encerrada a audiência, o tribunal recolhe para decidir.

2 – Sempre que possível, a leitura da decisão é feita em ato contínuo à deliberação.

3 – O presidente tem voto de qualidade e lavra a decisão.

4 – No caso de ser aplicada medida de internamento, o tribunal indica o regime de execução da medida.

ARTIGO 119º
Tribunal misto

1 – Intervindo os juízes sociais, a deliberação é tomada por maioria e incide, em primeiro lugar, sobre os factos, votando primeiramente os juízes sociais, por ordem crescente de idade, e, no fim, o juiz presidente.

2 – Se forem dados como provados os factos ou parte dos factos, o tribunal decide, pela mesma forma e sequência, sobre a necessidade de medida tutelar e sobre a medida tutelar a aplicar; se não forem dados como provados os factos ou se não houver necessidade de medida tutelar, o tribunal arquiva os autos.

ARTIGO 119º-A
Princípio da plenitude da assistência dos juízes

1 – Só podem intervir na sentença os juízes que tenham assistido a todos os atos de instrução e discussão praticados na audiência, salvo o disposto nos números seguintes.

2 – Se durante a discussão e julgamento falecer ou se impossibilitar permanentemente algum dos juízes sociais, não se repetirão os atos já praticados, a menos que as circunstâncias aconselhem, de preferência, a repetição de algum ou alguns dos atos já praticados, o que será decidido sem recurso, mas em despacho fundamentado, pelo juiz que deva presidir à continuação da audiência.

3 – Sendo temporária a impossibilidade, interrompe-se a audiência pelo tempo indispensável, a não ser que as circunstâncias aconselhem, de preferência, a substituição do juiz impossibilitado, o que será decidido pelo presidente do tribunal, em despacho fundamentado. É correspondentemente aplicável o disposto no nº 2.

4 – O juiz substituto continuará a intervir, não obstante o regresso ao serviço do juiz efetivo.

5 – No caso previsto no nº 2, falecendo o juiz presidente ou ficando este permanentemente impossibilitado, repetem-se os atos já praticados.

6 – O juiz que for transferido, promovido ou aposentado ou o juiz social a quem tenha sido deferida a escusa, concluirá o julgamento, exceto se a aposentação tiver por fundamento a incapacidade física, moral ou profissional para o exercício do cargo, ou a escusa tiver por fundamento a incapacidade física ou moral para o exercício do cargo, ou se em qualquer dos casos as circunstâncias aconselharem, de preferência, a substituição do juiz impossibilitado, o que será decidido pelo presidente do tribunal, em despacho fundamentado. É correspondentemente aplicável o disposto nos nºs 2 e 5.

ARTIGO 120º
Normas supletivas

São supletivamente aplicáveis as disposições constantes da secção anterior.

SECÇÃO IV
Recursos

ARTIGO 121º
Admissibilidade do recurso

1 – Só é permitido recorrer de decisão que:

a) Ponha termo ao processo;
b) Aplique ou mantenha medida cautelar;
c) Aplique ou reveja medida tutelar;
d) Recuse impedimento deduzido contra o juiz ou o Ministério Público;
e) Condene no pagamento de quaisquer importâncias;
f) Afete direitos pessoais ou patrimoniais do menor ou de terceiros.

2 – O recurso é interposto para o tribunal da Relação que julga definitivamente, de facto e de direito.

3 – O juiz do tribunal recorrido fixa provisoriamente o efeito do recurso.

ARTIGO 122º
Prazo de interposição

1 – O prazo para interposição do recurso é de cinco dias.

2 – Se o recurso for interposto por declaração na ata, a motivação pode ser apresentada no prazo de cinco dias contado da data da interposição.

ARTIGO 123º
Legitimidade

Têm legitimidade para recorrer:

a) O Ministério Público, mesmo no interesse do menor;

b) O menor, os pais, o representante legal ou quem tenha a sua guarda de facto;

c) Qualquer pessoa que tiver a defender direito afetado pela decisão, limitada à parte em que a decisão recorrida afete tal direito.

ARTIGO 124º
Âmbito do recurso

1 – O recurso abrange toda a decisão.

2 – O recurso interposto em matéria de facto aproveita a todos os menores que tenham sido julgados no mesmo processo.

ARTIGO 125º
Efeito do recurso

1 – No exame preliminar o relator verifica se deve manter o efeito atribuído ao recurso e confirma-o ou altera-o, determinando, neste caso, as providências adequadas.

2 – O recurso interposto de decisão que aplique ou mantenha medida cautelar é decidido no prazo máximo de 15 dias, a contar da data de receção dos autos no tribunal superior.

3 – O recurso interposto de decisão que aplique ou mantenha medida tutelar de internamento é decidido no prazo máximo de 60 dias, a contar da data de receção dos autos no tribunal superior.

4 – Ao recurso interposto de decisão que aplique medida tutelar de internamento é atribuído efeito devolutivo, aguardando o menor em centro educativo até ao trânsito em julgado da decisão.

ARTIGO 126º
Conferência

O recurso é julgado em conferência, salvo quando tenha sido requerida renovação da prova.

ARTIGO 127º
Recursos extraordinários

São admitidos recursos extraordinários:

a) Para fixação de jurisprudência;
b) De revisão.

CAPÍTULO VI
Tempos dos atos

ARTIGO 127º-A
Prazo e seu excesso

1 – Salvo disposição legal em contrário, é de 10 dias o prazo para a prática de qualquer ato processual.

2 – Os despachos ou promoções de mero expediente, bem como os considerados urgentes, devem ser proferidos no prazo máximo de dois dias.

3 – Decorridos três meses sobre o termo do prazo fixa do para a prática de ato próprio do juiz sem que o mesmo tenha sido praticado, deve o juiz consignar a concreta razão da inobservância do prazo.

4 – A secretaria remete, mensalmente, ao presidente do tribunal informação discriminada dos casos em que se mostrem decorridos três meses sobre o termo do prazo fixado para a prática de ato próprio do juiz, ainda que o ato tenha sido entretanto praticado, incumbindo ao presidente do tribunal, no prazo de 10 dias contado da data de receção, remeter o expediente à entidade com competência disciplinar.

CAPÍTULO VII
Direito subsidiário

ARTIGO 128º
Direito subsidiário e casos omissos

1 – Aplica-se subsidiariamente às disposições deste título o Código de Processo Penal.

2 – Nos casos omissos observam-se as normas do processo civil que se harmonizem com o processo tutelar.

TÍTULO V
Da execução das medidas

CAPÍTULO I
Princípios gerais

ARTIGO 129º
Exequibilidade das decisões

A execução de medida só pode ter lugar por força de decisão reduzida a escrito e transitada em julgado que determine a medida aplicada.

ARTIGO 130º
Entidades encarregadas de acompanhar e assegurar a execução das medidas tutelares

1 – Na decisão o tribunal fixa a entidade encarregada de acompanhar e assegurar a execução da medida aplicada.

2 – Excetuados os casos em que a entidade encarregada de acompanhar e assegurar a execução da medida está determinada na lei, o tribunal pode encarregar da sua execução serviço público, instituição de solidariedade social, organização não-governamental, associação, clube desportivo e qualquer outra entidade, pública ou privada, ou pessoa, a título individual, considerados idóneos.

ARTIGO 131º
Dever de informação

1 – As entidades encarregadas de acompanhar e assegurar a execução das medidas informam o tribunal, nos termos e com a periodicidade estabelecida na lei ou, sendo esta omissa, por este determinados, sobre a execução da medida aplicada e sobre a evolução do processo educativo do menor, bem como sempre que se verifiquem circunstâncias suscetíveis de fundamentar a revisão das medidas.

2 – O menor, os pais, o representante legal ou quem tenha a sua guarda de facto e o defensor têm acesso, nos termos previstos na lei, às informações referidas no número anterior, sempre que o solicitem e o tribunal autorize.

ARTIGO 132º
Dossier individual do menor

1 – A informação relativa a menor em acompanhamento educativo ou internado em centro educativo integra um *dossier* individual.

2 – Por cada menor é organizado um único *dossier*.

3 – O *dossier* acompanha sempre o menor em caso de transferência ou mudança de centro educativo.

4 – O acesso ao *dossier* individual é reservado às entidades e pessoas previstas na lei, podendo o juiz, nos casos em que esteja em causa a intimidade do menor ou de outras pessoas, restringir o direito de acesso.

5 – Os *dossiers* são obrigatoriamente destruídos decorridos cinco anos sobre a data em que os jovens a quem respeitam completarem 21 anos.

ARTIGO 133º
Execução sucessiva de medidas tutelares

1 – Quando for determinada a execução sucessiva de medidas tutelares no mesmo processo, a ordem pela qual são executadas é fixada pelo tribunal, que pode ouvir, para o efeito, as pessoas, entidades ou serviços que entender convenientes.

2 – No caso de execução sucessiva de medidas tutelares a execução efetua-se por ordem decrescente do grau de gravidade, salvo quando o tribunal entender que a execução prévia de uma determinada medida favorece a execução de outra aplicada ou entender que a situação concreta e o interesse do menor aconselham execução segundo ordem diferente.

3 – Para efeito do disposto no número anterior:

a) A execução de medida institucional prevalece sobre a execução de medida não institucional, cujo cumprimento se suspende, se for o caso;

b) A execução de medida de internamento de regime mais restritivo prevalece sobre medida de internamento de regime menos restritivo, cujo cumprimento se suspende, se for o caso.

4 – O grau de gravidade das medidas tutelares afere-se pela ordem crescente da sua enumeração no nº 1 do artigo 4º, e relativamente às modalidades de cada uma, pelo grau de limitação que, em concreto, impliquem na autonomia de decisão e de condução de vida do menor.

ARTIGO 134º
Recursos

1 – O menor, os pais, o representante legal ou quem tenha a sua guarda de facto e o defensor podem interpor recurso de qualquer decisão tomada durante a execução de medida tutelar que imponha restrições superiores às decorrentes da decisão judicial.

2 – O recurso é dirigido, por escrito, ao tribunal competente para a execução, que decide em definitivo.

3 – O tribunal pode fixar efeito suspensivo ao recurso relativamente às decisões suscetíveis de alterar substancialmente as condições de execução da medida.

4 – O recurso é decidido no prazo de cinco dias a contar da data do seu recebimento, ouvidos o Ministério Público e as pessoas que o tribunal considere necessárias.

ARTIGO 135º
Extinção das medidas tutelares

O tribunal competente para a execução declara extinta a medida, notificando por escrito o menor, os pais, o representante legal ou quem tenha a sua guarda de facto, o defensor e a entidade encarregada de acompanhar e assegurar a execução.

CAPÍTULO II
Revisão das medidas tutelares

ARTIGO 136º
Pressupostos

1 – A medida tutelar é revista quando:

a) A execução se tiver tornado impossível, por facto não imputável ao menor;

b) A execução se tiver tornado excessivamente onerosa para o menor;

c) No decurso da execução a medida se tiver tornado desajustada ao menor por forma que frustre manifestamente os seus fins;

d) A continuação da execução se revelar desnecessária devido aos progressos educativos alcançados pelo menor;

e) O menor se tiver colocado intencionalmente em situação que inviabilize o cumprimento da medida;

f) O menor tiver violado, de modo grosseiro ou persistente, os deveres inerentes ao cumprimento da medida;

g) O menor com mais de 16 anos cometer infração criminal.

2 – A medida tutelar de internamento é obrigatoriamente revista, para efeitos de avaliação da necessidade da sua execução, quando:

a) A pena ou a medida devam ser executadas nos termos do artigo 25º;

b) For aplicada prisão preventiva a jovem maior de 16 anos que esteja a cumprir medida tutelar de internamento;

c) Nos casos previstos no nº 6 do artigo 27º, o jovem for absolvido.

ARTIGO 137º
Modalidades e periodicidade da revisão das medidas tutelares

1 – A revisão tem lugar oficiosamente, a requerimento do Ministério Público, do menor, dos pais, do representante legal, de quem tenha a sua guarda de facto ou do defensor ou mediante proposta da entidade encarregue de acompanhar e assegurar a execução da medida.

2 – A revisão oficiosa pode ter lugar a todo o tempo, sendo obrigatória decorrido um ano após:

a) O início da execução da medida;

b) A anterior revisão;

c) A aplicação de medida cuja execução não se tiver iniciado, logo que for cumprido mandado de condução do menor ao local que o tribunal tiver determinado.

3 – Para efeitos de se dar início ao processo de revisão nos termos da alínea *c*) do número anterior, a entidade encarregada de acompanhar e assegurar a execução da medida comunica, de imediato, ao tribunal competente a data do início da execução.

4 – A medida de internamento, em regime semiaberto e em regime fechado, é obrigatoriamente revista seis meses após o início da execução ou a anterior revisão.

5 – A revisão, a requerimento, de medidas tutelares pode ter lugar a todo o tempo, salvo no caso da medida de internamento.

6 – A revisão, a requerimento, da medida de internamento pode ter lugar três meses após o início da sua execução ou após a última decisão de revisão.

7 – No caso de revisão a requerimento das pessoas referidas no nº 1, o juiz deve ouvir o Ministério Público, o menor e a entidade encarregada da execução da medida. Nos restantes casos, ouve o menor, sempre que o entender conveniente.

8 – No caso previsto no nº 2 do artigo anterior, o juiz ouve o Ministério Público, o menor e os serviços de reinserção social.

9 – A decisão de revisão é notificada ao menor, aos pais, ao representante legal ou a quem tenha a sua guarda de facto, ao defensor e às entidades encarregadas da execução.

ARTIGO 138º
Efeitos da revisão das medidas tutelares não institucionais

1 – Quando proceder à revisão das medidas não institucionais, pelas razões indicadas nas alíneas *a*) a *d*) do artigo 136º, o tribunal pode:

a) Manter a medida aplicada;

b) Modificar as condições da execução da medida;

c) Substituir a medida por outra mais adequada, igualmente não institucional, desde que tal não represente para o menor uma maior limitação na sua autonomia de decisão e de condução da sua vida;

d) Reduzir a duração da medida;

e) Pôr termo à medida, declarando-a extinta.

2 – Quando proceder à revisão das medidas não institucionais, pelas razões indicadas nas alíneas *e*) e *f*) do artigo 136º, o juiz pode:

a) Advertir solenemente o menor para a gravidade da sua conduta e para as eventuais consequências daí decorrentes;

b) Modificar as condições da execução da medida;

c) Substituir a medida por outra mais adequada, igualmente não institucional, mesmo que tal represente para o menor uma maior limitação na sua autonomia de decisão e de condução da sua vida;

d) Ordenar o internamento em regime semiaberto, nos casos em que o facto qualificado como crime praticado pelo menor admitisse a aplicação de medida de internamento em regime semiaberto ou fechado.

3 – A substituição da medida, nos termos previstos na alínea *c*) do nº 1 e nas alíneas *c*) e *d*) do nº 2, pode ser determinada por tempo igual ou inferior ao que falte para o cumprimento da medida substituída.

ARTIGO 139º
Efeitos da revisão da medida de internamento

1 – Quando proceder à revisão da medida de internamento pelas razões indicadas nas alíneas *a*) a *d*) do nº 1 do artigo 136º, o tribunal pode:

a) Manter a medida aplicada;
b) Reduzir a duração da medida;
c) Modificar o regime da execução, estabelecendo um regime mais aberto;
d) Substituir a medida de internamento por qualquer medida não institucional, por tempo igual ou inferior ao que falte cumprir;
e) Suspender a execução da medida, por tempo igual ou inferior ao que falte para o seu cumprimento, sob condição de o menor não voltar a praticar qualquer facto qualificado como crime;
f) Pôr termo à medida aplicada, declarando-a extinta.

2 – Quando proceda à revisão da medida de internamento em centro educativo pelas razões indicadas nas alíneas *e*) e *f*) do nº 1 do artigo 136º, o juiz pode, sem prejuízo do disposto no número seguinte:

a) Advertir solenemente o menor para a gravidade da sua conduta e para as eventuais consequências daí decorrentes;
b) Prorrogar a medida aplicada, sem alteração do respetivo regime, por um período até um sexto da sua duração, nunca excedendo o limite máximo legal de duração previsto;
c) Modificar o regime da execução, substituindo-o por outro de grau imediatamente mais restritivo, pelo tempo que falte cumprir.

3 – A substituição do regime de execução nos termos da alínea *c*) do número anterior apenas pode ser determinada quando, consoante o caso, se verifiquem os pressupostos previstos nos nºs 3 e 4 do artigo 17º, sendo correspondentemente aplicável, com as devidas adaptações, o disposto no artigo 150º

4 – O disposto no nº 1 é aplicável, com as devidas adaptações, aos casos de revisão obrigatória da medida a que se refere o nº 2 do artigo 136º

CAPÍTULO III
Regras de execução das medidas não institucionais

ARTIGO 140º
Admoestação

1 – A medida de admoestação é executada imediatamente, se houver renúncia ao recurso, ou no prazo de oito dias contado do trânsito em julgado da decisão.

2 – A admoestação é feita na presença do defensor do menor e do Ministério Público, podendo o juiz autorizar a presença de outras pessoas, se a considerar conveniente.

3 – Os pais do menor, o representante legal ou quem tiver a sua guarda de facto podem estar presentes, salvo se o juiz entender que a isso se opõe o interesse do menor.

ARTIGO 141º
Reparação ao ofendido e realização de prestações económicas ou de tarefas a favor da comunidade

1 – No caso de aplicar a medida de reparação ao ofendido nas modalidades previstas nas alíneas *b*) e *c*) do nº 1 do artigo 11º, o tribunal pode encarregar os serviços de reinserção social de acompanhar a execução da medida.

2 – No caso de aplicar a medida de realização de prestações económicas ou de tarefas a favor da comunidade, o tribunal pode encarregar os serviços de reinserção social de acompanhar a execução da medida sempre que esse acompanhamento não possa ser adequadamente assegurado pela entidade destinatária da prestação ou da tarefa.

ARTIGO 142º
Acompanhamento educativo

1 – No prazo de três dias a contar do trânsito em julgado da decisão que aplicar a medida de acompanhamento educativo, o tribunal remete cópia aos serviços de reinserção social, acompanhada de cópia dos elementos necessários para a execução de que aqueles serviços não disponham.

2 – Os serviços de reinserção social procedem à elaboração do projeto educativo pessoal e ao seu envio ao tribunal, em prazo não superior a um mês, para homologação.

3 – O menor e os seus pais, representante legal ou pessoa que tiver a sua guarda de facto devem ser motivados para a participação na elaboração do projeto educativo pessoal.

CAPÍTULO IV
Internamento em centro educativo

SECÇÃO I
Disposições gerais

ARTIGO 143º
Âmbito

O disposto na presente secção é aplicável à execução da medida de internamento em centro educativo, bem como a todos os internamentos determinados em processo tutelar e previstos na presente lei que tenham de ser realizados em centro educativo.

ARTIGO 144º
Centros educativos

1 – Os centros educativos são estabelecimentos orgânica e hierarquicamente dependentes dos serviços de reinserção social.

2 – A intervenção em centro educativo obedece a regulamento geral e a orientações pedagógicas estabelecidas para todos os centros educativos, com vista à realização uniforme dos princípios fixados na lei em matéria tutelar educativa.

3 – Dentro dos limites referidos no número anterior, a intervenção orienta-se, em geral, pelo projeto de intervenção educativa do centro e, em especial, pelo projeto educativo pessoal do menor.

4 – A criação, a organização e a competência dos órgãos dos centros educativos e seu funcionamento, bem como o regulamento geral e a regulamentação do regime disciplinar dos centros educativos, constam de legislação própria.

ARTIGO 145º
Fins dos centros educativos

Os centros educativos destinam-se exclusivamente, consoante a sua classificação e âmbito:

a) À execução da medida tutelar de internamento;

b) À execução da medida cautelar de guarda em centro educativo;

c) Ao internamento para a realização de perícia sobre a personalidade quando incumba aos serviços de reinserção social;

d) Ao cumprimento da detenção;

e) *(Revogada)*

ARTIGO 146º
Medida cautelar de guarda e detenção

A detenção e a medida cautelar de guarda em centro educativo são cumpridas em centro educativo de regime semiaberto ou fechado, preferencialmente em unidade residencial especialmente destinada para este fim.

ARTIGO 147º
Internamento para perícia sobre a personalidade

O internamento para a realização de perícia sobre a personalidade pode ser realizado em centro educativo de regime semiaberto ou fechado, preferencialmente em unidade residencial especialmente destinada para esse fim.

ARTIGO 148º
Internamento em fins de semana

(Revogado.)

ARTIGO 149º
Definição do centro educativo adequado ao internamento

Compete aos serviços de reinserção social definir o centro educativo para os fins indicados no artigo 145º ou para a transferência do menor entre centros educativos de igual regime.

ARTIGO 150º
Escolha e determinação do centro educativo para a execução da medida de internamento

1 – No prazo de três dias, a contar do trânsito em julgado da sentença que aplicar medida de internamento em centro educativo, o tribunal remete aos serviços de reinserção social cópia da decisão, acompanhada de cópia de todos os elementos necessários para a execução, nomeadamente do relatório social, dos relatórios relativos a perícias sobre a personalidade e exames psiquiátricos ou outros que se encontrem no processo.

2 – Na definição de qual o centro educativo mais adequado para a execução da medida aplicada, os serviços de reinserção social tomam em conta as necessidades educativas do menor e, tanto quanto possível, a maior proximidade do centro relativamente à sua residência.

3 – Definido o centro educativo, os serviços de reinserção social informam o tribunal, no prazo de cinco dias a contar da receção dos documentos referidos no nº 1.

4 – Não sendo possível a colocação imediata no centro educativo considerado mais adequado à execução da medida aplicada e às necessidades educativas do menor, os serviços de reinserção social informam o tribunal, no prazo referido no número anterior, da data a partir da qual a colocação no referido centro será possível ou, em alternativa, de outro centro educativo onde a colocação imediata pode ter lugar.

5 – Ponderadas as informações referidas no número anterior e a situação do menor, o tribunal comunica aos serviços de reinserção social a solução que considera preferível, competindo a este fixar em conformidade, no prazo de três dias, o centro educativo para a colocação e informar o tribunal da data e período horário da admissão.

ARTIGO 151º
Apresentação do menor no centro educativo para execução de medida de internamento

1 – Logo que recebida a informação sobre a data e hora da admissão no centro educativo, o tribunal notifica do facto o menor, os pais, o representante legal ou quem tenha a sua guarda de facto e o defensor.

2 – No caso de a medida aplicada ser executada em centro educativo de regime aberto ou semiaberto, o tribunal notifica igualmente os pais, o representante legal ou quem tenha a sua guarda de facto para que o apresentem no centro educativo, na data e hora fixadas, dando conhecimento aos serviços de reinserção social, a quem aqueles podem solicitar apoio.

3 – O tribunal emite mandado de condução, a cumprir por entidades policiais, no caso de a medida ser de executar em centro educativo de regime fechado ou quando a apresentação do menor, nos termos do nº 2, não possa ou não tenha podido realizar-se por causa imputável ao menor, aos pais, ao representante legal ou a quem tenha a sua guarda de facto.

4 – A menos que o tribunal o proíba, o disposto no nº 3 não obsta a que o menor possa ser acompanhado por um dos pais, representante legal ou quem tenha a sua guarda de facto, se as condições da viatura das entidades encarregadas da apresentação o permitirem.

5 – No caso de o menor já se encontrar internado em centro educativo diferente do fixado para a execução da medida, a sua condução ao novo centro cabe aos serviços de reinserção social, sendo correspondentemente aplicável, se tal não for possível, o disposto no nº 4, com as devidas adaptações.

6 – Se o menor não der entrada no centro educativo fixado pelos serviços de reinserção social, nos 30 dias imediatos à comunicação deste ao tribunal, nos termos do nº 5 do artigo anterior, e se o lugar nesse centro não puder permanecer reservado ao menor, os serviços de reinserção social fixam outro centro educativo para a execução da medida e informam o tribunal.

7 – No caso previsto no número anterior, o juiz emite mandado de condução do menor ao centro educativo, a cumprir pelas entidades policiais.

ARTIGO 152º
Escolha e determinação do centro educativo para a execução de outros internamentos

1 – É correspondentemente, com as devidas adaptações, o disposto nos nºs 1, 2 e 3 do artigo 150º quanto à escolha e determinação pelos serviços de reinserção social do centro educativo para a execução dos internamentos referidos nas alíneas *b*), *c*) e *d*) do artigo 145º, sem prejuízo do disposto no número seguinte.

2 – Os serviços de reinserção social informam o tribunal, no próprio dia da solicitação, quanto ao centro educativo para a execução da detenção e da medida cautelar de guarda.

ARTIGO 153º
Apresentação do menor no centro educativo para execução de outros internamentos

1 – É correspondentemente aplicável o disposto no nº 1 do artigo 151º aos internamentos previstos nas alíneas *b*), *c*) e *d*) do artigo 145º

2 – É correspondentemente aplicável, com as devidas adaptações, o disposto nos nºs 2, 3, 4, 6 e 7 do artigo 151º ao internamento previsto na alínea *c*) do artigo 145º

3 – O tribunal emite mandado de condução ao centro educativo, a cumprir pelas entidades policiais, para a execução da detenção e da medida cautelar de guarda, podendo o menor, a menos que o tribunal o proíba, ser acompanhado por um dos pais, representante legal ou quem tenha a sua guarda de facto, se as condições da viatura o permitirem.

ARTIGO 154º
Relatórios de execução da medida de internamento

1 – O diretor do centro educativo remete ao tribunal, com a periodicidade estabelecida no número seguinte, relatórios sobre a execução da medida de internamento aplicada e sobre a evolução do processo educativo do menor.

2 – Os relatórios são trimestrais no caso de medidas de duração de seis meses a um ano e semestrais no caso de medidas de duração superior a um ano.

3 – Os relatórios referidos nos números anteriores podem ser acompanhados de proposta de revisão da medida.

4 – O diretor do centro remete ao tribunal o relatório final de execução da medida com a antecedência de 15 dias relativamente à data da sua cessação. Este relatório substitui o relatório periódico que, nos termos do nº 2, devesse ser enviado no mesmo trimestre ou semestre.

5 – Os relatórios a que se referem os números anteriores são igualmente remetidos ao juiz que aplicou a prisão preventiva, no caso previsto no nº 5 do artigo 27º, para efeitos do disposto no artigo 213º do Código de Processo Penal.

ARTIGO 155º
Ausência não autorizada do menor

1 – Considera-se ausência não autorizada a fuga e o não regresso ao centro, após uma saída autorizada.

2 – A execução da medida de internamento é interrompida se o menor se ausentar sem autorização do centro educativo, não contando o tempo da ausência na duração da medida e do internamento.

3 – A ausência de centro educativo de regime fechado é imediatamente comunicada ao tribunal pelo respetivo diretor. A ausência de centro educativo com outro regime é comunicada pelo respetivo diretor no prazo máximo de vinte e quatro horas a contar da data do conhecimento da ocorrência.

4 – Cabe ao tribunal determinar que a localização e recondução do menor ausente sem autorização seja feita, se necessário, por entidades policiais, emitindo mandado de condução.

5 – A recondução do menor e a continuação da execução da medida de internamento podem realizar-se no centro educativo onde o mesmo se encontrava internado ou noutro, classificado com o mesmo regime de funcionamento e grau de abertura ao exterior, igualmente adequado à execução dessa medida, a definir pelos serviços de reinserção social.

6 – É correspondentemente aplicável, com as devidas adaptações, o disposto nos nºs 1, 3, 4 e 5 aos internamentos referidos nas alíneas *b*), *c*) e *d*) do artigo 145º

ARTIGO 156º
Apresentação de recurso ao diretor do centro

1 – O recurso interposto por menor internado em centro educativo, pelos pais, pelo representante legal ou por quem tenha a sua guarda de facto ou pelo defensor pode ser dirigido, por escrito, ao diretor do centro, que o remete ao tribunal no prazo máximo de dois dias.

2 – É correspondentemente aplicável o disposto no nº 2 do artigo 134º

ARTIGO 157º
Pedidos e reclamações

1 – Os menores podem dirigir, verbalmente ou por escrito, em sobrescrito aberto ou fechado, pedidos ou reclamações aos serviços de reinserção social sobre assuntos relativos ao seu internamento.

2 – Os pedidos ou reclamações referidos no número anterior podem também ser dirigidos ao diretor do centro educativo que decide, se constituírem matéria da sua competência, ou que, em caso contrário, os remete superiormente ou às autoridades competentes.

3 – O disposto nos números anteriores é aplicável aos pedidos ou reclamações efetuados pelos pais, representante legal ou por quem tiver a guarda de facto dos menores internados.

ARTIGO 158º
Cessação do internamento

1 – O diretor do centro deve informar o tribunal, com pelo menos 15 dias de antecedência, da data prevista para a cessação da medida de internamento, de acordo com a decisão que a determinou.

2 – A cessação da medida de internamento só pode ter lugar por decisão do tribunal comunicada, expressamente e por escrito, ao diretor do centro educativo.

3 – Antes da saída do menor, o diretor do centro deve confirmar a inexistência, nos serviços de reinserção social, de outras decisões pendentes de internamento em centro educativo, relativamente ao mesmo menor.

4 – No caso de se encontrarem a aguardar execução outras decisões de internamento em centro educativo, os serviços de reinserção social solicitam ao tribunal competente a emissão das orientações que tiver por adequadas.

5 – É correspondentemente aplicável o disposto nos nºs 3 e 4 à cessação da medida cautelar de guarda em centro educativo e do internamento para realização de perícia sobre a personalidade.

ARTIGO 158º-A
Período de supervisão intensiva

1 – Por decisão judicial, a execução das medidas de internamento pode compreender um período de supervisão intensiva, o qual visa aferir o nível de competências de natureza integradora adquiridas pelo menor no meio institucional, bem como o impacto no seu comportamento social e pessoal, tendo sempre por referência o facto praticado.

2 – A decisão prevista no número anterior é sempre precedida de parecer dos serviços de reinserção social.

3 – A duração do período de supervisão intensiva não pode ser inferior a três meses nem superior a um ano, cabendo aos serviços de reinserção social avaliar e propor a duração do período de supervisão intensiva em cada caso.

4 – Em qualquer caso, o período de supervisão intensiva não pode ser superior a metade do tempo de duração da medida.

5 – A supervisão intensiva é executada em meio natural de vida ou, em alternativa, e sempre que possível, em casa de autonomia, gerida pelos próprios serviços de reinserção social, por entidades particulares sem fins lucrativos, ou por organismos da Segurança Social, mediante formalização de acordos de cooperação, assegurando-se em qualquer caso a supervisão do período pelos serviços de reinserção social.

6 – O tribunal pode sujeitar o menor ao cumprimento de obrigações e, ou, imporlhe regras de conduta durante o período de supervisão intensiva.

7 – As obrigações e regras de conduta previstas no número anterior podem consistir no seguinte:

a) Obrigação de frequentar o sistema educativo e formativo, se o menor estiver abrangido pela escolaridade obrigatória;

b) Obrigação de se submeter a programas de tipo formativo, cultural, educativo, profissional, laboral, de educação sexual, de educação rodoviária ou outros similares;

c) Obrigação de assiduidade no posto de trabalho;

d) Proibição de frequentar determinados meios, locais ou espetáculos;

e) Proibição de se ausentar do local de residência sem autorização judicial prévia;

f) Obrigação de residir num local determinado;

g) Obrigação de comparecer perante o tribunal ou os serviços de reinserção social, sempre que for convocado, para os informar sobre as atividades realizadas;

h) Quaisquer outras obrigações que o tribunal considere convenientes para a reinserção social do menor, desde que não atentem contra a sua dignidade como pessoa.

8 – Durante o período de supervisão intensiva, o menor é acompanhado pela equipa de reinserção social competente, que para o efeito prepara e executa um plano de reinserção social, em colaboração com o menor, os pais ou outras pessoas de referência significativa para o menor, ou com a entidade de proteção social designada pelo tribunal, de acordo com o nº 3 do artigo 22º.

9 – Para efeitos de avaliação da execução do período de supervisão intensiva, os serviços de reinserção social remetem ao tribunal relatórios trimestrais.

10 – Findo o período de supervisão intensiva, e sempre que se comprove que o menor cumpriu as obrigações impostas pelo tribunal, a medida é extinta e o processo arquivado.

11 – Em caso de grave ou reiterada violação das obrigações e regras de conduta impostas ao menor, o tribunal determina o seu internamento, para cumprimento do tempo de medida que lhe faltar cumprir, sempre que possível, no mesmo centro educativo onde cumpriu a medida.

12 – Serão estabelecidas, em termos a definir por decreto-lei, as normas reguladoras das condições de instalação e funcionamento das casas de autonomia.
(Cfr. Declaração de Retificação nº 9/2015, 03-03)

ARTIGO 158º-B
Acompanhamento pós-internamento

1 – Não sendo determinado período de supervisão intensiva, nos termos do nº 1 do artigo anterior, cessada a medida de internamento, os serviços de reinserção social acompanham o regresso do menor à liberdade, nos termos dos números seguintes.

2 – O diretor do centro deve informar os serviços de reinserção social, com, pelo menos 3 meses de antecedência, da data prevista para a cessação da medida de internamento.

3 – Recebida a comunicação prevista no número anterior, os serviços de reinserção social avaliam as condições de integração do menor no seu meio natural de vida, e propõem fundamentadamente, sendo caso disso, junto da comissão de proteção de crianças e jovens territorialmente competente, a instauração de processo de promoção e proteção, nos termos da Lei de Proteção de Crianças e Jovens em Perigo, aprovada pela Lei nº 147/99, de 1 de setembro, disso dando, em simultâneo, conhecimento ao Ministério Público.

4 – Podem ser criadas, em termos a definir por decreto-lei, unidades residenciais de transição destinadas a jovens saídos de centro educativo.

SECÇÃO II
Princípios da intervenção em centro educativo

ARTIGO 159º
Socialização

1 – A atividade dos centros educativos está subordinada ao princípio de que o menor internado é sujeito de direitos e deveres e de que mantém todos os direitos

pessoais e sociais cujo exercício não seja incompatível com a execução da medida aplicada.

2 – A vida nos centros educativos deve, tanto quanto possível, ter por referência a vida social comum e minimizar os efeitos negativos que o internamento possa implicar para o menor e seus familiares, favorecendo os vínculos sociais, o contacto com familiares e amigos e a colaboração e participação das entidades públicas ou particulares no processo educativo e de reinserção social.

3 – O regulamento geral dos centros educativos e o regulamento interno de cada centro estabelecem as autorizações ordinárias e extraordinárias de que o menor pode usufruir para manutenção de contactos benéficos com o exterior.

ARTIGO 160º
Escolaridade

1 – Os menores internados continuam sujeitos aos deveres decorrentes da escolaridade obrigatória, devendo ser incentivados a prosseguir ou a completar estudos em estabelecimento de ensino no exterior, desde que o regime de internamento o permita.

2 – Quando o regime de internamento não permita a frequência pelo menor internado de estabelecimento de ensino no exterior, a atividade escolar oficial desenvolvida nos centros educativos deve ser orientada de modo a adaptar-se às particulares necessidades dos menores e a facilitar a sua inserção social.

ARTIGO 161º
Orientação vocacional e formação profissional e laboral

Conforme a sua idade, regime e duração do internamento, os menores internados devem participar em atividades de orientação vocacional e de formação profissional ou laboral, dentro ou fora do estabelecimento, de acordo com as necessidades especificamente previstas no projeto educativo pessoal.

ARTIGO 162º
Projeto de intervenção educativo

Cada centro educativo dispõe de projeto de intervenção educativo próprio que deve permitir a programação faseada e progressiva da intervenção, diferenciando os objetivos a realizar em cada fase e o respetivo sistema de reforços positivos e negativos, dentro dos limites fixados pelo regulamento geral e de harmonia com o regulamento interno.

ARTIGO 163º
Regulamento interno

É obrigatória a existência em cada centro educativo de um regulamento interno cujo cumprimento visa garantir a convivência tranquila e ordenada e assegurar a realização do projeto de intervenção educativa do centro e dos programas de atividades.

ARTIGO 164º
Projeto educativo pessoal

1 – Para cada menor em execução de medida tutelar de internamento é elaborado um projeto educativo pessoal, no prazo de 30 dias após a sua admissão, tendo em conta o regime e duração da medida, bem como as suas particulares motivações, necessidades educativas e de reinserção social.

2 – O projeto educativo pessoal deve especificar os objetivos a alcançar durante o tratamento, sua duração, fases, prazos e meios de realização, nomeadamente os necessários ao acompanhamento psicológico, por forma a que o menor possa facilmente aperceber-se da sua evolução e que o centro possa avaliá-lo.

3 – O projeto educativo pessoal é obrigatoriamente enviado ao tribunal para homologação, no prazo máximo de 45 dias a contar da admissão do menor no centro.

ARTIGO 165º
Atividades para menores não sujeitos a medida de internamento

1 – Os menores internados pelos motivos referidos nas alíneas *b*) e *c*) do artigo 145º frequentam diariamente um programa diversificado de atividades, tendo por objetivos principais a aquisição de competências sociais e a satisfação das necessidades de desenvolvimento físico e psíquico comuns para o seu nível etário.

2 – (*Revogado.*)

ARTIGO 166º
Horário de funcionamento

Cada centro educativo dispõe de um horário de funcionamento pelo qual se regulam os horários das atividades da vida diária do estabelecimento, que não podem, em caso algum, implicar para os menores internados um período de descanso noturno inferior a oito horas seguidas.

ARTIGO 167º
Regime aberto

1 – Nos centros educativos de regime aberto os menores residem e são educados no estabelecimento, mas frequentam no exterior, preferencialmente, as atividades escolares, educativas ou de formação, laborais, desportivas e de tempos livres previstas no seu projeto educativo pessoal.

2 – Os menores podem ser autorizados a sair sem acompanhamento e a passar períodos de férias ou de fim de semana com os pais, representante legal, pessoa que tenha a sua guarda de facto ou outras pessoas idóneas.

3 – No desenvolvimento da atividade educativa os centros educativos de regime aberto devem incentivar a colaboração do meio social envolvente, abrindo ao mesmo, tanto quanto possível, as suas próprias estruturas.

ARTIGO 168º
Regime semiaberto

1 – Nos centros educativos de regime semiaberto os menores em execução de medida de internamento residem, são educados e frequentam atividades educativas e de tempos livres no estabelecimento, mas podem ser autorizados a frequentar no exterior atividades escolares, educativas ou de formação, laborais ou desportivas, na medida do que se revele necessário para a execução inicial ou faseada do seu projeto educativo pessoal.

2 – As saídas são normalmente acompanhadas por pessoal de intervenção educativa, mas os menores podem ser autorizados a sair sem acompanhamento para a frequência das atividades referidas no número anterior e a passar períodos de férias com os pais, representante legal, pessoa que tenha a sua guarda de facto ou outras pessoas idóneas.

ARTIGO 169º
Regime fechado

1 – Durante o internamento em centro educativo de regime fechado os menores residem, são educados e frequentam atividades formativas e de tempos livres exclusivamente dentro do estabelecimento, estando as saídas, sob acompanhamento, estritamente limitadas ao cumprimento de obrigações judiciais, à satisfação de necessidades de saúde ou a outros motivos igualmente ponderosos e excecionais.

2 – Para efeitos do disposto no nº 1 do artigo 139º, pode o tribunal autorizar, mediante proposta dos serviços de reinserção social, saídas sem acompanhamento por períodos limitados.

ARTIGO 170º
Medidas preventivas e de vigilância

Em ordem a assegurar a tranquilidade, disciplina e segurança o pessoal dos centros educativos, nos termos previstos no regulamento geral, pode realizar:

a) Inspeções a locais e dependências individuais ou coletivas;

b) Revistas pessoais, bem como às roupas e objetos dos menores internados.

SECÇÃO III
Direitos e deveres dos menores

ARTIGO 171º
Direitos

1 – Os menores internados em centro educativo têm direito ao respeito pela sua personalidade, liberdade ideológica e religiosa e pelos seus direitos e interesses legítimos não afetados pelo conteúdo da decisão de internamento.

2 – O internamento em centro educativo não pode implicar privação dos direitos e garantias que a lei reconhece ao menor, a menos que o tribunal expressamente os suspenda ou restrinja para proteção e defesa dos interesses deste.

3 – De acordo com o disposto no número anterior e com o tipo de internamento e respetivo regime, e nos termos regulamentares, o menor tem direito:

a) A que o centro zele pela sua vida, integridade física e saúde;

b) A um projeto educativo pessoal e à participação na respetiva elaboração, a qual terá obrigatoriamente em conta as suas particulares necessidades de formação, em matéria de educação cívica, escolaridade, preparação profissional e ocupação útil dos tempos livres;

c) À frequência da escolaridade obrigatória;

d) À preservação da sua dignidade e intimidade, a ser tratado pelo seu nome e a que a sua situação de internamento seja estritamente reservada perante terceiros;

e) Ao exercício dos seus direitos civis, políticos, sociais, económicos e culturais, salvo quando incompatíveis com o fim do internamento;

f) A usar as suas próprias roupas, sempre que possível, ou as fornecidas pelo estabelecimento;

g) A usar artigos próprios, autorizados, de higiene pessoal ou os que, para o mesmo efeito, forem fornecidos pelo centro;

h) À posse de documentos, dinheiro e objetos pessoais autorizados;

i) À guarda, em local seguro, dos valores e objetos pessoais, não proibidos por razões de segurança, que não queira ou não possa ter consigo, e à restituição dos mesmos à data da cessação do internamento;

j) A contactar, em privado, com o juiz, com o Ministério Público e com o defensor;

l) A manter outros contactos autorizados com o exterior, nomeadamente por escrito, pelo telefone, através da receção ou da realização de visitas, bem como da receção e envio de encomendas;

m) A ser ouvido antes de lhe ser imposta qualquer sanção disciplinar;

n) A ser informado, periodicamente, sobre a sua situação judicial e sobre a evolução e avaliação do seu projeto educativo pessoal;

o) A efetuar pedidos, a apresentar queixas, fazer reclamações ou interpor recursos;

p) A ser informado pessoal e adequadamente, no momento da admissão, sobre os seus direitos e deveres, sobre os regulamentos em vigor, sobre o regime disciplinar e sobre como efetuar pedidos, apresentar queixas ou interpor recursos;

q) Sendo mãe, a ter na sua companhia filhos menores de 3 anos.

ARTIGO 172º
Deveres

1 – São deveres do menor internado em centro educativo:

a) O dever de respeito por pessoas e bens;

b) O dever de permanência;
c) O dever de obediência;
d) O dever de correção;
e) O dever de colaboração;
f) O dever de assiduidade;
g) O dever de pontualidade.

2 – O dever de respeito por pessoas e bens consiste em não cometer atos lesivos ou que coloquem em perigo a pessoa ou bens de outrem.

3 – O dever de permanência consiste em não sair sem autorização do centro educativo ou de instalações onde decorra atividade prevista no projeto educativo pessoal.

4 – O dever de obediência consiste em cumprir os regulamentos, as atividades previstas no projeto educativo pessoal e as orientações legítimas dos responsáveis do estabelecimento.

5 – O dever de correção consiste em tratar educadamente com outrem e em se apresentar adequadamente limpo e arranjado.

6 – O dever de colaboração consiste em participar nas atividades do centro, de interesse coletivo, designadamente na manutenção da limpeza e arrumação dos materiais, equipamentos e instalações do centro.

7 – O dever de assiduidade consiste em o menor comparecer, regular e continuamente, às atividades previstas no projeto educativo pessoal ou outras previstas para o seu tipo de internamento.

8 – O dever de pontualidade consiste em comparecer, às horas fixadas, nas atividades referidas no número anterior e no centro educativo, após saída autorizada.

ARTIGO 173º
Direitos dos pais, representante legal ou pessoa que tenha a guarda de facto do menor

1 – Os pais, o representante legal ou a pessoa que tenha a guarda de facto do menor conservam, durante o internamento, todos os direitos e deveres relativos à pessoa do menor, que não sejam incompatíveis com a medida tutelar, salvas as restrições ou proibições impostas pelo tribunal.

2 – Os pais, representante legal ou pessoa que tenha a guarda de facto do menor têm direito, nos termos regulamentares, salvas as restrições ou proibições impostas pelo tribunal:

a) A ser imediatamente informados pelo centro educativo da admissão, transferência, ausência não autorizada, concessão ou suspensão de autorizações de saída, bem como doença, acidente ou outra circunstância grave referente ao menor;

b) A ser informados sobre a execução da medida de internamento e sobre a evolução do processo educativo do menor, nos termos do nº 2 do artigo 131º;

c) A ser avisados pelo centro educativo, em tempo útil, da cessação do internamento.

ARTIGO 174º
Assistência e internamento hospitalar

1 – Os menores dispõem de assistência hospitalar ou outra sempre que necessidades de saúde a exijam.

2 – O internamento hospitalar nos termos do número anterior é autorizado pelo diretor do centro educativo que dele dará imediato conhecimento ao tribunal.

ARTIGO 175º
Liberdade de religião

1 – Durante o internamento é respeitada a liberdade de religião do menor.

2 – O horário das atividades dos centros educativos deve permitir, sempre que possível, aos menores internados a prática de atos da sua confissão religiosa.

ARTIGO 176º
Proteção da intimidade

1 – Os menores internados em centro educativo têm o direito a não ser fotografados ou filmados, bem como a não prestar declarações ou a dar entrevistas, contra a sua vontade, a órgãos de informação.

2 – Antes da manifestação de vontade referida no número anterior, os menores têm o direito a ser inequivocamente informados, por um responsável do centro educativo, do teor, sentido e objetivos do pedido de entrevista que lhes for dirigido.

3 – Independentemente do consentimento dos menores, são proibidas:

a) Entrevistas que incidam sobre a factualidade que determinou a intervenção tutelar;

b) A divulgação, por qualquer meio, de imagens ou de registos fonográficos que permitam a identificação da sua pessoa e da sua situação de internamento.

SECÇÃO IV
Prémios

ARTIGO 177º
Requisitos de atribuição

O centro educativo, de acordo com o previsto no regulamento geral e no respetivo regulamento interno, pode atribuir prémios a menor em execução de medida de internamento pela evolução positiva do seu processo educativo, pelo empenho demonstrado no cumprimento das atividades previstas no projeto educativo pessoal, bem como pelo seu sentido de responsabilidade e bom comportamento individual ou em grupo.

SECÇÃO V
Medidas de contenção

ARTIGO 178º
Medidas de contenção

São autorizadas em centro educativo as seguintes medidas de contenção:

a) Contenção física pessoal;
b) Isolamento cautelar.

ARTIGO 179º
Casos em que podem ser adotadas

1 – As medidas de contenção apenas podem ser adotadas nos casos seguintes:

a) Para impedir que os menores cometam atos lesivos ou que coloquem em perigo a sua pessoa ou a de outrem;
b) Para impedir fugas;
c) Para evitar danos importantes nas dependências ou equipamentos dos centros;
d) Para vencer a resistência violenta dos menores às ordens e orientações do pessoal do centro no exercício legítimo das suas funções.

2 – O recurso às medidas de contenção só é admissível em casos de inexistência de outra forma efetiva e eficaz de evitar os atos e situações referidos no número anterior.

ARTIGO 180º
Duração das medidas de contenção

As medidas de contenção só podem durar o tempo estritamente necessário para garantir o efeito que justificou a sua utilização.

ARTIGO 181º
Adoção em casos urgentes

1 – A adoção de medidas de contenção é autorizada pelo diretor do centro.
2 – Sempre que a urgência da situação o exija as medidas de contenção podem ser tomadas por outro responsável ou elemento do pessoal do centro, sem prejuízo da sua imediata comunicação ao diretor.

ARTIGO 182º
Contenção física pessoal

A contenção física pessoal limita-se à utilização da força física para imobilização do menor.

ARTIGO 183º
Isolamento cautelar

1 – O isolamento cautelar pode ter lugar em dependência especialmente adequada a evitar os atos e as situações justificativas do recurso a este tipo de medidas.

2 – O isolamento cautelar não pode prolongar-se para além de vinte e quatro horas consecutivas.

3 – No caso previsto no nº 1, o menor deve ser observado pelo médico do centro, com recurso, se necessário, a especialista em psicologia ou psiquiatria, com a maior brevidade possível, devendo a medida ser interrompida se for considerado que a sua continuação é prejudicial para a saúde física ou psíquica do menor.

4 – Sobrevindo aplicação de medida disciplinar pelos mesmos factos que o originaram, o tempo de duração do isolamento cautelar é obrigatoriamente tido em conta na aplicação de medida disciplinar.

ARTIGO 184º
Dever de informação

O recurso ao isolamento cautelar é imediatamente comunicado ao tribunal.

SECÇÃO VI
Regime disciplinar

SUBSECÇÃO I
Princípios gerais

ARTIGO 185º
Subsidiariedade do procedimento e das medidas disciplinares

1 – O procedimento e as medidas disciplinares constituem o último recurso dos centros educativos para corrigir as condutas dos menores internados que constituam infrações disciplinares, nos termos da presente lei e do regulamento geral.

2 – Não há lugar a procedimento nem a medidas disciplinares sempre que se considere possível e adequado reagir perante infração disciplinar através de outro tipo de respostas educativas, voluntariamente aceites pelo menor.

ARTIGO 186º
Tipicidade das infrações e das medidas disciplinares

As infrações cometidas pelo menor que constituam infração disciplinar nos termos desta lei só podem ser corrigidas através da aplicação das medidas disciplinares previstas no artigo 191º, sem prejuízo do disposto no artigo anterior.

ARTIGO 187º
Infrações atípicas

1 – As infrações cometidas pelo menor durante a execução da medida de internamento, que não constituam infração disciplinar nos termos legais, são corrigidas mediante métodos educativos, oportunos e exequíveis, não lesivos dos direitos do menor.

2 – Os métodos referidos no número anterior não podem, em caso algum, revestir igual ou maior gravidade do que as medidas disciplinares previstas na lei.

ARTIGO 188º
Respeito pela saúde física e psíquica e pela dignidade do menor

1 – É proibida a aplicação de medidas que se traduzam em tratamento cruel, desumano, degradante ou que possam comprometer a saúde física ou psíquica do menor.

2 – A aplicação de medida disciplinar não pode, em caso algum, de maneira direta ou indireta, traduzir-se em castigos corporais, privação de alimentos ou do direito a receber visitas, não proibidas pelo tribunal, dos pais, representante legal ou pessoa que tenha a guarda de facto do menor.

3 – Nenhuma sanção disciplinar pode ser executada com violação do respeito pela dignidade da pessoa do menor.

ARTIGO 189º
Outros princípios fundamentais da intervenção disciplinar

1 – Nenhuma medida disciplinar pode ser aplicada sem o menor ter sido informado da infração disciplinar cuja prática lhe é atribuída, de modo apropriado à sua completa compreensão.

2 – Não pode ser aplicada medida disciplinar sem ouvir o menor e sem lhe dar a oportunidade de se defender.

3 – Nenhum menor pode ser disciplinarmente punido mais de uma vez pela mesma infração.

4 – É proibida a aplicação de medida disciplinar por tempo indeterminado.

5 – É proibida a aplicação de medidas disciplinares coletivas ou abrangendo um número indeterminado de menores.

ARTIGO 190º
Classificação das infrações disciplinares

As infrações disciplinares classificam-se, segundo a sua gravidade, em leves, graves e muito graves.

ARTIGO 191º
Infrações disciplinares leves

Consideram-se infrações disciplinares leves as seguintes condutas do menor internado em centro educativo:

a) Faltar ao respeito a funcionário do centro, a companheiro ou a outra pessoa, dentro do centro educativo ou fora dele, durante saída autorizada, sem consequências importantes;

b) Não comparecer, injustificadamente, a atividades previstas no projeto educativo pessoal;

c) Não cumprir, injustificadamente, as horas de início e termo das atividades previstas no projeto educativo pessoal;

d) Destruir ou danificar, intencionalmente ou por falta censurável de cuidado, bens móveis ou imóveis, dentro do centro educativo ou fora dele, durante saída autorizada, causando pequeno prejuízo;

e) Fazer uso abusivo e prejudicial de objetos ou substâncias não proibidos por lei ou regulamento, dentro do centro educativo ou fora dele durante saída autorizada;

f) Apoderar-se de bens de outrem ou de pequeno valor, dentro do centro educativo ou fora dele, durante saída autorizada.

ARTIGO 192º
Infrações disciplinares graves

Consideram-se infrações disciplinares graves as seguintes condutas do menor internado em centro educativo:

a) Ameaçar pessoa, dentro do centro educativo ou fora dele, durante saída autorizada;

b) Insultar ou faltar gravemente ao respeito a funcionário do centro, a companheiro ou a outra pessoa, dentro do centro educativo ou fora dele, durante saída autorizada;

c) Instigar, sem êxito, os companheiros à prática de motins ou de atos coletivos de insubordinação ou de desobediência às ordens do pessoal do centro no exercício legítimo das respetivas funções;

d) Resistir ou desobedecer às ordens do pessoal do centro no exercício legítimo das respetivas funções, dentro do centro educativo ou fora dele, durante saída autorizada;

e) Não comparecer, repetida e injustificadamente, a atividades previstas no projeto educativo pessoal;

f) Não cumprir, repetida e injustificadamente, as horas de início e termo das atividades previstas no projeto educativo pessoal;

g) Não regressar ao centro, injustificadamente, na data e até à hora fixadas como termo de saída autorizada;

h) Tentar a fuga do centro, bem como instigar a fuga de menor internado;

i) Destruir ou danificar, intencionalmente ou por falta censurável de cuidado, bens móveis e imóveis, dentro do centro educativo ou fora dele, durante saída autorizada, causando prejuízo elevado;

j) Introduzir, distribuir, transacionar ou guardar, no centro, objetos proibidos por lei ou regulamento;

l) Apoderar-se de bens de valores de outrem, dentro do centro educativo ou fora dele, durante saída autorizada.

ARTIGO 193º
Infrações disciplinares muito graves

Consideram-se infrações disciplinares muito graves as seguintes condutas do menor internado em centro educativo:

a) Praticar um ato de violência física ou de coação contra uma pessoa, dentro do centro educativo ou fora dele, durante saída autorizada;

b) Participar em motins ou em atos coletivos de insubordinação ou de desobediência às ordens do pessoal do centro no exercício legítimo das respetivas funções;

c) Instigar, com êxito, os companheiros à prática de motins ou de atos coletivos de insubordinação ou de desobediência às ordens do pessoal do centro no exercício legítimo das respetivas funções;

d) Resistir com violência ou desobedecer ostensivamente em público às ordens do pessoal do centro no exercício legítimo das respetivas funções, dentro do centro educativo ou fora dele, durante saída autorizada;

e) Consumar a fuga do centro, bem como instigar com êxito ou facilitar a fuga de outro menor internado;

f) Destruir ou danificar, intencionalmente ou por falta censurável de cuidado, bens móveis ou imóveis, dentro do centro educativo ou fora dele, durante saída autorizada, causando prejuízo muito elevado;

g) Introduzir, distribuir, transacionar, guardar ou consumir, no centro, droga, álcool ou qualquer outra substância tóxica;

h) Introduzir, distribuir, transacionar ou guardar, no centro, armas ou outros objetos igualmente perigosos e proibidos por lei ou regulamento;

i) Apoderar-se com violência de bens de outrem, dentro do centro educativo ou fora dele, durante saída autorizada.

ARTIGO 194º
Medidas disciplinares

1 – São aplicáveis as seguintes medidas disciplinares:

a) Repreensão;

b) Suspensão do uso de dinheiro de bolso concedido pelo centro educativo, por período não superior a dois meses;

c) Não atribuição de dinheiro de bolso pelo centro educativo, por período não superior a dois meses;

d) Suspensão do uso pelo menor de dinheiro do seu pecúlio, por período não superior a um mês;

e) Suspensão da participação em algumas atividades recreativas programadas, dentro ou fora do centro, por período não superior a um mês;

f) Suspensão da participação em todas as atividades recreativas programadas, dentro ou fora do centro, por período não superior a um mês;

g) Perda de autorizações de saída de fim de semana ou férias, por período não superior a dois meses;

h) Suspensão do convívio com os companheiros, por período não superior a uma semana.

2 – A competência para a aplicação e revisão das medidas disciplinares é definida em regulamento geral.

ARTIGO 195º
Medidas disciplinares aplicáveis por infrações leves

São aplicáveis por infrações leves as seguintes medidas disciplinares:

a) Repreensão;

b) Suspensão do uso de dinheiro de bolso concedido pelo centro educativo, por período não superior a uma semana;

c) Não atribuição de dinheiro de bolso pelo centro educativo, por período não superior a uma semana;

d) Suspensão do uso pelo menor de dinheiro do seu pecúlio, por período não superior a uma semana;

e) Suspensão da participação em algumas atividades recreativas programadas, dentro ou fora do centro, por período não superior a três dias.

ARTIGO 196º
Medidas disciplinares aplicáveis por infrações graves

São aplicáveis por infrações graves as seguintes medidas disciplinares:

a) Suspensão do uso de dinheiro de bolso concedido pelo centro educativo, por período não superior a um mês;

b) Não atribuição de dinheiro de bolso pelo centro educativo, por período não superior a 15 dias;

c) Suspensão do uso pelo menor de dinheiro do seu pecúlio, por período não superior a uma semana;

d) Suspensão da participação em algumas atividades recreativas programadas, dentro ou fora do centro, por período não superior a 15 dias;

e) Suspensão da participação em todas as atividades recreativas programadas, dentro ou fora do centro, por período não superior a uma semana;

f) Perda de autorizações de saída de fim de semana ou férias, por período não superior a 15 dias;

g) Suspensão, sempre que possível parcial, do convívio com os companheiros, por período não superior a três dias.

ARTIGO 197º
Medidas disciplinares aplicáveis por infrações muito graves

São aplicáveis por infrações muito graves as seguintes medidas disciplinares:

a) Não atribuição de dinheiro de bolso pelo centro educativo, por período não superior a um mês;

b) Suspensão do uso pelo menor de dinheiro do seu pecúlio, por período não superior a 15 dias;

c) Suspensão da participação em algumas atividades recreativas programadas, dentro ou fora do centro, por período não superior a um mês;

d) Suspensão da participação em todas as atividades recreativas programadas, dentro ou fora do centro, por período não superior a um mês;

e) Perda de autorizações de saída de fim de semana ou férias, por período não superior a um mês;

f) Suspensão, sempre que possível parcial, do convívio com os companheiros, por período não superior a uma semana.

ARTIGO 198º
Critério de escolha das medidas disciplinares

A escolha e aplicação da medida disciplinar obedece aos princípios da adequação, da proporcionalidade e da oportunidade, tendo em conta, nomeadamente, a natureza e a gravidade da infração, as circunstâncias em que a mesma foi praticada, a idade e a personalidade do menor e a exequibilidade da medida no mais curto período de tempo.

ARTIGO 199º
Aplicação de várias medidas disciplinares

1 – Quando um menor internado praticar duas ou mais infrações disciplinares são-lhe aplicáveis as medidas disciplinares correspondentes a cada uma das infrações.

2 – Se a mesma conduta constituir duas ou mais infrações disciplinares ou se uma infração disciplinar for instrumental relativamente a outra, apenas é aplicável ao menor a medida disciplinar correspondente à mais grave das infrações cometidas.

ARTIGO 200º
Obrigatoriedade do registo das medidas disciplinares

Com exceção da repreensão, é obrigatório o registo das medidas disciplinares aplicadas no *dossier* individual do menor, nos termos previstos no regulamento geral.

ARTIGO 201º
Interposição de recurso

1 – O menor, os pais, o representante legal ou quem tenha a sua guarda de facto e o defensor podem interpor recurso da decisão que aplicou a medida disciplinar, nos termos definidos no regulamento geral.

2 – A repreensão é insuscetível de recurso.

3 – Do indeferimento cabe recurso para o tribunal. É correspondentemente aplicável o disposto no artigo 134º

ARTIGO 202º
Prescrição das infrações disciplinares

1 – As infrações disciplinares prescrevem 30, 60 e 90 dias após a data em que foram cometidas, consoante se trate de infrações leves, graves ou muito graves, respetivamente.

2 – O prazo da prescrição interrompe-se com a comunicação ao menor sobre o início do procedimento disciplinar.

ARTIGO 203º
Prescrição das medidas disciplinares

1 – As medidas disciplinares prescrevem 30, 60 e 90 dias a contar do dia seguinte ao da data da decisão ou deliberação que as aplicou, consoante se trate de infrações leves, graves ou muito graves, respetivamente.

2 – A notificação ao menor do início do cumprimento da medida disciplinar interrompe o prazo da prescrição, o qual retomará o decurso no caso de a execução ser interrompida durante 30 dias por causa não imputável ao presumível infrator.

SUBSECÇÃO II
Procedimento disciplinar

ARTIGO 204º
Procedimento disciplinar

1 – A aplicação de medidas disciplinares por infrações graves ou muito graves só pode ter lugar após procedimento disciplinar nos termos previstos no regulamento geral.

2 – A aplicação de medidas disciplinares por infrações leves é precedida de procedimento disciplinar sumário, sem prejuízo para o menor das garantias do direito a ser informado dos factos que lhe são atribuídos e das medidas disciplinares que lhes são aplicáveis e do seu direito de defesa.

SUBSECÇÃO III
Execução das medidas disciplinares

ARTIGO 205º
Execução de várias medidas disciplinares

1 – Quando um menor internado tiver de cumprir duas ou mais medidas disciplinares, a sua execução é simultânea, sempre que forem concretamente compatíveis.

2 – No caso de não ser possível, por incompatibilidade, a execução simultânea das medidas disciplinares aplicadas, a sua execução é sucessiva por ordem decrescente da respetiva gravidade e duração.

3 – O disposto no número anterior não pode determinar em nenhum caso:

a) A permanência do menor em quarto disciplinar por período superior a três dias consecutivos;

b) A suspensão do menor do convívio com os companheiros por período superior a sete dias consecutivos ou a três quando não se trate de suspensão parcial;

c) A execução continuada das medidas disciplinares das alíneas *f*) e *g*) do artigo 194º por período superior a uma vez e meia o seu limite máximo.

4 – A gravidade das medidas disciplinares afere-se pela ordem crescente da sua enumeração no artigo 194º

SECÇÃO VII
Centros educativos

ARTIGO 206º
Classificação dos centros educativos

1 – Os centros educativos classificam-se em abertos, semiabertos e fechados em função do regime de execução das medidas de internamento.

2 – A classificação dos centros educativos condiciona o seu regime de funcionamento e grau de abertura ao exterior.

3 – Os centros educativos podem ainda ser classificados em função dos projetos de intervenção educativa que desenvolvem para grupos específicos de menores, de acordo com as suas particulares necessidades educativas.

ARTIGO 207º
Âmbito dos centros educativos

No mesmo centro educativo podem coexistir unidades residenciais diferenciadas segundo os regimes de execução das medidas, projetos de intervenção educativa e tipos de internamento.

ARTIGO 208º
Cooperação de entidades particulares

1 – Os serviços de reinserção social podem celebrar acordos de cooperação com entidades particulares, sem fins lucrativos, com experiência reconhecida na área da delinquência juvenil, para a execução de internamentos em regime aberto, semiaberto e fechado, nos termos previstos na lei.

2 – O disposto no número anterior não pode, em caso algum, determinar a transferência para a entidade cooperante da responsabilidade de acompanhar a execução das medidas que cabe aos serviços de reinserção social.

3 – Para garantir o previsto no número anterior, a direção do centro educativo é assegurada por um diretor designado pelos serviços de reinserção.

4 – Nos casos em que a dimensão do centro educativo o justifique pode também ser designado pelos serviços de reinserção um coordenador técnico.

ARTIGO 209º
Entidade fiscalizadora

1 – Sem prejuízo da competência dos tribunais, do Ministério Público e demais entidades a quem incumbe a defesa da legalidade, o funcionamento dos centros educativos será especialmente acompanhado por uma comissão independente composta por dois representantes da Assembleia da República, um do Governo, um do Conselho Superior da Magistratura, um do Conselho Superior do Ministério Público e dois de organizações não-governamentais de apoio à criança.

2 – A comissão pode solicitar informação sobre o funcionamento dos centros, nas suas várias vertentes, e efetuar visitas sempre que o julgue necessário.

3 – A comissão tem livre acesso aos centros educativos, podendo contactar em privado com o menor internado.

4 – A Comissão é apoiada pelo Ministério da Justiça nos termos que forem fixados por portaria.

TÍTULO VI
Registo de medidas tutelares educativas

ARTIGO 210º
Objeto e finalidade do registo

1 – Estão sujeitas a registo as decisões judiciais que apliquem, revejam ou que declarem a cessação ou extinção de medidas tutelares educativas.

2 – O registo de medidas tutelares educativas tem por finalidade a recolha, o tratamento e a conservação dos extratos de decisões judiciais por forma a possibilitar o conhecimento das decisões proferidas.

ARTIGO 211º
Princípios

O registo de medidas tutelares educativas deve processar-se no estrito respeito pelos princípios da legalidade, da autenticidade, da veracidade, da univocidade e da segurança.

ARTIGO 212º
Entidade responsável pelo tratamento da base de dados

1 – O registo de medidas tutelares educativas funciona na Direção-Geral da Admi-

nistração da Justiça, sendo o diretor-geral da Administração da Justiça a entidade responsável pela respetiva base de dados.

2 – Compete ao diretor-geral da Administração da Justiça assegurar o direito de informação e de acesso aos dados pelos respetivos titulares, a correção de inexatidões, o completamento de omissões, a supressão de dados indevidamente registados, bem como velar pela legalidade da consulta ou da comunicação da informação.

ARTIGO 213º
Ficheiro central

1 – O registo de medidas tutelares educativas é organizado em ficheiro central, que pode ser informatizado.

2 – O registo de medidas tutelares educativas é constituído pelos elementos de identificação civil do menor e por extratos de decisões sujeitas a registo, nos termos da presente lei.

3 – Os extratos das decisões contêm a indicação:

a) Do tribunal que proferiu a decisão e do número do processo;
b) Da identificação civil do menor;
c) Da data e forma da decisão;
d) Do conteúdo da decisão e dos preceitos aplicados.

4 – Os dados devem ser exatos, pertinentes e atuais e ser selecionados antes do seu registo informático.

5 – A recolha dos dados para tratamento automatizado deve limitar-se ao estritamente necessário ao exercício das atribuições legais referidas no nº 2 do artigo 206º, não podendo ser utilizada para qualquer outra finalidade com aquela incompatível.

ARTIGO 214º
Comunicação ao registo

1 – As comunicações ao registo são efetuadas em boletim de registo de medidas tutelares educativas.

2 – A comunicação das decisões sujeitas a registo é efetuada imediatamente após trânsito em julgado.

3 – Sem prejuízo do disposto no número anterior, sendo interposto recurso com efeito meramente devolutivo, a decisão é comunicada antes da subida deste.

ARTIGO 215º
Acesso à informação

Podem apenas aceder aos dados contidos no registo de medidas tutelares educativas:

a) O titular dos dados e o seu defensor;
b) Os pais do menor e o seu representante legal, até o menor completar 18 anos;

c) Um terceiro, em nome e no interesse do titular maior de 18 de anos, em situações de comprovada ausência ou impossibilidade deste;

d) Os magistrados judiciais e do Ministério Público para a instrução de processo tutelar educativo;

e) Os serviços de reinserção social, por solicitação dos seus órgãos dirigentes, para instrução do *dossier* individual do menor;

f) As entidades autorizadas pelo Ministro da Justiça para a prossecução de fins de investigação científica ou estatísticos.

ARTIGO 216º
Formas de acesso

O acesso aos dados realiza-se por uma das seguintes formas:

a) Certificado do registo;

b) Consulta do registo.

ARTIGO 217º
Certificado do registo

1 – O certificado do registo é emitido, com recurso preferencial a meios informáticos, pela Direção-Geral da Administração da Justiça.

2 – O certificado do registo é emitido mediante requisição ou requerimento, conforme se trate, respetivamente, de entidades públicas ou particulares, e constitui documento bastante de prova da medida tutelar educativa aplicada ao titular da informação.

3 – O certificado do registo de medidas tutelares educativas contém a transcrição integral do registo vigente.

4 – A emissão de certificados do registo de medidas tutelares educativas pode processar-se automaticamente em terminais de computador colocados nos tribunais, com garantia do controlo e segurança da transmissão dos dados.

5 – Não havendo possibilidade de emissão do certificado de registo através de plataforma informática disponível nos tribunais ou nos serviços de reinserção social, o envio daquele para instrução do processo tutelar educativo ou para a instrução do *dossier* individual do menor deve ser realizado no prazo máximo de dez dias.

ARTIGO 218º
Consulta do registo

Na ausência de aplicação informática, a consulta do registo destina-se a facultar ao titular dos dados e aos seus pais ou representante legal, até aquele completar 18 anos, o conhecimento do conteúdo integral do registo a seu respeito, devendo o pedido ser dirigido ao diretor-geral da Administração da Justiça.

ARTIGO 219º
Atualização e correção de inexatidões

1 – Desde que o solicitem, por escrito, ao responsável pela base de dados, o titular dos dados e os seus pais ou representante legal, até aquele completar 18 anos, têm o direito de exigir a atualização e a correção de informações inexatas e o completamento das total ou parcialmente omissas, bem como a supressão das indevidamente registadas, nos termos da alínea *d*) do nº 1 do artigo 11º da Lei nº 67/98, de 26 de outubro.

2 – São dados incorretos ou indevidamente registados os que não se mostrem conformes com o teor da comunicação efetuada pelo tribunal.

ARTIGO 220º
Cancelamento

1 – A informação constante do registo é cancelada no ficheiro informático ou retirada do ficheiro manual decorridos dois anos a contar da data de cessação ou extinção da medida tutelar educativa.

2 – A informação em registo é cancelada na data em que o respetivo titular completar 21 anos.

ARTIGO 221º
Violação de normas relativas a ficheiros

A violação das normas relativas ao ficheiro informatizado do registo de medidas tutelares educativas é punida nos termos dos artigos 43º a 47º da Lei nº 67/98, de 26 de outubro.

ARTIGO 222º
Medidas de segurança do registo

A Direção-Geral da Administração da Justiça e as entidades mencionadas na alínea *d*) do artigo 215º devem adotar as medidas de segurança referidas no nº 1 do artigo 15º da Lei nº 67/98, de 26 de outubro.

ARTIGO 223º
Reclamações e recursos

Compete ao diretor-geral da Administração da Justiça decidir sobre as reclamações respeitantes ao acesso à informação constante do registo de medidas tutelares educativas e seu conteúdo, cabendo recurso da decisão para as secções de família e menores da instância central do tribunal de comarca, ou para as secções da instância local constituídas como secções de família e menores, da área de residência do menor.

ARTIGO 224º
Sigilo profissional

Quem, no exercício das suas funções, tomar conhecimento de dados registados fica obrigado a sigilo profissional, nos termos do nº 1 do artigo 17º da Lei nº 67/98, de 26 de outubro.

TÍTULO VII
Acompanhamento da execução e avaliação da Lei Tutelar Educativa

ARTIGO 225º
Avaliação e monitorização

1 – Com vista a avaliar a eficácia da Lei Tutelar Educativa nos objetivos a que se propõe, o Ministério da Justiça apresenta anualmente à Assembleia da República um relatório que, mediante recolha de informação junto dos contextos comunitários e sociofamiliares dos menores que cumpriram medida tutelar educativa de internamento em centro educativo e, no respeito pelos consentimentos devidos, designadamente dos referidos menores e respetivos representantes legais, permita aferir dos percursos seguidos pelos mesmos após o cumprimento daquela medida e, bem assim, da eventual ocorrência de reincidência.

2 – O relatório referido no número anterior deve, sempre que possível, e com observância de idênticos pressupostos, permitir aferir dos percursos seguidos pelos menores que cumpriram medidas tutelares educativas não institucionais, designadamente, a medida tutelar de acompanhamento educativo.

Regulamentação do Regime Jurídico do Registo das Medidas Tutelares Educativas

Decreto-Lei nº 171/2015, de 25 de agosto*

A Lei nº 37/2015, de 5 de maio, estabelece o regime jurídico da identificação criminal e transpõe para a ordem jurídica interna a Decisão-Quadro nº 2009/315/JAI, do Conselho, de 26 de fevereiro de 2009, relativa à organização e ao conteúdo do intercâmbio de informações extraídas do registo criminal entre os Estados-Membros, revogando o anterior diploma legislativo enquadrador da matéria, a Lei nº 57/98, de 18 de agosto.

Tendo por objeto regulamentar e desenvolver os referidos princípios gerais da organização e do funcionamento da identificação criminal, pretende-se, com o presente decreto-lei, concentrar num único diploma todas as normas necessárias a uma tal regulamentação, estabelecendo as regras relativas à transmissão da informação aos serviços de identificação criminal, à organização do sistema de informação de suporte ao registo dessa informação e à concretização do acesso à mesma por quem possua legitimidade para tal.

Do mesmo modo elencam-se no presente decreto-lei todos os dados que devem constar em registo para a adequada prossecução das atribuições definidas, consagrando-se claramente o direito de acesso pelas pessoas singulares ou coletivas aos dados que lhes respeitem e estabelecendo-se a lista de medidas a adotar com o propósito de garantir a segurança da informação em registo.

Consagra-se no presente decreto-lei o Sistema de Informação de Identificação Criminal (SICRIM) como o sistema informatizado de suporte ao funcionamento dos serviços, nele se concretizando as regras de organização dos diversos registos que a lei estabelece.

É dado um particular ênfase à necessidade de que os dados de identificação dos titulares de registo sejam sempre os mais corretos e atuais, visando-se alcançar o mais elevado grau de fidedignidade possível desta informação, para que a informação recebida sobre uma mesma pessoa possa ser sempre registada como tal, ainda que obtida sob identificações diversas.

Quanto mais rigorosa for esta atividade de identificação dos titulares da informação registada, mais fiável é a informação prestada aos diversos operadores e melhor garantidos ficam os direitos individuais dos cidadãos.

* *Texto de acordo com a republicação do Decreto-Lei nº 115/2019, de 20 de agosto.*

Assim, consagra-se no presente decreto-lei a necessidade de validação dos dados de identificação transmitidos aos serviços de identificação criminal em ficheiros informáticos de outras entidades públicas com atribuições nesta matéria, estabelecendo-se que os serviços de identificação criminal devem promover o permanente esclarecimento dos elementos relevantes na matéria junto dos próprios titulares da informação, de autoridades judiciárias ou policiais, ou de outros serviços responsáveis pela identificação de cidadãos e determinando-se que a informação transmitida aos diversos registos pelas entidades competentes não seja recebida se não permitir a identificação inequívoca da pessoa a que respeita.

A transmissão da informação sobre antecedentes criminais entre Estados-Membros da União Europeia, regulada pela Decisão-Quadro nº 2009/315/JAI, do Conselho, de 26 de fevereiro de 2009, fica agora pormenorizadamente regulada no ordenamento jurídico português, viabilizando não só o acesso à informação sobre as condenações criminais de cidadãos nacionais proferidas por qualquer Tribunal de um Estado-Membro da União Europeia, como também à informação sobre os antecedentes criminais dos cidadãos nacionais de outros Estados-Membros que sejam arguidos em processos criminais instaurados em Portugal.

O acesso à informação concretiza-se no presente decreto-lei mediante a obtenção de um certificado, em regra por via eletrónica, através de portal ou plataforma eletrónica, ou mediante utilização de *webservices* especificamente implementados para esse efeito por entidades públicas com legitimidade para acederem à informação, precedendo autorização do diretor-geral da Administração da Justiça.

Garante-se, desta forma, a facilidade e a celeridade na resposta aos pedidos de informação por parte das entidades públicas e dos particulares que dela necessitam, sem prejuízo de se acautelar a emissão de certificados em certas situações específicas em que aquelas soluções se não revelem adequadas.

Foram ouvidos a Comissão Nacional de Proteção de Dados, a Câmara dos Solicitadores, o Conselho Superior do Ministério Público, o Conselho Superior da Magistratura e a Ordem dos Advogados.

Foi promovida a audição do Sindicato dos Magistrados do Ministério Público, do Conselho Superior dos Tribunais Administrativos e Fiscais, do Conselho dos Oficiais de Justiça, do Sindicato dos Funcionários Judiciais, do Sindicato dos Oficiais de Justiça, da Associação Sindical dos Juízes Portugueses, do Conselho Distrital de Lisboa da Ordem dos Advogados, do Conselho Distrital dos Açores da Ordem dos Advogados, do Conselho Distrital de Coimbra da Ordem dos Advogados, do Conselho Distrital de Évora da Ordem dos Advogados, do Conselho Distrital de Faro da Ordem dos Advogados, do Conselho Distrital da Madeira da Ordem dos Advogados e do Conselho Distrital do Porto da Ordem dos Advogados.

Assim:

Ao abrigo do disposto no artigo 45º da Lei nº 37/2015, de 5 de maio, e nos termos da alínea *c*) do nº 1 do artigo 198º da Constituição, o Governo decreta o seguinte:

CAPÍTULO I
Disposições gerais

ARTIGO 1º
Objeto

O presente decreto-lei regulamenta e desenvolve o regime jurídico da identificação criminal, aprovado pela Lei nº 37/2015, de 5 de maio, e o regime jurídico do registo das medidas tutelares educativas, previsto na Lei Tutelar Educativa, aprovada pela Lei nº 166/99, de 14 de setembro, alterada pela Lei nº 4/2015, de 15 de janeiro.

ARTIGO 2º
Sistema de Informação de Identificação Criminal

1 – O Sistema de Informação de Identificação Criminal (SICRIM) é o ficheiro central informatizado que reúne a informação relativa aos registos a cargo dos serviços de identificação criminal, com a finalidade de organizar e manter atualizada a identificação dos titulares de registos e toda a informação registal a estes respeitante que deva permanecer em registo nos termos da lei da identificação criminal, da Lei Tutelar Educativa, aprovada pela Lei nº 166/99, de 14 de setembro, alterada pela Lei nº 4/2015, de 15 de janeiro, e do presente decreto-lei.

2 – O SICRIM contém os dados de identificação dos titulares de registos mantidos no sistema nos termos da lei e a informação dos registos respeitantes a cada um deles, organizada separadamente por registo.

3 – Os ficheiros informáticos do SICRIM estão localizados no Instituto de Gestão Financeira e Equipamentos da Justiça, I. P., a quem compete prestar todo o apoio técnico necessário ao funcionamento do sistema de informação.

ARTIGO 3º
Organização dos ficheiros informáticos

1 – A organização e o funcionamento do SICRIM são da responsabilidade da Direção-Geral da Administração da Justiça, através dos serviços de identificação criminal.

2 – São serviços de identificação criminal os serviços da Direção-Geral da Administração da Justiça a quem, na respetiva estrutura nuclear, estejam cometidas as competências necessárias à prossecução da atribuição de assegurar a identificação criminal.

3 – Compete aos serviços de identificação criminal:

a) Assegurar a recolha, o tratamento e a conservação dos elementos de informação sujeitos a inscrição nos registos que a lei comete a seu cargo, promovendo a identificação dos titulares da informação registada;

b) Assegurar a concretização das formas de acesso à informação previstas na lei;

c) Assegurar a eliminação da informação cancelada dos registos que não possam ser mantidos em ficheiro nos termos da lei, bem como a seleção da informação que deva ser preservada;

d) Coordenar funcionalmente a ação dos serviços autorizados a intervir no processo de emissão de certificados nos termos do presente decreto-lei, transmitindo as instruções de ordem interna relativas à receção e verificação de documentos, ao controlo de dados, à cobrança das taxas devidas e aos demais procedimentos necessários;

e) Exercer as competências inerentes à qualidade de autoridade central portuguesa para efeitos do cumprimento das obrigações previstas na Decisão-Quadro nº 2009/315/JAI, do Conselho, de 26 de fevereiro de 2009;

f) Exercer as demais competências que a legislação reguladora da identificação criminal lhes comete.

CAPÍTULO II
Identificação dos titulares de registos

ARTIGO 4º
Identificação dos titulares de registos

1 – A cada titular de informação em registo é atribuído um registo onomástico, comum a todos os registos que existam no sistema relativamente ao mesmo titular, no qual são registados os elementos de identificação comunicados pelos tribunais e pelas demais entidades remetentes da informação ou recolhidos pelos serviços de identificação criminal relativamente a esse titular.

2 – Os dados de identificação comunicados são validados, sempre que possível, através de consulta em linha:

a) À base de dados de identificação civil do Instituto dos Registos e do Notariado, I. P.;

b) Ao Sistema Integrado de Informação do Serviço de Estrangeiros e Fronteiras, na medida estritamente necessária à validação em causa;

c) Ao ficheiro central de pessoas coletivas do Registo Nacional de Pessoas Coletivas, tratando-se de pessoas coletivas ou entidades equiparadas.

3 – Os serviços de identificação criminal promovem a recolha dos elementos de identificação necessários ao esclarecimento inequívoco e permanente da identificação dos titulares de registo, nomeadamente junto dos próprios, de autoridades judiciárias ou policiais, de outros serviços responsáveis pela identificação de cidadãos ou de autoridades centrais de outros Estados-Membros.

4 – Sem prejuízo do disposto no número anterior, compete ao Ministério Público e às demais autoridades judiciárias competentes no processo diligenciar no sentido de fazer constar dos autos os elementos necessários à identificação do arguido.

ARTIGO 5º
Dados de identificação objeto de registo

1 – São registados os seguintes dados de identificação comunicados ou recolhidos relativamente a cada pessoa singular titular de registo:

a) Nome completo;

b) Filiação;

c) Naturalidade;

d) Data de nascimento;

e) Nacionalidade;

f) Sexo;

g) Estado civil;

h) Número de identificação civil;

i) Moradas.

2 – Tratando-se de pessoa coletiva, ou entidade equiparada, são registados os seguintes dados de identificação comunicados ou recolhidos relativamente a cada titular:

a) Denominação;

b) Sede;

c) Data da constituição;

d) Número de identificação de pessoa coletiva;

e) Natureza jurídica;

f) Situação jurídica;

g) Códigos de atividade.

3 – Além dos dados referidos nos números anteriores, constam do registo onomástico de cada titular os seguintes dados, quando aplicáveis:

a) Todos os dados previstos nos números anteriores, comunicados ou recolhidos relativamente ao mesmo titular, diferentes dos que constam no registo onomástico como identificação principal do arguido;

b) Número, tipo e imagens digitalizadas dos documentos de identificação;

c) Número de registo onomástico;

d) Número de identificação onomástico, na ausência de número de identificação civil;

e) Indicador da existência de impressões digitais;

f) Indicador de falecimento, respetiva data de ocorrência e referência ao número do assento de óbito;

g) Indicador de extinção de pessoa coletiva ou entidade equiparada e, resultando a extinção de fusão ou cisão, dados de identificação das pessoas coletivas ou entidades equiparadas que tiverem resultado da cisão ou em que a fusão se tiver efetivado;

h) Data de criação do registo onomástico;

i) Estado do registo onomástico;

j) Data de cancelamento do registo onomástico;

k) Data estimada de eliminação do registo onomástico;

l) Data da criação de cada registo relativo ao titular mantido no SICRIM;

m) Estado de cada registo relativo ao titular mantido no SICRIM;

n) Data estimada de cancelamento de cada registo relativo ao titular mantido no SICRIM;

o) Data de cancelamento de cada registo relativo ao titular mantido no SICRIM;

p) Data de unificação ou separação de registo onomástico;

q) Data estimada de eliminação de cada registo relativo ao titular mantido no SICRIM;

r) Data de eliminação de cada registo relativo ao titular mantido no SICRIM.

CAPÍTULO III
Informação sujeita a inscrição nos registos

ARTIGO 6º
Dados sujeitos a comunicação aos serviços de identificação criminal

1 – Os dados a comunicar pelos tribunais portugueses relativamente às decisões sujeitas a inscrição no registo criminal, no registo de contumazes, no registo de medidas tutelares educativas e no ficheiro dactiloscópico de arguidos condenados, bem como à identificação da pessoa a que respeitam, são os que, constando dos autos, estejam abrangidos pelo elenco de dados registáveis definido na Lei nº 37/2015, de 5 de maio, ou na Lei Tutelar Educativa, aprovada pela Lei nº 166/99, de 14 de setembro, alterada pela Lei nº 4/2015, de 15 de janeiro, e no presente decreto-lei.

2 – Os elementos a comunicar pelas autoridades centrais estrangeiras relativamente às decisões condenatórias e demais decisões subsequentes proferidas por tribunais de Estados-Membros da União Europeia que devam ser comunicadas a Portugal nos termos da Decisão-Quadro nº 2009/315/JAI, do Conselho, de 26 de fevereiro de 2009, são os que como tal são referidos nesta Decisão-Quadro.

ARTIGO 7º
Informação sujeita a inscrição no registo criminal

1 – Está sujeita a inscrição no registo criminal a seguinte informação comunicada pelos tribunais portugueses e pelas autoridades centrais ou entidades competentes dos Estados a que se referem os capítulos V e VI da Lei nº 37/2015, de 5 de maio, e o presente decreto-lei:

a) Identificação do tribunal que proferiu a decisão, ou onde corre os seus termos o processo a que se reporta a informação transmitida;

b) Número do processo;

c) Números anteriores do processo;

d) Forma do processo;

e) Conteúdo da decisão;

f) Data e forma da decisão;

g) Tipo de crime e disposições legais aplicadas;

h) Números de identificação de processos abrangidos por decisão que aplique a pena em caso de concurso de crimes;

i) Penas ou medidas de segurança aplicadas;

j) Data e local da prática do crime;
k) Data do trânsito em julgado da decisão;
l) Data da extinção da pena ou da medida de segurança;
m) Causa da extinção da pena ou da medida de segurança;
n) Data de extinção da pessoa coletiva arguida;
o) Data da transmissão da informação aos serviços de identificação criminal;
p) Identificação do responsável pela transmissão da informação.

2 – Além da informação referida no número anterior, constam do registo criminal os seguintes dados relativos ao registo criminal do titular, ou a cada comunicação constante deste registo, quando aplicáveis:

a) Data de criação do registo criminal;
b) Estado do registo criminal e de cada comunicação constante deste registo;
c) Data de inserção no SICRIM da informação recebida;
d) Data de devolução de informação recebida;
e) Data de registo da informação recebida no registo criminal;
f) Data estimada de cancelamento do registo criminal;
g) Data estimada de extinção das penas ou das medidas de segurança aplicadas;
h) Data de cancelamento do registo criminal e de cada comunicação constante deste registo;
i) Data estimada de eliminação do registo criminal;
j) Indicação do país e autoridade central remetente da informação recebida do estrangeiro;
k) Indicador da inibição de obtenção de certificado do registo criminal por contumácia.

ARTIGO 8º
Informação sujeita a inscrição no registo de contumazes

1 – Está sujeita a inscrição no registo de contumazes a seguinte informação comunicada pelos tribunais:

a) Identificação do tribunal que proferiu as decisões de declaração e cessação da contumácia;
b) Número do processo;
c) Números anteriores do processo;
d) Data das decisões e fase processual em que foram proferidas;
e) Efeitos especiais da declaração de contumácia;
f) Motivo da cessação da contumácia;
g) Data do trânsito em julgado das decisões;
h) Data da transmissão da informação aos serviços de identificação criminal;
i) Identificação do responsável pela transmissão da informação.

2 – Além da informação referida no número anterior constam do registo de contumazes os seguintes dados relativos ao registo de contumaz do titular ou a cada comunicação constante deste registo, quando aplicáveis:

a) Data de criação do registo de contumaz;

b) Estado do registo de contumaz e de cada comunicação constante deste registo;

c) Data de inserção no SICRIM da informação recebida;

d) Data de devolução de informação recebida;

e) Data de registo da informação recebida no registo de contumaz;

f) Data de cancelamento do registo de contumaz e de cada comunicação constante deste registo;

g) Data estimada de eliminação do registo de contumaz.

ARTIGO 9º
Informação sujeita a inscrição no registo de medidas tutelares educativas

1 – Está sujeita a inscrição no registo de medidas tutelares educativas a seguinte informação comunicada pelos tribunais:

a) Identificação do tribunal que proferiu a decisão, ou onde corre os seus termos o processo a que se reporta a informação transmitida;

b) Número do processo;

c) Números anteriores do processo;

d) Conteúdo da decisão;

e) Data e forma da decisão;

f) Factos imputados ao jovem e disposições legais aplicadas;

g) Medidas tutelares educativas aplicadas;

h) Data do trânsito em julgado da decisão;

i) Data da extinção da medida tutelar educativa aplicada;

j) Causa da extinção da medida tutelar educativa aplicada;

k) Data da transmissão da informação aos serviços de identificação criminal;

l) Identificação do responsável pela transmissão da informação.

2 – Além da informação referida no número anterior constam do registo de medidas tutelares educativas os seguintes dados relativos ao registo do titular ou a cada comunicação constante deste registo, quando aplicáveis:

a) Data de criação do registo de medidas tutelares educativas;

b) Estado do registo de medidas tutelares educativas e de cada comunicação constante deste registo;

c) Data de inserção no SICRIM da informação recebida;

d) Data de devolução de informação recebida;

e) Data de registo da informação recebida no registo de medidas tutelares educativas;

f) Data estimada de cancelamento do registo de medidas tutelares educativas;

g) Data estimada de extinção da medida tutelar educativa aplicada;

h) Data de cancelamento do registo de medidas tutelares educativas;

i) Data estimada de eliminação do registo de medidas tutelares educativas;

j) Indicador da inibição de obtenção de certificado do registo de medidas tutelares educativas por contumácia.

ARTIGO 10º
Informação sujeita a inscrição no registo especial de decisões estrangeiras

1 – Está sujeita a inscrição no registo especial de decisões estrangeiras toda a informação mencionada no nº 1 do artigo 7º que seja comunicada pelas autoridades centrais de Estados-Membros da União Europeia nos termos da Decisão-Quadro nº 2009/315/JAI, do Conselho, de 26 de fevereiro de 2009.

2 – Está ainda sujeita a inscrição no registo especial de decisões estrangeiras a seguinte informação comunicada pelas autoridades centrais referidas no número anterior:

a) Impressões digitais do arguido;

b) Pseudónimos ou alcunhas do arguido;

c) Outras informações sobre a condenação inscritas no registo criminal do Estado-Membro remetente;

d) Comunicação de que as informações sobre as condenações pronunciadas não podem ser retransmitidas a outros Estados-Membros para outros fins que não um processo penal.

3 – Além da informação referida nos números anteriores, constam do registo especial de decisões estrangeiras os seguintes dados relativos ao registo do titular ou a cada comunicação constante deste registo, quando aplicáveis:

a) Data de criação do registo especial de decisões estrangeiras;

b) Estado do registo especial de decisões estrangeiras e de cada comunicação constante deste registo;

c) Indicação do país e autoridade central remetentes da informação;

d) Data de inserção no SICRIM da informação recebida;

e) Data de devolução de informação recebida;

f) Data do registo da informação recebida no registo especial de decisões estrangeiras;

g) Data estimada de cancelamento do registo especial de decisões estrangeiras e de cada comunicação constante deste registo;

h) Data estimada de eliminação do registo especial de decisões estrangeiras.

ARTIGO 11º
Informação sujeita a inscrição no ficheiro dactiloscópico de arguidos condenados

1 – Está sujeita a inscrição no ficheiro dactiloscópico de arguidos condenados a seguinte informação comunicada pelos tribunais portugueses e pelas autoridades centrais ou entidades competentes dos Estados a que se referem os capítulos V e VI da Lei nº 37/2015, de 5 de maio, e o presente decreto-lei:

a) Impressões digitais recolhidas aos arguidos condenados;

b) Assinatura recolhida ao arguido condenado;

c) Indicação do tribunal e do processo em que hajam sido recolhidas.

2 – Além da informação referida no número anterior, constam do ficheiro dactiloscópico de cada titular os seguintes dados relativos ao seu registo ou a cada comunicação constante do registo, quando aplicáveis:

a) Data de criação do registo;

b) Estado do registo e de cada comunicação constante deste registo;

c) Data de inserção no SICRIM da informação recebida;

d) Data de devolução de informação recebida;

e) Data do registo no SICRIM da informação recebida;

f) Data estimada de cancelamento do registo;

g) Data de cancelamento do registo;

h) Data estimada de eliminação do registo.

CAPÍTULO IV
Transmissão da informação aos serviços de identificação criminal

ARTIGO 12º
Transmissão de informação aos serviços de identificação criminal pelos tribunais portugueses

1 – Os tribunais portugueses comunicam aos serviços de identificação criminal os elementos relativos às decisões sujeitas, nos termos da lei, a inscrição no registo criminal, no registo de contumazes, no registo de medidas tutelares educativas e no ficheiro dactiloscópico de arguidos condenados, por ligação eletrónica direta entre o sistema de gestão processual dos tribunais e o SICRIM, mediante formatos eletrónicos normalizados, disponibilizados pelos serviços de identificação criminal e pelo Instituto de Gestão Financeira e Equipamentos da Justiça, I. P..

2 – A comunicação prevista no número anterior deve efetuar-se logo após o trânsito em julgado da decisão, sem prejuízo da oportuna recolha das impressões digitais e da assinatura do arguido imediatamente após o encerramento da audiência de julgamento.

3 – Na eventualidade de vir a ser proferida, em sede de recurso, uma decisão transitada em julgado que absolva o arguido de todas as acusações contra si formuladas no processo, o documento no qual tenham sido oportunamente recolhidas as impressões digitais e a assinatura do arguido é destruído de imediato.

4 – As comunicações eletrónicas efetuadas pelos tribunais aos serviços de identificação criminal são por estes devolvidas se não permitirem a identificação inequívoca da pessoa a que respeitam, se não incluírem todos os elementos necessários ao registo da decisão em causa ou se contiverem elementos incorretos ou contraditórios, devendo o fundamento da devolução ser comunicado aos tribunais.

5 – As comunicações eletrónicas aceites pelos serviços de identificação criminal são registadas no SICRIM e este registo é objeto de confirmação ao tribunal remetente.

6 – Compete aos responsáveis pelas unidades de processo garantir a oportuna efetivação das comunicações a que se referem os nºs 1 e 2, bem como a verificação regular da inexistência no processo de comunicações ao SICRIM cujo registo não

haja sido confirmado pelos serviços de identificação criminal, ou que hajam sido devolvidas, devendo ser promovida a regularização das situações detetadas.

ARTIGO 13º
Transmissão de informação aos serviços de identificação criminal pelas autoridades centrais de outros Estados-Membros

1 – As decisões condenatórias e demais decisões subsequentes proferidas por tribunais de Estados-Membros da União Europeia que devam ser comunicadas a Portugal nos termos da Decisão-Quadro nº 2009/315/JAI, do Conselho, de 26 de fevereiro de 2009, são comunicadas aos serviços de identificação criminal pelas autoridades centrais desses Estados-Membros por via eletrónica, através do Sistema Europeu de Informação sobre Registos Criminais ou, não sendo tal possível, por qualquer meio suscetível de deixar registo escrito e em condições que permitam aos serviços de identificação criminal comprovar a sua autenticidade.

2 – São devolvidas pelos serviços de identificação criminal as comunicações que não permitam a identificação inequívoca da pessoa a que respeitam, que não incluam todos os elementos necessários ao registo da decisão em causa ou que contenham elementos incorretos ou contraditórios.

3 – As comunicações eletrónicas aceites pelos serviços de identificação criminal são objeto de confirmação à autoridade remetente logo após o respetivo registo no SICRIM.

ARTIGO 14º
Transmissão de informação aos serviços de identificação criminal nos termos de convenção ou acordo internacional

1 – As decisões condenatórias e demais decisões proferidas por tribunais de Estados que não sejam membros da União Europeia são comunicadas aos serviços de identificação criminal nos termos estabelecidos em convenção ou acordo internacional.

2 – São devolvidas pelos serviços de identificação criminal as comunicações que não permitam a identificação inequívoca da pessoa a que respeitam, que não possuam os requisitos impostos pela lei de identificação criminal para a respetiva inscrição no registo criminal, que não incluam todos os elementos necessários a essa inscrição no registo criminal ou que contenham elementos incorretos ou contraditórios.

3 – As comunicações aceites pelos serviços de identificação criminal são registadas no SICRIM.

CAPÍTULO V
Acesso à informação em registo

ARTIGO 15º
Concretização do acesso à informação

1 – O acesso à informação em registo concretiza-se com a emissão de um certificado do registo a que o pedido respeite.

2 – A emissão de um certificado ocorre:

a) Quando é solicitada por entidade habilitada a aceder à informação nos termos da lei de identificação criminal;

b) Quando seja pedido um código de acesso ao registo criminal ou ao registo de contumazes pelo próprio titular, ou por um seu representante com legitimidade nos termos da lei de identificação criminal;

c) Em cada acesso à informação por quem detenha um código de acesso ao registo criminal ou ao registo de contumazes e o utilize no decurso do respetivo período de vigência;

d) Sempre que seja solicitada por quem possua legitimidade para tal nos termos da lei de identificação criminal.

3 – Os certificados cuja emissão não resulte da utilização de um código de acesso têm um prazo de validade de três meses a contar da data da sua emissão.

4 – *(Revogado.)*

5 – *(Revogado.)*

ARTIGO 16º
Acesso à informação por entidades legalmente habilitadas

1 – As entidades legalmente habilitadas a acederem à informação em registo solicitam a emissão de um certificado e obtêm-no através de portal ou de plataforma eletrónica disponibilizados para o efeito pelos serviços de identificação criminal, ou mediante consulta em linha com utilização de *webservices* especificamente implementados para esse efeito, precedendo autorização do diretor-geral da Administração da Justiça.

2 – O acesso ao portal, ou a utilização do *webservice*, apenas pode ser efetuado por utilizador vinculado à entidade legalmente habilitada a quem haja sido atribuído um nome de utilizador e uma palavra-chave.

3 – O acesso a que se refere a alínea *a*) do nº 1 do artigo 8º da Lei nº 37/2015, de 5 de maio, salvo indicação em contrário, pode também ser exercido pelos oficiais de justiça das unidades orgânicas onde sejam tramitados os processos que se visam instruir.

4 – As autoridades centrais de Estados-Membros da União Europeia solicitam a emissão de certificados utilizando o Sistema Europeu de Informação sobre Registos Criminais, através da rede de comunicações segura definida pela Comissão Europeia.

5 – Em casos excecionais, designadamente de inoperacionalidade temporária de sistema informático de suporte, pode ser autorizada pelos serviços de identificação criminal a emissão de certificados solicitada por entidades legalmente habilitadas por qualquer outra via suscetível de deixar registo escrito e que permita comprovar a respetiva autenticidade.

6 – O certificado emitido nos termos dos números anteriores certifica o conteúdo, ou a ausência de conteúdo, do registo em causa relativamente à pessoa nele identificada, de acordo com o que a lei de identificação criminal dispõe para a finalidade a que o certificado se destine, com referência à data e hora da emissão.

7 – O acesso à informação do registo criminal pelo Instituto dos Mercados Públicos, do Imobiliário e da Construção, I. P., é efetuado mediante consulta em linha, através de *webservice*, nos termos do nº 1, relativamente a todos os inscritos no Portal dos Fornecedores do Estado de que seja necessária informação, apenas sendo emitido certificado do registo criminal no caso de dever ser certificada informação vigente neste registo.

ARTIGO 17º
Termos do acesso à informação por entidades legalmente habilitadas

1 – Os pedidos de emissão de certificado a que se refere o artigo anterior devem mencionar:

a) A identificação da entidade que formula o pedido;
b) O tipo de certificado pedido;
c) Os dados de identificação da pessoa de quem é pedido o certificado;
d) A finalidade a que se destina o certificado;
e) O tipo e, se for o caso, o número do processo que se visa instruir.

2 – Tratando-se de pedido de emissão de certificado formulado por entidade pública para cumprimento de exigência legal de apresentação de certificado do registo criminal em procedimento administrativo é, ainda, obrigatória a declaração de que a pessoa de quem é pedida informação autorizou previamente o acesso, podendo os serviços de identificação criminal exigir cópia da autorização.

3 – O pedido de emissão de certificado é fundamentadamente devolvido pelos serviços de identificação criminal se faltar algum dos elementos referidos nos números anteriores, ou se os dados de identificação comunicados não permitirem a identificação inequívoca da pessoa de quem é pedida informação.

ARTIGO 18º
Informação sobre contumácia

Estando em causa a necessidade de conhecimento da informação constante do registo de contumazes por entidades públicas a quem incumba assegurar a execução dos efeitos da contumácia, pode ser autorizado pelos serviços de identificação criminal o estabelecimento de uma ligação em linha que permita sinalizar automaticamente àquela entidade a existência de um registo de contumaz vigente, para efeitos de impedimento da prática de quaisquer atos relativos a cidadão contumaz.

ARTIGO 19º
Acesso à informação pelo titular da informação ou por seu representante

1 – O pedido de um código de acesso ao registo criminal ou ao registo de contumazes de pessoa singular é efetuado pessoalmente pelo próprio titular da informação, ou por um seu representante com legitimidade para o efeito nos termos da lei de identificação criminal.

2 – O pedido de um código de acesso ao registo criminal ou ao registo de contumazes de pessoa coletiva ou entidade equiparada é efetuado pessoalmente por um seu representante legal, ou por um terceiro autorizado por escrito por um representante legal.

3 – Os pedidos referidos nos números anteriores podem, também, ser formulados pelo próprio titular da informação ou por um representante legal de pessoa coletiva ou entidade equiparada através de plataforma eletrónica, gerida pelo Ministério da Justiça, acessível nomeadamente através do Portal ePortugal.

4 – O código de acesso ao registo criminal ou ao registo de contumazes é facultado em certificado do registo emitido quando do pedido, identifica o respetivo titular e a finalidade a que o acesso se destina e permite o acesso à informação em registo para essa finalidade durante o respetivo período de vigência, escolhido pelo requerente, até ao limite máximo de um ano.

5 – Os certificados emitidos nos termos dos números anteriores certificam o conteúdo, ou a ausência de conteúdo do registo em causa relativamente ao seu titular, de acordo com o que a lei de identificação criminal dispõe para a finalidade a que se destine o acesso, com referência à data e hora dessa emissão.

6 – Para efeitos do disposto nos nºs 3 e 4 do artigo 29º da Lei nº 37/2015, de 5 de maio, a emissão de um certificado do registo criminal por utilização do código de acesso apenas determina que seja dirigido um pedido de emissão de certificado do registo criminal à autoridade central do Estado-Membro da nacionalidade do titular decorridos que sejam 60 dias contados da data da receção do último certificado desse titular emitido por aquela autoridade central ou, não tendo sido recebido certificado, do termo do prazo legal de que aquela autoridade central dispunha para o efeito.

7 – O código de acesso ao registo criminal ou ao registo de contumazes pode ser facultado pelo seu titular à entidade que haja solicitado a apresentação de certificado do registo em causa, o que preenche, para todos os efeitos legais, a exigência legal de apresentação de certificado.

8 – Os titulares da informação residentes no estrangeiro podem pedir um código de acesso ao registo criminal ou ao registo de contumazes através da remessa aos serviços de identificação criminal de formulário disponibilizado na página na Internet destes serviços.

ARTIGO 19º-A
Acesso à informação do registo de medidas tutelares educativas

O pedido de emissão de um certificado do registo de medidas tutelares educativas é efetuado pessoalmente por quem para tal possua legitimidade nos termos da lei de identificação criminal ou da lei tutelar educativa, aplicando-se o disposto nos artigos 20º a 22º, com as necessárias adaptações.

ARTIGO 20º
Apresentação pessoal do pedido de código de acesso

1 – A apresentação pessoal do pedido de um código de acesso ao registo criminal ou ao registo de contumazes pode ser efetuada:

a) Nos serviços de identificação criminal;

b) Nas unidades centrais ou secções de proximidade de secretarias judiciais de tribunais de comarca sediadas em localidades onde não existam serviços de identificação criminal;

c) Nos demais postos de atendimento que hajam sido autorizados pelo diretor-geral da Administração da Justiça a submeterem pedidos de obtenção de códigos de acesso ao registo criminal ou ao registo de contumazes, ou de emissão de certificados, no sistema informático disponibilizado pelos serviços de identificação criminal.

2 – O código de acesso ao registo criminal ou ao registo de contumazes e o certificado onde o mesmo consta são transmitidos eletronicamente ao posto onde o pedido de emissão foi submetido, para entrega ao requerente.

ARTIGO 21º
Requisitos do pedido de código de acesso apresentado pelo próprio

1 – O titular da informação que solicite um código de acesso ao registo criminal ou ao registo de contumazes deve provar ser o próprio titular, comprovar os seus dados de identificação mediante a apresentação do seu cartão do cidadão ou bilhete de identidade, ou de outro documento de identificação idóneo para esse efeito, indicar a finalidade a que se destina o acesso ao registo e o prazo escolhido para a vigência do código de acesso.

2 – Sendo o pedido efetuado através de plataforma eletrónica, a comprovação da legitimidade do titular e dos seus dados de identificação é efetuada por autenticação com o cartão de cidadão ou chave móvel digital.

3 – *(Revogado.)*

ARTIGO 22º
Pedido de código de acesso apresentado por representante

1 – Podem pedir um código de acesso ao registo criminal ou ao registo de contumazes em nome ou no interesse do próprio titular da informação:

a) Os ascendentes de titular menor;

b) O tutor ou curador de titular incapaz;

c) Qualquer terceiro expressamente autorizado por escrito para esse ato pelo titular.

2 – Os requerentes mencionados nas alíneas *a*) e *b*) do número anterior devem provar a qualidade em que efetuam o pedido, comprovar os dados de identificação do titular da informação através da apresentação do seu cartão do cidadão ou bilhete de identidade, ou de outro documento de identificação idóneo para esse efeito, indicar a finalidade a que se destina o acesso ao registo e o prazo escolhido para a vigência do código de acesso.

3 – Um terceiro autorizado pelo titular da informação a efetuar o pedido de código de acesso ao registo criminal ou ao registo de contumazes deve apresentar declaração deste, assinada em conformidade com o documento que for apresentado, onde conste:

a) O nome completo do titular da informação e o número do seu cartão do cidadão ou bilhete de identidade, ou de outro documento de identificação idóneo;
b) O nome completo e o número do cartão do cidadão ou bilhete de identidade, ou de outro documento de identificação idóneo, da pessoa autorizada;
c) A declaração de que autoriza o pedido de um código de acesso ao seu registo criminal ou ao seu registo de contumazes, com menção da finalidade a que se destina o acesso e do prazo de vigência do código de acesso.

4 – Além da declaração mencionada no número anterior, o terceiro autorizado deve apresentar o seu documento de identificação mencionado na declaração de autorização, bem como o documento de identificação do titular da informação comprovativo do teor da sua assinatura e dos respetivos dados de identificação, ou a sua cópia certificada.

ARTIGO 23º
Residentes do estrangeiro

1 – Os titulares da informação que sejam residentes no estrangeiro podem apresentar o pedido de um código de acesso ao registo criminal ou ao registo de contumazes pela remessa aos serviços de identificação criminal de formulário disponibilizado no sítio destes serviços na Internet, devidamente preenchido e assinado e acompanhado de cópias dos documentos necessários para provar a legitimidade do requerente, os dados de identificação declarados e a realização do pagamento devido pela emissão solicitada.
2 – O código de acesso ao registo criminal ou ao registo de contumazes pedido nos termos do número anterior, bem como o certificado onde o mesmo consta, são remetidos ao requerente para o endereço eletrónico que por este for indicado para o efeito ou, se o requerente assim o solicitar, por correio, simples ou registado, para a morada que for indicada, mediante prévio pagamento das despesas de remessa nos termos fixados por despacho do diretor-geral da Administração da Justiça.

ARTIGO 24º
Requisitos do pedido de código de acesso de pessoa coletiva ou entidade equiparada

1 – O representante legal de pessoa coletiva ou entidade equiparada que solicite um código de acesso ao registo criminal ou ao registo de contumazes desta deve:

a) Apresentar documento comprovativo da denominação e do número de identificação da pessoa coletiva ou entidade equiparada;
b) Comprovar os seus poderes de representação através da exibição de documento comprovativo dos mesmos, ou por outros meios legalmente admissíveis para o efeito;
c) Comprovar os seus dados de identificação civil mediante a apresentação do cartão do cidadão ou bilhete de identidade, ou de outro documento de identificação idóneo para esse efeito;
d) Indicar a finalidade a que se destina o acesso;
e) Indicar o prazo escolhido para a vigência do código de acesso.

2 – Sendo o pedido efetuado através de plataforma eletrónica a comprovação referida nas alíneas *a*) e *b*) do número anterior é efetuada por consulta em linha ao ficheiro central de pessoas coletivas do Registo Nacional de Pessoas Coletivas ou ao Registo Comercial, tratando-se de entidade a ele sujeita, ou, ainda, não sendo esta possível, mediante apresentação de certidão permanente, e a comprovação referida na alínea *c*) é efetuada por autenticação com o cartão de cidadão ou chave móvel digital.

3 – (*Revogado.*)

ARTIGO 25º
Requisitos do pedido de código de acesso apresentado por um terceiro autorizado

1 – O terceiro autorizado pelo representante legal de pessoa coletiva ou entidade equiparada a pedir um código de acesso ao registo criminal ou ao registo de contumazes desta deve apresentar declaração escrita e assinada por um representante legal, onde conste:

a) A denominação e o número de identificação da pessoa coletiva ou entidade equiparada;

b) O nome completo e o número do cartão do cidadão ou bilhete de identidade, ou de outro documento de identificação idóneo, do representante legal, bem como a qualidade em que atua;

c) O nome completo e o número do cartão do cidadão ou bilhete de identidade, ou de outro documento de identificação idóneo, da pessoa autorizada;

d) A declaração de que autoriza o pedido de um código de acesso ao registo criminal ou ao registo de contumazes da pessoa coletiva ou entidade equiparada com menção da finalidade a que se destina o acesso ao registo e o prazo escolhido para a vigência do código de acesso.

2 – Além da declaração mencionada no número anterior, o terceiro autorizado deve:

a) Apresentar documento comprovativo da denominação e do número de identificação da pessoa coletiva ou entidade equiparada;

b) Apresentar o seu documento de identificação mencionado na declaração de autorização;

c) Apresentar o documento de identificação do representante legal da pessoa coletiva ou entidade equiparada comprovativo do teor da sua assinatura e dos respetivos dados de identificação, ou a sua cópia certificada;

d) Comprovar os poderes de representação do representante legal, através da exibição de documento comprovativo dos mesmos, ou por outros meios legalmente admissíveis para o efeito.

3 – O terceiro autorizado está dispensado da apresentação de documentos em posse de qualquer serviço ou organismo da Administração Pública quando o seu titular dê consentimento para a entidade responsável pela emissão do certificado proceder à sua obtenção, nos termos do artigo 28º-A do Decreto-Lei nº 135/99, de 22

de abril, alterado pelos Decretos-Leis nºs 29/2000, de 13 de março, 72-A/2010, de 18 de junho, e 73/2014, de 13 de maio.

ARTIGO 25º-A
Cancelamento do código de acesso ao registo criminal ou ao registo de contumazes

1 – O código de acesso ao registo criminal ou ao registo de contumazes pode ser cancelado, a todo o tempo, a pedido do próprio titular da informação, ou de um seu representante, bem como do representante legal de pessoa coletiva ou entidade equiparada, ou de um terceiro por este autorizado.

2 – O pedido de cancelamento do código de acesso ao registo criminal ou ao registo de contumazes é efetuado pessoalmente, nos termos e nas condições em que pode ser pedida a obtenção do mesmo, com as devidas adaptações.

3 – O pedido de cancelamento do código de acesso ao registo criminal ou ao registo de contumazes pode, também, ser efetuado através da plataforma eletrónica a que se refere o nº 3 do artigo 19º, nos termos e nas condições em que pode ser pedida a obtenção do mesmo por essa via.

4 – O código de acesso ao registo criminal ou ao registo de contumazes pode, ainda, ser cancelado a todo o tempo pelos serviços de identificação criminal, se existirem alterações nos dados de identificação do titular ou se surgirem dúvidas supervenientes sobre esses dados que o justifiquem.

ARTIGO 26º
Acesso à informação do registo de contumazes por terceiros

1 – Quem pretenda aceder ao registo de contumazes de terceiro sem autorização do próprio deve provar que efetua o pedido com a finalidade de acautelar interesses ligados à celebração de negócio jurídico com contumaz ou para instruir processo da sua anulação, e fornecer os dados de identificação necessários à identificação inequívoca da pessoa a cujo registo pretende aceder.

2 – O acesso ao registo de contumazes nos termos do número anterior concretiza-se na emissão de um certificado de contumácia cujo conteúdo se restringe ao despacho que declarar a contumácia, se existir, ou à certificação da respetiva inexistência.

ARTIGO 27º
Indeferimento do pedido

O pedido de obtenção de um código de acesso ao registo criminal ou ao registo de contumazes, ou de emissão de certificado, é fundamentadamente indeferido pelos serviços de identificação criminal:

a) Se não for efetuada a prova da legitimidade da entidade que o solicita, ou do requerente, nos termos previstos nos artigos anteriores;

b) Se os dados de identificação da pessoa de quem é pedido um código de acesso ao registo criminal ou ao registo de contumazes, ou um certificado, transmitidos aos serviços de identificação criminal, ou os documentos de identificação dela apresentados, não permitirem a sua identificação inequívoca;

c) Se não forem observados quaisquer outros requisitos de que a lei de identificação criminal ou o presente decreto-lei façam depender o acesso ao registo.

ARTIGO 28º
Acesso à informação para fins de investigação científica ou estatísticos

1 – O acesso à informação para fins de investigação científica ou estatísticos é solicitado ao membro do Governo responsável pela área da justiça, com descrição detalhada dos objetivos prosseguidos e dos fundamentos que justificam a necessidade do pedido.

2 – O pedido é submetido ao parecer dos serviços de identificação criminal quanto aos fundamentos apresentados e à viabilidade técnica da respetiva concretização, no respeito pelos requisitos legais estabelecidos no nº 9 do artigo 10º da Lei nº 37/2015, de 5 de maio.

CAPÍTULO VI
Direito de acesso aos dados em registo

ARTIGO 29º
Certificado de acesso aos dados em registo

1 – As pessoas singulares ou coletivas que pretendam tomar conhecimento dos dados que lhes digam respeito constantes dos registos da competência dos serviços de identificação criminal devem solicitar a emissão de um certificado de acesso aos dados no registo em causa.

2 – A emissão do certificado de acesso aos dados no registo é pedida nos termos previstos no presente decreto-lei para as situações de acesso pelo próprio à informação em registo.

3 – O certificado de acesso aos dados no registo certifica os dados de identificação comunicados aos serviços de identificação criminal ou por estes recolhidos relativamente ao titular do registo e a sua situação registal, com referência à data da emissão do certificado, não podendo ser utilizado para qualquer outro efeito que não seja o mero conhecimento pelo titular dos dados no registo a si respeitantes.

4 – A utilização de um certificado de acesso aos dados no registo por terceiros para finalidade diversa daquela para que foi emitido constitui utilização indevida de informação em registo.

CAPÍTULO VII
Outras disposições reguladoras do sistema de informação

ARTIGO 30º
Dados relativos à emissão de certificados

1 – Os dados relativos à emissão de certificados de titulares de registo são conservados no SICRIM durante o período de manutenção dos respetivos registos no sistema informático, com a finalidade de salvaguardar a informação relativa ao acesso ao registo.

2 – Os dados relativos à emissão de certificados de pessoas não titulares de registo são conservados no SICRIM pelo prazo máximo de seis meses contados do termo de vigência do código de acesso que permitiu a emissão, ou da data da respetiva emissão nos casos em que não exista código de acesso, com a finalidade de possibilitar a apreciação de reclamações relativas a essas emissões, bem como a sua correção ou retificação.

3 – Sem prejuízo do disposto no número seguinte, são conservados os dados de identificação que constaram do certificado emitido, o conteúdo do registo que constou do mesmo, se for o caso, a finalidade a que se destinou e outras indicações que hajam constado do certificado nos termos legais, bem como os dados relativos à data e hora da emissão e à origem do pedido.

4 – Nas situações de emissão de sucessivos certificados iguais no âmbito de acesso à informação por quem detenha um código de acesso ao registo criminal ou ao registo de contumazes durante a respetiva vigência, apenas são conservados os dados da primeira dessas emissões e os dados relativos à data e hora dos acessos e à origem dos mesmos.

5 – Excetua-se do disposto nos números anteriores a manutenção em registo dos dados não nominativos necessários ao cumprimento das obrigações de prestação de contas nos termos das normas do regime de administração financeira do Estado.

ARTIGO 31º
Recolha e atualização dos dados

1 – Os dados de identificação registados no SICRIM são recolhidos das comunicações efetuadas pelos tribunais e pelas demais entidades remetentes da informação, da validação efetuada nas bases de dados referidas no nº 2 do artigo 4º, ou recolhidos pelos serviços de identificação criminal no exercício das suas competências.

2 – O número do registo onomástico é um número sequencial, atribuído automaticamente pelo sistema informático aquando da criação do registo.

3 – O número de identificação onomástico é um número sequencial, atribuído automaticamente pelo sistema informático na ausência de número de identificação civil, ou de outra referência documental suscetível de validação automática em linha, com o objetivo de operacionalizar as regras de negócio aplicáveis a essa situação de ausência.

4 – Os dados referidos no nº 1 do artigo 7º, no nº 1 do artigo 8º, no nº 1 do artigo 9º, nos nºs 1 e 2 do artigo 10º e no nº 1 do artigo 11º são recolhidos das comunicações efetuadas pelos tribunais e pelas demais entidades remetentes da informação.

5 – Os dados referidos no nº 2 do artigo 7º, no nº 2 do artigo 8º, no nº 2 do artigo 9º, no nº 3 do artigo 10º e no nº 2 do artigo 11º são automaticamente fixados pelo sistema informático com base na informação registada.

6 – Os dados relativos à emissão de certificados são recolhidos do certificado emitido e do sistema automático de emissão de certificados.

ARTIGO 32º
Módulo de contabilidade

1 – O SICRIM contém um módulo de contabilidade com a finalidade de garantir o controlo da receita cobrada pela emissão de códigos de acesso ao registo criminal ou ao registo de contumazes e de certificados.

2 – No módulo de contabilidade são utilizados os dados relativos à emissão de certificados necessários à respetiva individualização, contabilização da receita devida e verificação do respetivo pagamento, bem como à identificação do posto e utilizador responsáveis pela inserção do pedido, quando for o caso.

ARTIGO 33º
Acesso à informação pelos trabalhadores dos serviços de identificação criminal

1 – O acesso à informação em registo pelos trabalhadores afetos aos serviços de identificação criminal depende da utilização de nome de utilizador e de palavra-chave.

2 – Os trabalhadores afetos aos serviços de identificação criminal têm acesso à informação em registo de acordo com níveis de acesso adequados às funções que lhe estão cometidas, os quais são definidos pelo diretor-geral da Administração da Justiça.

3 – Os trabalhadores afetos aos serviços de identificação criminal estão obrigados a sigilo profissional relativamente à informação em registo de que tenham conhecimento, mesmo após o termo das suas funções.

ARTIGO 34º
Segurança da informação

1 – Compete ao diretor-geral da Administração da Justiça promover a adoção das medidas previstas no nº 1 do artigo 15º da Lei nº 67/98, de 26 de outubro, a fim de:

a) Impedir o acesso de pessoa não autorizada às instalações utilizadas para o tratamento dos dados;

b) Impedir que suportes de dados possam ser lidos, copiados, alterados ou retirados por pessoa não autorizada;

c) Impedir a introdução não autorizada, bem como a tomada de conhecimento, a alteração ou a eliminação não autorizadas de dados pessoais inseridos;

d) Impedir que sistemas de tratamento automatizados de dados possam ser utilizados por pessoas não autorizadas através de instalações de transmissão de dados;

e) Garantir que as pessoas autorizadas só possam ter acesso aos dados abrangidos pela autorização;

f) Garantir a verificação das entidades a quem possam ser transmitidos os dados pessoais através das instalações de transmissão de dados;

g) Garantir que possa verificar-se, sempre que necessário, quais os dados pessoais introduzidos, quando e por quem;

h) Impedir que, na transmissão de dados pessoais, bem como no transporte do seu suporte, os dados possam ser lidos, copiados, alterados ou eliminados de forma não autorizada.

2 – Qualquer pessoa que, no exercício de funções desempenhadas sob a autoridade dos serviços de identificação criminal, nomeadamente de apoio ou assessoria técnica, ou de fornecimento de equipamentos ou de serviços, tenha acesso a informação em registo, está obrigada a sigilo profissional relativamente à informação de que tenha conhecimento, mesmo após o termo das respetivas funções.

3 – O acesso ou utilização indevidos de informação em registo, bem como a violação do dever de sigilo, são punidos nos termos previstos na Lei nº 67/98, de 26 de outubro.

CAPÍTULO VIII
Disposições complementares e finais

ARTIGO 35º
Taxas

1 – Pela emissão de códigos de acesso ao registo criminal ou ao registo de contumazes, bem como pela emissão de certificados da sua competência que não resultem da utilização de um código de acesso durante o respetivo período de vigência, os serviços de identificação criminal cobram taxas, cujos montantes são fixados por portaria dos membros do Governo responsáveis pelas áreas das finanças e da justiça, constituindo receita da Direção-Geral da Administração da Justiça.

2 – O montante da taxa devida pela emissão de um código de acesso ao registo criminal ou ao registo de contumazes depende do período de vigência do mesmo, escolhido pelo requerente no ato do respetivo pedido.

3 – O pagamento da taxa devida é efetuado no ato da apresentação do pedido, por qualquer via, não dando lugar à sua restituição o indeferimento do mesmo, fundamentado nos termos do presente decreto-lei, ou o cancelamento de código de acesso nos termos do disposto no artigo 25º-A.

4 – Nos casos em que não seja possível a emissão imediata de um código de acesso ao registo criminal ou ao registo de contumazes pedido pessoalmente, por razões de natureza identificativa ou de conteúdo registal, o requerente pode solicitar a sua emissão prioritária, sendo devido o pagamento de uma taxa de urgência.

5 – Há lugar a emissão gratuita de código de acesso ao registo criminal ou ao registo de contumazes, ou de certificado, se for deferida reclamação do interessado com fundamento em erro dos serviços relativamente a pedido anterior.

6 – Beneficiam da isenção de taxa na emissão de código de acesso ou de certificado:

a) As entidades previstas no nº 2 do artigo 8º da Lei nº 37/2015, de 5 de maio, e nas alíneas *d*) e *e*) do artigo 215º da Lei Tutelar Educativa, aprovada pela Lei nº 166/99, de 14 de setembro, alterada pela Lei nº 4/2015, de 15 de janeiro;

b) As entidades públicas competentes para a instrução de procedimentos administrativos, identificados em portaria do membro do Governo responsável pela área da justiça, dos quais dependa a concessão de emprego ou a obtenção de licença, autorização ou registo de caráter público, quando seja legalmente exigida a apresentação de certificado do registo criminal e o obtenham nos termos do disposto no nº 1 do artigo 16º;

c) As pessoas singulares ou coletivas quando no exercício do direito de acesso ao conteúdo integral dos registos que lhes respeitem;

d) As pessoas singulares ou coletivas que, previamente ao pedido de código de acesso ao registo criminal ou ao registo de contumazes, ou de emissão de certificado, demonstrem insuficiência económica para suportar a taxa devida, nos termos da lei sobre apoio judiciário, com as devidas adaptações.

ARTIGO 36º
Reclamações e recursos

1 – As reclamações respeitantes ao acesso à informação em matéria de identificação criminal e seu conteúdo devem ser apresentadas no prazo de 60 dias contados da prática do ato de que se reclama, devendo o diretor-geral da Administração da Justiça decidi-las no prazo máximo de 30 dias.

2 – O recurso sobre a legalidade do conteúdo dos certificados do registo criminal a que se refere o nº 2 do artigo 42º da Lei nº 37/2015, de 5 de maio, é interposto pelo interessado no prazo de 30 dias contados da data de emissão do certificado.

ARTIGO 37º
Conservação e destruição de informação e de documentos

1 – A informação cancelada dos registos que não possa ser mantida em ficheiro, nos termos da Lei nº 37/2015, de 5 de maio, e da Lei Tutelar Educativa, aprovada pela Lei nº 166/99, de 14 de setembro, alterada pela Lei nº 4/2015, de 15 de janeiro, é eliminada, de forma segura e com impossibilidade de reconstituição.

2 – Excetuam-se do disposto no número anterior as amostras históricas representativas do universo da informação e ainda as que, pela sua dimensão, complexidade e valor técnico-científico ou sociológico, devam ser preservadas.

3 – A documentação recebida nos serviços de identificação criminal e nos demais postos de atendimento no âmbito do processo de emissão de códigos de acesso ao

registo criminal ou ao registo de contumazes, ou de certificados, solicitada por pessoas singulares ou coletivas, ou precedendo a sua autorização, pode ser destruída após o decurso do prazo dos períodos de vigência dos códigos de acesso ou de validade dos certificados a que se refere, com dispensa de qualquer formalidade.

4 – A documentação recebida nos serviços de identificação criminal no âmbito do exercício das suas competências que contenha informação de identificação criminal comprovativa de alterações da informação em registo, ou da respetiva veracidade, é arquivada com referência ao titular da informação a que se reporte e mantida durante o prazo de manutenção do respetivo registo, sendo destruída após a sua eliminação.

5 – A restante documentação recebida nos serviços de identificação criminal pode ser destruída decorridos três anos após a respetiva receção.

ARTIGO 38º
Norma revogatória

São revogados:

a) O Decreto-Lei nº 381/98, de 27 de novembro, alterado pelos Decretos-Leis nºs 20/2007, de 23 de janeiro, e 288/2009, de 8 de outubro, com exceção do artigo 33º e do artigo 38º, que se mantêm em vigor até à entrada em vigor do despacho e da portaria previstos, respetivamente, no nº 2 do artigo 23º e no nº 1 do artigo 35º do presente decreto-lei;

b) O Decreto-Lei nº 62/99, de 29 de março, alterado pelo Decreto-Lei nº 288/ /2009, de 8 de outubro;

c) O Decreto-Lei nº 323-E/2000, de 20 de dezembro.

III. Proteção de Menores

Lei de Proteção de Crianças e Jovens em Perigo

Lei nº 147/99, de 1 de setembro

A Assembleia da República decreta, nos termos da alínea *c)* do artigo 161º da Constituição, para valer como lei geral da República, o seguinte:

ARTIGO 1º

É aprovada a lei de protecção de crianças e jovens em perigo, em anexo ao presente diploma e que dele faz parte integrante.

ARTIGO 2º

1 – A lei de protecção de crianças e jovens em perigo é de aplicação imediata, sem prejuízo da validade dos actos realizados na vigência da lei anterior.

2 – As disposições de natureza processual não se aplicam aos processos iniciados anteriormente à sua vigência quando da sua aplicabilidade imediata possa resultar quebra de harmonia e unidade dos vários actos do processo.

3 – Os processos tutelares pendentes na data da entrada em vigor da nova lei que não tenham por objecto a prática, por menor com idade compreendida entre os 12 e os 16 anos, de factos qualificados pela lei penal como crime são reclassificados como processos de promoção e protecção.

4 – Nos processos a que se refere o número anterior são aplicáveis unicamente as medidas de protecção previstas neste diploma, de acordo com os princípios orientadores da intervenção nele prevista.

5 – As medidas tutelares aplicadas em processos pendentes são revistas em conformidade com o disposto no artigo 62º da lei de protecção de crianças e jovens em perigo.

6 – Os processos pendentes nas comissões de protecção de menores transitam e continuam a correr termos nas comissões de protecção de crianças e jovens nos termos previstos na lei de protecção de crianças e jovens em perigo.

7 – Os processos pendentes nos tribunais de menores ou nos tribunais de competência especializada mista de família e menores que, em virtude do disposto no artigo 79º da lei de protecção de crianças e jovens em perigo, deixarem de ser com-

petentes são remetidos ao tribunal que for territorialmente competente nos termos deste diploma e das leis de organização e funcionamento dos tribunais judiciais.

ARTIGO 3º

1 – As actuais comissões de protecção de menores serão reorganizadas e passarão a funcionar de acordo com o disposto na lei de protecção de crianças e jovens em perigo, adoptando a designação de comissões de protecção de crianças e jovens.

2 – Compete à Comissão Nacional de Protecção das Crianças e Jovens em Risco, conjuntamente com as entidades e serviços nela representados, tomar as providências necessárias à reorganização das comissões de protecção de menores.

3 – As comissões de protecção de menores são reorganizadas por portaria conjunta dos Ministros da Justiça e do Trabalho e da Solidariedade.

4 – As comissões de protecção de crianças e jovens que sucederem às comissões de protecção de menores, nos termos dos números anteriores, são declaradas instaladas por portaria conjunta dos Ministros da Justiça e do Trabalho e da Solidariedade.

5 – As comissões de protecção que vierem a ser criadas e instaladas até à data em vigor da lei de protecção de crianças e jovens em perigo são constituídas e passam a funcionar nos termos do disposto neste diploma.

6 – Podem ser criadas e instaladas comissões de protecção de crianças e jovens nas áreas de competência territorial das comissões referidas no nº 3 do artigo 2º do Decreto-Lei nº 189/91, de 17 de Maio, nos termos do disposto na lei de protecção de crianças e jovens em perigo, ficando a competência destas limitada às áreas não abrangidas pelas novas comissões.

7 – Até à data de entrada em vigor da lei de protecção de crianças e jovens em perigo, as comissões a que se referem os nºs 4, 5 e 6 exercem as competências previstas no Decreto-Lei nº 189/91, de 17 de Maio.

8 – As comissões de protecção de menores actualmente existentes que não forem reorganizadas até à data de entrada em vigor da lei de protecção de crianças e jovens consideram-se extintas nessa data, sendo os processos pendentes remetidos ao Ministério Público junto do tribunal da respectiva comarca.

ARTIGO 4º

1 – São revogados o Decreto-Lei nº 189/91, de 17 de Maio, e as normas do Decreto-Lei nº 314/78, de 27 de Outubro, e de demais legislação relativas às matérias abrangidas pelo presente diploma.

2 – Mantém-se em vigor o Decreto-Lei nº 98/98, de 18 de Abril, que cria e regulamenta a Comissão Nacional de Protecção das Crianças e Jovens em Risco.

ARTIGO 5º

O Governo adoptará as providências regulamentares necessárias à aplicação do presente diploma.

ARTIGO 6º

Sem prejuízo do disposto no artigo 3º, a lei de protecção de crianças e jovens em perigo, bem como os artigos 2º e 4º do presente diploma, entram em vigor conjuntamente com a lei tutelar educativa.

Aprovada em 1 de Julho de 1999.

O Presidente da Assembleia da República, *António de Almeida Santos.*

Promulgada em 13 de Agosto de 1999.

Publique-se.

O Presidente da República, JORGE SAMPAIO.

Referendada em 18 de Agosto de 1999.

O Primeiro-Ministro, *António Manuel de Oliveira Guterres.*

ANEXO

Lei de Proteção de Crianças e Jovens em Perigo*

CAPÍTULO I
Disposições gerais

ARTIGO 1º
Objeto

A presente lei tem por objeto a promoção dos direitos e a proteção das crianças e dos jovens em perigo, por forma a garantir o seu bem-estar e desenvolvimento integral.

ARTIGO 2º
Âmbito

A presente lei aplica-se às crianças e jovens em perigo que residam ou se encontrem em território nacional.

ARTIGO 3º
Legitimidade da intervenção

1 – A intervenção para promoção dos direitos e proteção da criança e do jovem em perigo tem lugar quando os pais, o representante legal ou quem tenha a guarda de facto ponham em perigo a sua segurança, saúde, formação, educação ou desenvolvimento, ou quando esse perigo resulte de ação ou omissão de terceiros ou da própria criança ou do jovem a que aqueles não se oponham de modo adequado a removê-lo.

2 – Considera-se que a criança ou o jovem está em perigo quando, designadamente, se encontra numa das seguintes situações:

a) Está abandonada ou vive entregue a si própria;
b) Sofre maus tratos físicos ou psíquicos ou é vítima de abusos sexuais;
c) Não recebe os cuidados ou a afeição adequados à sua idade e situação pessoal;

** Texto de acordo com a republicação da Lei nº 142/2015, de 8 de setembro.*

d) Está aos cuidados de terceiros, durante período de tempo em que se observou o estabelecimento com estes de forte relação de vinculação e em simultâneo com o não exercício pelos pais das suas funções parentais;

e) É obrigada a atividades ou trabalhos excessivos ou inadequados à sua idade, dignidade e situação pessoal ou prejudiciais à sua formação ou desenvolvimento;

f) Está sujeita, de forma direta ou indireta, a comportamentos que afetem gravemente a sua segurança ou o seu equilíbrio emocional;

g) Assume comportamentos ou se entrega a atividades ou consumos que afetem gravemente a sua saúde, segurança, formação, educação ou desenvolvimento sem que os pais, o representante legal ou quem tenha a guarda de facto se lhes oponham de modo adequado a remover essa situação;

h) Tem nacionalidade estrangeira e está acolhida em instituição pública, cooperativa, social ou privada com acordo de cooperação com o Estado, sem autorização de residência em território nacional.

(Redação dada pela Lei nº 26/2018, de 05-07)

ARTIGO 4º
Princípios orientadores da intervenção

A intervenção para a promoção dos direitos e proteção da criança e do jovem em perigo obedece aos seguintes princípios:

a) Interesse superior da criança e do jovem – a intervenção deve atender prioritariamente aos interesses e direitos da criança e do jovem, nomeadamente à continuidade de relações de afeto de qualidade e significativas, sem prejuízo da consideração que for devida a outros interesses legítimos no âmbito da pluralidade dos interesses presentes no caso concreto;

b) Privacidade – a promoção dos direitos e proteção da criança e do jovem deve ser efetuada no respeito pela intimidade, direito à imagem e reserva da sua vida privada;

c) Intervenção precoce – a intervenção deve ser efetua da logo que a situação de perigo seja conhecida;

d) Intervenção mínima – a intervenção deve ser exercida exclusivamente pelas entidades e instituições cuja ação seja indispensável à efetiva promoção dos direitos e à proteção da criança e do jovem em perigo;

e) Proporcionalidade e atualidade – a intervenção deve ser a necessária e a adequada à situação de perigo em que a criança ou o jovem se encontram no momento em que a decisão é tomada e só pode interferir na sua vida e na da sua família na medida do que for estritamente necessário a essa finalidade;

f) Responsabilidade parental – a intervenção deve ser efetuada de modo que os pais assumam os seus deveres para com a criança e o jovem;

g) Primado da continuidade das relações psicológicas profundas – a intervenção deve respeitar o direito da criança à preservação das relações afetivas estruturantes de grande significado e de referência para o seu saudável e harmónico desenvolvimento, devendo prevalecer as medidas que garantam a continuidade de uma vinculação securizante;

h) Prevalência da família – na promoção dos direitos e na proteção da criança e do jovem deve ser dada prevalência às medidas que os integrem em família, quer na sua família biológica, quer promovendo a sua adoção ou outra forma de integração familiar estável;

i) Obrigatoriedade da informação – a criança e o jovem, os pais, o representante legal ou a pessoa que tenha a sua guarda de facto têm direito a ser informados dos seus direitos, dos motivos que determinaram a intervenção e da forma como esta se processa;

j) Audição obrigatória e participação – a criança e o jovem, em separado ou na companhia dos pais ou de pessoa por si escolhida, bem como os pais, representante legal ou pessoa que tenha a sua guarda de facto, têm direito a ser ouvidos e a participar nos atos e na definição da medida de promoção dos direitos e de proteção;

k) Subsidiariedade – a intervenção deve ser efetuada sucessivamente pelas entidades com competência em matéria da infância e juventude, pelas comissões de proteção de crianças e jovens e, em última instância, pelos tribunais.

ARTIGO 5º
Definições

Para efeitos da presente lei, considera-se:

a) Criança ou jovem – a pessoa com menos de 18 anos ou a pessoa com menos de 21 anos que solicite a continuação da intervenção iniciada antes de atingir os 18 anos, e ainda a pessoa até aos 25 anos sempre que existam, e apenas enquanto durem, processos educativos ou de formação profissional;

b) Guarda de facto – a relação que se estabelece entre a criança ou o jovem e a pessoa que com ela vem assumindo, continuadamente, as funções essenciais próprias de quem tem responsabilidades parentais;

c) Situação de emergência – a situação de perigo atual ou iminente para a vida ou a situação de perigo atual ou iminente de grave comprometimento da integridade física ou psíquica da criança ou jovem, que exija proteção imediata nos termos do artigo 91º, ou que determine a necessidade imediata de aplicação de medidas de promoção e proteção cautelares;

d) Entidades com competência em matéria de infância e juventude – as pessoas singulares ou coletivas, públicas, cooperativas, sociais ou privadas que, por desenvolverem atividades nas áreas da infância e juventude, têm legitimidade para intervir na promoção dos direitos e na proteção da criança e do jovem em perigo;

e) Medida de promoção dos direitos e de proteção – a providência adotada pelas comissões de proteção de crianças e jovens ou pelos tribunais, nos termos do presente diploma, para proteger a criança e o jovem em perigo;

f) Acordo de promoção e proteção – compromisso reduzido a escrito entre as comissões de proteção de crianças e jovens ou o tribunal e os pais, representante legal ou quem tenha a guarda de facto e, ainda, a criança e o jovem com mais de 12 anos, pelo qual se estabelece um plano contendo medidas de promoção de direitos e de proteção.

(Redação dada pela Lei nº 23/2017, de 23-05)

CAPÍTULO II
Intervenção para promoção dos direitos e de proteção da criança e do jovem em perigo

SECÇÃO I
Modalidades de intervenção

ARTIGO 6º
Disposição geral

A promoção dos direitos e a proteção da criança e do jovem em perigo incumbe às entidades com competência em matéria de infância e juventude, às comissões de proteção de crianças e jovens e aos tribunais.

ARTIGO 7º
Intervenção de entidades com competência em matéria de infância e juventude

1 – As entidades com competência em matéria de infância e juventude devem, no âmbito das suas atribuições, promover ações de prevenção primária e secundária, nomeadamente, mediante a definição de planos de ação local para a infância e juventude, visando a promoção, defesa e concretização dos direitos da criança e do jovem.

2 – As entidades com competência em matéria de infância e juventude devem promover e integrar parcerias e a elas recorrer, sempre que, pelas circunstâncias do caso, a sua intervenção isolada não se mostre adequada à efetiva promoção dos direitos e proteção da criança ou do jovem.

3 – A intervenção das entidades com competência em matéria de infância e juventude é efetuada de modo consensual com as pessoas de cujo consentimento dependeria a intervenção da comissão de proteção nos termos do artigo 9º

4 – Com vista à concretização das suas atribuições, cabe às entidades com competência em matéria de infância e juventude:

a) Avaliar, diagnosticar e intervir em situações de risco e perigo;

b) Implementar estratégias de intervenção necessárias e adequadas à diminuição ou erradicação dos fatores de risco;

c) Acompanhar a criança, jovem e respetiva família em execução de plano de intervenção definido pela própria entidade, ou em colaboração com outras entidades congéneres;

d) Executar os atos materiais inerentes às medidas de promoção e proteção aplicadas pela comissão de proteção ou pelo tribunal, de que sejam incumbidas, nos termos do acordo de promoção e proteção ou da decisão judicial.

5 – No exercício das competências conferidas no número anterior cabe às entidades com competência em matéria de infância e juventude elaborar e manter um registo atualizado, do qual conste a descrição sumária das diligências efetuadas e respetivos resultados.

ARTIGO 8º
Intervenção das comissões de proteção de crianças e jovens

A intervenção das comissões de proteção de crianças e jovens tem lugar quando não seja possível às entidades referidas no artigo anterior atuar de forma adequada e suficiente a remover o perigo em que se encontram.

ARTIGO 9º
Consentimento

1 – A intervenção das comissões de proteção das crianças e jovens depende, nos termos da presente lei, do consentimento expresso e prestado por escrito dos pais, do representante legal ou da pessoa que tenha a guarda de facto, consoante o caso.

2 – A intervenção das comissões de proteção das crianças e jovens depende do consentimento de ambos os progenitores, ainda que o exercício das responsabilidades parentais tenha sido confiado exclusivamente a um deles, desde que estes não estejam inibidos do exercício das responsabilidades parentais.

3 – Quando o progenitor que deva prestar consentimento, nos termos do número anterior, estiver ausente ou, de qualquer modo, incontactável, é suficiente o consentimento do progenitor presente ou contactável, sem prejuízo do dever de a comissão de proteção diligenciar, comprovadamente e por todos os meios ao seu alcance, pelo conhecimento do paradeiro daquele, com vista à prestação do respetivo consentimento.

4 – Quando tenha sido instituída a tutela, o consentimento é prestado pelo tutor ou, na sua falta, pelo protutor.

5 – Se a criança ou o jovem estiver confiado à guarda de terceira pessoa, nos termos dos artigos 1907º e 1918º do Código Civil, ou se encontrar a viver com uma pessoa que tenha apenas a sua guarda de facto, o consentimento é prestado por quem tem a sua guarda, ainda que de facto, e pelos pais, sendo suficiente o consentimento daquela para o início da intervenção.

6 – Se, no caso do número anterior, não for possível contactar os pais apesar da realização das diligências adequadas para os encontrar, aplica-se, com as necessárias adaptações, o disposto no nº 3.

7 – A intervenção das comissões de proteção das crianças e jovens depende ainda do consentimento expresso e prestado por escrito daqueles que hajam apadrinhado civilmente a criança ou jovem, enquanto subsistir tal vínculo.

8 – Nos casos previstos nos nºs 3 e 5, cessa a legitimidade da comissão de proteção para a intervenção a todo o momento, caso o progenitor não inibido do exercício das responsabilidades parentais se oponha à intervenção.

ARTIGO 10º
Não oposição da criança e do jovem

1 – A intervenção das entidades referidas nos artigos 7º e 8º depende da não oposição da criança ou do jovem com idade igual ou superior a 12 anos.

2 – A oposição da criança com idade inferior a 12 anos é considerada relevante de acordo com a sua capacidade para compreender o sentido da intervenção.

ARTIGO 11º
Intervenção judicial

1 – A intervenção judicial tem lugar quando:

a) Não esteja instalada comissão de proteção de crianças e jovens com competência no município ou na freguesia da respetiva área da residência ou a comissão não tenha competência, nos termos da lei, para aplicar a medida de promoção e proteção adequada;

b) A pessoa que deva prestar consentimento, nos termos do artigo 9º, haja sido indiciada pela prática de crime contra a liberdade ou a autodeterminação sexual que vitime a criança ou jovem carecidos de proteção, ou quando, contra aquela tenha sido deduzida queixa pela prática de qualquer dos referidos tipos de crime;

c) Não seja prestado ou seja retirado o consentimento necessário à intervenção da comissão de proteção, quando o acordo de promoção e de proteção seja reiteradamente não cumprido ou quando ocorra incumprimento do referido acordo de que resulte situação de grave perigo para a criança;

d) Não seja obtido acordo de promoção e proteção, mantendo-se a situação que justifique a aplicação de medida;

e) A criança ou o jovem se oponham à intervenção da comissão de proteção, nos termos do artigo 10º;

f) A comissão de proteção não obtenha a disponibilidade dos meios necessários para aplicar ou executar a medida que considere adequada, nomeadamente por oposição de um serviço ou entidade;

g) Decorridos seis meses após o conhecimento da situação pela comissão de proteção não tenha sido proferida qualquer decisão e os pais, representante legal ou as pessoas que tenham a guarda de facto da criança ou jovem requeiram a intervenção judicial;

h) O Ministério Público considere que a decisão da comissão de proteção é ilegal ou inadequada à promoção dos direitos ou à proteção da criança ou do jovem;

i) O processo da comissão de proteção seja apensado a processo judicial, nos termos da lei;

j) Na sequência da aplicação de procedimento urgente previsto no artigo 91º

2 – A intervenção judicial tem ainda lugar quando, atendendo à gravidade da situação de perigo, à especial relação da criança ou do jovem com quem a provocou ou ao conhecimento de anterior incumprimento reiterado de medida de promoção e proteção por quem deva prestar consentimento, o Ministério Público, oficiosamente ou sob proposta da comissão, entenda, de forma justificada, que, no caso concreto, não se mostra adequada a intervenção da comissão de proteção.

3 – Para efeitos do disposto nos números anteriores, a comissão remete o processo ao Ministério Público.

SECÇÃO II
Comissões de proteção de crianças e jovens

SUBSECÇÃO I
Disposições gerais

ARTIGO 12º
Natureza

1 – As comissões de proteção de crianças e jovens, adiante designadas comissões de proteção, são instituições oficiais não judiciárias com autonomia funcional que visam promover os direitos da criança e do jovem e prevenir ou pôr termo a situações suscetíveis de afetar a sua segurança, saúde, formação, educação ou desenvolvimento integral.

2 – As comissões de proteção exercem as suas atribuições em conformidade com a lei e deliberam com imparcialidade e independência.

3 – As comissões de proteção são declaradas instaladas por portaria dos membros do Governo responsáveis pelas áreas da justiça, da solidariedade e da segurança social.

ARTIGO 13º
Colaboração

1 – Os serviços públicos, as autoridades administrativas e as entidades policiais têm o dever de colaborar com as comissões de proteção no exercício das suas atribuições.

2 – O dever de colaboração incumbe igualmente às pessoas singulares e coletivas que para tal sejam solicitadas.

3 – O dever de colaboração abrange o de informação e o de emissão, sem quaisquer encargos, de certidões, relatórios e quaisquer outros documentos considerados necessários pelas comissões de proteção, no exercício das suas competências de promoção e proteção.

ARTIGO 13º-A
Acesso a dados pessoais sensíveis

1 – A comissão de proteção pode, quando necessário para assegurar a proteção da criança ou do jovem, proceder ao tratamento de dados pessoais sensíveis, designadamente, informação clínica, desde que consentida pelo titular dos dados ou, sendo este menor ou interdito por anomalia psíquica, pelo seu representante legal, nos termos da alínea *h*) do artigo 3º e do nº 2 do artigo 7º da Lei da Proteção de Dados Pessoais, aprovada pela Lei nº 67/98, de 26 de outubro.

2 – Para efeitos de legitimação da comissão de proteção, nos termos do previsto no número anterior, o titular dos dados pessoais sensíveis deve prestar, por escrito, consentimento específico e informado.

3 – O pedido de acesso ao tratamento de dados pessoais sensíveis por parte da comissão de proteção deve ser sempre acompanhado da declaração de consentimento a que alude o número anterior.

4 – Sempre que a entidade detentora da informação a que se refere o nº 1 for uma unidade de saúde, o pedido da comissão de proteção deve ser dirigido ao responsável pela sua direção clínica, a quem cabe a coordenação da recolha de informação e sua remessa à comissão requerente.

ARTIGO 13º-B
Reclamações

1 – As comissões de proteção dispõem de registo de reclamações, nos termos previstos nos artigos 35º-A e 38º do Decreto-Lei nº 135/99, de 22 de abril, alterado pelos Decretos-Leis nºs 29/2000, de 13 de março, 72-A/2010, de 18 de junho, e 73/2014, de 13 de maio.

2 – As reclamações são remetidas à Comissão Nacional de Promoção dos Direitos e Proteção de Crianças e Jovens, adiante designada Comissão Nacional, para apreciação da sua motivação, realização de diligências ou emissão de recomendações, no âmbito das respetivas atribuições de acompanhamento, apoio e avaliação.

3 – Quando, nos termos do artigo 72º, a reclamação envolva matéria da competência do Ministério Público, a comissão de proteção deve, em simultâneo com a comunicação referida no número anterior, remeter cópia da mesma ao magistrado do Ministério Público a quem compete o acompanhamento referido no nº 2 do mesmo artigo.

ARTIGO 14º
Apoio ao funcionamento

1 – O apoio ao funcionamento das comissões de proteção, designadamente, nas vertentes logística, financeira e administrativa, é assegurado pelo município, podendo, para o efeito, ser celebrados protocolos de cooperação com os serviços e organismos do Estado representados na Comissão Nacional.

2 – O apoio logístico abrange os meios, equipamentos e recursos necessários ao bom funcionamento das comissões de proteção, designadamente, instalações, informática, comunicação e transportes, de acordo com os termos de referência a definir pela Comissão Nacional.

3 – O apoio financeiro consiste na disponibilização:

a) De um fundo de maneio, destinado a suportar despesas ocasionais e de pequeno montante resultantes da ação das comissões de proteção junto das crianças e jovens, suas famílias ou pessoas que têm a sua guarda de facto, de acordo com os termos de referência a definir pela Comissão Nacional;

b) De verba para contratação de seguro que cubra os riscos que possam ocorrer no âmbito do exercício das funções dos comissários previstos nas alíneas *h*), *i*), *j*), *l*) e *m*) do nº 1 do artigo 17º

4 – O apoio administrativo consiste na cedência de funcionário administrativo, de acordo com os termos de referência a definir pela Comissão Nacional.

5 – Excecionalmente, precedendo parecer favorável da Comissão Nacional, os municípios podem protocolar com outros serviços representados nas comissões de proteção que lhes proporcionem melhores condições de apoio logístico.

6 – Os critérios de atribuição do apoio ao funcionamento das comissões de proteção devem ser fixados tendo em consideração a população residente com idade inferior a 18 anos, o volume processual da comissão e a adequada estabilidade da intervenção protetiva, nos termos a definir pela Comissão Nacional.

SUBSECÇÃO II
Competências, composição e funcionamento

ARTIGO 15º
Competência territorial

1 – As comissões de proteção exercem a sua competência na área do município onde têm sede.

2 – Tendo em vista a qualificação da resposta protetiva, mediante proposta dos municípios envolvidos e precedendo parecer favorável da Comissão Nacional, podem ser criadas:

a) Nos municípios com maior número de habitantes e quando se justifique, mais de uma comissão de proteção, com competências numa ou mais freguesias, nos termos a definir pela portaria de instalação;

b) Em municípios adjacentes com menor número de habitantes e quando se justifique, comissões intermunicipais, nos termos a definir pela portaria de instalação.

ARTIGO 16º
Modalidades de funcionamento da comissão de proteção

A comissão de proteção funciona em modalidade alargada ou restrita, doravante designadas, respetivamente, de comissão alargada e de comissão restrita.

ARTIGO 17º
Composição da comissão alargada

1 – A comissão alargada é composta por:

a) Um representante do município, a indicar pela câmara municipal, dos municípios, a indicar pelas câmaras municipais, no caso previsto na alínea *b*) do nº 2 do artigo 15º, ou das freguesias, a indicar por estas, no caso previsto na alínea *a*) do nº 2 do artigo 15º, de entre pessoas com especial interesse ou aptidão na área das crianças e jovens em perigo;

b) Um representante da segurança social, de preferência designado de entre técnicos com formação em serviço social, psicologia ou direito;

c) Um representante dos serviços do Ministério da Educação, de preferência professor com especial interesse e conhecimentos na área das crianças e dos jovens em perigo;

d) Um representante do Ministério da Saúde, preferencialmente médico ou enfermeiro, e que integre, sempre que possível, o Núcleo de Apoio às Crianças e Jovens em Risco;

e) Um representante das instituições particulares de solidariedade social ou de outras organizações não governamentais que desenvolvam, na área de competência territorial da comissão de proteção, respostas sociais de caráter não residencial, dirigidas a crianças, jovens e famílias;

f) Um representante do organismo público competente em matéria de emprego e formação profissional;

g) Um representante das instituições particulares de solidariedade social ou de outras organizações não governamentais que desenvolvam, na área de competência territorial da comissão de proteção, respostas sociais de caráter residencial dirigidas a crianças e jovens;

h) Um representante das associações de pais existentes na área de competência da comissão de proteção;

i) Um representante das associações ou outras organizações privadas que desenvolvam, na área de competência da comissão de proteção, atividades desportivas, culturais ou recreativas destinadas a crianças e jovens;

j) Um representante das associações de jovens existentes na área de competência da comissão de proteção ou um representante dos serviços de juventude;

k) Um representante de cada força de segurança, dependente do Ministério da Administração Interna, presente na área de competência territorial da comissão de proteção;

l) Quatro cidadãos eleitores, preferencialmente com especiais conhecimentos ou capacidades para intervir na área das crianças e jovens em perigo, designados pela assembleia municipal, ou pelas assembleias municipais ou assembleia de freguesia, nos casos previstos, respetivamente, nas alíneas *b*) e *a*) do no nº 2 do artigo 15º;

m) Os técnicos que venham a ser cooptados pela comissão, com formação, designadamente, em serviço social, psicologia, saúde ou direito, ou cidadãos com especial interesse pelos problemas da infância e juventude.

2 – Nos casos da alínea *b*) do nº 2 do artigo 15º a designação dos cidadãos eleitores a que se reporta a alínea *l*) do número anterior deve ser feita por acordo entre os municípios envolvidos, privilegiando-se, sempre que possível, a representatividade das diversas populações locais.

3 – Nos casos previstos no nº 2 do artigo 15º a composição da comissão observa a representatividade interinstitucional e pluridisciplinar prevista no nº 1 do presente artigo.

ARTIGO 18º
Competência da comissão alargada

1 – À comissão alargada compete desenvolver ações de promoção dos direitos e de prevenção das situações de perigo para a criança e jovem.

2 – São competências da comissão alargada:

a) Informar a comunidade sobre os direitos da criança e do jovem e sensibilizá-la para os apoiar sempre que estes conheçam especiais dificuldades;

b) Promover ações e colaborar com as entidades competentes tendo em vista a deteção dos factos e situações que, na área da sua competência territorial, afetem os direitos e interesses da criança e do jovem, ponham em perigo a sua segurança, saúde, formação ou educação ou se mostrem desfavoráveis ao seu desenvolvimento e inserção social;

c) Informar e colaborar com as entidades competentes no levantamento das carências e na identificação e mobilização dos recursos necessários à promoção dos direitos, do bem-estar e do desenvolvimento integral da criança e do jovem;

d) Colaborar com as entidades competentes no estudo e elaboração de projetos inovadores no domínio da prevenção primária dos fatores de risco e no apoio às crianças e jovens em perigo;

e) Colaborar com as entidades competentes na constituição, funcionamento e formulação de projetos e iniciativas de desenvolvimento social local na área da infância e da juventude;

f) Dinamizar e dar parecer sobre programas destinados às crianças e aos jovens em perigo;

g) Analisar a informação semestral relativa aos processos iniciados e ao andamento dos pendentes na comissão restrita, sem prejuízo do disposto no artigo 88º;

h) Prestar o apoio e a colaboração que a comissão restrita solicitar, nomeadamente no âmbito da disponibilização dos recursos necessários ao exercício das suas funções;

i) Elaborar e aprovar o plano anual de atividades;

j) Aprovar o relatório anual de atividades e avaliação e enviá-lo à Comissão Nacional, à assembleia municipal e ao Ministério Público;

k) Colaborar com a Rede Social na elaboração do plano de desenvolvimento social local, na área da infância e juventude.

3 – No exercício das competências previstas nas alíneas *b*), *c*), *d*) e *e*) do número anterior, a comissão deve articular com a Rede Social local.

ARTIGO 19º
Funcionamento da comissão alargada

1 – A comissão alargada funciona em plenário ou por grupos de trabalho para assuntos específicos.

2 – O plenário da comissão reúne com a periodicidade exigida pelo cumprimento das suas funções, no mínimo mensalmente.

3 – O exercício de funções na comissão alargada pressupõe a afetação dos comissários ao trabalho efetivo na comissão, por tempo não inferior a oito horas mensais, a integrar o período normal de trabalho.

ARTIGO 20º
Composição da comissão restrita

1 – A comissão restrita é composta sempre por um número ímpar, nunca inferior a cinco dos membros que integram a comissão alargada.

2 – São, por inerência, membros da comissão restrita o presidente da comissão de proteção e os representantes do município, ou dos municípios ou das freguesias nos casos previstos, respetivamente, nas alíneas *b*) e *a*) do no nº 2 do artigo 15º, e da segurança social, da educação e da saúde quando não exerçam a presidência.

3 – Os restantes membros são designados pela comissão alargada, devendo a designação de, pelo menos, um deles ser feita de entre os representantes de instituições particulares de solidariedade social ou de organizações não governamentais.

4 – Os membros da comissão restrita devem ser escolhidos de forma que esta tenha uma composição interdisciplinar e interinstitucional, incluindo, sempre que possível, pessoas com formação nas áreas de serviço social, psicologia e direito, educação e saúde.

5 – Não sendo possível obter a composição nos termos do número anterior, a designação dos membros aí referidos é feita por cooptação, nomeadamente de entre os técnicos a que se refere a alínea *m*) do artigo 17º

6 – Nos casos em que o exercício de funções a tempo inteiro pelos comissários não garanta a observância dos critérios previstos no nº 3 do artigo 22º, as entidades mencionadas nas alíneas *a*), *b*), *c*) e *k*) do nº 1 do artigo 17º disponibilizam ainda técnicos para apoio à comissão, aplicando-se com as devidas adaptações o disposto no nº 2 do artigo seguinte.

ARTIGO 20º-A
Apoio técnico

1 – Excecionalmente, por manifesta falta de meios humanos e em função da qualificação da resposta protetiva, a Comissão Nacional pode protocolar com as entidades representadas na comissão alargada a afetação de técnicos para apoio à atividade da comissão restrita.

2 – O apoio técnico pode assumir a coordenação de casos e emite parecer no âmbito dos processos em que intervenha, o qual é tido em consideração nas deliberações da Comissão.

ARTIGO 21º
Competência da comissão restrita

1 – À comissão restrita compete intervir nas situações em que uma criança ou jovem está em perigo.

2 – Compete designadamente à comissão restrita:

a) Atender e informar as pessoas que se dirigem à comissão de proteção;

b) Decidir da abertura e da instrução do processo de promoção e proteção;

c) Apreciar liminarmente as situações de que a comissão de proteção tenha conhecimento, decidindo o arquivamento imediato do processo quando se verifique manifesta desnecessidade de intervenção;

d) Proceder à instrução dos processos;

e) Solicitar a participação dos membros da comissão alargada nos processos referidos na alínea anterior, sempre que se mostre necessário;

f) Solicitar parecer e colaboração de técnicos ou de outras pessoas e entidades públicas ou privadas;

g) Decidir a aplicação e acompanhar e rever as medidas de promoção e proteção, com exceção da medida de confiança a pessoa selecionada para a adoção, a família de acolhimento ou a instituição com vista a adoção;

h) Praticar os atos de instrução e acompanhamento de medidas de promoção e proteção que lhe sejam solicitados no contexto de processos de colaboração com outras comissões de proteção;

i) Informar semestralmente a comissão alargada, sem identificação das pessoas envolvidas, sobre os processos iniciados e o andamento dos processos pendentes.

ARTIGO 22º
Funcionamento da comissão restrita

1 – A comissão restrita funciona em permanência.

2 – O plenário da comissão restrita reúne sempre que convocado pelo presidente, no mínimo com periodicidade quinzenal, e distribui entre os seus membros as diligências a efetuar nos processos de promoção dos direitos e proteção das crianças e jovens em perigo.

3 – Os membros da comissão restrita exercem funções em regime de tempo completo ou de tempo parcial, em conformidade com os critérios de referência estabelecidos pela Comissão Nacional.

4 – A comissão restrita funcionará sempre que se verifique situação qualificada de emergência que o justifique.

5 – Quando a entidade representada ou responsável por disponibilizar técnicos para apoio nos termos do nº 6 do artigo 20º, não cumprir os tempos de afetação definidos nos termos do nº 3, deve o presidente da comissão de proteção comunicar a referida irregularidade ao Ministério Público e à Comissão Nacional, nos 30 dias que se seguem à sua verificação, cabendo a esta última providenciar junto das entidades competentes pela sanação daquela irregularidade.

ARTIGO 23º
Presidência da comissão de proteção

1 – O presidente da comissão de proteção é eleito pelo plenário da comissão alargada de entre todos os seus membros.

2 – O presidente designa um membro da comissão para desempenhar as funções de secretário.

3 – O secretário substitui o presidente nas suas faltas e impedimentos.

4 – O exercício efetivo da presidência é obrigatório para o membro eleito e vincula, nos casos aplicáveis, a entidade representada.

5 – O presidente da comissão exerce as suas funções a tempo inteiro, sempre que a população residente na área de competência territorial da respetiva comissão for, pelo menos, igual a 5000 habitantes com idade igual ou inferior a 18 anos.

6 – O exercício das funções do presidente da comissão de proteção é obrigatoriamente considerado e valorizado, quer para efeitos da avaliação de desempenho pela sua entidade de origem, quer para progressão na carreira, quer ainda em procedimentos concursais a que se candidate.

7 – Para efeitos da vinculação a que se refere o nº 4, a comissão emite e disponibiliza à entidade de origem certidão da ata da reunião que elegeu o presidente.

ARTIGO 24º
Competências do presidente

Compete ao presidente:

a) Representar a comissão de proteção;

b) Presidir às reuniões da comissão alargada e da comissão restrita e orientar e coordenar as suas atividades;

c) Promover a execução das deliberações da comissão de proteção;

d) Coordenar os trabalhos de elaboração do plano anual de atividades, elaborar o relatório anual de atividades e avaliação e submetê-los à aprovação da comissão alargada;

e) Autorizar a consulta dos processos de promoção dos direitos e de proteção;

f) Proceder às comunicações previstas na lei.

ARTIGO 25º
Estatuto dos membros da comissão de proteção

1 – Os membros da comissão de proteção representam e obrigam os serviços e as entidades que os designam, sendo responsáveis pelo cumprimento dos objetivos contidos no plano anual de ação do serviço respetivo para a proteção da criança, designadamente no que respeita às responsabilidades destes serviços no âmbito das comissões de proteção de crianças e jovens.

2 – O exercício das funções dos membros da comissão de proteção, no âmbito da competência desta, têm caráter prioritário relativamente às que exercem nos respetivos serviços e constituem serviço público obrigatório sendo consideradas, para todos os efeitos, como prestadas na profissão, atividade ou cargo do respetivo titular.

3 – A formação inicial e contínua dos membros das comissões constitui um dever e um direito, cabendo à entidade representada ou à Comissão Nacional, no caso dos comissários previstos nas alíneas *h*), *i*), *j*), *l*) e *m*) do nº 1 do artigo 17º, proporcionar os meios indispensáveis à frequência dessas ações.

4 – Quando demandados por atos praticados no exercício das suas funções, os membros da comissão de proteção gozam de isenção de custas, cabendo à entidade representada ou à Comissão Nacional, no caso dos comissários previstos nas alíneas *h*), *i*), *j*), *l*) e *m*) do nº 1 do artigo 17º, assegurar os custos inerentes ao respetivo patrocínio judiciário.

5 – Os membros da comissão de proteção têm direito à atribuição e ao uso de cartão de identificação, de modelo aprovado por portaria dos membros do Governo responsáveis pelas áreas da justiça, da solidariedade e da segurança social.

ARTIGO 26º
Duração do mandato

1 – Os membros da comissão de proteção são designados por um período de três anos, renovável por duas vezes.

2 – Excecionalmente, o exercício de funções na comissão de proteção pode prolongar-se para além do prazo máximo estabelecido no número anterior, designadamente nos casos de impossibilidade de substituição do membro, desde que haja acordo entre o comissário e a entidade representada, nos casos aplicáveis, e parecer favorável da comissão nacional.

3 – O presidente da comissão é eleito pelo período de três anos, renovável por uma única vez.

4 – Os comissários mantêm-se em funções até ao final do seu mandato.

5 – Decorrido o período de nove anos consecutivos de exercício de funções na comissão de proteção, só pode ocorrer designação do mesmo comissário para o referido exercício, decorrido que seja o período completo de duração de um mandato, com exceção das situações previstas no nº 2.

ARTIGO 27º
Deliberações

1 – As comissões de proteção, alargada e restrita, deliberam por maioria de votos, tendo o presidente voto de qualidade.

2 – Para deliberar validamente é necessária a presença do presidente ou do seu substituto e da maioria dos membros da comissão de proteção.

ARTIGO 28º
Vinculação das deliberações

1 – As deliberações da comissão de proteção são vinculativas e de execução obrigatória para os serviços e entidades nela representados, salvo oposição devidamente fundamentada.

2 – A comissão de proteção comunica ao Ministério Público as situações em que um serviço ou entidade se oponha à execução das suas deliberações.

ARTIGO 29º
Atas

1 – As reuniões da comissão de proteção são registadas em ata.

2 – A ata contém a identificação dos membros presentes e indica se as deliberações foram tomadas por maioria ou por unanimidade, fazendo ainda menção aos pareceres emitidos nos termos do nº 2 do artigo 20º-A.

SUBSECÇÃO III
Acompanhamento, apoio e avaliação

ARTIGO 30º
Acompanhamento, apoio e avaliação

As comissões de proteção são acompanhadas, apoiadas e avaliadas pela Comissão Nacional.

ARTIGO 31º
Acompanhamento e apoio

O acompanhamento e apoio da Comissão Nacional consiste, nomeadamente, em:

a) Proporcionar formação especializada e informação adequadas no domínio da promoção dos direitos e da proteção das crianças e jovens em perigo;

b) Formular orientações e emitir diretivas genéricas relativamente ao exercício das competências das comissões de proteção, bem como formular recomendações quanto ao seu regular funcionamento e composição;

c) Apreciar e promover as respostas às solicitações que lhe sejam apresentadas pelas comissões de proteção sobre questões surgidas no exercício das suas competências;

d) Promover e dinamizar as respostas e os programas adequados ao desempenho das competências das comissões de proteção;

e) Promover e dinamizar a celebração dos protocolos de cooperação entre as entidades referidas na alínea *d*) do artigo 5º e as comissões de proteção necessários ao exercício das suas competências;

f) Promover mecanismos de supervisão e auditar as comissões de proteção;

g) Participar na execução de inspeções à atividade das comissões de proteção promovidas pelo Ministério Público e a seu requerimento.

ARTIGO 32º
Avaliação

1 – As comissões de proteção elaboram anualmente um relatório de atividades, com identificação da situação e dos problemas existentes na respetiva área de intervenção territorial em matéria de promoção dos direitos e proteção das crianças e jovens em perigo, incluindo dados estatísticos e informações que permitam conhecer a natureza dos casos apreciados e as medidas aplicadas e avaliar as dificuldades e a eficácia da intervenção.

2 – O relatório é remetido à Comissão Nacional, à assembleia municipal e ao Ministério Público, até 31 de janeiro do ano seguinte àquele a que respeita.

3 – O relatório relativo ao ano em que se inicia a atividade da comissão de proteção é apresentado no prazo previsto no número anterior.

4 – As comissões de proteção fornecem à Comissão Nacional os dados estatísticos e as informações que lhe sejam solicitados.

5 – A Comissão Nacional promove a realização anual de um encontro de avaliação das comissões de proteção, com base na divulgação e análise do relatório de atividades nacional.

6 – A Comissão Nacional envia à Assembleia da República, até 30 de junho, o Relatório Anual de avaliação das CPCJ.

ARTIGO 33º
Auditoria e inspeção

1 – As comissões de proteção são objeto de auditorias e de inspeção nos termos da lei.

2 – As auditorias às comissões de proteção são da competência da Comissão Nacional e são efetuadas nos termos previstos no diploma que aprova a sua orgânica, visando exclusivamente:

a) Aferir o regular funcionamento e composição das comissões de proteção, tendo por referência o quadro legal constante dos artigos 15º a 29º;

b) Aferir os níveis de observância das orientações e diretivas genéricas que versem o exercício das competências das comissões de proteção e que lhes sejam dirigidas pela Comissão Nacional.

3 – As auditorias realizam-se por iniciativa da Comissão Nacional ou a requerimento do Ministério Público.

4 – As inspeções às comissões de proteção são da competência e iniciativa do Ministério Público, podendo ter lugar por solicitação da Comissão Nacional.

5 – As inspeções têm por objeto a atividade globalmente desenvolvida pelas comissões de proteção, excluindo-se do respetivo âmbito as matérias a que se reporta o nº 2.

CAPÍTULO III
Medidas de promoção dos direitos e de proteção

SECÇÃO I
Das medidas

ARTIGO 34º
Finalidade

As medidas de promoção dos direitos e de proteção das crianças e dos jovens em perigo, adiante designadas por medidas de promoção e proteção, visam:

a) Afastar o perigo em que estes se encontram;

b) Proporcionar-lhes as condições que permitam proteger e promover a sua segurança, saúde, formação, educação, bem-estar e desenvolvimento integral;

c) Garantir a recuperação física e psicológica das crianças e jovens vítimas de qualquer forma de exploração ou abuso.

ARTIGO 35º
Medidas

1 – As medidas de promoção e proteção são as seguintes:

a) Apoio junto dos pais;

b) Apoio junto de outro familiar;

c) Confiança a pessoa idónea;

d) Apoio para a autonomia de vida;

e) Acolhimento familiar;

f) Acolhimento residencial;

g) Confiança a pessoa selecionada para a adoção, a família de acolhimento ou a instituição com vista à adoção.

2 – As medidas de promoção e de proteção são executadas no meio natural de vida ou em regime de colocação, consoante a sua natureza, e podem ser decididas a título cautelar, com exceção da medida prevista na alínea *g*) do número anterior.

3 – Consideram-se medidas a executar no meio natural de vida as previstas nas alíneas *a*), *b*), *c*) e *d*) do nº 1 e medidas de colocação as previstas nas alíneas *e*) e *f*); a medida prevista na alínea *g*) é considerada a executar no meio natural de vida no primeiro caso e de colocação, no segundo e terceiro casos.

4 – O regime de execução das medidas consta de legislação própria.

ARTIGO 36º
Acordo

As medidas aplicadas pelas comissões de proteção ou em processo judicial, por decisão negociada, integram um acordo de promoção e proteção.

ARTIGO 37º
Medidas cautelares

1 – A título cautelar, o tribunal pode aplicar as medidas previstas nas alíneas *a*) a *f*) do nº 1 do artigo 35º, nos termos previstos no nº 1 do artigo 92º, ou enquanto se procede ao diagnóstico da situação da criança e à definição do seu encaminhamento subsequente.

2 – As comissões podem aplicar as medidas previstas no número anterior enquanto procedem ao diagnóstico da situação da criança e à definição do seu encaminhamento subsequente, sem prejuízo da necessidade da celebração de um acordo de promoção e proteção segundo as regras gerais.

3 – As medidas aplicadas nos termos dos números anteriores têm a duração máxima de seis meses e devem ser revistas no prazo máximo de três meses.

ARTIGO 38º
Competência para aplicação das medidas

A aplicação das medidas de promoção dos direitos e de proteção é da competência exclusiva das comissões de proteção e dos tribunais; a aplicação da medida prevista na alínea *g*) do nº 1 do artigo 35º é da competência exclusiva dos tribunais.

ARTIGO 38º-A
Confiança a pessoa selecionada para a adoção, a família de acolhimento ou a instituição com vista a futura adoção

A medida de confiança a pessoa selecionada para a adoção, a família de acolhimento ou a instituição com vista a futura adoção, aplicável quando se verifique alguma das situações previstas no artigo 1978º do Código Civil, consiste:

a) Na colocação da criança ou do jovem sob a guarda de candidato selecionado para a adoção pelo competente organismo de segurança social;

b) Ou na colocação da criança ou do jovem sob a guarda de família de acolhimento ou de instituição com vista a futura adoção.

SECÇÃO II
Medidas no meio natural de vida

ARTIGO 39º
Apoio junto dos pais

A medida de apoio junto dos pais consiste em proporcionar à criança ou jovem apoio de natureza psicopedagógica e social e, quando necessário, ajuda económica.

ARTIGO 40º
Apoio junto de outro familiar

A medida de apoio junto de outro familiar consiste na colocação da criança ou do jovem sob a guarda de um familiar com quem resida ou a quem seja entregue, acompanhada de apoio de natureza psicopedagógica e social e, quando necessário, ajuda económica.

ARTIGO 41º
Educação parental

1 – Quando sejam aplicadas as medidas previstas nos artigos 39º e 40º, os pais ou os familiares a quem a criança ou o jovem sejam entregues podem beneficiar de um programa de formação visando o melhor exercício das funções parentais.

2 – O conteúdo e a duração dos programas de educação parental são objeto de regulamento.

ARTIGO 42º
Apoio à família

As medidas de apoio previstas nos artigos 39º e 40º podem abranger o agregado familiar da criança e do jovem.

ARTIGO 43º
Confiança a pessoa idónea

1 – A medida de confiança a pessoa idónea consiste na colocação da criança ou do jovem sob a guarda de uma pessoa que, não pertencendo à sua família, com eles tenha estabelecido relação de afetividade recíproca.

2 – A medida pode ser acompanhada de apoio de natureza psicopedagógica e social e, quando necessário, de ajuda económica.

ARTIGO 44º
Colocação sob a guarda de pessoa idónea selecionada para adoção

(Revogado.)

ARTIGO 45º
Apoio para a autonomia de vida

1 – A medida de apoio para a autonomia de vida consiste em proporcionar diretamente ao jovem com idade superior a 15 anos apoio económico e acompanhamento psicopedagógico e social, nomeadamente através do acesso a programas de formação, visando proporcionar-lhe condições que o habilitem e lhe permitam viver por si só e adquirir progressivamente autonomia de vida.

2 – A medida referida no número anterior pode ser aplicada a mães com idade inferior a 15 anos, quando se verifique que a situação aconselha a aplicação desta medida.

SECÇÃO III
Medidas de colocação

SUBSECÇÃO I
Acolhimento familiar

ARTIGO 46º
Definição e pressupostos

1 – O acolhimento familiar consiste na atribuição da confiança da criança ou do jovem a uma pessoa singular ou a uma família, habilitadas para o efeito, proporcionando a sua integração em meio familiar e a prestação de cuidados adequados às suas necessidades e bem-estar e a educação necessária ao seu desenvolvimento integral.

2 – Para efeitos do disposto no número anterior, considera-se que constituem uma família duas pessoas casadas entre si ou que vivam uma com a outra há mais de dois anos em união de facto ou parentes que vivam em comunhão de mesa e habitação.

3 – O acolhimento familiar tem lugar quando seja previsível a posterior integração da criança ou jovem numa família ou, não sendo possível, para a preparação da criança ou jovem para a autonomia de vida.

4 – Privilegia-se a aplicação da medida de acolhimento familiar sobre a de acolhimento residencial, em especial relativamente a crianças até aos seis anos de idade, salvo:

a) Quando a consideração da excecional e específica situação da criança ou jovem carecidos de proteção imponha a aplicação da medida de acolhimento residencial;

b) Quando se constate impossibilidade de facto.

5 – A aplicação da medida de acolhimento residencial nos casos previstos nas alíneas *a*) e *b*) do número anterior é devidamente fundamentada.

ARTIGO 47º
Tipos de famílias de acolhimento

(Revogado.)

ARTIGO 48º
Modalidades de acolhimento familiar

(Revogado.)

SUBSECÇÃO II
Acolhimento residencial

ARTIGO 49º
Definição e finalidade

1 – A medida de acolhimento residencial consiste na colocação da criança ou jovem aos cuidados de uma entidade que disponha de instalações, equipamento de acolhimento e recursos humanos permanentes, devidamente dimensionados e habilitados, que lhes garantam os cuidados adequados.

2 – O acolhimento residencial tem como finalidade contribuir para a criação de condições que garantam a adequada satisfação de necessidades físicas, psíquicas, emocionais e sociais das crianças e jovens e o efetivo exercício dos seus direitos, favorecendo a sua integração em contexto sociofamiliar seguro e promovendo a sua educação, bem-estar e desenvolvimento integral.

3 – Nos casos em que a criança ou jovem, de nacionalidade estrangeira, é acolhido em instituição pública, cooperativa, social ou privada com acordo de cooperação com o Estado, a medida envolve a atribuição de autorização de residência em território nacional pelo período necessário a uma decisão definitiva sobre eventual pedido de naturalização, nos termos do nº 3 do artigo 6º da Lei nº 37/81, de 3 de outubro.

(Redação dada pela Lei nº 26/2018, de 05-07)

ARTIGO 50º
Acolhimento residencial

1 – O acolhimento residencial tem lugar em casa de acolhimento e obedece a modelos de intervenção socioeducativos adequados às crianças e jovens nela acolhidos.

2 – As casas de acolhimento podem organizar-se por unidades especializadas, designadamente:

a) Casas de acolhimento para resposta em situações de emergência;

b) Casas de acolhimento para resposta a problemáticas específicas e necessidades de intervenção educativa e terapêutica evidenciadas pelas crianças e jovens a acolher;

c) Apartamentos de autonomização para o apoio e promoção de autonomia dos jovens.

3 – Para além das casas de acolhimento, as instituições que desenvolvem respostas residenciais, nomeadamente nas áreas da educação especial e da saúde podem, em situações devidamente fundamentadas e pelo tempo estritamente necessário, executar medidas de acolhimento residencial relativamente a crianças ou jovens com deficiência permanente, doenças crónicas de caráter grave, perturbação psiquiátrica ou comportamentos aditivos, garantindo os cuidados socioeducativos e terapêuticos a prestar no âmbito da execução da medida.

4 – A regulamentação do regime de organização e funcionamento das casas de acolhimento de crianças e jovens consta de legislação própria.

ARTIGO 51º
Modalidades da integração

1 – No que respeita à integração no acolhimento, a medida de acolhimento residencial é planeada ou, nas situações de emergência, urgente.

2 – A integração planeada pressupõe a preparação da integração na casa de acolhimento, mediante troca de informação relevante entre a entidade que aplica a medida, a entidade responsável pela gestão das vagas em acolhimento e a instituição responsável pelo acolhimento, tendo em vista a melhor proteção e promoção dos direitos da criança ou jovem a acolher e incide, designadamente, sobre:

a) A avaliação do plano de intervenção executado em meio natural de vida, nos casos aplicáveis;

b) A situação de perigo que determina a aplicação da medida;

c) As necessidades específicas da criança ou jovem a acolher; e

d) Os recursos e características da intervenção que se revelem necessários, a disponibilizar pela instituição de acolhimento.

3 – A intervenção planeada pressupõe ainda a preparação informada da criança ou jovem e, sempre que possível, da respetiva família.

4 – A integração urgente em casa de acolhimento é determinada pela necessidade de proteção da criança quando ocorra situação de emergência nos termos previstos na alínea *c*) do artigo 5º e prescinde da planificação a que se reporta o número anterior, regendo-se por modelo procedimental especificamente direcionado para a proteção na crise.

5 – Nos casos referidos no número anterior, a integração tem lugar preferencialmente em unidade especializada de acolhimento de emergência, integrada em casa de acolhimento de crianças e jovens, a indicar pela entidade gestora das vagas em acolhimento.

SECÇÃO IV
Das instituições de acolhimento

ARTIGO 52º
Natureza das instituições de acolhimento

As instituições de acolhimento podem ser públicas ou cooperativas, sociais ou privadas com acordo de cooperação com o Estado.

ARTIGO 53º
Funcionamento das casas de acolhimento

1 – As casas de acolhimento são organizadas em unidades que favoreçam uma relação afetiva do tipo familiar, uma vida diária personalizada e a integração na comunidade.

2 – O regime de funcionamento das casas de acolhimento é definido em diploma próprio.

3 – Os pais, o representante legal ou quem tenha a guarda de facto da criança podem visitar a criança ou o jovem, de acordo com os horários e as regras de funcionamento da casa, salvo decisão judicial em contrário.

4 – Na falta ou ausência de idoneidade das pessoas a que se reporta o número anterior e nas condições ali referidas, o tribunal ou a comissão de proteção podem autorizar outros adultos idóneos, de referência afetiva para a criança, a visitarem-na.

ARTIGO 54º
Recursos humanos

1 – As casas de acolhimento dispõem necessariamente de recursos humanos organizados em equipas articuladas entre si, designadamente:

a) A equipa técnica, constituída de modo pluridisciplinar, integra obrigatoriamente colaboradores com formação mínima correspondente a licenciatura nas áreas da psicologia e do trabalho social, sendo designado o diretor técnico de entre estes;

b) A equipa educativa integra preferencialmente colaboradores com formação profissional específica para as funções de acompanhamento socioeducativo das crianças e jovens acolhidos e inerentes à profissão de auxiliar de ação educativa e de cuidados de crianças.

c) A equipa de apoio integra obrigatoriamente colaboradores de serviços gerais.

2 – Sempre que se justifique, a casa de acolhimento pode recorrer às respostas e serviços existentes na comunidade, designadamente nas áreas da saúde e do direito.

3 – À equipa técnica cabe o diagnóstico da situação da criança ou do jovem acolhidos e a definição e execução do seu projeto de promoção e proteção, de acordo com a decisão do tribunal ou da comissão.

4 – Para efeitos do disposto no número anterior, a equipa técnica da casa de acolhimento é obrigatoriamente ouvida pela entidade decisora, designadamente aquando da revisão da medida de acolhimento aplicada.

SECÇÃO V
Acordo de promoção e proteção e execução das medidas

ARTIGO 55º
Acordo de promoção e proteção

1 – O acordo de promoção e proteção inclui obrigatoriamente:

a) A identificação do membro da comissão de proteção ou do técnico a quem cabe o acompanhamento do caso;

b) O prazo por que é estabelecido e em que deve ser revisto;

c) As declarações de consentimento ou de não oposição necessárias.

2 – Não podem ser estabelecidas cláusulas que imponham obrigações abusivas ou que introduzam limitações ao funcionamento da vida familiar para além das necessárias a afastar a situação concreta de perigo.

ARTIGO 56º
Acordo de promoção e proteção relativo a medidas em meio natural de vida

1 – No acordo de promoção e de proteção em que se estabeleçam medidas a executar no meio natural de vida devem constar nomeadamente as cláusulas seguintes:

a) Os cuidados de alimentação, higiene, saúde e conforto a prestar à criança ou ao jovem pelos pais ou pelas pessoas a quem sejam confiados;

b) A identificação do responsável pela criança ou pelo jovem durante o tempo em que não possa ou não deva estar na companhia ou sob a vigilância dos pais ou das pessoas a quem estejam confiados, por razões laborais ou outras consideradas relevantes;

c) O plano de escolaridade, formação profissional, trabalho e ocupação dos tempos livres;

d) O plano de cuidados de saúde, incluindo consultas médicas e de orientação psicopedagógica, bem como o dever de cumprimento das diretivas e orientações fixadas;

e) O apoio económico a prestar, sua modalidade, duração e entidade responsável pela atribuição, bem como os pressupostos da concessão.

2 – Nos casos previstos na alínea *e*) do nº 2 do artigo 3º, se o perigo resultar de comportamentos adotados em razão de alcoolismo, toxicodependência ou doença psiquiátrica dos pais ou das pessoas a quem a criança ou o jovem esteja confiado, o acordo inclui ainda a menção de que a permanência da criança na companhia destas pessoas é condicionada à sua submissão a tratamento e ao estabelecimento de compromisso nesse sentido.

3 – Quando a intervenção seja determinada pela situação prevista na alínea *f*) do nº 2 do artigo 3º, podem ainda constar do acordo diretivas e obrigações fixadas à criança ou ao jovem relativamente a meios ou locais que não deva frequentar, pessoas que não deva acompanhar, substâncias ou produtos que não deva consumir e condições e horários dos tempos de lazer.

ARTIGO 57º
Acordo de promoção e proteção relativo a medidas de colocação

1 – No acordo de promoção e proteção em que se estabeleçam medidas de colocação devem ainda constar, com as devidas adaptações, para além das cláusulas enumeradas nos artigos anteriores:

a) A modalidade de integração no acolhimento e a eventual especialização da resposta;

b) Os direitos e os deveres dos intervenientes, nomeadamente a periodicidade das visitas por parte da família ou das pessoas com quem a criança ou o jovem tenha especial ligação afetiva, os períodos de visita à família, quando isso seja do seu interesse, e o montante da prestação correspondente aos gastos com o sustento, educação e saúde da criança ou do jovem e a identificação dos responsáveis pelo pagamento;

c) A periodicidade e o conteúdo da informação a prestar às entidades administrativas e às autoridades judiciárias, bem como a identificação da pessoa ou da entidade que a deve prestar.

2 – A informação a que se refere a alínea *c*) do número anterior deve conter os elementos necessários para avaliar o desenvolvimento da personalidade, o aproveitamento escolar, a progressão em outras aprendizagens, a adequação da medida aplicada e a possibilidade de regresso da criança ou do jovem à sua família, bem como de outra solução de tipo familiar adequada à promoção dos seus direitos e proteção, ou de autonomia de vida.

ARTIGO 58º
Direitos da criança e do jovem em acolhimento

1 – A criança e o jovem acolhidos em instituição, ou que beneficiem da medida de promoção de proteção de acolhimento familiar, têm, em especial, os seguintes direitos:

a) Manter regularmente, e em condições de privacidade, contactos pessoais com a família e com pessoas com quem tenham especial relação afetiva, sem prejuízo das limitações impostas por decisão judicial ou pela comissão de proteção;

b) Receber uma educação que garanta o desenvolvimento integral da sua personalidade e potencialidades, sendo-lhes asseguradas a prestação dos cuidados de saúde, formação escolar e profissional e a participação em atividades culturais, desportivas e recreativas;

c) Usufruir de um espaço de privacidade e de um grau de autonomia na condução da sua vida pessoal adequados à sua idade e situação;

d) Ser ouvido e participar ativamente, em função do seu grau de discernimento, em todos os assuntos do seu interesse, que incluem os respeitantes à definição e execução do seu projeto de promoção e proteção e ao funcionamento da instituição e da família de acolhimento;

e) Receber dinheiro de bolso;

f) A inviolabilidade da correspondência;

g) Não ser transferido da casa de acolhimento ou da família de acolhimento, salvo quando essa decisão corresponda ao seu superior interesse;

h) Contactar, com garantia de confidencialidade, a comissão de proteção, o Ministério Público, o juiz e o seu advogado;

i) Ser acolhido, sempre que possível, em casa de acolhimento ou família de acolhimento próxima do seu contexto familiar e social de origem, exceto se o seu superior interesse o desaconselhar;

j) Não ser separado de outros irmãos acolhidos, exceto se o seu superior interesse o desaconselhar;

k) Nas condições referidas no nº 2 do artigo 3º, obter autorização de residência em Portugal e o processo de naturalização, nos termos do nº 3 do artigo 6º da Lei nº 37/81, de 3 de outubro.

2 – Os direitos referidos no número anterior constam necessariamente do regulamento interno das casas de acolhimento.

(Redação dada pela Lei nº 26/2018, de 05-07)

ARTIGO 59º
Acompanhamento da execução das medidas

1 – As comissões de proteção executam as medidas nos termos do acordo de promoção e proteção.

2 – A execução da medida aplicada em processo judicial é dirigida e controlada pelo tribunal que a aplicou.

3 – Para efeitos do disposto no número anterior, o tribunal designa equipas específicas, com a composição e competências previstas na lei, ou entidade que considere mais adequada, não podendo, em qualquer caso, ser designada a comissão de proteção para executar medidas aplicadas pelo tribunal.

4 – *(Revogado.)*

SECÇÃO VI
Duração, revisão e cessação das medidas

ARTIGO 60º
Duração das medidas no meio natural de vida

1 – Sem prejuízo do disposto no número seguinte, as medidas previstas nas alíneas *a*), *b*), *c*) e *d*) do nº 1 do artigo 35º têm a duração estabelecida no acordo ou na decisão judicial.

2 – Sem prejuízo do disposto no número seguinte, cada uma das medidas referidas no número anterior não pode ter duração superior a um ano, podendo, todavia, ser prorrogadas até 18 meses se o interesse da criança ou do jovem o aconselhar e desde que se mantenham os consentimentos e os acordos legalmente exigidos.

3 – Excecionalmente, quando a defesa do superior interesse da criança ou do jovem o imponha, a medida prevista na alínea *d*) do nº 1 do artigo 35º pode ser prorrogada até que aqueles perfaçam os 25 anos de idade.

(Redação dada pela Lei nº 23/2017, de 23-05)

ARTIGO 61º
Duração das medidas de colocação

As medidas previstas nas alíneas *e*) e *f*) do nº 1 do artigo 35º têm a duração estabelecida no acordo ou na decisão judicial.

ARTIGO 62º
Revisão das medidas

1 – Sem prejuízo do disposto no nº 3 do artigo 37º, as medidas aplicadas são obrigatoriamente revistas findo o prazo fixado no acordo ou na decisão judicial, e, em qualquer caso, decorridos períodos nunca superiores a seis meses, inclusive as medidas de acolhimento residencial e enquanto a criança aí permaneça.

2 – A revisão da medida pode ter lugar antes de decorrido o prazo fixado no acordo ou na decisão judicial, oficiosamente ou a pedido das pessoas referidas nos artigos 9º e 10º, desde que ocorram factos que a justifiquem.

3 – A decisão de revisão determina a verificação das condições de execução da medida e pode determinar, ainda:

a) A cessação da medida;
b) A substituição da medida por outra mais adequada;
c) A continuação ou a prorrogação da execução da medida;
d) *(Revogada.)*
e) *(Revogada).*

4 – Nos casos previstos no número anterior, a decisão de revisão deve ser fundamentada de facto e de direito, em coerência com o projeto de vida da criança ou jovem.

5 – É decidida a cessação da medida sempre que a sua continuação se mostre desnecessária.

6 – As decisões tomadas na revisão constituem parte integrante dos acordos de promoção e proteção ou da decisão judicial.

ARTIGO 62º-A
Medida de confiança a pessoa selecionada para a adoção, a família de acolhimento ou a instituição com vista a adoção

1 – Salvo o disposto no número seguinte, a medida de confiança a pessoa selecionada para a adoção, a família de acolhimento ou a instituição com vista a adoção, dura até ser decretada a adoção e não está sujeita a revisão.

2 – A título excecional a medida é revista, nos casos em que a sua execução se revele manifestamente inviável, designadamente quando a criança atinja a idade limite para a adoção sem que o projeto adotivo tenha sido concretizado.

3 – Na sentença que aplique a medida prevista no nº 1, o tribunal designa curador provisório à criança, o qual exerce funções até ser decretada a adoção ou instituída outra medida tutelar cível.

4 – O curador provisório é a pessoa a quem o menor tiver sido confiado.

5 – Em caso de confiança a instituição ou família de acolhimento, o curador provisório é, de preferência, quem tenha um contacto mais direto com a criança,

devendo, a requerimento do organismo de segurança social ou da instituição particular autorizada a intervir em matéria de adoção, a curadoria provisória ser transferida para o candidato a adotante, logo que selecionado.

6 – Sem prejuízo do disposto no número seguinte, aplicada a medida prevista no nº 1, não há lugar a visitas por parte da família biológica ou adotante.

7 – Em casos devidamente fundamentados e em função da defesa do superior interesse do adotando, podem ser autorizados contactos entre irmãos.

ARTIGO 63º
Cessação das medidas

1 – As medidas cessam quando:

a) Decorra o respetivo prazo de duração ou eventual prorrogação;

b) A decisão de revisão lhes ponha termo;

c) Seja decretada a adoção, nos casos previstos no artigo 62º-A;

d) O jovem atinja a maioridade ou, nos casos em que tenha solicitado a continuação da medida para além da maioridade, complete 21 anos;

e) Seja proferida decisão em procedimento cível que assegure o afastamento da criança ou do jovem da situação de perigo.

2 – Sem prejuízo do disposto na alínea *d*) do número anterior, podem manter-se até aos 25 anos de idade as medidas de promoção e proteção de apoio para autonomia de vida ou colocação, sempre que existam, e apenas enquanto durem, processos educativos ou de formação profissional, e desde que o jovem renove o pedido de manutenção.

3 – Aquando da cessação da medida aplicada, a comissão de proteção ou o tribunal efetuam as comunicações eventualmente necessárias junto das entidades referidas no artigo 7º, tendo em vista o acompanhamento da criança, jovem e sua família, pelo período que se julgue adequado.
(Redação dada pela Lei nº 23/2017, de 23-05)

CAPÍTULO IV
Comunicações

ARTIGO 64º
Comunicação das situações de perigo pelas autoridades policiais e judiciárias

1 – As entidades policiais e as autoridades judiciárias comunicam às comissões de proteção as situações de crianças e jovens em perigo de que tenham conhecimento no exercício das suas funções.

2 – Sem prejuízo do disposto no número anterior, as autoridades judiciárias adotam as providências tutelares cíveis adequadas.

ARTIGO 65º
Comunicação das situações de perigo conhecidas pelas entidades com competência em matéria de infância e juventude

1 – As entidades com competência em matéria de infância e juventude comunicam

às comissões de proteção as situações de perigo de que tenham conhecimento no exercício das suas funções sempre que não possam, no âmbito exclusivo da sua competência, assegurar em tempo a proteção suficiente que as circunstâncias do caso exigem.

2 – Caso a comissão de proteção não esteja instalada ou quando não tenha competência para aplicar a medida adequada, designadamente sempre que os pais da criança ou do jovem expressem a sua vontade quanto ao seu consentimento ou à não oposição para a futura adoção, as entidades devem comunicar a situação de perigo diretamente ao Ministério Público.

3 – As instituições de acolhimento devem comunicar ao Ministério Público todas as situações de crianças e jovens que acolham sem prévia decisão da comissão de proteção ou judicial.

ARTIGO 66º
Comunicação das situações de perigo por qualquer pessoa

1 – Qualquer pessoa que tenha conhecimento das situações previstas no artigo 3º pode comunicá-las às entidades com competência em matéria de infância ou juventude, às entidades policiais, às comissões de proteção ou às autoridades judiciárias.

2 – A comunicação é obrigatória para qualquer pessoa que tenha conhecimento de situações que ponham em risco a vida, a integridade física ou psíquica ou a liberdade da criança ou do jovem.

3 – Quando as comunicações sejam dirigidas às entidades referidas no nº 1, estas procedem ao estudo sumário da situação e proporcionam a proteção compatível com as suas atribuições, dando conhecimento da situação à comissão de proteção sempre que entendam que a sua intervenção não é adequada ou suficiente.

ARTIGO 67º
Comunicações das comissões de proteção aos organismos de segurança social

(Revogado.)

ARTIGO 68º
Comunicações das comissões de proteção ao Ministério Público

As comissões de proteção comunicam ao Ministério Público:

a) As situações em que não obtenham a disponibilidade dos meios necessários para proceder à avaliação diagnóstica dos casos, nomeadamente por oposição de um serviço ou instituição e, em particular, as situações de recusa de prestação de informação relativa a dados pessoais sensíveis, designadamente informação clínica, solicitada nos termos do nº 1 do artigo 13º-A;

b) *(Revogada.)*

c) *(Revogada.)*

d) As situações em que não tenha sido proferida decisão decorridos seis meses após o conhecimento da situação da criança ou do jovem em perigo;

e) A aplicação da medida que determine ou mantenha a separação da criança ou do jovem dos seus pais, representante legal ou das pessoas que tenham a sua guarda de facto;

f) Os casos em que, por força da aplicação sucessiva ou isolada das medidas de promoção e proteção previstas nas alíneas *a)* a *c)*, *e)* e *f)* do nº 1 do artigo 35º, o somatório de duração das referidas medidas perfaça 18 meses.

ARTIGO 69º
Comunicações das comissões de proteção ao Ministério Público para efeitos de procedimento cível

As comissões de proteção comunicam ainda ao Ministério Público as situações de facto que justifiquem a regulação ou a alteração do regime de exercício das responsabilidades parentais, a inibição do exercício das responsabilidades parentais, a instauração da tutela ou a adoção de qualquer outra providência cível, nomeadamente nos casos em que se mostre necessária a fixação ou a alteração ou se verifique o incumprimento das prestações de alimentos.

ARTIGO 70º
Participação dos crimes cometidos contra crianças e jovens

1 – Quando os factos que tenham determinado a situação de perigo constituam crime, as entidades e instituições referidas nos artigos 7º e 8º devem comunicá-los imediatamente ao Ministério Público ou às entidades policiais, sem prejuízo das comunicações previstas nos artigos anteriores.

2 – As situações previstas no número anterior devem, em simultâneo, ser comunicadas pela comissão de proteção ao magistrado do Ministério Público que, nos termos do nº 2 do artigo 72º, acompanha a respetiva atividade.

ARTIGO 71º
Consequências das comunicações

1 – As comunicações previstas nos artigos anteriores não determinam a cessação da intervenção das entidades e instituições, salvo quando não tiverem sido prestados ou tiverem sido retirados os consentimentos legalmente exigidos.

2 – As comunicações previstas no presente capítulo devem indicar as providências tomadas para proteção da criança ou do jovem e ser acompanhadas de todos os elementos disponíveis que se mostrem relevantes para apreciação da situação, salvaguardada a intimidade da criança ou do jovem.

CAPÍTULO V
Intervenção do Ministério Público

ARTIGO 72º
Atribuições

1 – O Ministério Público intervém na promoção e defesa dos direitos das crianças e jovens em perigo, nos termos da presente lei, podendo exigir aos pais, ao representante legal ou a quem tenha a sua guarda de facto os esclarecimentos necessários.

2 – O Ministério Público acompanha a atividade das comissões de proteção, tendo em vista apreciar a legalidade e a adequação das decisões, a fiscalização da sua atividade processual e a promoção dos procedimentos judiciais adequados.

3 – Compete, ainda, em especial, ao Ministério Público representar as crianças e jovens em perigo, propondo ações, requerendo providências tutelares cíveis e usando de quaisquer meios judiciais necessários à promoção e defesa dos seus direitos e à sua proteção, incluindo promover os procedimentos de naturalização, nos termos do nº 3 do artigo 6º da Lei nº 37/81, de 3 de outubro.

(Redação dada pela Lei nº 26/2018, de 05-07)

ARTIGO 73º
Iniciativa do processo judicial de promoção e proteção

1 – O Ministério Público requer a abertura do processo judicial de promoção dos direitos e de proteção quando:

a) Tenha conhecimento das situações de crianças e jovens em perigo residentes em áreas em que não esteja instalada comissão de proteção, sem prejuízo do disposto no artigo seguinte;

b) Recebidas as comunicações a que se refere o artigo 68º, considere haver indícios de situação de perigo para a criança ou jovem, suscetíveis de reclamar a aplicação de medida judicial de promoção e proteção;

c) Requeira a apreciação judicial da decisão da comissão de proteção nos termos do artigo 76º

2 – No caso previsto na alínea *b*) do número anterior, o Ministério Público, antes de requerer a abertura do processo judicial, pode requisitar à comissão o processo relativo ao menor e solicitar-lhe os esclarecimentos que tiver por convenientes.

ARTIGO 74º
Arquivamento liminar

O Ministério Público arquiva liminarmente, através de despacho fundamentado, as comunicações que receba quando seja manifesta a sua falta de fundamento ou a desnecessidade da intervenção.

ARTIGO 75º
Requerimento de providências tutelares cíveis

O Ministério Público requer ao tribunal as providências tutelares cíveis adequadas:

a) Quando a comissão de proteção lhe haja remetido o processo de promoção e proteção por falta de competência para aplicação da medida adequada, nos termos previstos no artigo 38º, e concorde com o entendimento da comissão de proteção;

b) Sempre que considere necessário, nomeadamente nas situações previstas no artigo 69º

ARTIGO 76º
Requerimento para apreciação judicial

1 – O Ministério Público requer a apreciação judicial da decisão da comissão de proteção quando entenda que as medidas aplicadas são ilegais ou inadequadas para promoção dos direitos e proteção da criança ou do jovem em perigo.

2 – O requerimento para apreciação judicial da decisão da comissão de proteção indica os fundamentos da necessidade de intervenção judicial e é acompanhado do processo da comissão.

3 – Para efeitos do número anterior, o Ministério Público requisita previamente à comissão de proteção o respetivo processo.

4 – O requerimento para apreciação judicial deve ser apresentado no prazo de 15 dias após o recebimento da comunicação da decisão da comissão pelo Ministério Público e dele é dado conhecimento à comissão de proteção.

5 – O presidente da comissão de proteção é ouvido sobre o requerimento do Ministério Público.

CAPÍTULO VI
Disposições processuais gerais

ARTIGO 77º
Disposições comuns

As disposições do presente capítulo aplicam-se aos processos de promoção dos direitos e de proteção, adiante designados processos de promoção e proteção, instaurados nas comissões de proteção ou nos tribunais.

ARTIGO 78º
Caráter individual e único do processo

O processo de promoção e proteção é individual, sendo organizado um único processo para cada criança ou jovem.

ARTIGO 79º
Competência territorial

1 – É competente para a aplicação das medidas de promoção e proteção a comissão de proteção ou o tribunal da área da residência da criança ou do jovem no momento em que é recebida a comunicação da situação ou instaurado o processo judicial.

2 – Se a residência da criança ou do jovem não for conhecida, nem for possível determiná-la, é competente a comissão de proteção ou o tribunal do lugar onde aquele for encontrado.

3 – Sem prejuízo do disposto nos números anteriores, a comissão de proteção ou o tribunal do lugar onde a criança ou o jovem for encontrado realiza as diligências consideradas urgentes e toma as medidas necessárias para a sua proteção imediata.

4 – Se, após a aplicação de medida não cautelar, a criança ou o jovem mudar de residência por período superior a três meses, o processo é remetido à comissão de proteção ou ao tribunal da área da nova residência.

5 – Para efeitos do disposto no número anterior, a execução de medida de promoção e proteção de acolhimento não determina a alteração de residência da criança ou jovem acolhido.

6 – Sem prejuízo do disposto no número anterior, a comissão de proteção com competência territorial na área do município ou freguesia de acolhimento da criança ou jovem, presta à comissão que aplicou a medida de promoção e proteção toda a colaboração necessária ao efetivo acompanhamento da medida aplicada, que para o efeito lhe seja solicitada.

7 – Salvo o disposto no nº 4, são irrelevantes as modificações de facto que ocorrerem posteriormente ao momento da instauração do processo.

ARTIGO 80º
Apensação de processos

Sem prejuízo das regras de competência territorial, quando a situação de perigo abranger simultaneamente mais de uma criança ou jovem, pode ser instaurado um único processo e, tendo sido instaurado processos distintos, pode proceder-se à apensação de todos eles ao que foi instaurado em primeiro lugar, se as relações familiares ou as situações de perigo em concreto o justificarem

ARTIGO 81º
Apensação de processos de natureza diversa

1 – Quando, relativamente à mesma criança ou jovem, forem instaurados, sucessivamente ou em separado, processos de promoção e proteção, inclusive na comissão de proteção, tutelar educativo ou relativos a providências tutelares cíveis, devem os mesmos correr por apenso, independentemente do respetivo estado, sendo competente para deles conhecer o juiz do processo instaurado em primeiro lugar.

2 – *(Revogado.)*

3 – Para efeitos do disposto no nº 1, o juiz solicita à comissão de proteção que o informe sobre qualquer processo de promoção e proteção pendente ou que venha a ser instaurado posteriormente relativamente à mesma criança ou jovem.

4 – A apensação a que se reporta o nº 1 tem lugar independentemente do estado dos processos.

ARTIGO 82º
Jovem arguido em processo penal

1 – Quando relativamente a um mesmo jovem correrem simultaneamente processo de promoção e proteção e processo penal, a comissão de proteção ou a secção de família e menores remete à autoridade judiciária competente para o processo penal cópia da respetiva decisão, podendo acrescentar as informações sobre a inserção familiar e socioprofissional do jovem que considere adequadas.

2 – Os elementos referidos no número anterior são remetidos após a notificação ao jovem do despacho que designa dia para a audiência de julgamento, sendo-lhes correspondentemente aplicável o disposto nos artigos 369º, nº 1, 370º, nº 3, e 371º, nº 2, do Código de Processo Penal.

3 – Quando o jovem seja preso preventivamente, os elementos constantes do nº 1 podem ser remetidos a todo o tempo, a solicitação deste ou do defensor, ou com o seu consentimento.

4 – As autoridades judiciárias participam às entidades competentes em matéria de promoção dos direitos e proteção as situações de jovens arguidos em processo penal que se encontrem em perigo, remetendo-lhes os elementos de que disponham e que se mostrem relevantes para a apreciação da situação, nos termos do nº 2 do artigo 71º

ARTIGO 82º-A
Gestor de processo

Para cada processo de promoção e proteção a comissão de proteção de crianças e jovens ou o tribunal competentes designam um técnico gestor de processo, ao qual compete mobilizar os intervenientes e os recursos disponíveis para assegurar de forma global, coordenada e sistémica, todos os apoios, serviços e acompanhamento de que a criança ou jovem e a sua família necessitam, prestando informação sobre o conjunto da intervenção desenvolvida.

ARTIGO 83º
Aproveitamento dos atos anteriores

As comissões de proteção e os tribunais devem abster-se de ordenar a repetição de diligências já efetuadas, nomeadamente relatórios sociais ou exames médicos, salvo quando o interesse superior da criança exija a sua repetição ou esta se torne necessária para assegurar o princípio do contraditório.

ARTIGO 84º
Audição da criança e do jovem

As crianças e os jovens são ouvidos pela comissão de proteção ou pelo juiz sobre as situações que deram origem à intervenção e relativamente à aplicação, revisão ou cessação de medidas de promoção e proteção, nos termos previstos nos artigos 4º e 5º do Regime Geral do Processo Tutelar Cível, aprovado pela Lei nº 141/2015, de 8 de setembro.

ARTIGO 85º
Audição dos titulares das responsabilidades parentais

1 – Os pais, o representante legal e as pessoas que tenham a guarda de facto da criança ou do jovem são obrigatoriamente ouvidos sobre a situação que originou a intervenção e relativamente à aplicação, revisão ou cessação de medidas de promoção e proteção.

2 – Ressalvam-se do disposto no número anterior as situações de ausência, mesmo que de facto, por impossibilidade de contacto devida a desconhecimento do paradeiro, ou a outra causa de impossibilidade, e os de inibição do exercício das responsabilidades parentais.

ARTIGO 86º
Informação e assistência

1 – O processo deve decorrer de forma compreensível para a criança ou jovem, considerando a idade e o grau de desenvolvimento intelectual e psicológico.

2 – Na audição da criança ou do jovem e no decurso de outros atos processuais ou diligências que o justifiquem, a comissão de proteção ou o juiz podem determinar a intervenção ou a assistência de médicos, psicólogos ou outros especialistas ou de pessoa da confiança da criança ou do jovem, ou determinar a utilização dos meios técnicos que lhes pareçam adequados.

ARTIGO 87º
Exames

1 – Os exames médicos que possam ofender o pudor da criança ou do jovem apenas são ordenados quando for julgado indispensável e o seu interesse o exigir e devem ser efetuados na presença de um dos progenitores ou de pessoa da confiança da criança ou do jovem, salvo se o examinado o não desejar ou o seu interesse o exigir.

2 – Os exames médicos referidos no número anterior são realizados por pessoal médico devidamente qualificado, sendo garantido à criança ou ao jovem o necessário apoio psicológico.

3 – Aos exames médicos é correspondentemente aplicável o disposto nos artigos 9º e 10º, salvo nas situações de emergência previstas no artigo 91º

4 – Os exames têm caráter de urgência e, salvo quando outro prazo for exigido pela sua natureza, os respetivos relatórios são apresentados no prazo máximo de 30 dias.

5 – A comissão de proteção ou o tribunal podem, quando necessário para assegurar a proteção da criança ou do jovem, requerer ao tribunal certidão dos relatórios dos exames efetuados em processos relativos a crimes de que tenham sido vítimas, que possam ser utilizados como meios de prova.

ARTIGO 88º
Caráter reservado do processo

1 – O processo de promoção e proteção é de caráter reservado.

2 – Os membros da comissão de proteção têm acesso aos processos em que intervenham, sendo aplicável, nos restantes casos, o disposto nos nºs 1 e 5.

3 – Os pais, o representante legal e as pessoas que detenham a guarda de facto podem consultar o processo pessoalmente ou através de advogado.

4 – A criança ou jovem podem consultar o processo através do seu advogado ou pessoalmente se o juiz ou o presidente da comissão o autorizar, atendendo à sua maturidade, capacidade de compreensão e natureza dos factos.

5 – Pode ainda consultar o processo, diretamente ou através de advogado, quem manifeste interesse legítimo, quando autorizado e nas condições estabelecidas em despacho do presidente da comissão de proteção ou do juiz, conforme o caso.

6 – Os processos das comissões de proteção são destruídos quando a criança ou jovem atinjam a maioridade ou, nos casos da alínea *d*) do nº 1 e do nº 2 do artigo 63º, os 21 anos ou 25 anos, respetivamente.

7 – Sem prejuízo do disposto no número anterior, a informação a que alude o disposto no nº 1 do artigo 13º-A é destruída assim que o processo ao abrigo do qual foi recolhida seja arquivado, pelo facto de a situação de perigo não se comprovar ou já não subsistir.

8 – Em caso de aplicação da medida de promoção e proteção prevista na alínea *g*) do nº 1 do artigo 35º, deve ser respeitado o segredo de identidade relativo aos adotantes e aos pais biológicos do adotado, nos termos previstos no artigo 1985º do Código Civil e nos artigos 4º e 5º do Regime Jurídico do Processo de Adoção, aprovado pela Lei nº 143/2015, de 8 de setembro, e, salvo disposição especial, os pais biológicos não são notificados para os termos do processo posteriores ao trânsito em julgado da decisão que a aplicou.

9 – Quando o processo tenha sido arquivado nos termos da alínea *c*) do nº 2 do artigo 21º, é destruído passados dois anos após o arquivamento.

(Redação dada pela Lei nº 23/2017, de 23-05)

ARTIGO 89º
Consulta para fins científicos

1 – A comissão de proteção ou o tribunal podem autorizar a consulta dos processos por instituições credenciadas no domínio científico, ficando todos aqueles que lhe tiverem acesso obrigados a dever de segredo relativamente àquilo de que tomarem conhecimento.

2 – A divulgação de quaisquer estudos deve ser feita de modo que torne impossível a identificação das pessoas a quem a informação disser respeito.

3 – Para fins científicos podem, com autorização da comissão restrita de proteção ou do juiz, ser publicadas peças de processos, desde que se impossibilite a identificação da criança ou jovem, seus familiares e restantes pessoas nelas referidas.

ARTIGO 90º
Comunicação social

1 – Os órgãos de comunicação social, sempre que divulguem situações de crianças ou jovens em perigo, não podem identificar, nem transmitir elementos, sons ou imagens que permitam a sua identificação, sob pena de os seus agentes incorrerem na prática de crime de desobediência.

2 – Sem prejuízo do disposto no número anterior, os órgãos de comunicação social podem relatar o conteúdo dos atos públicos do processo judicial de promoção e proteção.

3 – Sempre que tal seja solicitado e sem prejuízo do disposto no nº 1, o presidente da comissão de proteção ou o juiz do processo informam os órgãos de comunicação social sobre os factos, decisão e circunstâncias necessárias para a sua correta compreensão.

CAPÍTULO VII
Procedimentos de urgência

ARTIGO 91º
Procedimentos urgentes na ausência do consentimento

1 – Quando exista perigo atual ou iminente para a vida ou de grave comprometimento da integridade física ou psíquica da criança ou jovem, e na ausência de consentimento dos detentores das responsabilidades parentais ou de quem tenha a guarda de facto, qualquer das entidades referidas no artigo 7º ou as comissões de proteção tomam as medidas adequadas para a sua proteção imediata e solicitam a intervenção do tribunal ou das entidades policiais.

2 – A entidade que intervém nos termos do número anterior dá conhecimento imediato das situações a que aí se alude ao Ministério Público ou, quando tal não seja possível, logo que cesse a causa da impossibilidade.

3 – Enquanto não for possível a intervenção do tribunal, as autoridades policiais retiram a criança ou o jovem do perigo em que se encontra e asseguram a sua proteção de emergência em casa de acolhimento, nas instalações das entidades referidas no artigo 7º ou em outro local adequado.

4 – O Ministério Público, recebida a comunicação efetuada por qualquer das entidades referidas nos números anteriores, requer imediatamente ao tribunal competente procedimento judicial urgente nos termos do artigo seguinte.

ARTIGO 92º
Procedimentos judiciais urgentes

1 – O tribunal, a requerimento do Ministério Público, quando lhe sejam comunicadas as situações referidas no artigo anterior, profere decisão provisória, no prazo de quarenta e oito horas, confirmando as providências tomadas para a imediata proteção da criança ou do jovem, aplicando qualquer uma das medidas previstas no artigo 35º ou determinando o que tiver por conveniente relativamente ao destino da criança ou do jovem.

2 – Para efeitos do disposto no número anterior, o tribunal procede às averiguações sumárias e indispensáveis e ordena as diligências necessárias para assegurar a execução das suas decisões, podendo recorrer às entidades policiais e permitir às pessoas a quem incumba do cumprimento das suas decisões a entrada, durante o dia, em qualquer casa.

3 – Proferida a decisão provisória referida no nº 1, o processo segue os seus termos como processo judicial de promoção e proteção.

CAPÍTULO VIII
Do processo nas comissões de proteção de crianças e jovens

ARTIGO 93º
Iniciativa da intervenção das comissões de proteção

Sem prejuízo do disposto nos artigos 64º a 66º, as comissões de proteção intervêm:

a) A solicitação da criança ou do jovem, dos seus pais, representante legal ou das pessoas que tenham a sua guarda de facto;

b) Por sua iniciativa, em situações de que tiverem conhecimento no exercício das suas funções.

ARTIGO 94º
Informação e audição dos interessados

1 – A comissão de proteção, recebida a comunicação da situação ou depois de proceder a diligências sumárias que a confirmem, deve contactar a criança ou o jovem, os titulares das responsabilidades parentais ou a pessoa com quem a criança ou o jovem residam, informando-os da situação e ouvindo-os sobre ela.

2 – A comissão de proteção deve informar as pessoas referidas no número anterior do modo como se processa a sua intervenção, das medidas que pode tomar, do direito de não autorizarem a intervenção e suas possíveis consequências e do seu direito a fazerem-se acompanhar de advogado.

3 – As diligências sumárias referidas no nº 1 destinam-se apenas à obtenção, junto da entidade que comunicou a situação de perigo, de elementos que possam confirmá-la ou esclarecê-la.

ARTIGO 95º
Falta do consentimento

1 – As Comissões de Proteção diligenciam junto dos pais, representante legal ou da pessoa que tenha a guarda de facto da criança ou do jovem, pela obtenção do consentimento a que se refere o artigo 9º

2 – Faltando ou tendo sido retirados os consentimentos previstos no artigo 9º, ou havendo oposição da criança ou do jovem, nos termos do artigo 10º, a comissão abstém-se de intervir e remete o processo ao Ministério Público competente.

ARTIGO 96º
Diligências nas situações de guarda ocasional

1 – Quando a criança se encontre a viver com uma pessoa que não detenha as responsabilidades parentais, nem a sua guarda de facto, a comissão de proteção deve diligenciar de imediato, por todos os meios ao seu alcance, no sentido de entrar em contacto com as pessoas que devem prestar o consentimento, para que estes ponham cobro à situação de perigo ou prestem o consentimento para a intervenção.

2 – Até ao momento em que o contacto com os pais ou representantes legais seja possível e sem prejuízo dos procedimentos de urgência, a comissão de proteção proporciona à criança ou ao jovem os meios de apoio adequados, salvo se houver oposição da pessoa com quem eles residem.

3 – Quando se verifique a oposição referida no número anterior, a comissão de proteção comunica imediatamente a situação ao Ministério Público.

ARTIGO 97º
Processo

1 – O processo inicia-se com o recebimento da comunicação escrita ou com o registo das comunicações verbais ou dos factos de que a referida comissão tiver conhecimento.

2 – O processo da comissão de proteção inclui a recolha de informação, as diligências e os exames necessários e adequados ao conhecimento da situação, à fundamentação da decisão, à aplicação da respetiva medida e à sua execução.

3 – O processo é organizado de modo simplificado, nele se registando por ordem cronológica os atos e diligências praticados ou solicitados pela comissão de proteção que fundamentem a prática dos atos previstos no número anterior.

4 – Relativamente a cada processo é transcrita na ata da comissão restrita, de forma sumária, a deliberação e a sua fundamentação.

5 – Os atos praticados por comissão de proteção a rogo de outra, designadamente ao nível da instrução de processos ou de acompanhamento de medidas de promoção e proteção, integram a atividade processual da comissão, sendo registados como atos de colaboração.

ARTIGO 98º
Decisão relativa à medida

1 – Reunidos os elementos sobre a situação da criança ou do jovem, a comissão restrita, em reunião, aprecia o caso, arquivando o processo quando a situação de perigo não se confirme ou já não subsista, ou delibera a aplicação da medida adequada.

2 – Perante qualquer proposta de intervenção da comissão de proteção, as pessoas a que se referem os artigos 9º e 10º podem solicitar um prazo, não superior a oito dias, para prestar consentimento ou manifestar a não oposição.

3 – Havendo acordo entre a comissão de proteção e as pessoas a que se referem os artigos 9º e 10º no tocante à medida a adotar, a decisão é reduzida a escrito, tomando a forma de acordo, nos termos do disposto nos artigos 55º a 57º, o qual é assinado pelos intervenientes.

4 – Não havendo acordo, e mantendo-se a situação que justifique a aplicação de medida, aplica-se o disposto na alínea *d*) do nº 1 do artigo 11º

ARTIGO 99º
Arquivamento do processo

Cessando a medida, o processo é arquivado, só podendo ser reaberto se ocorrerem factos que justifiquem a aplicação de medida de promoção e proteção.

CAPÍTULO IX
Do processo judicial de promoção e proteção

ARTIGO 100º
Processo

O processo judicial de promoção dos direitos e proteção das crianças e jovens em perigo, doravante designado processo judicial de promoção e proteção, é de jurisdição voluntária.

ARTIGO 101º
Tribunal competente

1 – Compete às secções de família e menores da instância central do tribunal de comarca a instrução e o julgamento do processo.

2 – Fora das áreas abrangidas pela jurisdição das secções de família e menores cabe às secções cíveis da instância local conhecer das causas que àquelas estão atribuídas, por aplicação, com as devidas adaptações, do disposto no nº 5 do artigo 124º da Lei da Organização do Sistema Judiciário, aprovada pela Lei nº 62/2013, de 26 de agosto.

3 – Sem prejuízo do disposto no número anterior, em caso de não ocorrer desdobramento, cabe às secções de competência genérica da instância local conhecer das causas ali referidas, conforme o disposto na alínea *a*) do nº 1 do artigo 130º da Lei nº 62/2013, de 26 de agosto.

4 – Nos casos previstos nos números anteriores, o tribunal constitui-se em secção de família e menores.

ARTIGO 102º
Processos urgentes

1 – Os processos judiciais de promoção e proteção são de natureza urgente, correndo nas férias judiciais.

2 – Os processos não estão sujeitos a distribuição, sendo imediatamente averbados ao juiz de turno.

ARTIGO 103º
Advogado

1 – Os pais, o representante legal ou quem tiver a guarda de facto podem, em qualquer fase do processo, constituir advogado ou requerer a nomeação de patrono que o represente, a si ou à criança ou ao jovem.

2 – É obrigatória a nomeação de patrono à criança ou jovem quando os seus interesses e os dos seus pais, representante legal ou de quem tenha a guarda de facto sejam conflituantes e ainda quando a criança ou jovem com a maturidade adequada o solicitar ao tribunal.

3 – A nomeação do patrono é efetuada nos termos da lei do apoio judiciário.

4 – No debate judicial é obrigatória a constituição de advogado ou a nomeação de patrono aos pais quando esteja em causa a aplicação da medida prevista na alínea *g*) do nº 1 do artigo 35º e, em qualquer caso, à criança ou jovem.

ARTIGO 104º
Contraditório

1 – A criança ou jovem, os seus pais, representante legal ou quem tiver a guarda de facto têm direito a requerer diligências e oferecer meios de prova.

2 – No debate judicial podem ser apresentadas alegações escritas e é assegurado o contraditório.

3 – O contraditório quanto aos factos e à medida aplicável é sempre assegurado em todas as fases do processo, designadamente na conferência tendo em vista a obtenção de acordo e no debate judicial, quando se aplicar a medida prevista na alínea *g*) do nº 1 do artigo 35º

ARTIGO 105º
Iniciativa processual

1 – A iniciativa processual cabe ao Ministério Público.

2 – Os pais, o representante legal, as pessoas que tenham a guarda de facto e a criança ou jovem com idade superior a 12 anos podem também requerer a intervenção do tribunal no caso previsto na alínea *g*) do artigo 11º

ARTIGO 106º
Fases do processo

1 – O processo de promoção e proteção é constituído pelas fases de instrução, decisão negociada, debate judicial, decisão e execução da medida.

2 – Recebido o requerimento inicial, o juiz profere despacho de abertura de instrução ou, se considerar que dispõe de todos os elementos necessários:

a) Designa dia para conferência com vista à obtenção de acordo de promoção e proteção ou tutelar cível adequado;

b) Decide o arquivamento do processo, nos termos do artigo 111º; ou

c) Ordena as notificações a que se refere o nº 1 do artigo 114º, seguindo-se os demais termos aí previstos.

ARTIGO 107º
Despacho inicial

1 – Declarada aberta a instrução, o juiz designa data para a audição obrigatória:

a) Da criança ou do jovem;

b) Dos pais, do representante legal da criança ou do jovem ou da pessoa que tenha a sua guarda de facto.

2 – No mesmo despacho, o juiz, sempre que o julgar conveniente, pode designar dia para ouvir os técnicos que conheçam a situação da criança ou do jovem a fim de prestarem os esclarecimentos necessários.

3 – Com a notificação da designação da data referida no nº 1 procede-se também à notificação dos pais, representantes legais ou de quem tenha a guarda de facto da criança ou do jovem para, querendo, requererem a realização de diligências instrutórias ou juntarem meios de prova.

ARTIGO 108º
Informação ou relatório social

1 – O juiz, se o entender necessário, pode utilizar, como meios de obtenção da prova, a informação ou o relatório social sobre a situação da criança e do jovem e do seu agregado familiar.

2 – A informação e o relatório social são solicitados pelo juiz às equipas ou entidades a que alude o nº 3 do artigo 59º, nos prazos de oito e 30 dias, respetivamente.

3 – *(Revogado.)*

ARTIGO 109º
Duração

A instrução do processo de promoção e de proteção não pode ultrapassar o prazo de quatro meses.

ARTIGO 110º
Encerramento da instrução

1 – O juiz, ouvido o Ministério Público, declara encerrada a instrução e:

a) Decide o arquivamento do processo;

b) Designa dia para conferência com vista à obtenção de acordo de promoção e proteção ou tutelar cível adequado; ou

c) Quando se mostre manifestamente improvável uma solução negociada, determina o prosseguimento do processo para realização de debate judicial e ordena as notificações a que se refere o nº 1 do artigo 114º

2 – Quando a impossibilidade de obtenção de acordo quanto à medida de promoção e proteção resultar de comprovada ausência em parte incerta de ambos os progenitores, ou de um deles, quando o outro manifeste a sua adesão à medida de promoção e proteção, o juiz pode dispensar a realização do debate judicial.

3 – O disposto no número anterior é aplicável, com as devidas adaptações, ao representante legal e ao detentor da guarda de facto da criança ou jovem.

ARTIGO 111º
Arquivamento

O juiz decide o arquivamento do processo quando concluir que, em virtude de a situação de perigo não se comprovar ou já não subsistir, se tornou desnecessária a aplicação de medida de promoção e proteção, podendo o mesmo processo ser reaberto se ocorrerem factos que justifiquem a referida aplicação.

ARTIGO 112º
Decisão negociada

O juiz convoca para a conferência, com vista à obtenção de acordo de promoção e proteção, o Ministério Público, os pais, o representante legal ou quem tenha a guarda de facto, a criança ou jovem com mais de 12 anos e as pessoas e representantes de entidades cuja presença e subscrição do acordo seja entendida como relevante.

ARTIGO 112º-A
Acordo tutelar cível

1 – Na conferência e verificados os pressupostos legais, o juiz homologa o acordo alcançado em matéria tutelar cível, ficando este a constar por apenso.

2 – Não havendo acordo seguem-se os trâmites dos artigos 38º a 40º do Regime Geral do Processo Tutelar Cível, aprovado pela Lei nº 141/2015, de 8 de setembro.

ARTIGO 113º
Acordo de promoção e proteção

1 – Ao acordo de promoção e proteção é aplicável, com as devidas adaptações, o disposto nos artigos 55º a 57º

2 – Não havendo oposição do Ministério Público, o acordo é homologado por decisão judicial.

3 – O acordo fica a constar da ata e é subscrito por todos os intervenientes.

ARTIGO 114º
Debate judicial

1 – Se não tiver sido possível obter o acordo de promoção e proteção, ou tutelar cível adequado, ou quando estes se mostrem manifestamente improváveis, o juiz notifica o Ministério Público, os pais, o representante legal, quem detiver a guarda de facto e a criança ou jovem com mais de 12 anos para alegarem, por escrito, querendo, e apresentarem prova no prazo de 10 dias.

2 – O Ministério Público deve alegar por escrito e apresentar provas sempre que considerar que a medida a aplicar é a prevista na alínea *g*) do nº 1 do artigo 35º

3 – Recebidas as alegações e apresentada a prova, o juiz designa dia para o debate judicial e ordena a notificação das pessoas que devam comparecer.

4 – Com a notificação da data para o debate judicial é dado conhecimento aos pais, ao representante legal ou a quem tenha a guarda de facto das alegações e prova apresentada pelo Ministério Público e a este das restantes alegações e prova apresentada.

5 – Para efeitos do disposto no artigo 62º não há debate judicial, exceto se estiver em causa:

a) A substituição da medida de promoção e proteção aplicada; ou
b) A prorrogação da execução de medida de colocação.

ARTIGO 115º
Composição do tribunal

O debate judicial será efetuado perante um tribunal composto pelo juiz, que preside, e por dois juízes sociais.

ARTIGO 116º
Organização do debate judicial

1 – O debate judicial é contínuo, decorrendo sem interrupção ou adiamento até ao encerramento, salvo as suspensões necessárias para alimentação e repouso dos participantes.

2 – O debate judicial não pode ser adiado e inicia-se com a produção da prova e audição das pessoas presentes, ordenando o juiz as diligências necessárias para que compareçam os não presentes na data que designar para o seu prosseguimento.

3 – A leitura da decisão é pública, mas ao debate judicial só podem assistir as pessoas que o tribunal expressamente autorizar.

ARTIGO 117º
Regime das provas

Para a formação da convicção do tribunal e para a fundamentação da decisão só podem ser consideradas as provas que puderem ter sido contraditadas durante o debate judicial.

ARTIGO 118º
Documentação

1 – A audiência é sempre gravada, devendo apenas ser assinalados na ata o início e o termo de cada depoimento, declaração, informação, esclarecimento, requerimento e respetiva resposta, despacho, decisão e alegações orais.

2 – *(Revogado.)*

ARTIGO 119º
Alegações

Produzida a prova, o juiz concede a palavra ao Ministério Público e aos advogados para alegações, por trinta minutos cada um.

ARTIGO 120º
Competência para a decisão

1 – Terminado o debate, o tribunal recolhe para decidir.

2 – A decisão é tomada por maioria de votos, votando em primeiro lugar os juízes sociais, por ordem crescente de idade, e, no fim, o juiz presidente.

ARTIGO 121º
Decisão

1 – A decisão inicia-se por um relatório sucinto, em que se identifica a criança ou jovem, os seus pais, representante legal, ou a pessoa que tem a guarda de facto e se procede a uma descrição da tramitação do processo.

2 – Ao relatório segue-se a fundamentação que consiste na enumeração dos factos provados e não provados, bem como na sua valoração e exposição das razões que justificam o arquivamento ou a aplicação de uma medida de promoção e proteção, terminando pelo dispositivo e decisão.

ARTIGO 122º
Leitura da decisão

1 – A decisão é lida pelo juiz presidente, podendo ser ditada para a ata, em ato contínuo à deliberação.

2 – Nos casos de especial complexidade, o debate judicial pode ser suspenso e designado novo dia para leitura da decisão.

ARTIGO 122º-A
Notificação da decisão

A decisão é notificada às pessoas referidas no nº 2 do artigo seguinte, contendo informação sobre a possibilidade, a forma e o prazo de interposição do recurso.

ARTIGO 123º
Recursos

1 – Cabe recurso das decisões que, definitiva ou provisoriamente, se pronunciem sobre a aplicação, alteração ou cessação de medidas de promoção e proteção e sobre a decisão que haja autorizado contactos entre irmãos, nos casos previstos no nº 7 do artigo 62º-A.

2 – Podem recorrer o Ministério Público, a criança ou o jovem, os pais, o representante legal e quem tiver a guarda de facto da criança ou do jovem.

3 – O recurso de decisão que tenha aplicado a medida prevista na alínea *g*) do nº 1 do artigo 35º é decidido no prazo máximo de 30 dias, a contar da data de receção dos autos no tribunal superior.

ARTIGO 124º
Processamento e efeito dos recursos

1 – Os recursos são processados e julgados como em matéria cível, sendo o prazo de alegações e de resposta de 10 dias.

2 – Com exceção do recurso da decisão que aplique a medida prevista na alínea *g*) do nº 1 do artigo 35º e do recurso da decisão que haja autorizado contactos entre irmãos, nos casos previstos no nº 7 do artigo 62º-A, os quais têm efeito suspensivo, cabe ao tribunal recorrido fixar o efeito do recurso.

ARTIGO 125º
A execução da medida

No processo judicial de promoção e proteção a execução da medida será efetuada nos termos dos nºs 2 e 3 do artigo 59º

ARTIGO 126º
Direito subsidiário

Ao processo de promoção e proteção são aplicáveis subsidiariamente, com as devidas adaptações, na fase de debate judicial e de recurso, as normas relativas ao processo civil declarativo comum.

Regulamentação da Lei de Proteção de Crianças e Jovens em Perigo

Decreto-Lei nº 332-B/2000, de 30 de dezembro

A Lei nº 147/99, de 1 de Setembro (Lei de Protecção de Crianças e Jovens em Perigo), entrará em vigor, em simultâneo com a Lei nº 166/99, de 14 de Setembro (Lei Tutelar Educativa), no dia 1 de Janeiro de 2001.

Impõe-se proceder à respectiva regulamentação, de acordo com o Programa de Acção para a Entrada em Vigor da Reforma do Direito de Menores, aprovado pela Resolução do Conselho de Ministros nº 108/2000, de 19 de Agosto.

O presente diploma leva a efeito a referida regulamentação, disciplinando o regime da intervenção das autarquias locais nas comissões de protecção de crianças e jovens, especificando o sistema de atribuição e de gestão do fundo de maneio a conceder às referidas comissões de protecção, estabelecendo o regime legal a seguir na execução das medidas de promoção dos direitos e de protecção, assim como a competência para o acompanhamento das crianças em perigo junto dos tribunais.

Assim:

No desenvolvimento do regime jurídico estabelecido pela Lei de Protecção de Crianças e Jovens em Perigo e nos termos da alínea *c*) do nº 1 do artigo 198º da Constituição, o Governo decreta o seguinte:

ARTIGO 1º

O presente diploma procede à regulamentação da Lei de Protecção de Crianças e Jovens em Perigo, criando as condições jurídicas necessárias à sua integral aplicação.

CAPÍTULO I
Intervenção das autarquias locais

ARTIGO 2º

1 – A representação das autarquias locais na composição da comissão de protecção de crianças e jovens, nos casos previstos no nº 2 do artigo 15º da Lei de Protecção, é sempre assegurada por um representante do município, quer funcione na modalidade alargada ou na modalidade restrita.

2 – O representante do município é indicado pela câmara municipal, de entre pessoas com especial interesse ou aptidão na área das crianças e jovens em perigo.

ARTIGO 3º

1 – A comissão de protecção na modalidade de funcionamento alargado, nos casos previstos no nº 2 do artigo 15º da Lei de Protecção, e tendo em vista a alínea *l*) do artigo 17º do mesmo diploma, é composta por quatro pessoas designadas pela assembleia de freguesia, de entre cidadãos eleitores preferencialmente com especiais conhecimentos ou capacidades para intervir na área das crianças e jovens em perigo.

2 – No caso de a comissão de protecção exercer a sua competência em mais de uma freguesia, as assembleias de freguesia, do âmbito da competência territorial da comissão de protecção, designarão as quatro pessoas segundo o critério definido pela Comissão Nacional de Protecção de Crianças e Jovens em Risco, adoptando-se o sistema de rotatividade bienal ou anual, consoante se trate de agrupamentos de quatro ou mais freguesias.

CAPÍTULO II
Fundo de maneio

ARTIGO 4º

1 – O fundo de maneio, previsto no nº 1 do artigo 14º da Lei de Protecção, é assegurado transitoriamente pela segurança social, sendo os montantes atribuídos a cada comissão os fixados de acordo com os critérios definidos pela Comissão Nacional de Protecção de Crianças e Jovens em Risco.

2 – O fundo de maneio destina-se a suportar despesas ocasionais e de pequeno montante resultantes da acção das comissões de protecção junto das crianças e jovens, suas famílias ou pessoas que têm a sua guarda.

ARTIGO 5º

1 – A gestão do fundo de maneio compete ao representante da segurança social na comissão de protecção.

2 – A utilização das verbas está sujeita a decisão conjunta do presidente da comissão de protecção e do representante da segurança social na mesma.

3 – No prazo de um ano após a entrada em vigor da Lei de Protecção, o montante apurado para cada comissão de protecção será revisto em função das necessidades diagnosticadas, decorrido este período de funcionamento efectivo.

CAPÍTULO IV*
Medidas de promoção dos direitos e de protecção

ARTIGO 6º

1 – O regime de execução das medidas de promoção e de protecção, previstas no artigo 35º da Lei de Protecção, consta de regulamentação específica.

2 – Até à entrada em vigor da regulamentação referida no número anterior é aplicável o regime legal vigente, com as devidas adaptações, relativamente às medidas constantes das alíneas *a*), *b*), *c*), *e*) e *f*) do nº 1 do referido artigo 35º.

3 – A medida prevista na alínea *d*) do nº 1 do artigo 35º da Lei de Protecção é executada, até à entrada em vigor da regulamentação referida no nº 1, através dos apoios previstos a menores no sistema de solidariedade e de segurança social.

CAPÍTULO V
Acompanhamento dos menores em perigo junto dos tribunais

ARTIGO 7º

O acompanhamento dos menores em perigo junto dos tribunais compete às equipas multidisciplinares do sistema de solidariedade e de segurança social, a constituir, consistindo designadamente:

a) No apoio técnico às decisões dos tribunais tomadas no âmbito dos processos judiciais de promoção e protecção;

b) No acompanhamento da execução das medidas de promoção dos direitos e de protecção aplicadas;

c) No apoio aos menores que intervenham em processos judiciais de promoção e protecção.

ARTIGO 8º

O apoio técnico às decisões dos tribunais tomadas no âmbito dos processos judiciais de promoção e protecção consiste, designadamente:

a) Na elaboração de informações ou relatórios sociais sobre a situação da criança ou do jovem, do seu agregado familiar ou das pessoas a quem estejam confiados;

* *A redação do Decreto-Lei nº 332-B/2000, de 30 de Dezembro, que agora se publica, está conforme com o publicado no Diário da República nº 300, 1º Suplemento, de 30 de Dezembro de 2000, não sendo por isso da responsabilidade da Editora o lapso de redação que aqui se assinala: a passagem do Capítulo II diretamente para o Capítulo IV.*

b) Na intervenção em audiência judicial;

c) Na participação nas diligências instrutórias, quando o juiz assim o determine.

ARTIGO 9º

1 – O acompanhamento a que se reporta o presente capítulo inicia-se relativamente aos processos judiciais de promoção e protecção entrados nos tribunais a partir do dia 1 de Janeiro de 2001.

2 – O disposto no número anterior não abrange os processos que sejam reclassificados por força do disposto no nº 3 do artigo 2º da Lei nº 147/99, de 1 de Setembro, como processo de promoção e protecção.

Visto e aprovado em Conselho de Ministros de 21 de Dezembro de 2000. – *António Manuel de Oliveira Guterres – Guilherme d'Oliveira Martins – Eduardo Luís Barreto Ferro Rodrigues – António Luís Santos Costa – José Manuel Lello Ribeiro de Almeida.* – Promulgado em 30 de Dezembro de 2000. – Publique-se. – O Presidente da República, JORGE SAMPAIO. – Referendado em 30 de Dezembro de 2000. – O Primeiro-Ministro, *António Manuel de Oliveira Guterres.*

Comissão Nacional de Promoção dos Direitos e Proteção das Crianças e Jovens

Decreto-Lei nº 159/2015, de 10 de agosto*

A sociedade e o Estado têm o dever especial de proteção das crianças, jovens e famílias, nos termos previstos na Constituição, bem como da promoção efetiva dos direitos da criança consagrados na Convenção sobre os Direitos da Criança.

Em conformidade, o XIX Governo Constitucional consagrou no seu Programa, como prioridade, a promoção e proteção da família e das crianças e jovens em situação de maior vulnerabilidade, com particular atenção para as crianças em risco ou perigo.

Neste contexto, o Governo decidiu, através da Resolução do Conselho de Ministros nº 37/2013, de 11 de junho, abrir um debate, tendente, designadamente, à revisão do sistema de proteção de crianças e jovens em perigo e, entre outros diplomas, do Decreto-Lei nº 98/98, de 18 de abril, alterado pelo Decreto-Lei nº 65/2013, de 15 de maio, que criou a Comissão Nacional de Proteção das Crianças e Jovens em Risco.

Para o efeito, foi criada uma comissão integrada por representantes dos Ministérios da Solidariedade, Emprego e Segurança Social, da Justiça, da Saúde, da Educação e Ciência e da Administração Interna, a qual veio a ser constituída pelo Despacho nº 1187/2014, 17 de janeiro, publicado no *Diário da República* nº 17, 2ª série, de 24 de janeiro.

Decorridos mais de 15 anos desde a criação da Comissão Nacional de Proteção de Crianças e Jovens em Risco, a abertura do debate em torno do sistema de promoção e proteção evidenciou a oportunidade de introduzir melhorias na capacidade de ação do organismo com responsabilidades de coordenação estratégica da defesa dos direitos das crianças.

Assim, pretende-se fortalecer a capacidade de intervenção da Comissão Nacional, face à ampla cobertura do território nacional por comissões de proteção de crianças e jovens em perigo, proporcionando a estas comissões um acompanhamento qualificado de proximidade.

* *Texto de acordo com a republicação do Decreto-Lei nº 139/2017, de 10 de novembro.*

Reequaciona-se, igualmente, o respetivo enquadramento tutelar, tendo em consideração as exigências decorrentes das atribuições que a Comissão Nacional passa a assumir e a necessidade de potenciar a eficácia da sua intervenção, através da salvaguarda dos adequados níveis de autonomia administrativa e financeira.

São reforçados os mecanismos de autonomia funcional e os meios operativos da Comissão Nacional, prevendo-se, designadamente, a inscrição de eventuais receitas provenientes da sociedade civil, acauteladas na sua estrutura orçamental.

Para intensificar a operacionalidade dos órgãos da Comissão Nacional, prevê-se a existência de um vice-presidente, de um diretor executivo e de coordenações regionais, que são pontos de apoio executivos da Comissão Nacional, descentralizados, que potenciam a eficácia de atuação local e racionalizam custos de contexto.

Servindo ainda os objetivos de agilização da ação da Comissão Nacional, opta-se por criar as modalidades de funcionamento alargada e restrita, destinando-se esta à deliberação de atos de gestão corrente, e reservando-se para aquela a competência para a deliberação de atos em matérias de particular importância institucional.

No contexto do regime agora instituído, o Ministério Público assume um papel de maior acompanhamento e colaboração na atividade da Comissão Nacional, nomeadamente na inspeção ao funcionamento das comissões de proteção de crianças e jovens.

O presente decreto-lei cria, assim, a Comissão Nacional de Promoção dos Direitos e Proteção das Crianças e Jovens, na qual estão representadas as entidades públicas e privadas com ação específica nesta área.

Foram ouvidos os órgãos de governo próprios das regiões autónomas, a Procuradoria-Geral da República, o Provedor de Justiça, a Associação Nacional de Municípios Portugueses, a Confederação Nacional da Associação de Pais, a Confederação Nacional de Instituições de Solidariedade, e a União das Mutualidades.

Foi promovida a audição da Associação Nacional de Freguesias e da União das Misericórdias Portuguesas.

Assim:

Nos termos da alínea *a*) do nº 1 do artigo 198º da Constituição, o Governo decreta o seguinte:

ARTIGO 1º
Objeto

O presente decreto-lei procede à criação da Comissão Nacional de Promoção dos Direitos e Proteção das Crianças e Jovens e define as respetivas missão, atribuições, tipo de organização interna e funcionamento.

ARTIGO 2º
Criação e natureza

1 – É criada a Comissão Nacional de Promoção dos Direitos e Proteção das Crianças e Jovens, doravante designada por Comissão Nacional.

2 – A Comissão Nacional é uma pessoa coletiva de direito público, com autonomia administrativa e património próprio, que funciona no âmbito do Ministério do Trabalho, Solidariedade e Segurança Social.

3 – A Comissão Nacional dispõe de número de identificação fiscal próprio, nos termos da alínea *e*) do nº 1 do artigo 4º do Decreto-Lei nº 129/98, de 13 de maio, que estabelece o regime jurídico do Registo Nacional de Pessoas Coletivas.

ARTIGO 3º
Missão e atribuições

1 – A Comissão Nacional tem por missão contribuir para a planificação da intervenção do Estado e para a coordenação, acompanhamento e avaliação da ação dos organismos públicos e da comunidade na promoção dos direitos e proteção das crianças e jovens.

2 – São atribuições da Comissão Nacional, nomeadamente:

a) Ser ouvida nas alterações legislativas que respeitem a matérias relativas à sua missão;

b) Bem como ser consultada sobre projetos de diplomas em matéria de infância e juventude;

c) Transferir verbas do seu orçamento para os municípios e outras entidades, nos termos definidos nos protocolos e acordos celebrados, que sejam objeto de homologação pelo membro do Governo responsável pela área da solidariedade e segurança social;

d) Dinamizar a celebração de protocolos de articulação e colaboração entre as seguintes entidades:

i) Comissões de proteção de crianças e jovens (CPCJ);

ii) Serviços, organismos e outras entidades públicas com intervenção nas áreas da promoção, proteção e desenvolvimento integral dos direitos da criança;

iii) Instituições particulares de solidariedade social com intervenção nas áreas da promoção, proteção e desenvolvimento integral dos direitos da criança;

iv) Outras entidades privadas com intervenção nas áreas da promoção, proteção e desenvolvimento integral dos direitos das crianças;

e) Solicitar estudos de diagnóstico e de avaliação das necessidades de medidas e respostas sociais existentes ou a promover, no âmbito do sistema de promoção dos direitos e de proteção de crianças e jovens;

f) Planear, acompanhar e avaliar uma estratégia nacional para a aplicação da Convenção dos Direitos da Criança, tendo em vista, designadamente, a recolha e o tratamento dos dados estatísticos relevantes no âmbito de aplicação desta convenção;

g) Elaborar e submeter à aprovação do Conselho de Ministros um plano nacional plurianual de promoção e proteção dos direitos da criança, cuja coordenação de execução compete à Comissão Nacional;

h) Aprovar e divulgar anualmente o seu plano de ação e o relatório de atividades;

i) Concertar a ação de todas as entidades públicas e privadas, estruturas e programas de intervenção na área da promoção dos direitos e da proteção das crianças e jovens, de modo a reforçar estratégias de cooperação e de racionalização de recursos, podendo, para o efeito, emitir recomendações;

j) Acompanhar, apoiar e promover mecanismos de supervisão e proporcionar formação especializada às CPCJ, com vista a melhorar a qualidade da sua intervenção;

k) Auditar as CPCJ, de acordo com o disposto no artigo 33º da Lei de Proteção de Crianças e Jovens em Perigo, aprovada pela Lei nº 147/99, de 1 de setembro;

l) Formular orientações e emitir diretivas genéricas relativamente ao exercício das competências das CPCJ, bem como formular recomendações quanto ao seu regular funcionamento e composição, sem prejuízo da imparcialidade e independência em que deve assentar o funcionamento das CPCJ;

m) Promover a audição, com caráter consultivo, de personalidades relevantes no âmbito de temáticas específicas da promoção dos direitos e proteção das crianças e jovens, sempre que tal se justifique;

n) Contribuir para organizar e operacionalizar a intervenção eficaz das entidades com competência em matéria de infância e juventude;

o) Participar na execução de inspeções à atividade das CPCJ, promovidas pelo Ministério Público e a seu requerimento;

p) Realizar anualmente um encontro de avaliação da atividade das CPCJ, com base na divulgação e análise do relatório de atividades nacional.

ARTIGO 4º
Regulamento

A Comissão Nacional elabora e aprova o seu regulamento interno e submete-o ao membro do Governo responsável pela área da solidariedade e segurança social, para homologação.

ARTIGO 5º
Plano de ação anual

1 – A Comissão Nacional elabora, anualmente, um plano de ação que integra os contributos apresentados pelos comissários, identifica as ações que os concretizem e a respetiva calendarização, bem como as entidades responsáveis pela sua execução, e prevê uma intervenção programática que tenha em consideração os resultados de avaliação da atividade anual das CPCJ.

2 – O plano de ação da Comissão Nacional é homologado pelo membro do Governo responsável pela área da solidariedade e segurança social.

ARTIGO 6º
Composição da Comissão Nacional

1 – A Comissão Nacional tem a seguinte composição:

a) O presidente;
b) O Conselho Nacional;
c) *(Revogada.)*

2 – *(Revogado.)*

ARTIGO 7º
Competências do Presidente

1 – Compete ao presidente da Comissão Nacional:

a) Dirigir a Comissão Nacional;
b) Exercer publicamente a representação da Comissão Nacional;
c) Elaborar a agenda das reuniões;
d) Presidir ao Conselho Nacional e convocar e dirigir as respetivas reuniões;
e) Assegurar o cumprimento das deliberações do Conselho Nacional;
f) Promover, em articulação com o representante da Procuradoria-Geral da República, reuniões periódicas com os interlocutores regionais do Ministério Público, cuja designação deve ser previamente solicitada à Procuradoria-Geral da República, tendo em vista, designadamente, o acompanhamento e a execução das diretivas e circulares do Ministério Público em matéria de proteção de crianças;
g) Promover a articulação e a coordenação com os responsáveis máximos das entidades representadas na Comissão Nacional;
h) *(Revogada.)*
i) Estabelecer a organização, dirigir e orientar a equipa técnica operativa;
j) Designar os coordenadores das equipas técnicas regionais previstas no nº 1 do artigo 13º-A;
k) Propor a cooptação das personalidades previstas na alínea *s*) do nº 1 do artigo seguinte.

2 – A Comissão Nacional é dirigida por um presidente, coadjuvado por um vice-presidente, cargos de direção superior de 1º e 2º graus, respetivamente.

3 – O vice-presidente exerce as competências que nele sejam delegadas ou subdelegadas pelo presidente, competindo-lhe substituí-lo nas suas faltas e impedimentos.

4 – *(Revogado.)*

5 – *(Revogado.)*

ARTIGO 8º
Composição do Conselho Nacional

1 – O Conselho Nacional, na sua modalidade alargada, tem a seguinte composição:

a) Um representante da Presidência do Conselho de Ministros;
b) Um representante a designar pelo membro do Governo responsável pela área da juventude;

c) Um representante a designar pelo membro do Governo responsável pela área da administração interna;

d) Um representante a designar pelo membro do Governo responsável pela área da justiça;

e) Um representante a designar pelo membro do Governo responsável pela área da saúde;

f) Um representante a designar pelo membro do Governo responsável pela área da educação;

g) Um representante a designar pelo membro do Governo responsável pela área da solidariedade e da segurança social;

h) Um magistrado do Ministério Público, em representação do Procurador-Geral da República;

i) Uma personalidade a indicar pelo Provedor de Justiça;

j) Um representante do Governo Regional dos Açores;

k) Um representante do Governo Regional da Madeira;

l) Um representante do Conselho Nacional da Juventude;

m) Um representante da Associação Nacional de Municípios Portugueses;

n) Um representante da Associação Nacional das Freguesias;

o) Um representante da Confederação Nacional das Instituições de Solidariedade;

p) Um representante da União das Misericórdias;

q) Um representante da União das Mutualidades;

r) Um representante da Confederação Nacional das Associações de Pais;

s) Personalidades de mérito reconhecido cooptadas para colaborar na representação da Comissão Nacional, sempre que a especificidade das matérias o justifique.

2 – Integram, por inerência, o Conselho Nacional, na sua modalidade restrita, o presidente e os comissários referidos nas alíneas *c*) a *h*) do número anterior, sem prejuízo de, sob proposta do presidente e por deliberação do Conselho Nacional, poder ser integrado por outros comissários, até ao máximo de três.

3 – As entidades com assento no Conselho Nacional podem, a todo o tempo, proceder à substituição dos seus representantes, a título temporário ou definitivo, mas asseguram, em qualquer caso, a respetiva representação de forma continuada.

4 – Os representantes das entidades com assento no Conselho Nacional não têm, pelo exercício dessas funções, direito a receber qualquer tipo de remuneração ou abono.

ARTIGO 9º
Funcionamento do Conselho Nacional

1 – O Conselho Nacional funciona na modalidade alargada e na modalidade restrita.

2 – O Conselho Nacional reúne, na sua modalidade alargada, sempre que convocado pelo presidente e, no mínimo, com periodicidade trimestral.

3 – O Conselho Nacional reúne, na sua modalidade restrita, sempre que convocado pelo presidente e, no mínimo, com periodicidade mensal.

4 – O Conselho Nacional delibera por maioria simples, tendo o presidente voto de qualidade.

5 – Podem ser constituídos grupos de trabalho para a análise e estudo de matérias específicas a submeter à apreciação do Conselho Nacional.

6 – As reuniões do Conselho Nacional são registadas em ata, da qual constam as deliberações tomadas e a menção de o terem sido por unanimidade ou maioria.

7 – O mandato dos comissários tem a duração de dois anos, renovável até um máximo de duas vezes.

ARTIGO 10º
Conselho Nacional na modalidade alargada

1 – Ao Conselho Nacional, na modalidade alargada, compete efetuar todas as ações necessárias à prossecução das atribuições da Comissão Nacional previstas nas alíneas *a*), *d*) a *g*) e *j*) a *o*) do nº 2 do artigo 3º, bem como ao cumprimento do disposto nos artigos 4º e 5º

2 – O Conselho Nacional, na modalidade alargada, pode incumbir o Conselho Nacional, na modalidade restrita, de desenvolver as ações tendentes ao acompanhamento da Estratégia Nacional para a Implementação da Convenção dos Direitos da Criança e, bem assim, as que visem a recolha e o tratamento dos dados estatísticos relevantes no âmbito de aplicação da referida Convenção.

ARTIGO 11º
Conselho Nacional na modalidade restrita

1 – Ao Conselho Nacional, na modalidade restrita, compete efetuar todas as ações necessárias à prossecução das atribuições da Comissão Nacional não previstas no artigo anterior, bem como aquelas que lhe sejam delegadas.

2 – O exercício de funções dos comissários, na modalidade restrita do Conselho Nacional, pressupõe a correspondente afetação ao trabalho efetivo, por um período mínimo de oito horas semanais, que é integrado no período normal de trabalho do comissário no respetivo serviço de origem.

ARTIGO 12º
Coordenações das Regiões Autónomas

1 – *(Revogado.)*
2 – *(Revogado.)*
3 – *(Revogado.)*
4 – *(Revogado.)*
5 – *(Revogado.)*
6 – *(Revogado.)*
7 – *(Revogado.)*

8 – Em cada Região Autónoma existe uma coordenação regional definida por diploma a aprovar pelo seu órgão de governo próprio, a qual executa as ações previstas no plano de atividades da Comissão Nacional, com as necessárias adaptações, exercendo ainda a sua representatividade no respetivo território.

ARTIGO 13º
Equipa técnica operativa

1 – A Comissão Nacional é apoiada por uma equipa técnica operativa, com funções executivas e formação multidisciplinar, sendo a sua composição fixada pelo Conselho Nacional.

2 – A equipa técnica operativa é integrada por trabalhadores oriundos das administrações direta, indireta, regional e local, entidades públicas empresariais, associações e fundações de direito público ou privado, recrutados preferencialmente através de instrumentos de mobilidade, aplicando-se o disposto na Lei Geral do Trabalho em Funções Públicas, aprovada pela Lei nº 35/2014, de 20 de junho, alterada pela Lei nº 82-B/2014, de 31 de dezembro.

3 – Compete à equipa técnica operativa executar as deliberações do Conselho Nacional e apoiar as CPCJ no desenvolvimento das suas atribuições.

4 – *(Revogado.)*

5 – *(Revogado.)*

6 – *(Revogado.)*

7 – A avaliação de desempenho dos membros que compõem a equipa técnica operativa deve ser efetuada com respeito pela Lei nº 66-B/2007, de 28 de dezembro, alterada pelas Leis nºs 64-A/2008, de 31 de dezembro, 55-A/2010, de 31 de dezembro, e 66-B/2012, de 31 de dezembro, que aprovou o sistema integrado de gestão e avaliação do desempenho da Administração Pública, sempre que a mesma lhes seja aplicável.

ARTIGO 13º-A
Equipas técnicas regionais

1 – São criadas no continente cinco equipas técnicas regionais que correspondem às NUT II, sem prejuízo das adaptações que as necessidades concretas de acompanhamento das CPCJ justifiquem e tendo em conta a gestão integrada dos recursos disponíveis.

2 – As equipas técnicas regionais são compostas por um número mínimo de três elementos da equipa técnica operativa, um dos quais exerce as funções de coordenador.

3 – As equipas técnicas regionais são instaladas por deliberação do Conselho Nacional.

4 – A título excecional, nomeadamente em fase de instalação, o Conselho Nacional pode decidir que o número e a composição das equipas técnicas regionais seja inferior à prevista nos números anteriores.

5 – Compete à equipa técnica regional apoiar a Comissão Nacional na execução do plano de atividades, nomeadamente na representação, formação, acompanha-

mento das CPCJ da respetiva área territorial e correspondente articulação com os serviços de origem.

6 – Cada coordenador da equipa técnica regional deve articular e reunir com os responsáveis regionais dos serviços representados nas CPCJ, nomeadamente com os das áreas da segurança social, educação, saúde, administração interna e do respetivo Município e, bem assim, com os interlocutores regionais do Ministério Público, nos termos previstos pela alínea *f*) do nº 1 do artigo 7º

7 – Nas situações em que se verifique ausência de protocolo de cedência de instalações, por parte de outras estruturas regionais, as equipas técnicas regionais são instaladas no centro distrital do Instituto da Segurança Social, I. P., da respetiva região, mediante protocolo.

ARTIGO 14º
Apoio logístico, administrativo e financeiro

A secretaria-geral do Ministério do Trabalho, Solidariedade e Segurança Social presta o apoio logístico, administrativo e financeiro necessário ao funcionamento da Comissão Nacional, podendo para o efeito celebrar protocolos com outras entidades.

ARTIGO 15º
Estrutura orçamental

1 – *(Revogado.)*

2 – A Comissão Nacional dispõe das receitas provenientes de dotações que lhe forem atribuídas pelo orçamento da segurança social ou outro organismo das diferentes entidades que compõem o Conselho Nacional.

3 – A Comissão Nacional dispõe ainda das seguintes receitas próprias:

a) O produto de doações, heranças, legados ou contribuições mecenáticas;

b) As contribuições de entidades terceiras;

c) Quaisquer outras receitas que lhe sejam atribuídas por lei, contrato ou outro título.

4 – As receitas próprias atribuídas para determinado fim ficam consignadas à realização das despesas para que foram concedidas.

5 – Constituem despesas da Comissão Nacional as que resultem de encargos inerentes ao seu funcionamento.

ARTIGO 15º-A
Mapa de cargos de direção

Os lugares de direção superior de 1º e 2º grau e de direção intermédia de 1º grau constam do mapa anexo ao presente decreto-lei, do qual faz parte integrante.

ARTIGO 16º
Auditorias

1 – As auditorias referidas no artigo 33º da Lei de Proteção de Crianças e Jovens em Perigo, aprovada pela Lei nº 147/99, de 1 de setembro, são realizadas por iniciativa da Comissão Nacional, sob proposta do presidente, ou a requerimento do Ministério Público.

2 – As auditorias realizam-se sem prejuízo do disposto no artigo 72º da Lei de Proteção de Crianças e Jovens em Perigo, aprovada pela Lei nº 147/99, de 1 de setembro, e com respeito pela autonomia de funcionamento das CPCJ e das suas deliberações.

3 – A Comissão Nacional pode, para efeitos da realização das auditorias, solicitar a intervenção dos serviços de auditoria competentes, nomeadamente da Procuradoria-Geral da República, do Ministério da Saúde, do Ministério da Educação e do Ministério do Trabalho, Solidariedade e Segurança Social, competindo à equipa técnica operativa, com exceção dos elementos das equipas técnicas regionais, a prática dos atos necessários à realização das mesmas.

4 – As auditorias visam, exclusivamente, verificar:

a) O regular funcionamento das CPCJ, tendo por referência o quadro legal constante dos artigos 15º a 29º da Lei de Proteção de Crianças e Jovens em Perigo, aprovada pela Lei nº 147/99, de 1 de setembro;

b) O cumprimento das orientações e diretivas genéricas relativas às competências das CPCJ, nos termos da alínea *b*) do artigo 31º da Lei de Proteção de Crianças e Jovens em Perigo, aprovada pela Lei nº 147/99, de 1 de setembro.

ARTIGO 17º
Entrada em funcionamento da Comissão Nacional

(Revogado.)

ARTIGO 18º
Norma transitória

1 – O Instituto da Segurança Social, I. P., procede à transferência do fundo específico previsto no nº 4 do artigo 6º-A do Decreto-Lei nº 98/98, de 18 de abril, alterado pelo Decreto-Lei nº 65/2013, de 13 de maio, para a estrutura orçamental referida no nº 1 do artigo 15º

2 – O fundo previsto no número anterior é usado pela Comissão Nacional até à entrada em vigor do primeiro Orçamento de Estado que dê execução ao disposto no nº 2 do artigo 15º e constitui receita desta.

ARTIGO 19º
Norma revogatória

Sem prejuízo do disposto no nº 2 do artigo anterior, é revogado o Decreto-Lei nº 98/98, de 18 de abril, alterado pelo Decreto-Lei nº 65/2013, de 13 de maio.

ARTIGO 20º
Entrada em vigor

O presente decreto-lei entra em vigor no prazo de 60 dias a contar da data da sua publicação.

ANEXO
(mapa a que se refere o artigo 15º-A)
Mapa de pessoal dirigente

Designação dos cargos Dirigentes	Qualificação dos cargos Dirigentes	Grau	Número de lugares
Presidente.	Direção superior.	1.º	1
Vice-Presidente	Direção superior.	2.º	1

Regime de Execução do Acolhimento Familiar

Decreto-Lei nº 139/2019, de 16 de setembro

Em 1999 foi aprovada a Lei de Proteção de Crianças e Jovens em Perigo, através da Lei nº 147/99, de 1 de setembro, presidida por preocupações de prevenção e proteção das crianças e dos jovens, no sentido de evitar situações de perigo e de criar medidas de promoção e de proteção, numa abordagem integrada dos direitos da criança e do jovem, por forma a garantir o seu bem-estar e desenvolvimento integral.

De harmonia com esta conceção, o acolhimento familiar surgiu como uma medida de promoção e proteção, a executar em regime de colocação, tendo sido neste contexto regulamentada a medida de acolhimento familiar pelo Decreto-Lei nº 11/2008, de 17 de janeiro.

Posteriormente, através da Lei nº 142/2015, de 8 de setembro, o legislador veio proceder à alteração à Lei de Proteção de Crianças e Jovens em Perigo, concebendo o acolhimento familiar como uma medida cuja execução deve ser perspetivada de forma integrada atendendo ao superior interesse da criança, bem como à formação, seleção e acompanhamento das famílias de acolhimento a quem a comissão de proteção de crianças e jovens ou o tribunal confia a guarda das crianças e jovens em perigo que, por este facto, merecem uma especial proteção do Estado.

Neste contexto, em que o acolhimento familiar é considerado uma medida de aplicação privilegiada face à colocação da criança ou do jovem em regime de colocação em acolhimento residencial, torna-se necessário proceder à revisão do regime de execução da medida de acolhimento familiar, designadamente tendo em consideração que a Lei nº 142/2015, de 8 de setembro, veio prever a possibilidade de aplicação do acolhimento familiar, independentemente da previsibilidade do regresso da criança à sua família biológica, bem como introduzir uma especial preferência pelo acolhimento familiar para crianças até aos 6 anos de idade.

Com este desiderato, foi constituído, em maio de 2017, um grupo de trabalho integrado pelo Instituto da Segurança Social, I. P., pela Santa Casa da Misericórdia de Lisboa e pela Casa Pia de Lisboa, I. P., com o objetivo de elaborar uma proposta de regulamentação da execução do acolhimento familiar.

É, pois, neste contexto, e de harmonia com os princípios, objetivos e finalidades consignados na Lei nº 147/99, de 1 de setembro, na sua redação atual, que o XXI

Governo Constitucional procede à regulamentação do regime de execução da medida de acolhimento familiar.

A medida de acolhimento familiar consiste na atribuição da confiança da criança ou do jovem a uma pessoa singular ou a uma família, habilitadas para o efeito, proporcionando a sua integração em meio familiar e a prestação de cuidados adequados às suas necessidades e bem-estar e a educação necessária ao seu desenvolvimento integral, tendo como pressupostos de aplicação e de execução a previsibilidade da reintegração da criança ou do jovem na família de origem ou em meio natural de vida, a sua confiança a pessoa idónea ou a familiar acolhedor ou, não sendo possível qualquer das situações referidas, a preparação da criança ou do jovem para a confiança com vista à sua adoção ou para a autonomia de vida.

O legislador introduziu ainda, em 2015, no âmbito da aplicação das medidas de promoção e proteção em regime de colocação, uma especial preferência pelo acolhimento familiar para crianças até aos 6 anos de idade.

É no quadro destas coordenadas, e tendo presente a necessidade de despertar as consciência e sensibilidade sociais e de incentivar a responsabilidade social e solidária para a constituição de famílias de acolhimento, que o Governo assume o desiderato de, na garantia do superior interesse da criança e do jovem, promover um acolhimento familiar qualificado e de qualidade, acompanhado tecnicamente, atento e vigilante.

Assim, o novo regime de execução do acolhimento familiar, privilegiando o rigor e exigência na seleção e formação de quem pretenda ser família de acolhimento de criança ou jovem em perigo, a qualidade do apoio e o acompanhamento por uma instituição de enquadramento devidamente capacitada, aposta num regime em que o acolhimento familiar surge como um sistema integrado, assegurado e gerido pelos organismos competentes da segurança social, que garantem campanhas de sensibilização, informação e captação de famílias de acolhimento, um plano de formação inicial que as capacite para o desempenho de tão importante papel social, bem como a gestão das vagas existentes em famílias de acolhimento, centralizada, nacional e homogénea.

Com este sistema pretende-se, tendo em conta as necessidades, perfil e enquadramento psicossocial da criança ou do jovem, garantir uma melhor integração destes nas famílias que os vão acolher.

No reconhecimento da importância das famílias de acolhimento na proteção das crianças e dos jovens em perigo e na promoção dos seus direitos, designadamente proporcionando-lhes um meio familiar, seguro e atento, o Governo concede às famílias de acolhimento apoio pecuniário específico, criado no âmbito do subsistema da ação social, indexado ao montante do indexante dos apoios sociais, sendo atribuído por criança ou jovem acolhido e tendo em consideração, designadamente, a idade da criança ou do jovem, bem como as suas problemáticas e necessidades específicas relacionadas com situações de deficiência e/ou doença crónica, passando a família de acolhimento a beneficiar de prestações sociais de parentalidade, bem como a poder requerer os apoios de saúde, de educação e sociais a que a criança ou o jovem tenha direito.

No que se refere à criança ou jovem acolhido, alargam-se expressamente os seus direitos, designadamente no que se refere ao acesso a serviços de saúde, igualdade de oportunidades e acesso a experiências familiares e educativas para o exercício da cidadania e qualificação para a vida autónoma, permanência na mesma família de acolhimento durante o período de execução da medida, salvo se houver decisão de transferência que melhor corresponda ao seu superior interesse, acolhimento, sempre que possível, em família de acolhimento próxima do seu contexto familiar e social de origem, bem como aos apoios, pensões e prestações sociais a que a criança ou o jovem tenha direito.

Também as famílias de origem se encontram devidamente protegidas e acauteladas nos seus direitos, porquanto, entre outros direitos, podem beneficiar de uma intervenção técnica que proporcione a reparação de fragilidades e consolidação do sistema familiar, mediante a aquisição e o fortalecimento de competências pessoais nas diversas dimensões da vida familiar, podendo ainda beneficiar de apoio económico para deslocações para o exercício do direito de visita.

O presente decreto-lei incorpora todas as alterações que a Lei nº 47/2019, de 8 de julho, introduziu no Decreto-Lei nº 11/2008, de 17 de janeiro, agora revogado, com exceção das que pressupunham a possibilidade de o contrato de acolhimento ter uma natureza não onerosa. Essas alterações passam por considerar a criança ou jovem membro do agregado familiar ou dependente da pessoa singular ou da família, para efeitos de dedução à coleta nos termos do Código do Imposto sobre Rendimento de Pessoas Singulares, bem como, a partir de agora, a pessoa singular ou um elemento da família de acolhimento, durante a vigência do contrato de acolhimento, disporem do direito a faltas para assistência à criança ou jovem, incluindo a falta ocorrida na data de início do acolhimento, e a mãe e o pai trabalhadores envolvidos no processo de acolhimento familiar de crianças até 1 ano de idade terem direito a licença parental, sendo aplicável, com as devidas adaptações, o regime previsto no Código do Trabalho.

Foi neste contexto, e tendo presente a complexidade e a especificidade da matéria, que o Governo, ao abrigo do artigo 5º do Decreto-Lei nº 274/2009, de 2 de outubro, na sua redação atual, efetuou uma consulta pública, na sequência da qual, e da análise dos contributos obtidos, aprova o presente decreto-lei.

Foram ouvidos os órgãos de governo próprios da Região Autónoma dos Açores, a Comissão Nacional de Promoção dos Direitos e Proteção das Crianças e Jovens, a Comissão Nacional de Proteção de Dados, a Confederação Nacional das Instituições de Solidariedade, a União das Misericórdias Portuguesas, a União das Mutualidades Portuguesas e a Confederação Portuguesa Cooperativa.

Foi promovida a audição dos órgãos de governo próprios da Região Autónoma da Madeira.

Assim:

Nos termos da alínea *a*) do nº 1 do artigo 198º da Constituição, o Governo decreta o seguinte:

CAPÍTULO I
Disposições gerais

SECÇÃO I
Âmbito

ARTIGO 1º
Objeto

1 – O presente decreto-lei estabelece o regime de execução do acolhimento familiar, medida de promoção dos direitos e de proteção das crianças e jovens em perigo prevista na alínea *e*) do nº 1 do artigo 35º e no artigo 46º da Lei de Proteção de Crianças e Jovens em Perigo, aprovada pela Lei nº 147/99, de 1 de setembro, na sua atual redação, adiante designada por LPCJP.

2 – O presente decreto-lei procede, ainda, à terceira alteração ao Decreto-Lei nº 12/2008, de 17 de janeiro, alterado pela Lei nº 108/2009, de 14 de setembro, e pelo Decreto-Lei nº 63/2010, de 9 de junho, que regulamenta o regime de execução das medidas de promoção e proteção das crianças e jovens em perigo, previstas nas alíneas *a*) a *d*) do nº 1 do artigo 35º da LPCJP, na sua redação atual.

ARTIGO 2º
Conceito e pressupostos de execução

1 – Conforme o disposto no artigo 46º da LPCJP, o acolhimento familiar consiste na atribuição da confiança da criança ou do jovem a uma pessoa singular ou a uma família, habilitadas para o efeito, visando proporcionar à criança ou jovem a integração em meio familiar estável que lhe garanta os cuidados adequados às suas necessidades e ao seu bem-estar, bem como a educação e o afeto necessários ao seu desenvolvimento integral.

2 – A medida de acolhimento familiar é executada tendo como objetivo a reintegração da criança ou do jovem na família de origem, bem como em meio natural de vida, confiada a familiar acolhedor ou a pessoa idónea, quando detenha condições para o estabelecimento de uma relação de afetividade recíproca.

3 – Não sendo possível a solução prevista no número anterior, constitui igualmente pressuposto da execução a preparação da criança ou do jovem para as medidas de autonomia de vida, de confiança a família de acolhimento com vista a adoção ou apadrinhamento civil, nos termos previstos na LPCJP.

ARTIGO 3º
Objetivos

1 – O acolhimento familiar tem por objetivos proporcionar à criança ou jovem, designadamente:

a) Condições para a adequada satisfação das suas necessidades físicas, psíquicas, emocionais e sociais;

b) Estabelecimento de laços afetivos, seguros e estáveis, determinantes para a estruturação e desenvolvimento harmonioso da sua personalidade;

c) Aquisição de competências destinadas à sua valorização pessoal, social, escolar e profissional;

d) Condições que contribuam para a construção da sua identidade e integração da sua história de vida.

2 – No âmbito da execução da medida de acolhimento familiar deve também ser promovida a aquisição e reforço das competências dos pais e mães e/ou dos detentores do exercício das responsabilidades parentais para que possam, com qualidade, exercê-las no respeito pelo superior interesse da criança ou do jovem.

ARTIGO 4º
Princípios orientadores

A execução da medida de acolhimento familiar obedece aos princípios referidos no artigo 4º da LPCJP e, ainda, aos seguintes:

a) Individualização – a criança, ou jovem, deve beneficiar da integração em vida familiar e receber atenção e cuidados individualizados que lhe permitam criar relações de afetividade seguras e desenvolver competências e valores que promovam o seu crescimento e bem-estar;

b) Normalização – à criança ou jovem deve ser proporcionado um quotidiano semelhante ao de qualquer outra criança ou jovem da mesma idade;

c) Participação e audição – a criança ou jovem deve participar e ser ouvida nas decisões que lhe dizem respeito, em função da sua idade e maturidade, devendo ser tidas em consideração as suas opiniões, designadamente no que respeita à definição e execução do seu projeto de promoção e proteção, revisão da medida de acolhimento familiar, bem como à dinâmica da família de acolhimento onde se encontra;

d) Preservação dos vínculos parentais e fraternos – deve ter-se em conta a proximidade aos contextos de origem e a salvaguarda de relações psicológicas profundas, bem como a não separação de fratrias, salvo quando contrarie os interesses das crianças ou dos jovens envolvidos e constitua obstáculo ao processo de intervenção;

e) Corresponsabilização da família de origem – deve favorecer-se a participação e capacitação da família de origem numa perspetiva de compromisso e de colaboração;

f) Acessibilidade a recursos comunitários – a família de acolhimento deve ter acesso a recursos e serviços diversificados na comunidade;

g) Adequação – deve ter-se em conta as necessidades de cada criança ou jovem, a respetiva situação familiar, bem como a finalidade e a duração do acolhimento;

h) Colaboração interinstitucional – deve ser assegurada a articulação entre as entidades envolvidas, no âmbito de uma abordagem sistémica que, através dos respetivos profissionais, permita e facilite o estímulo e o desenvolvimento das potencialidades da criança ou do jovem e das respetivas famílias, bem como o apoio técnico às famílias de acolhimento.

SECÇÃO II
Entidades e processos

ARTIGO 5º
Entidades competentes no âmbito da promoção e proteção

1 – As comissões de proteção de crianças e jovens (CPCJ) aplicam a medida de acolhimento familiar e acompanham a respetiva execução nos termos definidos no acordo de promoção e proteção.

2 – A execução da medida de acolhimento familiar, decidida em processo judicial, é dirigida e controlada pelo tribunal que designa as equipas específicas previstas no nº 3 do artigo 59º da LPCJP.

3 – A definição e concretização do plano de intervenção, no âmbito da execução da medida, cabe às instituições de enquadramento referidas no artigo 7º e/ou a outras entidades indicadas no acordo de promoção e proteção ou na decisão judicial, em articulação com o gestor do processo de promoção e proteção da criança ou jovem.

4 – Nos casos em que a execução da medida envolva aspetos específicos relacionados com competências de entidades de outros setores, designadamente da saúde e da educação, e/ou com as atribuições do município, estas colaboram com as entidades referidas nos números anteriores, nos termos definidos no acordo de promoção e proteção ou na decisão judicial.

ARTIGO 6º
Entidades gestoras

1 – A gestão do sistema de acolhimento familiar compete ao Instituto da Segurança Social, I. P. (ISS, I. P.), e à Santa Casa da Misericórdia de Lisboa (SCML), atentas as suas atribuições e competências, e em colaboração com as instituições de enquadramento.

2 – Às entidades gestoras referidas no número anterior compete, de forma concertada e colaborativa, designadamente:

a) Realizar a gestão de vagas em acolhimento familiar, em conformidade com o disposto no artigo 9º;

b) Desenvolver campanhas de sensibilização e que incentivem candidaturas a famílias de acolhimento;

c) Determinar o número máximo de famílias de acolhimento a acompanhar, em simultâneo, por cada instituição de enquadramento;

d) Estabelecer diretrizes em matéria de seleção e avaliação das famílias de acolhimento;

e) Elaborar um plano conjunto de formação inicial de famílias de acolhimento, a aprovar pelos respetivos órgãos máximos;

f) Proceder ao pagamento do apoio pecuniário a que se refere o artigo 30º;

g) Promover a qualificação das famílias de acolhimento, designadamente através de sistemas de informação, suportes de intervenção técnica e meios digitais;

h) Efetuar o levantamento anual de necessidades de formação;

i) Efetuar o levantamento anual de necessidades de famílias de acolhimento;

j) Elaborar relatório anual de avaliação do sistema de acolhimento familiar de crianças e jovens, no âmbito das suas competências.

3 – As diretrizes referidas na alínea *d*) do número anterior, bem como o plano de formação previsto na alínea *e*) do mesmo número, são aplicadas pelas instituições de enquadramento.

ARTIGO 7º
Instituições de enquadramento

1 – Mediante acordos de cooperação celebrados com o ISS, I. P., as instituições particulares de solidariedade social, ou equiparadas, que desenvolvam atividades na área da infância e juventude podem atuar como instituições de enquadramento.

2 – As entidades gestoras referidas no artigo anterior podem, igualmente, ser instituições de enquadramento.

3 – Mediante a celebração de protocolos com o ISS, I. P., ou a SCML, pode a Casa Pia de Lisboa, I. P. (CPL, I. P.), ser também instituição de enquadramento, cabendo-lhe ainda as competências previstas nas alíneas *b*), *d*), *e*) e *f*) do nº 2 do artigo anterior.

4 – O processo de candidatura, seleção, formação, avaliação e reconhecimento das famílias de acolhimento é da responsabilidade das instituições de enquadramento e é objeto de regulamentação por portaria do membro do Governo responsável pela área da solidariedade e segurança social, de acordo com o disposto no artigo 38º

5 – As instituições de enquadramento, no exercício das suas competências, devem adaptar as suas iniciativas aos contextos sociodemográficos onde se encontram inseridas.

6 – Os termos e as condições de atuação das instituições de enquadramento no âmbito da execução da medida de acolhimento familiar são objeto de regulamentação por portaria do membro do Governo responsável pela área da solidariedade e segurança social, de acordo com o disposto no artigo 38º

ARTIGO 8º
Gestão do processo

1 – A gestão do processo de promoção e proteção em que foi aplicada a medida de acolhimento familiar é assegurada pelo técnico designado em conformidade com o disposto no artigo 82º-A da LPCJP, que, no exercício das competências aí previstas, desenvolverá a sua atividade em estreita articulação com a equipa da instituição de enquadramento e, quando exista, com o técnico responsável pelo acompanhamento da família de origem, bem como com outras entidades ou serviços intervenientes no processo.

2 – Nos termos do artigo 82º-A da LPCJP, para cada processo de promoção e proteção, a CPCJ ou o tribunal designam a quem cabe a gestão do processo, a quem com-

pete, designadamente, mobilizar todos os intervenientes e recursos disponíveis por forma a assegurar de forma global, coordenada e sistémica, os apoios, serviços e acompanhamento de que a criança, ou jovem, e a sua família de origem necessitam, bem como prestar informação sobre o conjunto da intervenção desenvolvida.

ARTIGO 9º
Gestão de vagas

1 – A gestão de vagas tem por finalidade a identificação de vagas em famílias de acolhimento, tendo em conta as necessidades, perfil e enquadramento psicossocial da criança ou do jovem a acolher.

2 – Cabe à gestão de vagas garantir a seleção da família de acolhimento que for mais adequada à criança ou ao jovem a acolher, em articulação com as instituições de enquadramento, comunicando à CPCJ ou ao tribunal o início do acolhimento.

3 – No âmbito da gestão de vagas é efetuado o registo das famílias de acolhimento em bolsa, cabendo às instituições de enquadramento a comunicação permanente das famílias de acolhimento que enquadram.

4 – A bolsa referida no número anterior corporiza-se através de base de dados única e partilhada entre as entidades gestoras, no estrito cumprimento do Regulamento (UE) 2016/679, do Parlamento Europeu e do Conselho, de 27 de abril de 2016, relativo à proteção das pessoas singulares no que diz respeito ao tratamento de dados pessoais e à livre circulação desses dados e que revoga a Diretiva 95/46/CE, do Parlamento Europeu e do Conselho, de 24 de outubro de 1995 (Regulamento Geral sobre a Proteção de Dados), na sua redação atual.

5 – O acesso à base de dados referida no número anterior é efetuado de acordo com os perfis definidos para as respetivas funções, envolvendo apenas utilizadores devidamente credenciados para o efeito, e encontrando-se restringido aos dados relevantes para prossecução das competências previstas no presente decreto-lei.

6 – O acesso é garantido pelo serviço competente da segurança social, com vista à atribuição de um código de utilizador e de uma palavra passe, pessoal e intransmissível, nos termos das normas em vigor para a atribuição de acessos.

7 – Os utilizadores com acesso autorizado comprometem-se a assegurar a coerência dos dados registados, bem como a zelar pela qualidade da informação.

8 – O acesso à mencionada base de dados salvaguarda a segurança e a confidencialidade dos dados pessoais ou de matérias sujeitas a sigilo, encontrando-se os utilizadores vinculados ao dever de sigilo e confidencialidade da informação cujo conhecimento lhes advenha pelas atividades inerentes às atividades desenvolvidas ao abrigo do presente decreto-lei, mesmo após o termo das suas funções.

9 – O acesso à informação e o perfil atribuído a cada utilizador é efetivado mediante a assinatura de termo de responsabilidade e de acordo com a política de acessos definida pelo serviço competente da segurança social.

10 – São adotadas e, periodicamente atualizadas, medidas de segurança de tratamento dos dados pessoais em causa, sendo todos os acessos registados em base de

dados para efeitos de auditoria, identificando o utilizador, a operação realizada e as data e hora da alteração.

ARTIGO 10º
Projeto de promoção e proteção

1 – A execução da medida de acolhimento familiar implica a elaboração de um projeto de promoção e proteção no prazo máximo de 30 dias a contar da data da sua aplicação pela CPCJ ou pelo tribunal, e de harmonia com o estabelecido no acordo de promoção e proteção ou na decisão judicial.

2 – O projeto de promoção e proteção é elaborado pelo técnico gestor do processo de promoção e proteção com a participação da criança ou do jovem, de acordo com a sua capacidade e maturidade, e da família de origem, salvo decisão judicial em contrário.

3 – O projeto de promoção e proteção contém o diagnóstico, o mais detalhado possível, da situação da criança ou do jovem, integrando, designadamente, as áreas do desenvolvimento individual, bem-estar, saúde, educação, família, socialização e integração comunitária, devendo servir de base à definição do plano de intervenção previsto no artigo seguinte.

ARTIGO 11º
Plano de intervenção

1 – O projeto de promoção e proteção, a que se refere o artigo anterior, constitui a base da definição do plano de intervenção onde estão estabelecidos os objetivos a atingir em função das necessidades, vulnerabilidades e potencialidades diagnosticadas na situação da criança ou jovem, definindo as estratégias de atuação, os programas de intervenção, as ações a desenvolver, bem como os recursos necessários e as entidades a envolver, a respetiva calendarização e avaliação.

2 – Cabe à entidade responsável pela execução dos atos materiais da medida a elaboração do plano de intervenção, em articulação com o gestor do processo.

3 – O plano de intervenção é de acesso restrito, integra o processo individual da criança ou jovem e é permanentemente atualizado, competindo à instituição de enquadramento o seu arquivo em condições de segurança e confidencialidade.

4 – O acesso ao processo individual da criança ou jovem é apenas permitido a pessoal técnico devidamente habilitado e autorizado para o efeito e restringido à informação relevante para a prossecução das competências previstas no presente decreto-lei.

CAPÍTULO II
Acolhimento familiar

SECÇÃO I
Requisitos gerais

ARTIGO 12º
Famílias de acolhimento

1 – Nos termos e para os efeitos do disposto no presente decreto-lei, podem ser família de acolhimento:

a) Uma pessoa singular;

b) Duas pessoas casadas entre si ou que vivam em união de facto;

c) Duas ou mais pessoas ligadas por laços de parentesco e que vivam em comunhão de mesa e habitação.

2 – Nos casos previstos nas alíneas *b*) e *c*) do número anterior, um dos elementos da família de acolhimento é o responsável pelo acolhimento familiar.

3 – As pessoas a que se refere o nº 1, a quem é atribuída a confiança da criança ou do jovem em acolhimento familiar, não podem ter qualquer relação de parentesco com esta.

ARTIGO 13º
Número de crianças ou jovens por família de acolhimento

1 – Cada família de acolhimento pode acolher até duas crianças ou jovens, sem prejuízo do disposto no nº 3.

2 – O número total de crianças e jovens em coabitação, a considerar por família de acolhimento, é determinado em função da especificidade das crianças e jovens a acolher e das condições pessoais, familiares e habitacionais da família.

3 – A família de acolhimento pode, a título excecional e devidamente justificado pela entidade gestora de vagas, acolher um número superior de crianças e jovens em simultâneo, nomeadamente nas situações de fratrias ou outras em que já existam relações de afeto que o justifiquem.

ARTIGO 14º
Candidatura a família de acolhimento

1 – Pode candidatar-se a responsável pelo acolhimento familiar quem, além dos requisitos referidos no artigo 12º, reúna as seguintes condições:

a) Ter idade superior a 25 anos;

b) Não ser candidato à adoção;

c) Ter condições de saúde física e mental, comprovadas mediante declaração médica;

d) Possuir as condições de habitabilidade, higiene e segurança adequadas para o acolhimento de crianças e jovens, nos termos a definir por despacho do membro do Governo responsável pela área da solidariedade e da segurança social;

e) Ter idoneidade para o exercício do acolhimento familiar, em conformidade com o disposto no artigo 2º da Lei nº 113/2009, de 17 de setembro, na sua redação atual;

f) Não tenha sido indiciado pela autoridade judiciária, acusado, pronunciado ou condenado, ainda que sem trânsito em julgado, por crime doloso contra a vida, a integridade física e a liberdade pessoal ou contra a liberdade ou autodeterminação sexual;

g) Não estar inibido do exercício das responsabilidades parentais, nem ter o seu exercício limitado nos termos do artigo 1918º do Código Civil.

2 – O disposto nas alíneas *f*) a *h*) do número anterior aplica-se, igualmente, a quem coabite com o responsável pelo acolhimento familiar.

ARTIGO 15º
Contratualização do acolhimento familiar

1 – O acolhimento familiar de cada criança ou jovem, ou de cada fratria, depende de contrato a celebrar entre a família de acolhimento e o representante legal da respetiva instituição de enquadramento.

2 – O contrato de acolhimento familiar consubstancia a aceitação e o início do acolhimento por parte da família de acolhimento e cessa com a substituição ou a cessação da medida.

3 – Sem prejuízo de outras causas de cessação, o contrato de acolhimento familiar é imediatamente cessado pela instituição de enquadramento, em articulação e com a concordância do gestor do processo de promoção e proteção, sempre que ocorram situações que ponham em causa a promoção dos direitos e a proteção das crianças ou jovens acolhidos, designadamente:

a) Factos supervenientes que contrariem, com caráter definitivo, as condições previstas no presente decreto-lei;

b) Qualquer das situações de perigo previstas no artigo 3º da LPCJP, designadamente de maus-tratos e negligência, que comprometam a integridade física ou psíquica da criança.

4 – Da cessação do contrato com fundamento no disposto no número anterior é dado imediato conhecimento à CPCJ ou ao tribunal, sendo o registo da família de acolhimento na bolsa referida no nº 2 do artigo 9º imediatamente suspenso.

ARTIGO 16º
Natureza da integração em família de acolhimento

1 – A integração da criança ou do jovem em família de acolhimento pode ser planeada ou, quando determinada por situações de emergência, urgente.

2 – A integração planeada pressupõe a preparação, envolvimento e comunicação com a criança ou jovem e, sempre que possível, com a sua família de origem, e implica

a partilha de informação entre a entidade que aplicou a medida, o gestor de processo, a entidade gestora e a instituição de enquadramento.

3 – A integração urgente é determinada pela necessidade de proteção imediata, em situação de perigo atual ou iminente para a vida ou de grave comprometimento da integridade física ou psíquica da criança ou do jovem, que exija procedimentos adequados de proteção ou que determine a aplicação de medida de promoção e proteção cautelar.

4 – A informação a que se refere o nº 2 incide, designadamente, sobre os seguintes aspetos:

a) Situação de perigo que determinou a aplicação da medida de acolhimento familiar;

b) Avaliação do plano de intervenção definido e realizado em meio natural de vida ou em outras eventuais e prévias intervenções;

c) Necessidades específicas da criança ou do jovem no que respeita à continuidade das suas rotinas e atividades, apoios e contactos com pessoas de referência;

d) Intervenção e recursos necessários à execução da medida de acolhimento familiar.

SECÇÃO II
Fases do acolhimento familiar

ARTIGO 17º
Fases do acolhimento

O acolhimento familiar da criança ou do jovem compreende as seguintes fases:

a) Preparação, acolhimento e avaliação diagnóstica;
b) Elaboração e concretização do plano de intervenção;
c) Acompanhamento e avaliação;
d) Revisão da medida;
e) Cessação do acolhimento.

ARTIGO 18º
Preparação, acolhimento e avaliação diagnóstica

1 – A criança ou jovem é devidamente informada e ouvida sobre a medida de acolhimento familiar aplicada, de acordo com a sua idade e maturidade para compreender o sentido da intervenção, e preparada para a transição para a família de acolhimento, salvo impossibilidade decorrente de situação de emergência que determine a integração urgente a que se refere o nº 3 do artigo anterior.

2 – A preparação da criança ou jovem inclui a informação sobre os seus direitos e a explicação sobre as circunstâncias que determinaram a separação da sua família e do seu contexto de origem, as características da família de acolhimento e, sempre

que possível, a continuidade da relação com a família de origem e com outras figuras de referência.

3 – A preparação a que se refere o número anterior cabe à entidade responsável pela aplicação e acompanhamento da medida, em articulação com a entidade de enquadramento ou de outra entidade que detenha relação prévia e privilegiada com a criança, desde que tal tenha sido previamente acordado com o gestor de processo.

4 – A família de acolhimento é informada pela instituição de enquadramento sobre as características, necessidades e apetências da criança ou jovem.

5 – Nas situações de aplicação de medida de acolhimento familiar de caráter urgente, a família de origem deve ser informada pela entidade que aplica a medida sobre a decisão de separação temporária da criança ou do jovem, bem como sobre a sua participação na execução da medida e no processo de promoção e proteção.

6 – A preparação do acolhimento implica, ainda, a troca de informação relevante entre a entidade que aplicou a medida, a entidade gestora e a instituição de enquadramento, designadamente, sobre:

a) A avaliação do plano de intervenção que, eventualmente, tenha sido executado em meio natural de vida;

b) A situação de perigo que determinou a aplicação da medida;

c) As necessidades específicas da criança ou do jovem;

d) Os recursos necessários a disponibilizar pela instituição de enquadramento.

ARTIGO 19º
Elaboração e concretização do plano de intervenção

1 – Para cada criança, ou jovem, é elaborado um plano intervenção, nos termos previstos no artigo 11º

2 – O plano de intervenção é elaborado pela equipa técnica da instituição de enquadramento em articulação com o gestor de processo, referido no nº 2 do artigo 8º, e com a participação da criança ou do jovem, da família de acolhimento e da família de origem como corresponsável no acolhimento, salvo, no que respeita à família de origem, nas situações previstas na LPCJP.

3 – Do plano de intervenção consta, designadamente, informação relativa a:

a) Objetivos a atingir, atividades a desenvolver, entidades a envolver e respetiva duração de acordo com o diagnóstico da situação da criança ou do jovem;

b) Acompanhamento, avaliação e revisão da intervenção desenvolvida.

4 – A elaboração do plano de intervenção pode implicar o contributo de outras entidades consideradas necessárias e adequadas.

ARTIGO 20º
Acompanhamento e avaliação

O acompanhamento do acolhimento familiar é efetuado pela equipa técnica da instituição de enquadramento em articulação com o gestor de processo a que se refere o nº 2 do artigo 8º, e implica, designadamente:

a) Estabelecimento de contactos com outras entidades comunitárias, designadamente das áreas da saúde, educação e formação onde a criança ou o jovem se encontre integrado, com vista a uma avaliação contínua do seu desenvolvimento e desempenho;

b) Desenvolvimento de atividades conjuntas com a família de origem da criança ou do jovem, por forma a facilitar a comunicação e a interação familiar;

c) Organização e realização de atividades promotoras do desenvolvimento de competências pessoais, relacionais, familiares e sociais.

ARTIGO 21º
Revisão da medida de acolhimento familiar

1 – A revisão da medida de acolhimento familiar, prevista no artigo 62º da LPCJP, pressupõe a ponderação dos resultados do processo de execução da medida e a avaliação do projeto de promoção e proteção, devendo considerar-se:

a) A opinião da criança ou do jovem, bem como da família de origem, salvo nas situações previstas na LPCJP, e da família de acolhimento;

b) A satisfação das necessidades da criança ou do jovem, designadamente as que foram identificadas na avaliação diagnóstica e trabalhadas no âmbito do desenvolvimento do plano de intervenção;

c) A estabilidade emocional da criança ou do jovem e da sua família de origem;

d) O cumprimento do plano de escolaridade, orientação vocacional, formação profissional e ocupação dos tempos livres;

e) O cumprimento do plano de cuidados de saúde e, quando aplicável, de orientação psicopedagógica;

f) O desenvolvimento das capacidades e competências pessoais e sociais;

g) A integração social e comunitária;

h) Factos concretos e evidências na evolução das condições e capacitação da família de origem para garantir a satisfação das necessidades inerentes ao desenvolvimento integral da criança ou do jovem, bem como das relações intrafamiliares.

2 – Para efeitos da revisão antecipada da medida nos termos do nº 2 do artigo 62º da LPCJP, a proposta de substituição ou cessação da medida deve ser fundamentada em circunstâncias concretas que a justifiquem, designadamente as referidas no número anterior.

3 – A proposta de prorrogação, substituição ou cessação da medida é elaborada pelo gestor do processo de promoção e proteção, em articulação com a equipa técnica da instituição de enquadramento, sendo remetida, consoante os casos, à CPCJ que aplicou a medida para deliberação ou ao tribunal.

ARTIGO 22º
Cessação do acolhimento familiar

1 – A cessação do acolhimento familiar é devidamente preparada pela equipa técnica da instituição de enquadramento, em articulação com o gestor de processo,

e envolve a participação da criança ou jovem, da sua família de origem, salvo nas situações da alínea *g*) do nº 1 do artigo 35º da LPCJP, e da família de acolhimento, tendo em consideração, consoante as situações, a reintegração familiar ou a autonomia de vida.

2 – A preparação referida no número anterior é igualmente assegurada na situação da cessação do acolhimento familiar por motivo de transição da criança ou do jovem para família adotiva, aplicando-se, neste caso, os programas específicos de preparação da criança para a adoção.

3 – Após a cessação da medida, a equipa técnica da instituição de enquadramento mantém-se informada, em articulação com as entidades competentes em matéria de infância e juventude, sobre o percurso de vida da criança ou do jovem por um período mínimo de seis meses, no respeito pelos princípios consignados na LPCJP.

CAPÍTULO III
Direitos e deveres

SECÇÃO I
Direitos e deveres da criança e do jovem

ARTIGO 23º
Direitos da criança e do jovem em acolhimento familiar

1 – Sem prejuízo dos direitos consignados no artigo 58º da LPCJP, a criança ou jovem em acolhimento familiar têm, ainda, direito a:

a) Tratamento individualizado por forma a garantir, num ambiente seguro, a satisfação das suas necessidades biológicas, afetivas e sociais, em função da sua idade e fase de desenvolvimento, garantindo a sua audição nos processos e decisões que o afetem;

b) Acesso a serviços de saúde relacionados com o seu processo de desenvolvimento físico, cognitivo, emocional e social, que lhe permitam a aquisição de atitudes e hábitos saudáveis;

c) Igualdade de oportunidades e acesso a experiências familiares e educativas para o exercício da cidadania e qualificação para a vida autónoma;

d) Respeito pela confidencialidade de todos os elementos relativos à sua vida íntima, pessoal e familiar;

e) Consideração, de acordo com a sua idade e maturidade, das suas opiniões sobre as questões que lhe digam respeito;

f) Contactos com o gestor de processo e com os profissionais envolvidos no seu processo de promoção e proteção, com a CPCJ, com o Ministério Público, com o tribunal e com o seu advogado, em condições de confidencialidade, para esclarecimento de dúvidas, apresentação de reclamações e queixas ou qualquer outra forma da manifestação da sua vontade;

g) Acesso à informação do seu processo de promoção e proteção, tendo em consideração a sua idade e capacidade de compreensão, nos termos do nº 4 do artigo 88º da LPCJP;

h) Privacidade e intimidade, usufruindo, de acordo com a sua idade e maturidade, de um espaço próprio, dos seus pertences, bem como à reserva da sua correspondência, contactos telefónicos ou por outros meios de comunicação, desde que não existam indícios claros de perigo para o seu bem-estar;

i) Permanência na mesma família de acolhimento durante o período de execução da medida, salvo se houver decisão de transferência que melhor corresponda ao seu superior interesse;

j) Construção do seu projeto de vida, no tempo estritamente necessário à sua definição;

k) Acolhimento, sempre que possível, em família de acolhimento próxima do seu contexto familiar e social de origem, exceto se o seu superior interesse o desaconselhar;

l) Não separação de outros irmãos em acolhimento familiar, exceto se o seu superior interesse o desaconselhar;

m) Manutenção regular, e em condições de privacidade, de contactos pessoais com a família de origem e com as pessoas com quem tenha especial relação afetiva, salvo se o seu superior interesse o desaconselhar;

n) Continuidade em várias áreas da sua vida, como sejam contextos educativos, culturais, desportivos, bem como interesses, rotinas próprias ou gostos pessoais;

o) Atribuição de apoios, pensões e prestações sociais a que tenha direito;

p) Atribuição de dinheiro de bolso, de acordo com a idade;

q) Participação na vida familiar e social da família de acolhimento.

2 – Sempre que não for possível assegurar o disposto na alínea *k*) do número anterior, deve efetuar-se, assim que possível, a transferência da criança ou do jovem para uma família de acolhimento próxima do seu contexto familiar e social de origem, salvo se o contrário constar no acordo de promoção e proteção ou em decisão judicial.

3 – É exigida uma especial ponderação da integração da criança ou do jovem e das necessidades de disponibilização de recursos necessários, tendo em vista minimização de constrangimentos, nas situações de diversidade de idioma, cultura, religião e usos sociais e culturais.

ARTIGO 24º
Deveres da criança e do jovem em acolhimento familiar

A criança ou jovem em acolhimento familiar, em função da sua idade e maturidade, tem o dever de:

a) Cumprir, no que lhe diz respeito, o disposto no acordo de promoção e proteção ou em decisão judicial, bem como participar no respetivo plano de intervenção;

b) Colaborar em todos os atos de execução da medida respeitantes à sua pessoa e condição de vida, de acordo com a sua capacidade para entender o sentido da intervenção e os compromissos a respeitar;

c) Participar nas tarefas e atividades educativas, sociais, culturais ou profissionais.

SECÇÃO II
Direitos e deveres da família de origem

ARTIGO 25º
Direitos da família de origem

1 – A família de origem tem direito, salvo decisão judicial em contrário:

a) À informação sobre o processo de execução da medida de acolhimento familiar, designadamente sobre o desenvolvimento da criança ou do jovem, bem como dos acontecimentos relevantes que lhe digam respeito;

b) A ser ouvida e a participar no desenvolvimento e educação da criança ou jovem;

c) À reserva e intimidade da vida privada e familiar;

d) A participar na elaboração do plano de intervenção e respetivas atividades dele decorrentes;

e) A contactar com a criança, ou jovem, e com a família de acolhimento em datas e horários definidos, considerando as orientações da instituição de enquadramento e do gestor de processo, no estrito cumprimento do estabelecido no acordo de promoção e proteção ou na decisão judicial;

f) A contactar a instituição de enquadramento e a entidade responsável pela aplicação da medida de acolhimento familiar.

2 – A família de origem beneficia de uma intervenção orientada para a qualificação familiar mediante a aquisição e o fortalecimento de competências parentais nas diversas dimensões da vida familiar, integrando níveis diferenciados de intervenção de cariz pedagógico e psicossocial.

3 – Pode ainda ser prevista, em situações devidamente justificadas, a atribuição de apoio económico à família de origem, para deslocações com vista ao exercício do direito de visita.

4 – Os termos dos apoios previstos nos números anteriores constam obrigatoriamente do plano de intervenção previsto no artigo 11º

ARTIGO 26º
Deveres da família de origem

Constituem deveres da família de origem:

a) Colaborar no processo de execução da medida no respeito pelos direitos da criança ou jovem e pelo seu superior interesse;

b) Respeitar e cumprir o disposto no acordo de promoção e proteção ou na decisão judicial, bem com as orientações das entidades responsáveis pela execução da medida;

c) Informar e facultar documentação relevante sobre o desenvolvimento e a situação sociofamiliar da criança ou do jovem;

d) Participar e criar as condições necessárias que permitam e facilitem a reintegração familiar da criança, ou do jovem, ou a sua autonomia de vida;

e) Comunicar à CPCJ ou ao tribunal, bem como ao gestor de processo e à equipa técnica da instituição de enquadramento, a alteração de residência ou outra informação relevante;

f) Afetar os apoios recebidos, no âmbito da execução da medida, ao estrito fim a que se destinam;

g) Frequentar as ações de apoio psicossocial e de formação parental acordadas.

SECÇÃO III
Direitos e deveres da família de acolhimento

ARTIGO 27º
Direitos da família de acolhimento

1 – Nos termos do acordo de promoção e proteção ou da decisão judicial, as famílias de acolhimento exercem, em relação à criança ou jovem, os poderes-deveres inerentes às responsabilidades que decorrem da confiança da criança ou do jovem à família de acolhimento, nomeadamente de guarda, de orientação e de educação, beneficiando dos direitos previstos no artigo 64º do Código do Trabalho.

2 – As famílias de acolhimento beneficiam, sempre que aplicável e com as devidas adaptações, da proteção na parentalidade, concretizada na atribuição dos subsídios previstos nas alíneas *c*), *d*), *g*), *h*) e *i*) do nº 1 do artigo 7º do Decreto-Lei nº 91/2009, de 9 de abril, para os beneficiários do regime geral de segurança social, e nas alíneas *d*), *f*), *g*) e *h*) do nº 1 do artigo 4º do Decreto-Lei nº 89/2009, de 9 de abril, para os subscritores do regime de proteção social convergente.

3 – As famílias de acolhimento têm, ainda, direito a:

a) Respeito pela intimidade e reserva da sua vida privada e familiar, sem prejuízo dos atos necessários à avaliação e ao acompanhamento da execução da medida;

b) Receber formação inicial e contínua;

c) Receber toda a informação e documentação relativa à criança ou jovem a acolher, na medida indispensável à aceitação informada do acolhimento familiar e à sua execução;

d) Beneficiar do acompanhamento e apoio técnico por parte da instituição de enquadramento;

e) Receber apoio pecuniário para a comparticipação dos encargos familiares inerentes à manutenção da criança ou do jovem, conforme o disposto no artigo 30º;

f) Requerer às entidades competentes os apoios necessários e a que a criança ou jovem tenha direito, designadamente ao nível da saúde, educação e apoios sociais;

g) Integrar grupos de apoio e de trabalho entre famílias de acolhimento, possibilitando um espaço de partilha de experiências.

4 – Às famílias de acolhimento pode ser concedido, nos termos da lei, o exercício das responsabilidades parentais, relativamente à criança ou jovem acolhido, no estrito respeito pelo princípio enunciado na alínea *g*) do artigo 4º da LPCJP e pelo superior interesse da criança e do jovem.

ARTIGO 28º
Deveres da família de acolhimento

1 – Constituem deveres das famílias de acolhimento:

a) Exercer as obrigações inerentes às responsabilidades que decorrem da confiança da criança ou do jovem, nos termos do acordo de promoção e proteção ou da decisão judicial, no que respeita aos atos da vida corrente da criança, ou jovem, tendo em vista o seu desenvolvimento integral, devendo para os atos de particular importância articular com os pais e mães ou detentores do exercício das responsabilidades parentais através da instituição de enquadramento;

b) Orientar e educar a criança ou o jovem com cuidado e afetividade, contribuindo para o seu desenvolvimento integral;

c) Facilitar e promover as condições para o fortalecimento das relações da criança ou jovem com a família de origem, de acordo com o estabelecido no acordo de promoção e proteção ou na decisão judicial, bem como no plano de intervenção;

d) Garantir à instituição de enquadramento, e à família de origem, de acordo com o estabelecido no acordo de promoção e proteção ou na decisão judicial, o acesso a informações atualizadas sobre a situação e os aspetos relevantes do desenvolvimento da criança ou do jovem;

e) Informar a instituição de enquadramento de qualquer alteração nas suas condições de vida, suscetível de ter impacto nos requisitos estabelecidos no compromisso de acolhimento familiar, designadamente na composição do agregado familiar;

f) Informar a instituição de enquadramento da pretensão de alteração de residência, bem como indicar sobre o período e local de férias;

g) Comunicar à instituição de enquadramento a cessação de qualquer das prestações a que se refere o nº 2;

h) Garantir a confidencialidade da informação a que tem acesso sobre a situação e os dados pessoais e familiares da criança ou do jovem, respeitando o direito da família de origem à sua intimidade e reserva da vida privada;

i) Participar nos programas, ações de formação e reuniões promovidas pela instituição de enquadramento, sempre que para tal sejam convocadas;

j) Articular com a instituição de enquadramento ao nível da monitorização e avaliação do processo de acolhimento;

k) Não acolher, de forma continuada, outras crianças ou jovens que não estejam devidamente identificadas e abrangidas pelo contrato de acolhimento em vigor;

l) Renovar, anualmente, o documento comprovativo do estado de saúde de todos os elementos do agregado familiar da família de acolhimento e de quem com ela coabite, bem como os respetivos certificados do registo criminal, para verificação da idoneidade no âmbito do contacto regular com menores;

m) Providenciar e garantir os cuidados de saúde adequados à criança ou jovem, tendo em conta a sua idade;

n) Assegurar à criança, ou jovem, a frequência de estabelecimento de ensino adequado à sua idade e condições de desenvolvimento;

o) Comunicar, de imediato, ao gestor de processo qualquer procedimento adotado, relativamente à criança ou jovem, que exija uma intervenção terapêutica urgente e especializada.

2 – A família de acolhimento deve, obrigatoriamente, requerer junto dos serviços competentes da segurança social as prestações de segurança social a que a criança ou jovem tenha direito, no prazo de 60 dias úteis a contar da data da notificação do direito ou no prazo que se encontre estabelecido no regime jurídico da prestação, se este for superior.

3 – Após a substituição ou cessação da medida, a família de acolhimento deve manter-se disponível para continuar a relacionar-se com a criança ou o jovem, sempre que a equipa técnica da instituição de enquadramento e o gestor do processo de promoção e proteção o tiver por conveniente e ouvida a criança ou o jovem.

CAPÍTULO IV
Apoios e incentivos

ARTIGO 29º
Natureza dos apoios

No âmbito da execução da medida de acolhimento familiar, os apoios a prestar são de natureza pecuniária, psicopedagógica e social, em conformidade com o estabelecido em acordo de promoção e proteção ou em decisão judicial.

ARTIGO 30º
Apoio pecuniário

1 – O apoio pecuniário, a que se refere o artigo anterior, consiste num subsídio pecuniário mensal no âmbito do subsistema da ação social do sistema de segurança social, a receber pela família de acolhimento e visa assegurar a manutenção e os cuidados a prestar à criança ou jovem, bem como a satisfação das suas necessidades.

2 – O montante do apoio pecuniário é atribuído por criança ou jovem acolhida e corresponde a 1,2 vezes o valor do indexante dos apoios sociais.

3 – O montante referido no número anterior é acrescido de uma majoração de 15%, por cada criança ou jovem acolhido, quando:

a) Se trate de crianças até 6 anos de idade;
b) Se trate de crianças ou jovens com problemáticas e necessidades específicas relacionadas com situações de deficiência e/ou de doença crónica, devidamente comprovada.

CAPÍTULO V
Garantias, fiscalização e avaliação

ARTIGO 31º
Garantias institucionais

1 – Os serviços da segurança social devem garantir o acesso a todas as medidas de proteção social a que a criança ou jovem tenha direito, bem como articular, quando necessário, com as instituições com acordo de cooperação que desenvolvem respostas sociais de caráter não residencial, tendo em vista a integração das crianças ou jovens que se encontram em acolhimento familiar.

2 – Os serviços do Ministério da Educação devem garantir, em tempo útil, a efetiva inclusão escolar e oferta formativa adequada a todas as crianças e jovens em acolhimento familiar.

3 – Os serviços do Ministério da Saúde devem priorizar o acesso de todas as crianças e jovens em acolhimento familiar aos cuidados de saúde adequados, designadamente no âmbito da intervenção precoce e da saúde mental, com base em referenciação efetuada através do Núcleo de Apoio à Criança e Jovem em Risco da área da residência da criança ou jovem e da família de acolhimento.

ARTIGO 32º
Avaliação e fiscalização

1 – Cabe aos serviços competentes da segurança social desenvolver as ações de avaliação e fiscalização do exercício do acolhimento familiar, bem como o acompanhamento das instituições de enquadramento.

2 – Para efeitos do disposto no número anterior, a instituição de enquadramento bem como a família de acolhimento devem facultar o acesso às instalações e à documentação tida por necessária.

ARTIGO 33º
Relatório anual

A execução da medida de acolhimento familiar é objeto de avaliação anual nos termos e para os efeitos referidos no artigo 10º da Lei nº 31/2003, de 22 de agosto.

ARTIGO 34º
Comissão de Acompanhamento e Avaliação das Medidas de Promoção e Proteção em Regime de Colocação

1 – É criada, no âmbito de execução do disposto no presente decreto-lei, a Comissão de Acompanhamento e Avaliação das Medidas de Promoção e Proteção em Regime de Colocação, abreviadamente designada por Comissão.

2 – A Comissão tem a seguinte composição:

a) Dois representantes da Direção-Geral de Segurança Social, um dos quais preside;
b) Dois representantes da Direção-Geral da Administração da Justiça;
c) Um representante da CNPDCJP;
d) Quatro representantes das organizações representativas do setor social e solidário com assento na Comissão Permanente do Setor Social e Solidário, prevista no artigo 13º do Decreto-Lei nº 120/2015, de 30 de junho.

3 – Integram ainda a Comissão duas personalidades de reconhecido mérito e experiência de trabalho no âmbito da promoção dos direitos e da proteção das crianças e jovens em perigo, indicadas pelos membros do Governo responsáveis pelas áreas da justiça e da segurança social.

4 – À Comissão compete:

a) Acompanhar e avaliar a execução do presente decreto-lei;
b) Elaborar, anualmente, um relatório de avaliação e respetivas conclusões, incluindo eventuais recomendações e propostas a dirigir aos membros do Governo responsáveis pelas áreas da justiça e da segurança social.

5 – No exercício das suas atribuições, e em função das matérias a tratar, a Comissão pode proceder à audição de entidades, representantes de serviços, personalidades de reconhecido mérito e experiência de trabalho no âmbito da promoção dos direitos e da proteção das crianças e jovens em perigo ou organizações que considere convenientes, por iniciativa de qualquer dos membros.

6 – O apoio logístico e administrativo necessário ao desenvolvimento das competências da Comissão é assegurado pela Secretaria-Geral do Ministério do Trabalho, Solidariedade e Segurança Social.

7 – A atividade dos elementos que integram a Comissão, bem como das entidades convidadas a participar nos seus trabalhos, não é remunerada, sem prejuízo do pagamento de ajudas de custo e deslocações a que tenham direito, nos termos legais.

8 – Os mandatos dos representantes que integram a Comissão têm a duração de três anos, renováveis.

9 – Deve ser concedida dispensa dos respetivos locais de trabalho aos profissionais que integram a Comissão, durante os períodos necessários para a prossecução das funções e tarefas descritas no presente artigo.

10 – Os organismos competentes das áreas da justiça e da segurança social prestam toda a colaboração indispensável à Comissão, de acordo com o quadro de competências definido.

11 – A Comissão, prevista no presente artigo, é designada por despacho dos membros do Governo responsáveis pelas áreas da justiça e da segurança social.

CAPÍTULO VI
Alteração legislativa

ARTIGO 35º
Alteração ao Decreto-Lei nº 12/2008, de 17 de janeiro

O artigo 13º do Decreto-Lei nº 12/2008, de 17 de janeiro, alterado pela Lei nº 108/2009, de 14 de setembro, e pelo Decreto-Lei nº 63/2010, de 9 de junho, passa a ter a seguinte redação:

«Artigo 13º
[...]

1 – ……………………………………………………………………………

2 – O montante do apoio económico tem por limite máximo o equivalente a 50% do valor do apoio pecuniário referido no nº 2 do artigo 30º do Decreto-Lei nº 139/2019, de 16 de setembro, sem prejuízo do disposto no número seguinte.

3 – Quando se trate de crianças até aos 6 anos de idade ou de crianças ou jovens com problemáticas e necessidades específicas relacionadas com situações de deficiência e/ou de doença crónica, o montante do apoio económico tem por limite máximo o equivalente a 50% do valor do apoio pecuniário referido nos nºs 2 e 3 do artigo 30º do Decreto-Lei nº 139/2019, de 16 de setembro.

4 – A requerimento das pessoas que, nos termos do presente decreto-lei, são 'pais e mães', 'familiar acolhedor' e 'pessoa idónea', e verificada a situação de especial carência, pode ser atribuído pelos serviços da segurança social um montante de apoio económico adicional correspondente a 15% do valor do apoio pecuniário referido no nº 2 do artigo 30º do Decreto-Lei nº 139/2019, de 16 de setembro.

5 – *(Anterior nº 4.)*

6 – *(Anterior nº 5.)*»

CAPÍTULO VII
Disposições complementares, transitórias e finais

ARTIGO 36º
Tratamento de dados pessoais

O tratamento de dados pessoais, realizado ao abrigo do presente decreto-lei, é regulado pela legislação relativa à proteção de dados pessoais, designadamente o Regulamento Geral de Proteção de Dados e a Lei nº 58/2019, de 8 de agosto, sendo definidas por portaria do membro do Governo responsável pela área da solidariedade e segurança social as especificações necessárias à avaliação do impacto sobre proteção de dados, bem como os processos relativos à operacionalização dos procedimentos administrativos subjacentes ao mencionado tratamento de dados pessoais.

ARTIGO 37º
Regiões Autónomas

A aplicação do regime previsto no presente decreto-lei às Regiões Autónomas é efetuada mediante ato normativo regional, a aprovar pelos órgãos próprios das mencionadas Regiões Autónomas.

ARTIGO 38º
Regulamentação

No prazo de 60 dias a contar da data da publicação do presente decreto-lei, os termos, condições e procedimentos do processo de candidatura, seleção, formação, avaliação, e reconhecimento das famílias de acolhimento, bem como os termos e as condições de atuação das instituições de enquadramento no âmbito da execução da medida de acolhimento familiar, são aprovados por portaria do membro do Governo responsável pela área da segurança social.

ARTIGO 39º
Norma revogatória

É revogado o Decreto-Lei nº 11/2008, de 17 de janeiro, na sua redação atual, com exceção do nº 1 do artigo 44º-A e dos nºs 1 e 3 do artigo 44º-B.

ARTIGO 40º
Entrada em vigor

O presente decreto-lei entra em vigor no 1º dia do 3º mês seguinte ao da sua publicação.

Visto e aprovado em Conselho de Ministros de 22 de agosto de 2019. – *António Luís Santos da Costa – Anabela Damásio Caetano Pedroso – José António Fonseca Vieira da Silva.*

Promulgado em 5 de setembro de 2019.

Publique-se.

O Presidente da República, MARCELO REBELO DE SOUSA.

Referendado em 9 de setembro de 2019.

O Primeiro-Ministro, *António Luís Santos da Costa.*

Regime de Execução das Medidas de Promoção dos Direitos e de Proteção das Crianças e Jovens em Perigo

Decreto-Lei nº 12/2008, de 17 de janeiro

A promoção dos direitos e a protecção das crianças e dos jovens, conformemente aos princípios enformadores da Lei nº 147/99, de 1 de Setembro, Lei de Protecção de Crianças e Jovens em Perigo que define o regime jurídico da intervenção social do Estado e da comunidade nas situações em que aquelas se encontrem em perigo, tem por pressuposto essencial uma intervenção que permita assegurar às famílias condições para garantirem um desenvolvimento pleno das crianças e dos jovens no âmbito do exercício de uma parentalidade responsável.

A intervenção referenciada está concebida de modo, por um lado, a potenciar o papel da família mediante o reforço e aquisição de competências dos pais, do representante legal ou de quem tenha a guarda de facto da criança ou do jovem por forma a permitir a manutenção ou regresso desta à sua família natural e, por outro, a só admitir a separação da criança ou jovem dos pais contra a vontade destes, quando o tribunal a entender como necessária à salvaguarda e prossecução do superior interesse da criança.

Neste entendimento, as medidas de promoção e protecção previstas no artigo 35º do anexo à Lei nº 147/99, de 1 de Setembro, são elencadas e classificadas como «medidas em meio natural de vida» e «medidas em regime de colocação», estabelecendo-se uma ordem de preferência.

Nos termos das alíneas *a*) a *d*) do nº 1 do artigo 35º da referida lei constituem medidas a executar em meio natural de vida: o apoio junto dos pais, o apoio junto de outro familiar, a confiança a pessoa idónea e o apoio para a autonomia de vida.

A execução destas medidas, por terem por pressuposto essencial o direito da criança e do jovem a serem educados numa família, de preferência a sua, implica que sejam considerados os apoios a conceder àquela, bem como o suporte a proporcionar à família para que desempenhe o papel que lhe incumbe.

Neste quadro, a Lei de Protecção de Crianças e Jovens em Perigo consagra a tipologia dos apoios a prestar definindo apoios de natureza psicopedagógica, de natureza social e económica.

Dentro destas coordenadas a execução da medida de apoio junto dos pais é orientada no sentido da aquisição ou reforço, por parte destes, das competências necessárias ao exercício de uma parentalidade responsável e à adequada satisfação das necessidades de protecção da criança ou do jovem. As medidas de apoio junto de outro familiar e de confiança a pessoa idónea são orientadas para a aquisição, por parte da criança ou do jovem, no grau correspondente à sua idade, de competências emocionais, educativas e sociais, que a capacitem para prosseguir em condições de segurança o seu percurso, de preferência junto dos pais ou em autonomia de vida.

Os conteúdos e a duração dos programas de educação parental, a que poderão ter acesso os pais ou outro familiar a quem a criança ou o jovem seja entregue, serão objecto de regulamentação autónoma dada a sua especificidade própria e o seu carácter inovador que aconselham o contributo de diversas entidades, nomeadamente das academias, na sua preparação, já em desenvolvimento.

No que concerne à medida de apoio para a autonomia de vida, aplicada a jovens de idade superior a 15 anos ou inferior quando se trate de mães adolescentes, esta é executada no sentido de proporcionar as condições necessárias a uma autonomização nos contextos escolar, profissional e social, bem como ao fortalecimento de relações com os outros e consigo próprio.

Foi ouvida a Comissão Nacional de Protecção de Crianças e Jovens em Risco.

Assim:

Nos termos da alínea *a*) do nº 1 do artigo 198º da Constituição, o Governo decreta o seguinte:

CAPÍTULO I
Disposições gerais

ARTIGO 1º
Objecto

O presente decreto-lei estabelece o regime de execução das medidas de promoção e protecção das crianças e jovens em perigo em meio natural de vida, previstas nos artigos 39º, 40º, 43º e 45º do anexo à Lei nº 147/99, de 1 de Setembro, Lei de Protecção de Crianças e Jovens em Perigo.

ARTIGO 2º
Medidas a executar em meio natural de vida

Constituem medidas a executar em meio natural de vida o apoio junto dos pais, o apoio junto de outro familiar, a confiança a pessoa idónea e o apoio para a autonomia de vida, adiante designadas por medidas.

ARTIGO 3º
Objectivos das medidas

As medidas visam manter a criança ou o jovem no seu meio natural, proporcionando condições adequadas ao seu desenvolvimento integral, através de apoio psicopedagógico e social e, quando necessário, de apoio económico.

ARTIGO 4º
Definições

Para efeitos do presente decreto-lei, considera-se:

a) «Pais», os pais, o representante legal ou a pessoa que tenha a guarda de facto da criança ou do jovem;

b) «Familiar acolhedor», a pessoa da família da criança ou do jovem com quem estes residam ou à qual sejam entregues para efeitos de execução da medida de apoio junto de outro familiar;

c) «Pessoa idónea», a pessoa que, não tendo qualquer relação familiar com a criança ou o jovem, com ela tenha estabelecido relação de afectividade recíproca e possua capacidade educativa e correspondente disponibilidade para lhe assegurar as condições necessárias ao seu desenvolvimento integral;

d) «Agregado familiar», o conjunto das pessoas que nos termos do presente artigo são «pais», «familiar acolhedor» e «pessoa idónea», bem como os familiares destes e as pessoas que com eles vivam em economia comum.

ARTIGO 5º
Execução das medidas

1 – As comissões de protecção de crianças e jovens executam, dirigindo e controlando, as medidas que aplicam nos termos do acordo de promoção e protecção, cabendo os actos materiais da sua execução aos membros e aos técnicos das comissões ou às entidades ou serviços indicados no acordo.

2 – A execução das medidas decididas em processo judicial é dirigida e controlada pelo tribunal, cabendo os actos materiais da sua execução e respectivo acompanhamento às entidades que forem legalmente competentes e designadas na decisão.

ARTIGO 6º
Entidades que asseguram a execução das medidas

1 – Para efeitos do disposto no nº 2 do artigo anterior, a execução das medidas pode ser assegurada pelos serviços distritais da segurança social e pela Santa Casa da Misericórdia de Lisboa, no âmbito das respectivas competências.

2 – Nos casos em que a execução das medidas envolva aspectos específicos relacionados com competências de entidades de outros sectores, nomeadamente da educação e da saúde, e com as atribuições do município, é dever dessas entidades a cola-

boração com as referidas no número anterior, nos termos definidos em acordo de promoção e protecção ou em decisão judicial.

3 – As instituições particulares podem assegurar a execução das medidas, mediante acordos de cooperação com os serviços distritais da segurança social, devendo para o efeito dispor cumulativamente de:

a) Equipas técnicas pluridisciplinares, previstas no artigo 15º;

b) Experiência de intervenção comunitária, centrada na família e na comunidade;

c) Experiência e disponibilidade para a intervenção no âmbito das medidas a executar em meio natural de vida.

4 – Podem ainda intervir como entidades que asseguram a execução das medidas, mediante acordos de cooperação específicos, as instituições promotoras de projectos ou programas de desenvolvimento social, no âmbito dos quais procedam à implementação, ao acompanhamento e à avaliação de acções de apoio a crianças e jovens e suas famílias.

ARTIGO 7º
Plano de intervenção

1 – A execução das medidas obedece a um plano de intervenção, elaborado de harmonia com o estabelecido em acordo de promoção e protecção ou em decisão judicial.

2 – O plano de intervenção, consoante a medida aplicada, é elaborado com a participação dos pais e respectivo agregado familiar, do familiar acolhedor ou da pessoa idónea, e da criança ou jovem, de acordo com a sua capacidade para compreender o sentido da intervenção.

3 – Na operacionalização do plano de intervenção deve ter-se em conta a necessidade do contacto directo e continuado da criança ou jovem com o respectivo agregado familiar, na observância dos princípios estabelecidos nas alíneas *f*), *g*), *h*) e *i*) do artigo 4º do anexo à Lei nº 147/99, de 1 de Setembro.

4 – Quando se trate da medida de apoio para a autonomia de vida, o plano de intervenção é elaborado com a participação directa do jovem em obediência ao direito previsto na alínea *i*) do artigo 4º do anexo à Lei nº 147/99, de 1 de Setembro, e de harmonia com o disposto no nº 1 do artigo 32º

ARTIGO 8º
Fases de execução das medidas

A execução das medidas compreende as seguintes fases:

a) Preparação da criança ou jovem, dos pais, do familiar acolhedor ou da pessoa idónea, consoante a tipologia da medida;

b) Acompanhamento e monitorização do plano de intervenção;

c) Avaliação de eventual revisão da medida;

d) Cessação da medida.

ARTIGO 9º
Revisão das medidas

1 – A revisão das medidas, prevista no artigo 62º do anexo à Lei nº 147/99, de 1 de Setembro, pressupõe a avaliação da situação actual da criança ou do jovem e dos resultados do processo da sua execução.

2 – Para efeitos da avaliação referida no número anterior, a equipa técnica da entidade que assegura os actos materiais de execução da medida deve considerar, nomeadamente:

a) A satisfação das necessidades de alimentação, higiene, saúde, afecto e bem-estar da criança ou do jovem;

b) A sua estabilidade emocional;

c) O cumprimento do plano de escolaridade, orientação vocacional, formação profissional e ocupação dos tempos livres;

d) O cumprimento do plano de cuidados de saúde e de orientação psicopedagógica;

e) A opinião da criança ou do jovem, dos pais, do familiar acolhedor e da pessoa idónea;

f) A integração social e comunitária da criança ou do jovem;

g) Os sinais concretos da dinâmica e organização familiares estabelecidas, tendo em vista a avaliação da evolução da capacidade dos pais para proteger a criança ou o jovem de situações de perigo e garantir a satisfação das necessidades do seu desenvolvimento.

3 – Para efeitos da revisão antecipada prevista no nº 2 do artigo 62º do anexo à Lei nº 147/99, de 1 de Setembro, a proposta de substituição ou cessação das medidas deve ser fundamentada nas circunstâncias concretas que a justifiquem, nomeadamente as relativas aos elementos referidos no número anterior.

CAPÍTULO II
Disposições comuns à execução das medidas

SECÇÃO I
Natureza e caracterização dos apoios

ARTIGO 10º
Natureza dos apoios

Os apoios a prestar, no âmbito da execução das medidas, são de natureza psicopedagógica e social e, quando se justifique, de natureza económica, em conformidade com o estabelecido em acordo de promoção e protecção ou em decisão judicial.

ARTIGO 11º
Apoio psicopedagógico

O apoio psicopedagógico consiste numa intervenção de natureza psicológica e pedagógica que tenha em conta as diferentes etapas de desenvolvimento da criança ou do jovem e o respectivo contexto familiar e que vise, nomeadamente:

a) Promover o desenvolvimento integral da criança ou do jovem e contribuir para a construção da sua identidade pessoal;

b) Identificar necessidades especiais;

c) Desenvolver potencialidades e capacidades através de técnicas de intervenção adequada, nomeadamente de natureza psicológica, pedagógica e social;

d) Desenvolver processos de intervenção cognitivo-comportamental que visem o bem-estar, a satisfação e a aquisição de competências pessoais e sociais;

e) Promover actividades específicas de formação escolar e profissional, susceptíveis de ajudar o jovem a situar-se perante as oportunidades disponíveis, tanto no domínio dos estudos e formação, como no das actividades profissionais, favorecendo a sua inserção profissional;

f) Promover a construção de interacções positivas entre os membros do agregado familiar;

g) Orientar o agregado familiar nas suas atitudes para com a criança ou jovem.

ARTIGO 12º
Apoio social

1 – O apoio social consiste numa intervenção que envolve os recursos comunitários, tendo em vista contribuir para o desenvolvimento integral da criança ou jovem e para a satisfação das necessidades sociais do agregado familiar.

2 – O apoio social concretiza-se mediante, nomeadamente:

a) A criação de condições para a prestação de cuidados adequados de alimentação, higiene, saúde, segurança, educação e bem-estar;

b) A promoção do desenvolvimento de competências pessoais, sociais e profissionais;

c) A prestação de informação e aconselhamento na resolução das situações complexas e na tomada de decisões;

d) A construção de interacções positivas entre os membros do agregado familiar;

e) A promoção da participação em actividades de formação, culturais e de lazer, potenciando o estabelecimento de relações positivas com os vizinhos, a escola, o contexto laboral e a comunidade em geral.

3 – Na prestação do apoio social deve ter-se em especial atenção o princípio da intervenção mínima e assegurar-se a continuidade de relação de apoio anteriormente estabelecida.

ARTIGO 13º
Apoio económico

1 – O apoio económico consiste na atribuição de uma prestação pecuniária, a pagar pelos serviços distritais da segurança social, para a manutenção da criança ou do jovem, ao agregado familiar com quem reside, tendo como fundamento a necessidade de garantir os cuidados adequados ao desenvolvimento integral da criança ou jovem.

2 – O montante do apoio económico tem por limite máximo o equivalente a 50% do valor do apoio pecuniário referido no nº 2 do artigo 30º do Decreto-Lei nº 139//2019, de 16 de setembro, sem prejuízo do disposto no número seguinte.

3 – Quando se trate de crianças até aos 6 anos de idade ou de crianças ou jovens com problemáticas e necessidades específicas relacionadas com situações de deficiência e/ou de doença crónica, o montante do apoio económico tem por limite máximo o equivalente a 50% do valor do apoio pecuniário referido nos nºs 2 e 3 do artigo 30º do Decreto-Lei nº 139/2019, de 16 de setembro.

4 – A requerimento das pessoas que, nos termos do presente decreto-lei, são 'pais e mães', 'familiar acolhedor' e 'pessoa idónea', e verificada a situação de especial carência, pode ser atribuído pelos serviços da segurança social um montante de apoio económico adicional correspondente a 15% do valor do apoio pecuniário referido no nº 2 do artigo 30º do Decreto-Lei nº 139/2019, de 16 de setembro.

5 – A atribuição dos apoios referidos nos números anteriores não prejudica o pagamento de despesas relacionadas com a aquisição do equipamento indispensável ao alojamento da criança ou do jovem, sempre que se justifique, tendo em conta as disponibilidades orçamentais.

6 – O apoio económico previsto no âmbito da medida de apoio para a autonomia de vida é atribuído directamente ao jovem no contexto do respectivo plano de intervenção.

(Redação dada pelo Decreto-Lei nº 139/2019, de 16-09)

SECÇÃO II
Intervenção das entidades que asseguram os actos materiais de execução das medidas

ARTIGO 14º
Competências

1 – Compete, em geral, às entidades que asseguram os actos materiais de execução das medidas:

a) Garantir, nos termos do nº 2 do artigo 7º, a elaboração e o cumprimento do plano de intervenção;

b) Prestar ao agregado familiar com quem a criança reside, ou directamente ao jovem no âmbito da medida de apoio para a autonomia de vida, o apoio económico definido no artigo 13º;

c) Promover o acesso a programas de formação parental;

d) Promover o acesso a projectos integrados de educação e formação no âmbito da medida de apoio para a autonomia de vida;

e) Dar conhecimento à comissão de protecção de crianças e jovens competente ou ao tribunal, nos prazos previstos ou sempre que ocorram factos que o justifiquem mediante informação ou relatório social, dos elementos necessários à avaliação da execução da medida aplicada, nomeadamente os elementos previstos nas alíneas do nº 2 do artigo 9º;

f) Garantir às equipas técnicas formação especializada em metodologias de intervenção familiar e formação de formadores, e assegurar a respectiva supervisão e avaliação;

g) Proceder anualmente à avaliação da execução das medidas em meio natural de vida, no âmbito da sua intervenção.

2 – Compete, em especial, às entidades que asseguram os actos materiais de execução das medidas, através das respectivas equipas técnicas:

a) Elaborar e executar o plano de intervenção;

b) Informar e preparar os pais da criança ou jovem para o cumprimento do plano de intervenção;

c) Informar e preparar a criança ou o jovem e o agregado familiar para as fases de execução da medida;

d) Elaborar e manter actualizado o diagnóstico da situação da criança ou jovem;

e) Prestar o apoio psicopedagógico e social de harmonia com o disposto nos artigos 11º e 12º;

f) Apoiar os pais e os familiares a quem a criança ou o jovem esteja entregue, promovendo o reforço das suas competências para o melhor exercício das funções parentais;

g) Promover a interacção entre a criança ou jovem e o agregado familiar;

h) Proceder ao acompanhamento e avaliação de cada uma das fases de execução das medidas.

3 – No decurso da execução das medidas as entidades devem ainda:

a) Dar conhecimento às comissões de protecção, para os efeitos do disposto no artigo 69º do anexo à Lei nº 147/99, de 1 de Setembro, ou ao tribunal, consoante a entidade que aplicou a medida, das situações de facto que justifiquem a regulação ou a alteração do regime de exercício do poder paternal, a inibição do poder paternal, a instauração da tutela ou a adopção de qualquer outra providência cível, nomeadamente nos casos em que se mostre necessária a fixação ou a alteração ou se verifique o incumprimento das prestações de alimentos;

b) Para os efeitos do disposto nos artigos 91º e 92º do anexo à Lei nº 147/99, de 1 de Setembro, comunicar imediatamente ao tribunal ou às comissões de protecção, consoante a entidade que aplicou a medida, as situações em que se verifique perigo actual ou eminente para a vida ou integridade física da criança ou do jovem e haja a oposição dos detentores do poder paternal para uma intervenção que a afaste desse perigo.

4 – Da avaliação referida na alínea *g*) do nº 1 é elaborado relatório anual pelos serviços distritais da segurança social e pela Santa Casa da Misericórdia de Lisboa, no âmbito da respectiva intervenção, a enviar à tutela e à Comissão Nacional de Protecção de Crianças e Jovens em Risco.

ARTIGO 15º
Equipas técnicas das entidades que asseguram os actos materiais de execução das medidas

1 – As equipas técnicas são multidisciplinares, constituídas por profissionais com experiência nos domínios da capacitação das famílias e do desenvolvimento integral da criança ou do jovem, sendo obrigatório para as entidades garantir-lhes formação inicial e contínua e assegurar a respectiva supervisão e avaliação.

2 – Cada equipa escolhe o coordenador de caso, de entre os seus elementos, para acompanhar cada criança ou jovem.

3 – O coordenador de caso é o interlocutor privilegiado junto da criança ou do jovem, devendo constituir uma referência para esta e para o respectivo agregado familiar.

4 – A composição de cada equipa é dimensionada em função das necessidades e dos recursos existentes, tendo em conta, nomeadamente, a exigência de acompanhamento individualizado da criança ou do jovem e do respectivo agregado familiar.

5 – As equipas técnicas podem acompanhar, simultaneamente, a execução das diferentes medidas previstas no presente decreto-lei.

CAPÍTULO III
Disposições específicas da execução das medidas de apoio junto dos pais, de apoio junto de outro familiar e de confiança a pessoa idónea

SECÇÃO I
Finalidades e fases de execução

ARTIGO 16º
Finalidades

1 – A execução da medida de apoio junto dos pais, de apoio junto de outro familiar ou de confiança a pessoa idónea deve ter em conta a situação de perigo que determinou a sua aplicação e o nível das competências parentais ou da capacidade protectora do outro familiar ou da pessoa idónea, reveladas quando da aplicação da medida, consoante os casos.

2 – A execução da medida de apoio junto dos pais deve ser orientada no sentido do reforço ou aquisição por parte destes das competências para o exercício da função parental adequadas à superação da situação de perigo e suas consequências e à conveniente satisfação das necessidades de protecção e promoção da criança.

3 – A execução da medida de apoio junto de outro familiar e de confiança a pessoa idónea deve ser orientada no sentido do acompanhamento afectivo, responsável e securizante da criança ou do jovem, para aquisição, no grau correspondente à sua idade, das competências afectivas, físicas, psicológicas, educacionais e sociais que lhe permitam, cessada a medida, prosseguir em condições adequadas o seu desenvolvimento integral, de preferência junto dos pais ou em autonomia de vida.

4 – Tendo presentes os objectivos referidos no nº 2 devem ser considerados na operacionalização do plano de intervenção, entre outros, os seguintes elementos:

a) Capacidade dos pais para remover qualquer situação de perigo;

b) Ausência de comportamentos que afectem a segurança ou o equilíbrio emocional da criança ou do jovem;

c) Disponibilidade dos pais para colaborar nas acções constantes do plano de intervenção.

5 – Tendo presentes os objectivos referidos no nº 3 devem ser considerados na elaboração e execução do plano de intervenção, entre outros, os seguintes elementos relativos ao familiar acolhedor ou à pessoa idónea, consoante o caso:

a) Capacidade para remover qualquer situação de perigo;

b) Ausência de comportamentos que afectem a segurança ou o equilíbrio emocional da criança ou do jovem;

c) Disponibilidade para colaborar nas acções constantes do plano de intervenção;

d) Relação de afectividade recíproca entre a criança ou o jovem e o familiar acolhedor ou a pessoa idónea, consoante o caso;

e) Proximidade geográfica com os pais da criança ou do jovem;

f) Idade superior a 18 e inferior a 65 anos, à data em que a criança ou o jovem lhes for confiado, salvo o disposto no nº 6;

g) A não condenação, por sentença transitada em julgado, por crimes contra a vida, integridade física, liberdade pessoal, liberdade e autodeterminação sexual.

6 – O limite de idade de 65 anos estabelecido na alínea *f*) do número anterior pode ser ultrapassado quando, no superior interesse da criança ou do jovem, a relação de afectividade existente e as competências pessoais do familiar acolhedor ou da pessoa idónea constituam uma vantagem acrescida.

ARTIGO 17º
Informação, audição e preparação da criança ou do jovem

1 – A criança ou o jovem são devidamente informados e ouvidos sobre a medida aplicada e preparados para a sua concretização e forma de acompanhamento da execução da medida, de acordo com a sua capacidade para compreender o sentido da intervenção.

2 – Quando se trate de medida de apoio junto de outro familiar ou de confiança a pessoa idónea, a equipa técnica acompanha a criança ou jovem à residência do familiar acolhedor ou da pessoa idónea, consoante os casos.

3 – Os pais da criança ou do jovem devem ser associados à realização da diligência referida no número anterior, sempre que possível e se afigure benéfico.

ARTIGO 18º
Informação e preparação dos pais e respectivo agregado

1 – Os pais e respectivo agregado familiar são informados dos seus direitos e obrigações, dos objectivos a alcançar com a execução da medida e dos termos do seu desenvolvimento.

2 – Quando à criança ou jovem for aplicada uma medida de apoio junto de outro familiar ou de confiança a pessoa idónea, os pais são informados dos seus direitos e obrigações, dos objectivos a alcançar com a execução da medida e dos termos do seu desenvolvimento, e preparados para a sua participação activa e co-responsabilidade na integração dos filhos junto do familiar acolhedor ou da pessoa idónea, na perspectiva da protecção da criança ou do jovem e da promoção dos seus direitos.

ARTIGO 19º
Informação e preparação do familiar acolhedor ou da pessoa idónea

O familiar acolhedor ou a pessoa idónea são informados e preparados sobre a forma da execução da medida, tendo em conta as informações obtidas, nomeadamente as prestadas pelos pais sobre as características da criança ou do jovem, bem como sobre outros elementos facilitadores da sua integração, da sua protecção e da promoção dos seus direitos.

ARTIGO 20º
Acompanhamento e monitorização

1 – O processo de acompanhamento é efectuado mediante a monitorização da situação da criança ou do jovem bem como da prestação e utilização dos apoios definidos no âmbito da execução do plano de intervenção.

2 – A monitorização, referida no número anterior, tem em conta a promoção dos direitos e a protecção da criança ou do jovem, e compreende, designadamente:

a) A avaliação das relações entre a criança ou o jovem, os pais e o respectivo agregado familiar ou, consoante o tipo de medida, o familiar acolhedor ou a pessoa idónea;

b) A actualização permanente do diagnóstico da situação da criança ou do jovem;

c) O acompanhamento de acções de formação, no âmbito do conteúdo da medida, nomeadamente de formação parental.

3 – No âmbito da avaliação da execução da medida, com vista à proposta da sua prorrogação, alteração, substituição ou cessação, a equipa técnica deve ouvir e ter em conta as posições da criança ou do jovem, dos pais e, consoante os casos, do familiar acolhedor ou da pessoa idónea.

4 – A proposta referida no número anterior é remetida à comissão de protecção de crianças e jovens ou ao tribunal onde correr o respectivo processo.

ARTIGO 21º
Cessação da medida

1 – A cessação da medida deve ser devidamente preparada, promovendo-se a participação activa e o envolvimento da criança ou jovem e dos pais neste processo.

2 – Cessada a medida, a equipa técnica, obtido o consenso dos pais e da criança ou jovem e em articulação com os serviços locais, mantém-se informada sobre o percurso de vida da criança ou do jovem, por um período em regra não inferior a seis meses.

3 – O conhecimento de qualquer perturbação no processo de desenvolvimento da criança ou jovem, deve ser de imediato sinalizado à comissão de protecção de crianças e jovens ou ao tribunal onde correu o respectivo processo de promoção e protecção.

SECÇÃO II
Direitos e deveres

ARTIGO 22º
Direitos da criança ou jovem

1 – A criança ou o jovem quando lhe seja aplicada uma medida de apoio junto dos pais de apoio junto de outro familiar ou de confiança a pessoa idónea tem direito:

a) A ser ouvido e a participar em todos os actos relacionados com a execução da medida, de acordo com a sua capacidade para entender o sentido da intervenção;

b) A ser ouvido pela comissão de protecção ou pelo tribunal que aplicou a medida, sempre que o requeira e o seu grau de maturidade o permita, podendo fazer-se acompanhar pelos pais, representante legal, pessoa que tenha a guarda de facto ou pessoa da sua confiança;

c) A receber a protecção e educação que garanta o desenvolvimento integral da sua personalidade e suas potencialidades, sendo-lhe assegurada a prestação dos cuidados de saúde, formação escolar, vocacional e profissional e a participação em actividades culturais, desportivas e recreativas, de acordo com as suas motivações e interesses;

d) Ao respeito pela sua intimidade e reserva da sua vida privada;

e) Ao acesso aos recursos definidos pela comissão de protecção de crianças e jovens em risco ou pelo tribunal, bem como aos constantes do plano de intervenção para execução da medida.

2 – Quando se trate de medida de apoio junto de outro familiar ou de confiança a pessoa idónea a criança ou jovem tem ainda direito a:

a) Permanecer junto do familiar acolhedor ou da pessoa idónea pelo tempo estritamente necessário a que os pais disponham das condições para assumir a sua função parental;

b) Ser acolhido juntamente com os seus irmãos, sempre que a conciliação do superior interesse das crianças envolvidas o aconselhe;

c) Manter regularmente e em condições de privacidade contactos pessoais com os pais e com as pessoas com quem tenham especial relação afectiva, sem prejuízo das limitações decorrentes do estabelecido em acordo de promoção e protecção ou em decisão judicial.

ARTIGO 23º
Obrigações da criança ou jovem

São deveres da criança ou do jovem participar e colaborar em todos os actos da execução da medidas respeitantes à sua pessoa e condições de vida, de acordo com a sua capacidade para entender o sentido da intervenção e os compromissos que lhe cabem.

ARTIGO 24º
Direitos dos pais, familiar acolhedor ou pessoa idónea

1 – Os pais, familiar acolhedor ou pessoa idónea têm direito, no respeito pela sua intimidade e reserva da sua vida privada, a receber da entidade que assegura os actos materiais de execução da medida:

a) Informação sobre a medida e a forma como se irá processar a sua execução;

b) Apoio psico-social, com vista ao bem-estar pessoal e social da criança ou do jovem;

c) Prestação pecuniária quando, de acordo com a avaliação efectuada, a sua atribuição seja indispensável para responder às necessidades de manutenção da criança ou do jovem de montante condicionado às disponibilidades orçamentais;

d) Apoio económico, quando necessário, para a aquisição do equipamento indispensável relacionado com o alojamento da criança ou do jovem, tendo em conta as disponibilidades orçamentais;

e) Apoio psicopedagógico destinado à criança ou ao jovem.

2 – A informação e o apoio psico-social, previstos respectivamente nas alíneas *a*) e *b*) do número anterior, podem abranger os demais elementos do agregado familiar.

3 – Os pais podem ainda beneficiar de programas de formação, previstos no nº 2 do artigo 41º do anexo à Lei nº 147/99, de 1 de Setembro, visando o melhor exercício das suas funções parentais.

4 – Os conteúdos e a duração dos programas de educação parental, referidos no número anterior, a definir em diploma autónomo, têm como objectivo capacitar as famílias para o exercício de uma parentalidade responsável, através do reforço e aquisição de competências nas dimensões da vida familiar que mais directamente se relacionam com a educação das crianças, promovendo interacções positivas entre pais e filhos e um ambiente familiar de qualidade que assegurem o bem-estar da criança.

5 – Os pais, familiar acolhedor ou a pessoa idónea devem requerer aos serviços oficiais da segurança social competentes, nos termos da legislação aplicável, a atribuição das prestações familiares devidas em função das crianças e dos jovens.

ARTIGO 25º
Direitos específicos dos pais

Quando se trate de medida de apoio junto de outro familiar ou de confiança a pessoa idónea, os pais têm especificamente direito a:

a) A ser informados sobre a forma como se irá realizar a execução da medida;
b) Ao acompanhamento técnico da entidade que assegura a execução da medida;
c) A beneficiar do acesso a programa de formação parental, tendo em vista uma maior capacitação para o exercício das funções parentais;
d) A ser ouvidos e a participar no desenvolvimento e educação da criança ou jovem, salvo decisão judicial em contrário;
e) Ao respeito pela sua intimidade e reserva da sua vida privada.

ARTIGO 26º
Direitos específicos do familiar acolhedor ou pessoa idónea

O familiar acolhedor ou pessoa idónea pode exercer os poderes-deveres de guarda, de representação, assistência e educação, na medida indispensável à protecção da criança ou jovem e no respeito pelos termos do acordo de promoção ou da decisão judicial.

ARTIGO 27º
Obrigações dos pais, familiares acolhedores ou pessoa idónea

1 – Para além do fixado no acordo de promoção e protecção ou na decisão judicial, são ainda obrigações dos pais, familiar acolhedor ou pessoa idónea:

a) Respeitar e promover os direitos da criança ou do jovem, prosseguindo sempre o seu superior interesse;
b) Orientar, assistir e educar a criança ou o jovem;
c) Participar nos programas e acções de formação e sensibilização que decorram da medida aplicada, salvo pedido expresso de escusa;
d) Garantir permanente informação à equipa técnica sobre a situação e os aspectos relevantes do desenvolvimento da criança ou do jovem, bem como de factos supervenientes que possam alterar as condições do apoio;
e) Comunicar à equipa técnica alteração de residência e, quando entendido conveniente por aquela, o período e local de férias.

2 – Os pais, familiar acolhedor ou pessoa idónea devem requerer aos serviços oficiais da segurança social competentes, nos termos da legislação aplicável, a atribuição das prestações familiares devidas à criança ou ao jovem.

3 – No caso das prestações familiares devidas à criança ou jovem já terem sido requeridas pelos pais, devem o familiar acolhedor ou a pessoa idónea requerer o respectivo pagamento.

ARTIGO 28º
Obrigações específicas dos pais

Quando se trate de medida de apoio junto de outro familiar ou de colocação em família idónea, os pais da criança ou jovem ficam obrigados a:

a) Colaborar com o familiar acolhedor ou a pessoa idónea e com a entidade que assegura os actos materiais de execução da medida, no processo de desenvolvimento da criança ou do jovem, sempre que possível e se afigure benéfico;
b) Aceitar acompanhamento técnico conforme previsto no acordo de promoção e protecção ou decisão judicial, com vista à reintegração familiar da criança ou jovem;
c) Participar em programa de educação parental quando o superior interesse da criança o justifique salvo se for apresentado pedido de escusa com motivos atendíveis;
d) Comparticipar nos encargos com a manutenção da criança ou do jovem de acordo com as normas sobre comparticipações familiares para a utilização de equipamentos e serviços de acção social.

ARTIGO 29º
Obrigações específicas dos familiares acolhedores ou pessoa idónea

1 – O familiar acolhedor ou a pessoa idónea fica obrigado ao cumprimento dos deveres e orientações fixadas no acordo de promoção e protecção ou em decisão judicial.
2 – Constituem, ainda, obrigações do familiar acolhedor ou da pessoa idónea:

a) Assegurar condições para o fortalecimento das relações da criança e jovem com os seus pais, salvo decisão judicial em contrário;
b) Comunicar aos pais a eventual alteração de residência e o período e local de férias, salvo se o tribunal ou a comissão de protecção no respeito pelas normas e princípios da Lei de Protecção de Crianças e Jovens em Perigo o julgar inconveniente;
c) Dar conhecimento aos pais de factos supervenientes que possam alterar as condições do acolhimento.

CAPÍTULO IV
Regras específicas de execução da medida de apoio para a autonomia de vida

SECÇÃO I
Finalidades, requisitos e fases de execução

ARTIGO 30º
Finalidades

1 – A medida de apoio para a autonomia de vida visa proporcionar a autonomização do jovem nos contextos escolar, profissional, social, bem como o fortalecimento de relações com os outros e consigo próprio.

2 – Constituem objectivos específicos da medida de apoio para a autonomia de vida:

a) Proporcionar ao jovem, considerando o seu perfil e contexto de vida, condições que lhe permitam viver por si só e adquirir progressivamente autonomia de vida através de um projecto integrado de educação e formação, tecnicamente orientado para a aquisição ou desenvolvimento das necessárias competências, capacidades e sentido de responsabilidade;

b) Criar condições especiais de acesso dos jovens aos recursos de que necessitam para a sua autonomização, nomeadamente, formação pessoal, profissional e inserção na vida activa.

ARTIGO 31º
Requisitos

1 – A execução da medida de apoio para a autonomia de vida deve ter em conta as competências e potencialidades do jovem para mobilizar os recursos necessários que o habilitem a adquirir progressivamente a autonomia de vida.

2 – Para efeitos do número anterior, a equipa técnica procede à realização do diagnóstico de inserção, tendo em conta o perfil do jovem e as expectativas e motivações na perspectiva da sua autonomia.

ARTIGO 32º
Plano de intervenção

1 – O plano de intervenção é discutido, elaborado e operacionalizado com a participação directa do jovem, sendo estabelecidos os objectivos a atingir, bem como as estratégias e as metas para o seu processo de autonomização, compreendendo nomeadamente as seguintes acções:

a) Formação pessoal contínua, assente no desenvolvimento de competências pessoais e sociais, que permita ao jovem a aquisição de autonomia positiva, desenvolvendo espírito crítico, implicando a interiorização de valores, a assertividade em função destes e a gestão de obstáculos e frustrações;

b) Continuação do percurso de formação escolar ou realização de cursos de formação profissional adequados ao perfil vocacional do jovem, consoante os casos;

c) Apoio à inserção laboral do jovem;

d) Apoio na utilização de redes inter-institucionais de suporte a nível de educação, formação profissional e emprego.

2 – A participação directa do jovem deve ser formalizada em contrato escrito, assinado pelo coordenador de caso e pelo jovem, dele devendo constar os objectivos a atingir, respectivos prazos e os compromissos assumidos por todos os intervenientes.

ARTIGO 33º
Acompanhamento e monitorização

1 – O processo de acompanhamento efectua-se através da auto-monitorização pelo jovem, com a participação directa da equipa técnica, quanto aos progressos relativos à sua situação e quanto à prestação dos apoios definidos no plano de intervenção.

2 – A monitorização a que se refere o número anterior compreende, nomeadamente:

a) A supervisão do processo de formação pessoal do jovem, através de avaliações sistemáticas individuais e de grupo;

b) A avaliação do respeito pelos compromissos assumidos pelo jovem;

c) O acompanhamento da execução de programas de formação profissional e a avaliação periódica da evolução dos comportamentos adoptados no contexto da formação;

d) A actualização permanente do diagnóstico da situação do jovem e da sua evolução pessoal;

e) A avaliação da articulação com as redes inter-institucionais de suporte ao nível escolar, de formação profissional e emprego.

3 – A prestação dos apoios definidos no âmbito da execução do plano de intervenção deve permitir o treino de competências pessoais, sociais e funcionais para a vida autónoma.

4 – À entidade que aplicou a medida é dado conhecimento dos factos ocorridos e da avaliação da execução da medida através de informação e relatório.

ARTIGO 34º
Cessação da medida

1 – A cessação da medida deve ser preparada com a participação activa do jovem.

2 – Cessada a medida, a equipa técnica, em articulação com os serviços locais, mantém-se informada sobre o percurso de vida do jovem por um período, em regra, não inferior a seis meses, desde que consensualizado com o jovem e no respeito pelos princípios consignados na Lei de Protecção de Crianças e Jovens em Perigo.

SECÇÃO II
Direitos e deveres

ARTIGO 35º
Direitos do jovem

1 – São direitos do jovem:

a) Ser ouvido e participar em todas as decisões que lhe respeitem;

b) Beneficiar de acompanhamento psicopedagógico e social;

c) Ser apoiado e acompanhamento ao nível escolar, de formação profissional ou de emprego;

d) Ser apoiado e incentivado a participar em actividades culturais, desportivas e recreativas, de acordo com as suas motivações e interesses;

e) Ser apoiado no acesso aos recursos definidos pela comissão de protecção ou pelo tribunal, bem como aos constantes do plano de intervenção;

f) Receber prestação pecuniária para apoio à sua manutenção, bem como equipamento indispensável para o seu processo de autonomização, sem prejuízo da eventual efectivação da prestação de alimentos devidos pelos seus familiares.

2 – O jovem tem genericamente direito a ser devidamente informado, ouvido e preparado sobre a medida aplicada, o acompanhamento a efectuar e os apoios a prestar, tendo em conta a sua idade, contexto de vida e desenvolvimento emocional.

3 – Para efeitos da atribuição da prestação a que se refere a alínea *f*) do nº 1, a equipa técnica apoia o jovem na apresentação da respectiva proposta aos serviços distritais da segurança social competentes, bem como na elaboração do requerimento e diligências complementares para a obtenção dos alimentos que lhe sejam eventualmente devidos.

ARTIGO 36º
Obrigações do jovem

1 – O jovem fica obrigado ao cumprimento do estabelecido em acordo de promoção e protecção ou em decisão judicial, bem como aos compromissos resultantes do contrato escrito a que se refere o nº 2 do artigo 32º, e a dar conhecimento ao coordenador de caso de factos supervenientes que possam alterar as condições dos apoios prestados no âmbito da execução da medida.

2 – Constituem ainda obrigações do jovem participar em:

a) Actividades de formação pessoal e social;

b) Programas e actividades escolares;

c) Cursos de formação profissional;

d) Reuniões para que seja convocado;

e) Contribuir para as despesas de manutenção de alojamento e alimentação, quando em situação de emprego, em montante a fixar em função do respectivo salário, consensualizado entre o jovem e o coordenador do caso.

3 – O jovem ou o seu representante legal deve requerer, nos termos da legislação aplicável, aos serviços distritais da segurança social, a atribuição das prestações familiares a que tenha direito.

CAPÍTULO V
Disposição final

ARTIGO 37º
Entrada em vigor

O presente decreto-lei entra em vigor no dia seguinte ao da sua publicação.

Visto e aprovado em Conselho de Ministros de 8 de Novembro de 2007. – *José Sócrates Carvalho Pinto de Sousa – José António Fonseca Vieira da Silva – António Fernando Correia de Campos – Valter Victorino Lemos.*

Promulgado em 3 de Janeiro de 2008.

Publique-se.

O Presidente da República, ANÍBAL CAVACO SILVA.

Referendado em 4 de Janeiro de 2008.

O Primeiro-Ministro, *José Sócrates Carvalho Pinto de Sousa.*

Regime Jurídico do Apadrinhamento Civil

Lei nº 103/2009, de 11 de setembro

Aprova o regime jurídico do apadrinhamento civil, procedendo à alteração do Código do Registo Civil, do Código do Imposto sobre o Rendimento das Pessoas Singulares, da Lei de Organização e Funcionamento dos Tribunais Judiciais e do Código Civil.

A Assembleia da República decreta, nos termos da alínea c) do artigo 161º da Constituição, o seguinte:

ARTIGO 1º
Objecto

A presente lei estabelece o regime jurídico aplicável ao apadrinhamento civil.

ARTIGO 2º
Definição

O apadrinhamento civil é uma relação jurídica, tendencialmente de carácter permanente, entre uma criança ou jovem e uma pessoa singular ou uma família que exerça os poderes e deveres próprios dos pais e que com ele estabeleçam vínculos afectivos que permitam o seu bem-estar e desenvolvimento, constituída por homologação ou decisão judicial e sujeita a registo civil.

ARTIGO 3º
Âmbito

A presente lei aplica-se às crianças e jovens que residam em território nacional.

ARTIGO 4º
Capacidade para apadrinhar

Podem apadrinhar pessoas maiores de 25 anos, previamente habilitadas para o efeito, sem prejuízo do disposto no nº 5 do artigo 11º

ARTIGO 5º
Capacidade para ser apadrinhado

1 – Desde que o apadrinhamento civil apresente reais vantagens para a criança ou o jovem e desde que não se verifiquem os pressupostos da confiança com vista à adopção, a apreciar pela entidade competente para a constituição do apadrinhamento civil, pode ser apadrinhada qualquer criança ou jovem menor de 18 anos:

a) Que esteja a beneficiar de uma medida de acolhimento em instituição;

b) Que esteja a beneficiar de outra medida de promoção e protecção;

c) Que se encontre numa situação de perigo confirmada em processo de uma comissão de protecção de crianças e jovens ou em processo judicial;

d) Que, para além dos casos previstos nas alíneas anteriores, seja encaminhada para o apadrinhamento civil por iniciativa das pessoas ou das entidades referidas no artigo 10º

2 – Também pode ser apadrinhada qualquer criança ou jovem menor de 18 anos que esteja a beneficiar de confiança administrativa, confiança judicial ou medida de promoção e protecção de confiança a instituição com vista a futura adopção ou a pessoa seleccionada para a adopção quando, depois de uma reapreciação fundamentada do caso, se mostre que a adopção é inviável.

ARTIGO 6º
Proibição de vários apadrinhamentos civis

Enquanto subsistir um apadrinhamento civil não pode constituir-se outro quanto ao mesmo afilhado, excepto se os padrinhos viverem em família.

ARTIGO 7º
Exercício das responsabilidades parentais dos padrinhos

1 – Os padrinhos exercem as responsabilidades parentais, ressalvadas as limitações previstas no compromisso de apadrinhamento civil ou na decisão judicial.

2 – São aplicáveis, com as necessárias adaptações, os artigos 1936º a 1941º do Código Civil.

3 – Se os pais da criança ou do jovem tiverem falecido, se estiverem inibidos do exercício das responsabilidades parentais ou se forem incógnitos, são ainda aplicáveis, com as devidas adaptações, os artigos 1943º e 1944º do mesmo Código.

4 – As obrigações estabelecidas nos artigos referidos no número anterior são cumpridas perante o tribunal.

5 – É aplicável, com as necessárias adaptações, o disposto nos artigos 2º a 4º do Decreto-Lei nº 272/2001, de 13 de Outubro.

(Redação dada pela Lei nº 141/2015, de 08-09)

ARTIGO 8º
Direitos dos pais

1 – Os pais, exceptuados os casos previstos no nº 3 do artigo 14º, beneficiam dos direitos expressamente consignados no compromisso de apadrinhamento civil, designadamente:

a) Conhecer a identidade dos padrinhos;

b) Dispor de uma forma de contactar os padrinhos;

c) Saber o local de residência do filho;

d) Ser informados sobre o desenvolvimento integral do filho, a sua progressão escolar ou profissional, a ocorrência de factos particularmente relevantes ou de problemas graves, nomeadamente de saúde;

f) Receber com regularidade fotografias ou outro registo de imagem do filho;

g) Visitar o filho, nas condições fixadas no compromisso ou na decisão judicial, designadamente por ocasião de datas especialmente significativas.

2 – O tribunal pode estabelecer limitações aos direitos enunciados nas alíneas *d)* e *g)* do número anterior quando os pais, no exercício destes direitos, ponham em risco a segurança ou a saúde física ou psíquica da criança ou do jovem ou comprometam o êxito da relação de apadrinhamento civil.

3 – Os direitos previstos no nº 1 podem ser reconhecidos relativamente a outras pessoas, nos termos que vierem a ser estabelecidos no compromisso de apadrinhamento civil ou na decisão judicial, sendo neste caso aplicáveis os princípios referidos no artigo 9º

ARTIGO 9º
Princípios orientadores das relações entre pais e padrinhos

1 – Os pais e padrinhos têm um dever mútuo de respeito e de preservação da intimidade da vida privada e familiar, do bom nome e da reputação.

2 – Os pais e padrinhos devem cooperar na criação das condições adequadas ao bem-estar e desenvolvimento do afilhado.

ARTIGO 10º
Legitimidade para tomar a iniciativa

1 – O apadrinhamento civil pode ser da iniciativa:

a) Do Ministério Público;

b) Da comissão de protecção de crianças e jovens, no âmbito dos processos que aí corram termos;

c) Do organismo competente da segurança social ou de instituição por esta habilitada nos termos do nº 3 do artigo 12º;

d) Dos pais, representante legal da criança ou do jovem ou pessoa que tenha a sua guarda de facto;

e) Da criança ou do jovem maior de 12 anos.

2 – Quando a iniciativa for da criança ou do jovem maior de 12 anos, o tribunal nomeia, a seu pedido, patrono que o represente.

3 – O apadrinhamento civil pode também ser constituído oficiosamente pelo tribunal.

(Redação dada pela Lei nº 141/2015, de 08-09)

ARTIGO 11º
Designação dos padrinhos

1 – Tomada a iniciativa do apadrinhamento civil por quem tiver legitimidade, os padrinhos são designados de entre pessoas ou famílias habilitadas, constantes de uma lista regional do organismo competente da segurança social.

2 – Quando o apadrinhamento civil tiver lugar por iniciativa dos pais, do representante legal da criança ou do jovem, ou da pessoa que tenha a sua guarda de facto, ou ainda da criança ou do jovem, estes podem designar a pessoa ou a família da sua escolha para padrinhos, mas a designação só se torna efectiva após a respectiva habilitação.

3 – Quando a designação prevista no número anterior não tiver sido feita, ou não se tiver tornado efectiva, os padrinhos são escolhidos nos termos do nº 1.

4 – A instituição que tiver acolhido a criança ou o jovem pode designar os padrinhos, nos termos do nº 1.

5 – Podem ser designados como padrinhos os familiares, a pessoa idónea ou a família de acolhimento a quem a criança ou o jovem tenha sido confiado no processo de promoção e protecção ou o tutor.

6 – A escolha dos padrinhos é feita no respeito pelo princípio da audição obrigatória e da participação no processo da criança ou do jovem e dos pais, representante legal ou pessoa que tenha a sua guarda de facto.

ARTIGO 12º
Habilitação dos padrinhos

1 – A habilitação consiste na certificação de que a pessoa singular ou os membros da família que pretendem apadrinhar uma criança ou jovem possuem idoneidade e autonomia de vida que lhes permitam assumir as responsabilidades próprias do vínculo de apadrinhamento civil.

2 – A habilitação dos padrinhos cabe ao organismo competente da segurança social.

3 – Mediante acordos de cooperação celebrados com o organismo competente da segurança social, as instituições que disponham de meios adequados podem adquirir a legitimidade para designar e habilitar padrinhos.

4 – À recusa de habilitação dos padrinhos é aplicável o disposto no artigo 7º do Decreto-Lei nº 185/93, de 22 de Maio, alterado pelo Decreto-Lei nº 120/98, de 8 de Maio, e pelas Leis nºs 31/2003, de 22 de Agosto, e 28/2007, de 2 de Agosto.

ARTIGO 13º
Constituição da relação de apadrinhamento civil

1 – O apadrinhamento civil constitui-se:

a) Por decisão do tribunal, nos casos em que:

i) Esteja a correr um processo judicial de promoção e proteção ou um processo tutelar cível;

ii) Não sendo obtido o consentimento de uma das pessoas referidas no nº 1 do artigo 14º, possa o mesmo ser dispensado nos termos do nº 4 do mesmo artigo;

iii) Tenha havido parecer desfavorável do conselho de família;

b) Por compromisso de apadrinhamento civil homologado pelo tribunal.

2 – O tribunal deve, sempre que possível, tomar em conta um compromisso de apadrinhamento civil que lhe seja proposto ou promover a sua celebração, com a observância do nº 6 do artigo 11º

3 – O apadrinhamento civil pode constituir-se em qualquer altura de um processo de promoção e protecção ou de um processo tutelar cível e, quando tiver lugar após a aplicação de uma medida de promoção e protecção ou após uma decisão judicial sobre responsabilidades parentais com que se mostre incompatível, determina necessariamente a sua cessação.

(Redação dada pela Lei nº 141/2015, de 08-09)

ARTIGO 14º
Consentimento para o apadrinhamento civil

1 – Para o apadrinhamento civil é necessário o consentimento:

a) Da criança ou do jovem maior de 12 anos;

b) Do cônjuge do padrinho ou da madrinha não separado judicialmente de pessoas e bens ou de facto ou da pessoa que viva com o padrinho ou a madrinha em união de facto;

c) Dos pais do afilhado, mesmo que não exerçam as responsabilidades parentais, e ainda que sejam menores;

d) Do representante legal do afilhado;

e) De quem tiver a sua guarda de facto, nos termos do artigo 5º da Lei de Protecção de Crianças e Jovens em Perigo.

2 – O consentimento das pessoas referidas nas alíneas *c*), *d*) e *e*) do número anterior não é necessário quando, tendo havido confiança judicial ou tendo sido aplicada medida de promoção e protecção de confiança a instituição com vista a futura adopção ou a pessoa seleccionada para adopção, se verifique a situação prevista no nº 2 do artigo 5º

3 – Não é necessário o consentimento dos pais que tenham sido inibidos das responsabilidades parentais por terem infringido culposamente os deveres para com os filhos, com grave prejuízo destes.

4 – O tribunal pode dispensar o consentimento:

a) Das pessoas que o deveriam prestar nos termos do nº 1, se estiverem privadas do uso das faculdades mentais ou se, por qualquer outra razão, houver grave dificuldade em as ouvir;

b) Das pessoas referidas nas alíneas *c*), *d*) e *e*) do nº 1, quando se verifique alguma das situações que, nos termos das alíneas *c*), *d*) e *e*) do nº 1 do artigo 1978º do Código Civil, permitiriam a confiança judicial;

c) Do representante legal ou de quem tenha a guarda de facto quando estes ponham em perigo a segurança, saúde, formação, educação ou desenvolvimento da criança ou do jovem;

d) Dos pais da criança ou do jovem, quando tenham sido inibidos totalmente do exercício das responsabilidades parentais fora dos casos previstos no número anterior;

e) Dos pais da criança ou do jovem, quando, tendo sido aplicada qualquer medida de promoção e protecção, a criança ou o jovem não possa regressar para junto deles ou aí permanecer por persistirem factores de perigo que imponham o afastamento, passados 18 meses após o início da execução da medida.

5 – As comissões de protecção de crianças e jovens, a segurança social e as instituições por esta habilitadas nos termos do nº 3 do artigo 12º comunicam ao tribunal os casos em que entendam dever haver lugar a dispensa do consentimento, cabendo a este desencadear o procedimento previsto no nº 5 do artigo 19º

6 – Quando a criança ou o jovem estiver sujeito a tutela, exige-se o parecer favorável do conselho de família.

ARTIGO 15º
Comunicação

Nos casos em que a comissão de protecção de crianças e jovens ou o organismo competente da segurança social, ou a instituição por esta habilitada, entenderem que a iniciativa do apadrinhamento civil que lhes foi apresentada pelos pais, pelo representante legal da criança ou do jovem, pela pessoa que tenha a sua guarda de facto, ou pela criança ou jovem maior de 12 anos, não se revela capaz de satisfazer o interesse da criança ou do jovem, comunicam-no ao tribunal, com o seu parecer.

ARTIGO 16º
Compromisso de apadrinhamento civil

O compromisso de apadrinhamento civil, ou a decisão do tribunal, contém obrigatoriamente:

a) A identificação da criança ou do jovem;

b) A identificação dos pais, representante legal ou pessoa que tenha a sua guarda de facto;

c) A identificação dos padrinhos;

d) As eventuais limitações ao exercício, pelos padrinhos, das responsabilidades parentais;

e) O regime das visitas dos pais ou de outras pessoas, familiares ou não, cujo contacto com a criança ou jovem deva ser preservado;

f) O montante dos alimentos devidos pelos pais, se for o caso;

g) As informações a prestar pelos padrinhos ou pelos pais, representante legal ou pessoa que tinha a sua guarda de facto, à entidade encarregada do apoio do vínculo de apadrinhamento civil.

ARTIGO 17º
Subscritores do compromisso

Subscrevem obrigatoriamente o compromisso:

a) Os padrinhos;

b) As pessoas que têm de dar consentimento;

c) A instituição onde a criança ou o jovem estava acolhido e que promoveu o apadrinhamento civil;

d) A entidade encarregada de apoiar o apadrinhamento civil;

e) O pró-tutor, quando o tutor vier a assumir a condição de padrinho.

ARTIGO 18º
Competência

É competente para a constituição do apadrinhamento civil, nos termos do nº 1 do artigo 13º, o tribunal de família e menores ou, fora das áreas abrangidas pela jurisdição dos tribunais de família e menores, o tribunal da comarca da área da localização da instituição em que a criança ou o jovem se encontra acolhido ou da área da sua residência.

ARTIGO 19º
Processo

1 – Quando o compromisso de apadrinhamento civil for celebrado na comissão de protecção de crianças e jovens ou no organismo competente da segurança social, ou em instituição por esta habilitada, é o mesmo enviado ao tribunal competente, para homologação, acompanhado de relatório social.

2 – Caso o tribunal considere que o compromisso não acautela suficientemente os interesses da criança ou do jovem, ou não satisfaz os requisitos legais, pode convidar os subscritores a alterá-lo, após o que decide sobre a homologação.

3 – As pessoas referidas no artigo 10º da presente lei dirigem a sua pretensão à comissão de protecção de crianças e jovens, ou ao tribunal, em que já corra termos processo respeitante à mesma criança ou jovem ou, na sua inexistência, ao Ministério Público, ao organismo competente da segurança social ou a instituição por esta habilitada nos termos do nº 3 do artigo 12º

4 – *(Revogado.)*

5 – Nos casos em que pode haver lugar a dispensa do consentimento, nos termos do nº 4 do artigo 14º, o tribunal notifica o Ministério Público, a criança ou o jovem

maior de 12 anos, os pais, o representante legal ou quem detiver a guarda de facto para alegarem por escrito, querendo, e apresentarem prova no prazo de 10 dias.

6 – Se não for apresentada prova, a decisão é da competência do juiz singular, se for apresentada prova, há lugar a debate judicial perante um tribunal composto pelo juiz, que preside, e por dois juízes sociais.

7 – O processo judicial de apadrinhamento civil é de jurisdição voluntária.

8 – O processo judicial de apadrinhamento civil é tramitado por via electrónica nos termos gerais das normas de processo civil.

9 – Em qualquer estado da causa e sempre que o entenda conveniente, oficiosamente, com o consentimento dos interessados, ou a requerimento destes, pode o juiz determinar a intervenção de serviços públicos ou privados de mediação.

(Redação dada pela Lei nº 141/2015, de 08-09)

ARTIGO 20º
Apoio ao apadrinhamento civil

1 – O apoio do apadrinhamento civil tem em vista:

a) Criar ou intensificar as condições necessárias para o êxito da relação de apadrinhamento;

b) Avaliar o êxito da relação de apadrinhamento, do ponto de vista do interesse do afilhado.

2 – O apoio cabe às comissões de protecção de crianças e jovens, nos casos em que o compromisso de apadrinhamento civil foi celebrado em processo que aí correu termos, ou ao organismo competente da segurança social.

3 – O organismo competente da segurança social pode delegar o apoio em instituições que disponham de meios adequados.

4 – O apoio termina quando a entidade responsável concluir que a integração familiar normal do afilhado se verificou e, em qualquer caso, passados 18 meses sobre a constituição do vínculo.

ARTIGO 21º
Alimentos

1 – Os padrinhos consideram-se ascendentes em 1º grau do afilhado para efeitos da obrigação de lhe prestar alimentos, mas são precedidos pelos pais deste em condições de satisfazer esse encargo.

2 – O afilhado considera-se descendente em 1º grau dos padrinhos para o efeito da obrigação de lhes prestar alimentos, mas é precedido pelos filhos destes em condições de satisfazer este encargo.

ARTIGO 22º
Impedimento matrimonial e dispensa

1 – O vínculo de apadrinhamento civil é impedimento impediente à celebração do casamento entre padrinhos e afilhados.

2 – O impedimento é susceptível de dispensa pelo conservador do registo civil, que a concede quando haja motivos sérios que justifiquem a celebração do casamento, ouvindo, sempre que possível, quando um dos nubentes for menor, os pais.

3 – A infracção do disposto no nº 1 do presente artigo importa, para o padrinho ou madrinha, a incapacidade para receber do seu consorte qualquer benefício por doação ou testamento.

ARTIGO 23º
Direitos

1 – Os padrinhos e o afilhado têm direito a:

a) Beneficiar do regime jurídico de faltas e licenças equiparado ao dos pais e dos filhos;

b) Beneficiar de prestações sociais nos mesmos termos dos pais e dos filhos;

c) Acompanhar-se reciprocamente na assistência na doença, como se fossem pais e filhos.

2 – Os padrinhos têm direito a:

a) Considerar o afilhado como dependente para efeitos do disposto nos artigos 79º, 82º e 83º do Código do IRS;

b) Beneficiar do estatuto de dador de sangue.

3 – O afilhado beneficia das prestações de protecção nos encargos familiares e integra, para o efeito, o agregado familiar dos padrinhos.

ARTIGO 24º
Duração

1 – O apadrinhamento civil constitui um vínculo permanente, salvo o disposto no artigo seguinte.

2 – Os direitos e obrigações dos padrinhos inerentes ao exercício das responsabilidades parentais e os alimentos cessam nos mesmos termos em que cessam os dos pais, ressalvadas as disposições em contrário estabelecidas no compromisso de apadrinhamento civil.

ARTIGO 25º
Revogação

1 – O apadrinhamento civil pode ser revogado por iniciativa de qualquer subscritor do compromisso de apadrinhamento, do organismo competente da segurança social ou de instituição por esta habilitada nos termos do nº 3 do artigo 12º, da comissão de protecção de crianças e jovens, do Ministério Público ou do tribunal, quando:

a) Houver acordo de todos os intervenientes no compromisso de apadrinhamento;

b) Os padrinhos infrinjam culposa e reiteradamente os deveres assumidos com o apadrinhamento, em prejuízo do superior interesse do afilhado, ou quando, por enfermidade, ausência ou outras razões, não se mostrem em condições de cumprir aqueles deveres;

c) O apadrinhamento civil se tenha tornado contrário aos interesses do afilhado;

d) A criança ou o jovem assuma comportamentos, actividades ou consumos que afectem gravemente a sua saúde, segurança, formação, educação ou desenvolvimento sem que os padrinhos se lhe oponham de modo adequado a remover essa situação;

e) A criança ou jovem assuma de modo persistente comportamentos que afectem gravemente a pessoa ou a vida familiar dos padrinhos, de tal modo que a continuidade da relação de apadrinhamento civil se mostre insustentável;

f) Houver acordo dos padrinhos e do afilhado maior.

2 – A decisão de revogação do apadrinhamento civil cabe ao tribunal.

3 – *(Revogado.)*

4 – Ao previsto no nº 2 do presente artigo aplicam-se, com as devidas adaptações, os critérios de fixação de competência estabelecidos no artigo 18º, cabendo a decisão à entidade que, no momento, se mostrar territorialmente competente.

5 – O processo judicial de revogação do apadrinhamento civil é tramitado por via electrónica nos termos gerais das normas de processo civil.

6 – Em qualquer estado da causa e sempre que o entenda conveniente, oficiosamente, com o consentimento dos interessados, ou a requerimento destes, pode o juiz determinar a intervenção de serviços públicos ou privados de mediação.

(Redação dada pela Lei nº 141/2015, de 08-09)

ARTIGO 26º
Direitos dos padrinhos

Quando o apadrinhamento civil for revogado contra a vontade dos padrinhos, e sem culpa deles, as pessoas que tiveram o estatuto de padrinhos mantêm, enquanto o seu exercício não for contrário aos interesses da criança ou do jovem, os seguintes direitos:

a) Saber o local de residência da criança ou do jovem;

b) Dispor de uma forma de contactar a criança ou o jovem;

c) Ser informados sobre o desenvolvimento integral da criança ou do jovem, a sua progressão escolar ou profissional, a ocorrência de factos particularmente relevantes ou de problemas graves, nomeadamente de saúde;

d) Receber com regularidade fotografias ou outro registo de imagem da criança ou do jovem;

e) Visitar a criança ou o jovem, designadamente por ocasião de datas especialmente significativas.

ARTIGO 27º
Efeitos da revogação

Os efeitos do apadrinhamento civil cessam no momento em que a decisão de revogação se torna definitiva.

ARTIGO 28º
Registo civil

1 – A constituição do apadrinhamento civil e a sua revogação são sujeitas a registo civil obrigatório, efectuado imediata e oficiosamente pelo tribunal que decida pela sua constituição ou revogação.

2 – O registo civil da constituição ou da revogação do apadrinhamento civil é efectuado, sempre que possível, por via electrónica, nos termos do artigo 78º do Código do Registo Civil.

ARTIGO 29º
Alteração ao Código do Registo Civil

Os artigos 1º, 69º e 78º do Código do Registo Civil, aprovado pelo Decreto-Lei nº 131/95, de 6 de Junho, alterado pelos Decretos-Leis nºs 224-A/96, de 26 de Novembro, 36/97, de 31 de Janeiro, 120/98, de 8 de Maio, 375-A/99, de 20 de Setembro, 228/2001, de 20 de Agosto, 273/2001, de 13 de Outubro, 323/2001, de 17 de Dezembro, 113/2002, de 20 de Abril, 194/2003, de 23 de Agosto, e 53/2004, de 18 de Março, pela Lei nº 29/2007, de 2 de Agosto, pelo Decreto-Lei nº 324/2007, de 28 de Setembro, pela Lei nº 61/2008, de 31 de Outubro, e pelos Decretos-Leis nºs 247-B/2008, de 30 de Dezembro, e 100/2009, de 11 de Maio, e pela Lei nº 29/ /2009, de 29 de Junho, passam a ter a seguinte redação:

(As alterações não se transcrevem por não se enquadrarem no âmbito da presente obra)

ARTIGO 30º
Alteração ao Código do Imposto sobre o Rendimento das Pessoas Singulares

Os artigos 79º, 82º e 83º do Código do Imposto sobre o Rendimento das Pessoas Singulares, abreviadamente designado por Código do IRS, aprovado pelo Decreto-Lei nº 442-A/88, de 30 de Novembro, passam a ter a seguinte redação:

(As alterações não se transcrevem por não se enquadrarem no âmbito da presente obra)

ARTIGO 31º
Alteração à Lei de Organização e Funcionamento dos Tribunais Judiciais

O nº 1 do artigo 115º da Lei nº 52/2008, de 28 de Agosto, que aprova a Lei de Organização e Funcionamento dos Tribunais Judiciais, passa a ter a seguinte Redação:

(A alteração não se transcreve por não se enquadrar no âmbito da presente obra)

ARTIGO 32º
Alteração ao Código Civil

Os artigos 1921º e 1961º do Código Civil passam a ter a seguinte redação:
(As alterações não se transcrevem por não se enquadrarem no âmbito da presente obra)

ARTIGO 33º
Entrada em vigor

1 – A habilitação dos padrinhos, prevista no artigo 12º, será regulamentada por decreto-lei no prazo de 120 dias.

2 – A presente lei entra em vigor no dia seguinte ao da publicação daquele diploma regulamentador.

3 – Entre a data da publicação e a data de entrada em vigor desta lei, serão desenvolvidas acções de formação tendo como destinatários as entidades a que sejam atribuídas competências nesta lei.

Aprovada em 23 de Julho de 2009.

O Presidente da Assembleia da República, *Jaime Gama.*

Promulgada em 31 de Agosto de 2009.

Publique-se.

O Presidente da República, ANÍBAL CAVACO SILVA.

Referendada em 31 de Agosto de 2009.

O Primeiro-Ministro, *José Sócrates Carvalho Pinto de Sousa.*

Regime de Recrutamento e Funções dos Juízes Sociais

Decreto-Lei nº 156/78, de 30 de junho

1. A Lei Orgânica dos Tribunais Judiciais prevê a intervenção de juízes sociais nas causas que tenham por objecto questões de arrendamento rural e em certas categorias de acções da competência dos tribunais do trabalho e dos tribunais de menores.

Entrando a referida lei em vigor no próximo dia 31 de Julho, e tendo o Governo sido incumbido de a regulamentar, torna-se necessário organizar o regime de recrutamento e funções dos juízes sociais.

É este o objectivo do presente diploma.

2. Fundado na previsão constitucional que admitiu a institucionalização de formas de participação popular na administração da justiça, o legislador ordinário consagrou o sistema apenas nos casos acima referidos, o que traduz uma atitude de prudência mas também de realismo, sabido como é estar-se perante instituição que só lentamente digere alterações nas suas estruturas tradicionais.

Serve a explicação para justificar que se não tenha ido mais longe num sector em que não seríamos evidentemente pioneiros, pois tem tido abundantes aplicações em largo número de países de idênticas raízes culturais e políticas.

3. Com a institucionalização dos juízes sociais procura-se fundamentalmente trazer a opinião pública até aos tribunais e levar os tribunais até à opinião pública: já actuando contra a rotina dos juízes e sensibilizando-os em relação aos valores sociais dominantes e suas prioridades, já estimulando os cidadãos à formação de opiniões correctas a respeito da administração da justiça e ao reforço do seu sentimento de legalidade.

Estes objectivos estiveram presentes na definição do regime de recrutamento e funções dos juízes sociais.

Tentou-se encontrar o justo ponto de equilíbrio entre três ordens de necessidades: a de garantir um acesso democrático das organizações de classe às formas de designação dos juízes sociais, a de proteger as minorias, a de deixar ao Governo um mínimo de intervenção tutelar e supletiva.

Sem descer a excessos, o diploma não deixa de possuir o sentido regulamentarista que lhe é próprio e que se justifica também pelas características do nosso movimento associativo, em bastantes casos com experiência organizativa de muito recente data.

Nestes termos:

O Governo decreta, nos termos da alínea *c*) do nº 1 do artigo 201º da Constituição, o seguinte:

CAPÍTULO ÚNICO

SECÇÃO I
Disposições comuns e gerais

ARTIGO 1º
Capacidade para ser nomeado juiz social

Podem ser nomeados juízes sociais cidadãos portugueses de reconhecida idoneidade que satisfaçam as seguintes condições:

a) Ter mais de 25 e menos de 65 anos de idade;
b) Saber ler e escrever português;
c) Estar no pleno gozo dos direitos civis e políticos;
d) Não estar pronunciado nem ter sofrido condenação por crime doloso.

ARTIGO 2º
Dispensa do cargo

Não podem ser nomeados juízes sociais:

a) O Presidente da República;
b) Os membros do Conselho da Revolução;
c) Os membros da Assembleia da República e das assembleias regionais;
d) Os membros do Governo Central e dos governos regionais;
e) Os magistrados judiciais e do Ministério Público;
f) Os ministros de qualquer religião;
g) Os que padeçam de doença ou anomalia que impossibilite o exercício do cargo.

ARTIGO 3º
Escusa do cargo

1 – Podem requerer escusa do cargo de juiz social:

a) Os militares no activo;
b) Os que padeçam de doença ou anomalia que dificulte o exercício do cargo;
c) Os que apresentem razão considerada justificativa, desde que não susceptível de compensação pecuniária.

2 – O pedido de escusa é dirigido ao Ministro da Justiça.

ARTIGO 4º
Natureza do cargo

O exercício do cargo de juiz social constitui serviço público obrigatório e é considerado, para todos os efeitos, como prestado na profissão, actividade ou cargo do respectivo titular.

ARTIGO 5º
Duração das funções

1 – A nomeação dos juízes sociais faz-se por períodos de dois anos, com início em 1 de Outubro.

2 – Os juízes sociais cessantes mantêm-se em exercício até à tomada de posse dos que os devam substituir.

ARTIGO 6º
Posse

Os juízes sociais tomam posse:

a) Nos tribunais instalados em comarcas sede de distrito judicial, perante o presidente do Tribunal de Relação;

b) Nos demais tribunais, perante o respectivo presidente.

ARTIGO 7º
Substituições

1 – Os juízes sociais são substituídos, nas suas faltas e impedimentos, por suplentes.

2 – Aos juízes sociais suplentes aplicam-se, quando em exercício, as normas relativas aos efectivos.

ARTIGO 8º
Impedimentos e suspeições

1 – Não podem intervir como juízes sociais, em determinada causa, as pessoas em relação às quais se verifiquem as causas de impedimento ou os motivos de suspeição a que estão sujeitos os juízes de direito.

2 – As suspeições são deduzidas até cinco dias antes da data designada para o julgamento e decididas, sem recurso, pelo juiz do processo.

3 – Aos impedimentos e suspeições são aplicáveis, com as devidas adaptações, as regras de processo sobre garantias de imparcialidade.

ARTIGO 9º
Remunerações

1 – Os juízes sociais têm direito a ajudas de custo bem como a ser indemnizados pelas despesas de transportes e perdas de remuneração que resultem das suas funções.

2 – O montante das ajudas de custo é fixado por despacho do Ministro da Justiça.

3 – Os encargos previstos nos números anteriores serão suportados pelo Cofre Geral dos Tribunais.

ARTIGO 10º
Disciplina

São aplicáveis aos juízes sociais, com as necessárias adaptações, as normas sobre disciplina estabelecidas para os juízes de direito.

SECÇÃO II
Tribunais do trabalho

ARTIGO 11º
Recrutamento

Os juízes sociais que hão-de intervir nas causas da competência dos tribunais do trabalho são nomeados de entre cidadãos que possuam a qualidade de entidade patronal, trabalhador assalariado ou trabalhador independente, e residam na área de jurisdição do respectivo tribunal, nos termos dos artigos seguintes.

ARTIGO 12º
Número de juízes

O número de juízes sociais é o constante do mapa anexo.

ARTIGO 13º
Prazo para apresentação de candidaturas

A nomeação é precedida da apresentação de candidaturas, a fazer durante o mês de Maio do ano em que se complete o biénio relativo à anterior designação.

ARTIGO 14º
Forma de designação de candidatos

1 – Cada organização representativa de entidades patronais, de trabalhadores assalariados ou de trabalhadores independentes tem a faculdade de eleger, em assembleia geral, candidatos ao cargo de juiz social.

2 – As candidaturas podem ainda ser apresentadas por grupos com, pelo menos, cinquenta entidades patronais ou duzentos trabalhadores, residentes na área da comarca e não inscritos em qualquer organização de classe.

ARTIGO 15º
Número de candidatos

1 – O número de candidatos não pode exceder, por comarca:

a) Organizações ou grupos com menos de 100 entidades patronais ou 1000 trabalhadores – 2;

b) Organizações ou grupos com 100 a 499 entidades patronais ou 1000 a 4999 trabalhadores – 4;

c) Organizações ou grupos com 500 a 999 entidades patronais ou 5000 a 9999 trabalhadores – 6;

d) Organizações ou grupos com pelo menos 1000 entidades patronais ou 10000 trabalhadores – 8.

2 – Exceptuam-se do disposto no número anterior as comarcas de Lisboa e Porto, em que o número de candidatos previsto nas diferentes alíneas é de 4, 8, 12 e 16.

ARTIGO 16º
Forma de apresentação das candidaturas

1 – As candidaturas são apresentadas no Conselho Superior da Magistratura, separadamente para cada comarca, acompanhadas dos seguintes elementos:

a) Nome, data do nascimento, naturalidade, filiação, estado civil, profissão e residência dos candidatos;

b) Assinaturas, reconhecidas por notário, dos corpos gerentes das organizações ou dos subscritores das propostas;

c) Documento comprovativo das qualidades referidas no artigo 11º;

d) Declaração de que o número de inscritos nas organizações ou de proponentes corresponde aos escalões estabelecidos no artigo 15º;

e) No caso previsto no nº 2 do artigo 14º, declaração de que os proponentes não se encontram inscritos em organização de classe.

2 – A falsa indicação dos elementos referidos nas alíneas *d*) e *e*) do número anterior constitui crime de falsas declarações.

ARTIGO 17º
Sorteio

1 – Quando o número de candidatos for superior ao triplo do número de juízes sociais estabelecido para cada comarca, o Conselho Superior da Magistratura, nos quinze dias seguintes ao termo do prazo fixado no artigo 13º, procederá a sorteio.

2 – O sorteio faz-se por meio de cartões numerados, entrando numa urna os números correspondentes aos candidatos e noutra os correspondentes aos juízes sociais e tirando-se os cartões, um a um, alternadamente, de cada urna.

3 – Preside o vice-presidente do Conselho Superior da Magistratura, coadjuvado pelos funcionários de secretaria que designar.

4 – Os resultados são registados em livro próprio à medida que forem sendo apurados.

ARTIGO 18º
Organização e remessa de listas

1 – Nas quarenta e oito horas seguintes ao apuramento de resultados, o Conselho Superior da Magistratura organiza e remete ao Ministério da Justiça:

a) Uma lista tripla com os candidatos saídos do sorteio;

b) Uma lista de candidatos, nos casos em que não tenha tido lugar o sorteio;

c) Os documentos que acompanharam os processos de candidatura.

2 – No mesmo prazo, o Conselho faz expedir as listas para as respectivas comarcas.

ARTIGO 19º
Afixação das listas

As listas são afixadas, pelo prazo de dez dias, nos tribunais das comarcas a que respeitem, com menção da faculdade de reclamação prevista no artigo seguinte.

ARTIGO 20º
Reclamação

1 – Até ao quinto dia subsequente ao termo do prazo de afixação, pode qualquer pessoa deduzir reclamação fundada em violação de disposições do presente diploma.

2 – A reclamação é dirigida ao Ministro da Justiça.

ARTIGO 21º
Nomeação dos juízes sociais

1 – Apreciadas as reclamações e verificados os requisitos estabelecidos para a nomeação, procede-se à designação dos juízes sociais, de entre os candidatos constantes das listas.

2 – A nomeação é feita por despacho conjunto do Ministro da Justiça e do Ministro do Trabalho, a publicar no *Diário da República.*

ARTIGO 22º
Nomeação oficiosa

Na falta ou insuficiência de candidatos, a nomeação faz-se oficiosamente.

ARTIGO 23º
Regime de funções

1 – As funções de juiz social são exercidas por períodos de quinze dias, em regime rotativo.

2 – Compete ao presidente do tribunal organizar a escala de juízes sociais para cada trimestre.

3 – Quando a jurisdição de um tribunal abranger mais de uma comarca incluem-se na escala, indiscriminadamente, os juízes sociais de qualquer das comarcas.

4 – A escala é afixada no tribunal e comunicada aos juízes sociais por carta registada.

SECÇÃO III
Arrendamento rural

ARTIGO 24º
Recrutamento

Os juízes sociais que hão-de intervir em acções que tenham por objecto questões de arrendamento rural são nomeados de entre cidadãos que possuam a qualidade de senhorio ou rendeiro e residam na área da comarca, nos termos dos artigos seguintes.

ARTIGO 25º
Número de juízes

O número de juízes sociais é o constante do mapa anexo.

ARTIGO 26º
Forma de designação de candidatos

1 – Cada organização representativa de senhorios ou rendeiros tem a faculdade de eleger, em assembleia geral, candidatos ao cargo de juiz social.

2 – As candidaturas podem ainda ser apresentadas por grupos com, pelo menos, 20 senhorios ou 50 rendeiros, residentes na área da comarca e não inscritos em qualquer organização de classe.

ARTIGO 27º
Número de candidatos

O número de candidatos não pode exceder, por comarca:

a) Organizações ou grupos com menos de 50 senhorios ou 100 rendeiros – 2;
b) Organizações ou grupos com 50 a 249 senhorios ou 100 a 499 rendeiros – 4;
c) Organizações ou grupos com 250 a 499 senhorios ou 500 a 999 rendeiros – 6;
d) Organizações ou grupos com, pelo menos, 500 senhorios ou 1000 rendeiros – 8.

ARTIGO 28º
Nomeação de juízes sociais

Os juízes sociais são nomeados por despacho conjunto do Ministro da Justiça e do Ministro da Agricultura e Pescas, a publicar no *Diário da República*.

ARTIGO 29º
Regime de funções

As funções de juiz social são exercidas por períodos do sessenta dias, em regime rotativo.

ARTIGO 30º
Disposições subsidiárias

Aplicam-se a esta secção, com as devidas adaptações, as disposições constantes dos artigos 13º, 16º a 20º, nº 1 do artigo 21º, 22º e nºs 2, 3 e 4 do artigo 23º.

SECÇÃO IV
Tribunais de menores

ARTIGO 31º
Recrutamento

Os juízes sociais que hão-de intervir nas causas da competência dos tribunais de menores são nomeados de entre cidadãos residentes na área do município da sede do respectivo tribunal, nos termos dos artigos seguintes.

ARTIGO 32º
Número de juízes

O número de juízes sociais é o constante do mapa anexo.

ARTIGO 33º
Organização de candidaturas

A organização de candidaturas compete à câmara municipal do município da sede de cada tribunal e tem início no mês de Abril do ano em que se complete o biénio relativo à anterior designação.

ARTIGO 34º
Preparação das listas

Na preparação das listas, as câmaras municipais podem socorrer-se da cooperação de entidades, públicas ou privadas, ligadas por qualquer forma à assistência, formação e educação de menores, nomeadamente:

a) Associações de pais;
b) Estabelecimentos de ensino;
c) Associações profissionais relativas a sectores directamente implicados na assistência, educação e ensino;
d) Associações e clubes de jovens;
e) Instituições de protecção à infância e à juventude.

ARTIGO 35º
Elaboração das listas

1 – As listas são organizadas por forma que contenham um número de candidatos igual ao triplo do número de juízes sociais estabelecido para cada tribunal.

2 – Sempre que possível, as listas incluirão igual número de candidatos de cada sexo.

ARTIGO 36º
Votação e remessa das listas

As listas são votadas pela assembleia municipal e remetidas, durante o mês de Junho, ao Conselho Superior da Magistratura e ao Ministério da Justiça.

ARTIGO 37º
Nomeação de juízes sociais

Os juízes sociais são nomeados por despacho do Ministro da Justiça, a publicar no *Diário da República.*

ARTIGO 38º
Disposições subsidiárias

Aplicam-se a esta secção, com as devidas adaptações, as disposições constantes da alínea *a)* do nº 1 do artigo 16º, do nº 2 do artigo 18º, dos artigos 19º e 20º, do nº 1 do artigo 21º e dos artigos 22º e 23º.

SECÇÃO V
Disposições finais e transitórias

ARTIGO 39º
Primeira nomeação de juízes sociais

As candidaturas relativas à primeira designação de juízes sociais devem ser organizadas por forma a serem apresentadas no prazo de quarenta e cinco dias, contado da data da entrada em vigor do presente diploma.

ARTIGO 40º
Alterações na organização judiciária

1 – Se, posteriormente à primeira nomeação de juízes sociais e antes de expirado o biénio de exercício dos cargos, houver alteração na organização judiciária por via de extinção ou criação de comarcas ou tribunais ou da modificação das respectivas áreas de jurisdição, observar-se-á o seguinte:

a) Os juízes sociais das comarcas ou tribunais extintos consideram-se providos nas comarcas ou tribunais que recebam a anterior jurisdição;

b) Sendo necessário designar juízes para novas comarcas ou tribunais, a nomeação recairá nos candidatos sobrantes das listas organizadas para a primeira nomeação; não sendo possível, proceder-se-á a nomeação oficiosa;

c) Os juízes sociais das comarcas ou tribunais cujas áreas de jurisdição sejam modificadas permanecem nos respectivos lugares ou consideram-se providos noutras comarcas ou tribunais, consoante residam ou não nas novas áreas.

2 – Se a alteração ocorrer posteriormente à data da entrada em vigor do presente diploma mas antes da primeira designação de juízes sociais, adoptar-se-á, com as necessárias adaptações, o procedimento estabelecido no número anterior.

3 – Os juízes sociais nomeados nos termos da alínea *b*) do nº 1 exercem os cargos apenas até ao termo do biénio iniciado.

ARTIGO 41º
Entrada em vigor do diploma

Este diploma entra em vigor no dia imediato ao da sua publicação.

Visto e aprovado em Conselho de Ministros. – *Mário Soares – Jaime José Matos da Gama – José Dias dos Santos Pais – Luís Silvério Gonçalves Saias – António Manuel Maldonado Gonelha.* Promulgado em 21 de Junho de 1978. Publique-se. O Presidente da República, ANTÓNIO RAMALHO EANES.

Mapa a que se refere o artigo 12º

	Juízes sociais					
	Efectivos			Suplentes		
	De entidades patronais	De trabalhadores assalariados	De trabalhadores independentes	De trabalhadores patronais	De trabalhadores assalariados	De trabalhadores independentes
Lisboa	30	30	4	45	45	6
Porto	18	18	2	27	27	3
Outras comarcas	6	6	2	9	9	3

Mapa a que se refere o artigo 25º

	Juízes sociais			
	Efectivos		Suplentes	
	De senhorios	De senhorios	De senhorios	De senhorios
Por comarca	4	4	6	6

Mapa a que se refere o artigo 32º

Tribunal	Efectivos	Suplentes
Lisboa	60	60
Porto	40	40
Coimbra	20	20
Outros tribunais	15	15

O Ministro da Justiça, *José Dias dos Santos Pais.*

Convenção relativa à Competência, à Lei Aplicável, ao Reconhecimento, à Execução e à Cooperação em Matéria de Responsabilidade Parental e Medidas de Proteção das Crianças

Decreto nº 52/2008, de 13 de novembro

Considerando que a presente Convenção nasce da necessidade de reforçar a protecção das crianças em situações de carácter internacional e da confirmação de que os melhores interesses da criança devem constituir consideração primordial e da necessidade de rever a Convenção de 5 de Outubro de 1961 respeitante à Competência das Autoridades e da Lei Aplicável em Matéria de Protecção de Menores;

Considerando que a presente Convenção deseja evitar conflitos entre os sistemas jurídicos dos Estados membros da Conferência da Haia de Direito Internacional Privado em matéria de jurisdição, lei aplicável, reconhecimento e execução das medidas de protecção das crianças e recorda a importância da cooperação internacional relativamente à protecção das crianças;

Considerando que as presentes Emendas ao Estatuto estabelecem, igualmente, alterações ao texto do Estatuto da Conferência da Haia de Direito Internacional Privado de forma que este se adapte às práticas que se têm desenvolvido desde que o Estatuto entrou em vigor a 15 de Julho de 1955, estabelecendo, de igual modo, uma versão autêntica do Estatuto em língua inglesa;

Atendendo a que com a entrada em vigor da presente Convenção estabelecem-se disposições comuns para este efeito, tomando em consideração a Convenção das Nações Unidas relativa aos Direitos da Criança, de 20 de Novembro de 1989:

Assim:

Nos termos da alínea *c*) do nº 1 do artigo 197º da Constituição, o Governo resolve o seguinte:

ARTIGO 1º
Aprovação

Aprovar a Convenção relativa à Competência, à Lei Aplicável, ao Reconhecimento, à Execução e à Cooperação em Matéria de Responsabilidade Parental e Medidas de Protecção das Crianças, adoptada na Haia em 19 de Outubro de 1996, cujo texto, nas versões autenticadas na língua francesa e inglesa, bem como a respectiva tradução para língua portuguesa, se publicam em anexo.

ARTIGO 2º
Declaração

Ao aprovar a Convenção, a República Portuguesa formula a seguinte declaração:

«Os artigos 23º, 26º e 52º da Convenção permitem às Partes Contratantes uma certa margem de flexibilidade para aplicarem o sistema simples e rápido de reconhecimento e execução das decisões. A regulamentação comunitária prevê um sistema de reconhecimento e execução pelo menos tão favorável como as regras constantes da Convenção. Assim sendo, as decisões em matérias abrangidas pela Convenção, quando proferidas por um tribunal de um Estado membro da União Europeia, serão reconhecidas e executadas em Portugal, aplicando-se a regulamentação interna pertinente do direito comunitário.»

Visto e aprovado em Conselho de Ministros de 14 de Agosto de 2008. – *José Sócrates Carvalho Pinto de Sousa – Luís Filipe Marques Amado – Manuel Pedro Cunha da Silva Pereira – Alberto Bernardes Costa.*

Assinado em 23 de Outubro de 2008.

Publique-se.

O Presidente da República, Aníbal Cavaco Silva.

Referendado em 27 de Outubro de 2008.

O Primeiro-Ministro, *José Sócrates Carvalho Pinto de Sousa.*

Convenção Relativa à Competência, à Lei Aplicável, ao Reconhecimento, à Execução e à Cooperação em Matéria de Responsabilidade Parental e de Medidas de Protecção das Crianças

(concluída em 19 de Outubro de 1996)

Os Estados signatários da presente Convenção:

Considerando a necessidade de reforçar a protecção das crianças em situações de carácter internacional;

Desejando evitar conflitos entre os seus sistemas jurídicos em matéria de jurisdição, lei aplicável, reconhecimento e execução das medidas de protecção das crianças;

Recordando a importância da cooperação internacional relativamente à protecção das crianças;

Confirmando que os melhores interesses da criança devem constituir consideração primordial;

Constatando a necessidade de rever a Convenção de 5 de Outubro de 1961 respeitante à competência das autoridades e da lei aplicável em matéria de protecção de menores;

Desejando estabelecer disposições comuns para este efeito, tomando em consideração a Convenção das Nações Unidas relativa aos Direitos da Criança, de 20 de Novembro de 1989:

acordaram no seguinte:

CAPÍTULO I
Âmbito da Convenção

ARTIGO 1º

1 – A presente Convenção tem por objecto:

a) Determinar qual o Estado cujas autoridades têm competência para tomar as medidas orientadas à protecção da pessoa ou bens da criança;

b) Determinar qual a lei aplicável por estas autoridades no exercício da sua competência;

c) Determinar a lei aplicável à responsabilidade parental;

d) Assegurar o reconhecimento e a execução de tais medidas de protecção em todos os Estados Contratantes;

e) Estabelecer entre as autoridades dos Estados Contratantes a cooperação necessária para realizar os objectivos da Convenção.

2 – Para os efeitos desta Convenção, a expressão «responsabilidade parental» designa a autoridade parental ou qualquer outra relação análoga de autoridade que determine os direitos, poderes e responsabilidades dos pais, tutores ou outros representantes legais relativamente à pessoa ou bens da criança.

ARTIGO 2º

Esta Convenção aplicar-se-á às crianças desde o momento do seu nascimento até atingirem a idade de 18 anos.

ARTIGO 3º

As medidas previstas no artigo 1º poderão, nomeadamente, envolver:

a) Atribuição, exercício, termo ou redução da responsabilidade parental, bem como a sua delegação;

b) Direito de custódia, incluindo os direitos de cuidar da criança e, em particular, o direito de determinar o local de residência da criança, bem como o direito de visita incluindo o direito de levar uma criança, por um período limitado de tempo, a outro local que não aquele da sua residência habitual;

c) Tutela, curadoria e institutos análogos;

d) Designação e funções de qualquer pessoa ou organismo responsável pela pessoa ou bens da criança e por representar ou auxiliar a criança;

e) Colocação da criança numa família de acolhimento ou numa instituição, ou o seu acolhimento por «kafala» ou instituição análoga;

f) Supervisão por uma autoridade pública do cuidado prestado à criança por qualquer pessoa encarregue da mesma;

g) Administração, conservação ou disposição dos bens da criança.

ARTIGO 4º

Esta Convenção não se aplica a:

a) Estabelecimento ou a contestação da filiação;

b) Decisões sobre a adopção, medidas preparatórias para a adopção ou a anulação ou revogação da adopção;

c) Nome e sobrenomes da criança;

d) Emancipação;

e) Obrigações alimentares;

f) Custódias ou sucessões;

g) Segurança social;

h) Medidas públicas de carácter geral em matéria de educação ou saúde;

i) Medidas tomadas em consequência de infracções penais cometidas pelas crianças;

j) Decisões sobre o direito de asilo e em matéria de imigração.

CAPÍTULO II
Competência

ARTIGO 5º

1 – As autoridades jurídicas ou administrativas do Estado Contratante no qual a criança tem a sua residência habitual possuem competência para tomar as medidas necessárias à protecção da pessoa ou bens da criança.

2 – Com ressalva do artigo 7º, em caso de mudança da residência habitual da criança para outro Estado Contratante, as autoridades do Estado da nova residência habitual terão a competência.

ARTIGO 6º

1 – Para as crianças refugiadas e para aquelas que, em virtude de perturbações a ocorrer nos respectivos países, forem deslocadas internacionalmente, as autoridades do Estado Contratante do território onde estas crianças se encontram em consequência dessa deslocação terão as competências previstas no artigo 5º, nº 1.

2 – As disposições do número anterior aplicar-se-ão igualmente às crianças cuja residência habitual não se consiga determinar.

ARTIGO 7º

1 – Em caso de afastamento ou de retenção ilícita da criança, as autoridades do Estado Contratante, no qual a criança tinha residência habitual imediatamente antes do seu afastamento ou retenção, mantêm as suas competências até que a criança adquira residência habitual num outro Estado, e:

a) Qualquer pessoa, instituição ou outro organismo com direitos de custódia concordar no afastamento ou retenção; ou

b) A criança tiver residido nesse outro Estado por um período mínimo de um ano após a pessoa, instituição ou qualquer outro organismo com direitos de custódia tenham, ou devessem ter, conhecimento do paradeiro da criança, não se encontre pendente qualquer pedido de regresso apresentado durante esse período, e a criança esteja integrada no seu novo ambiente.

2 – O afastamento ou a retenção da criança será considerado ilícito quando:

a) Se trata da violação dos direitos de custódia atribuída a uma pessoa, instituição ou qualquer outro organismo, conjunta ou independentemente, ao abrigo da lei do Estado onde a criança tenha a sua residência habitual antes do seu afastamento ou retenção; e *b*) Se, no momento do afastamento ou retenção, esses direitos eram efectivamente exercidos, tanto conjunta como independentemente, ou teriam sido exercidos se tal afastamento ou retenção não tivesse acontecido.

O direito de custódia previsto na alínea a) supracitada poderá, nomeadamente, resultar de uma atribuição de pleno direito, de uma decisão judiciária ou administrativa ou de um acordo em vigor em conformidade com o direito desse Estado.

3 – Enquanto as autoridades mencionadas no nº 1 conservarem as suas competências, as autoridades do Estado Contratante para onde a criança foi afastada ou no qual ficou retida apenas poderão tomar as medidas urgentes, previstas no artigo 11º, necessárias à protecção da pessoa ou bens da criança.

ARTIGO 8º

1 – Se a autoridade competente do Estado Contratante com a competência prevista nos artigos 5º e 6º, excepcionalmente, considerar que a autoridade do outro Estado Contratante se encontra numa posição melhor para apreciar, num caso particular, os melhores interesses da criança, poderá:

Solicitar a essa outra autoridade, directamente ou através do auxílio da Autoridade Central desse Estado, que assuma essa competência para tomar as medidas de protecção que considere necessárias; ou

Deixar de tomar em consideração o caso e convidar as Partes a apresentar tal pedido à autoridade desse outro Estado.

2 – Os Estados Contratantes cujas autoridades poderão ser requeridas, em conformidade com o número supracitado, são as seguintes:

a) Um Estado do qual a criança é nacional;

b) Um Estado no qual os bens da criança se encontram localizados;

c) Um Estado cujas autoridades tenham posse legal de um pedido de divórcio ou de separação legal dos pais da criança, ou de anulação do casamento;

d) Um Estado com o qual a criança tem uma ligação estreita.

3 – As autoridades envolvidas poderão proceder a uma troca de opinião.

4 – A autoridade requerida, conforme previsto pelo nº 1, poderá aceitar essa competência, em lugar da autoridade competente ao abrigo do disposto no artigo 5º ou 6º, se considerar que tal se enquadra nos melhores interesses da criança.

ARTIGO 9º

1 – Se as autoridades dos Estados Contratantes mencionados no artigo 8º, nº 2, considerarem que se encontram em condições mais favoráveis para, num caso específico, apreciar os melhores interesses da criança, poderão optar por:

Solicitar à autoridade competente do Estado Contratante da residência habitual da criança, directamente ou por intermédio da Autoridade Central desse Estado, que lhe seja permitido exercer essa competência a fim de tomar as medidas de protecção consideradas necessárias; ou

Convidar as Partes a apresentar esse pedido junto das autoridades do Estado Contratante no território da residência habitual da criança.

2 – As autoridades envolvidas poderão proceder a uma troca de opinião.

3 – A autoridade que origina o pedido poderá exercer a sua competência em lugar da autoridade do Estado Contratante da residência habitual da criança apenas se esta última autoridade citada tiver aceite esse pedido.

ARTIGO 10º

1 – Sem prejuízo dos artigos 5º a 9º, as autoridades do Estado Contratante no exercício das suas competências para decidir sobre um pedido de divórcio ou de separação legal dos pais de uma criança com residência habitual noutro Estado Contratante, ou uma anulação do casamento, poderão, caso a lei do seu Estado assim o preveja, tomar medidas orientadas à protecção da pessoa ou bens dessa criança se:

a) Aquando do início do processo, um dos pais reside habitualmente nesse Estado e um deles tenha responsabilidade parental para com a criança; e

b) A competência dessas autoridades para tomar essas medidas tiver sido aceite pelos pais, bem como por qualquer outra pessoa com responsabilidade parental relativamente à criança, e sendo nos melhores interesses da criança.

2 – A competência prevista no nº 1 para tomar medidas de protecção à criança termina logo que a decisão a autorizar ou a recusar o pedido de divórcio, separação legal ou anulação do casamento tenha-se tornado definitiva, ou se o processo tiver terminado por outra razão qualquer.

ARTIGO 11º

1 – Em todos os casos de urgência, as autoridades de um Estado Contratante, em cujo território se encontra a criança, ou os bens que lhe pertencem, têm competência para tomar as medidas de protecção necessárias.

2 – As medidas tomadas, ao abrigo do número precedente relativamente a uma criança com residência habitual num Estado Contratante, prescrevem logo que as autoridades com competência, ao abrigo dos artigos 5º e 10º, tenham tomado as medidas exigidas pela situação.

3 – As medidas tomadas ao abrigo do nº 1, relativamente a uma criança com residência habitual num Estado não Contratante, prescreverão em cada Estado Contratante logo que as medidas necessárias pela situação, e tomadas pelas autoridades do outro Estado, sejam reconhecidas pelo Estado Contratante em questão.

ARTIGO 12º

1 – Com ressalva do artigo 7º, as autoridades do Estado Contratante, em cujo território se encontram a criança ou os seus bens, têm competência para tomar medidas de carácter provisório para a protecção da pessoa ou bens da criança, que tenham uma eficácia territorial limitada para o Estado em questão, na medida em que essas

medidas não sejam incompatíveis com as medidas que já tenham sido tomadas pelas autoridades que tenham a competência prevista nos artigos 5º a 10º.

2 – As medidas tomadas ao abrigo do número precedente, respeitantes a uma criança que possui residência habitual num Estado Contratante, prescreverão logo que as autoridades com competência ao abrigo dos artigos 5º a 10º tiverem decidido sobre quais as medidas a tomar perante a situação.

3 – As medidas tomadas ao abrigo do nº 1, relativamente a uma criança com residência habitual num Estado não Contratante, prescreverão no Estado Contratante onde foram tomadas logo que as medidas exigidas por aquela situação e tomadas pelas autoridades de um outro Estado sejam reconhecidas pelo Estado Contratante em questão.

ARTIGO 13º

1 – As autoridades de um Estado Contratante com competência, ao abrigo dos artigos 5º a 10º, para tomarem medidas para a protecção da pessoa ou bens da criança devem abster-se de exercer essa competência se, no início dos procedimentos, tiverem sido solicitadas medidas semelhantes às autoridades de outro Estado Contratante com competência ao abrigo dos artigos 5º a 10º aquando do pedido e que, ainda, sujeitas a análise.

2 – As disposições do número precedente não se aplicarão se as autoridades a quem o pedido foi inicialmente apresentado tiverem renunciado a essa competência.

ARTIGO 14º

As medidas tomadas para aplicação dos artigos 5º a 10º continuam em vigor, de acordo com as suas condições, mesmo se uma alteração nas circunstâncias eliminar o fundamento sobre o qual essa competência foi estabelecida, desde que as autoridades com competência ao abrigo da Convenção não tenham modificado, substituído ou anulado essas medidas.

CAPÍTULO III
Lei aplicável

ARTIGO 15º

1 – Ao exercer as competências ao abrigo nas disposições do capítulo II, as autoridades dos Estados Contratantes deverão aplicar a sua própria legislação.

2 – Não obstante, na medida em que a protecção da pessoa ou os bens da criança assim o exija, poderão excepcionalmente aplicar ou tomar em consideração a lei de outro Estado com o qual a situação tenha uma ligação estreita.

3 – Se a residência habitual da criança mudar para outro Estado Contratante, a lei desse outro Estado regerá, a partir da data da mudança, as condições para aplicação das medidas tomadas pelo Estado da residência habitual anterior.

ARTIGO 16º

1 – A atribuição ou extinção da responsabilidade paternal por força da lei, sem a intervenção de uma autoridade judiciária ou administrativa, será regida pela lei do Estado da residência habitual da criança.

2 – A atribuição ou extinção da responsabilidade parental por acordo ou acto unilateral, sem a intervenção de uma autoridade judiciária ou administrativa, será regida pela lei do Estado onde a criança tiver residência habitual à data em que o acordo ou acto unilateral entrar em vigor.

3 – A responsabilidade parental existente ao abrigo da lei do Estado da residência habitual da criança manter-se-á após a mudança dessa residência habitual para outro Estado.

4 – No caso de mudança de residência habitual da criança, a atribuição de pleno direito da responsabilidade parental por força da lei a uma pessoa que não possua já essa responsabilidade é regida pela lei do Estado da nova residência habitual.

ARTIGO 17º

O exercício da responsabilidade parental é regido pela lei do Estado da residência habitual da criança. Se a residência habitual da criança se alterar, será regido pela lei do Estado da nova residência habitual.

ARTIGO 18º

A responsabilidade parental prevista no artigo 16º poderá ser retirada, ou as respectivas condições de exercício modificadas, por medidas tomadas ao abrigo da presente Convenção.

ARTIGO 19º

1 – A validade de uma transacção entre uma parte terceira e uma outra pessoa com o direito de agir como representante legal, ao abrigo da lei do Estado onde a transacção foi concluída, não poderá ser contestada, e a parte terceira não poderá ser responsabilizada com base no facto da outra pessoa não ter o direito de agir como representante legal, ao abrigo das leis previstas pelas disposições deste capítulo, salvo se a parte terceira tivesse tido ou devesse ter tido conhecimento de que a responsabilidade parental era regida por essa última lei.

2 – O número anterior apenas se aplica se a transacção se tiver efectuado entre pessoas presentes no território do mesmo Estado.

ARTIGO 20º

As disposições do presente capítulo aplicar-se-ão mesmo se a lei indicada for a de um Estado não Contratante.

ARTIGO 21º

1 – No âmbito do presente capítulo, o termo «lei» designa a lei em vigor num Estado, excluindo as normas de conflito.

2 – Contudo, se a lei aplicável, em conformidade com o artigo 16º, for a de um Estado não Contratante e se as regras de conflito desse Estado indicarem que o outro Estado não Contratante pode aplicar a sua própria lei, a lei desse último Estado será aplicável. Se o outro Estado não Contratante não aplicar a sua própria lei, a lei aplicável será a indicada no artigo 16º

ARTIGO 22º

A aplicação da lei indicada pelas disposições do presente capítulo apenas poderá ser recusada se esta aplicação for manifestamente contrária à ordem pública, tendo em consideração os melhores interesses da criança.

CAPÍTULO IV
Reconhecimento e execução

ARTIGO 23º

1 – As medidas tomadas pelas autoridades de um Estado Contratante serão reconhecidas por força de lei em todos os outros Estado Contratantes.

2 – Todavia, o reconhecimento poderá ser recusado:

a) Se a medida tiver sido tomada por uma autoridade cuja competência não assenta em nenhum dos fundamentos previstos no capítulo II;

b) Se a medida tiver sido tomada, salvo em caso de urgência, num contexto de um processo judiciário ou administrativo, sem se ter concedido à criança a possibilidade de ser ouvida, violando os princípios fundamentais dos procedimentos do Estado requerido;

c) Se qualquer pessoa apresentar pedido indicando que a medida infringe as suas responsabilidades parentais, se tal medida ter sido tomada, salvo em casos de urgência, sem se ter concedido a essa pessoa a possibilidade de ser ouvida;

d) Se tal reconhecimento é manifestamente contrário à ordem pública do Estado requerido, tendo em conta os melhores interesses da criança;

e) Se a medida for incompatível com outra medida posterior tomada no Estado não Contratante da residência habitual da criança, quando esta última medida preencha os requisitos necessários ao reconhecimento no Estado requerido;

f) Se os procedimentos previstos no artigo 33º não tiverem sido respeitados.

ARTIGO 24º

Sem prejuízo do nº 1 do artigo 23º, qualquer pessoa interessada poderá solicitar às autoridades competentes de um Estado Contratante que decidam sobre o reconhecimento, ou não, de uma medida tomada noutro Estado Contratante. Este processo será regido pela lei do Estado requerido.

ARTIGO 25º

A autoridade do Estado requerido está vinculada legalmente à avaliação das provas sobre as quais a autoridade do Estado onde a medida foi tomada baseou a sua competência.

ARTIGO 26º

1 – Se as medidas tomadas num Estado Contratante e postas em vigor ali carecerem de execução num outro Estado Contratante, deverão, a pedido da parte interessada, ser declaradas executórias ou registadas com a finalidade de serem executadas nesse outro Estado, de acordo com o procedimento previsto pela lei desse último Estado.

2 – Cada Estado Contratante aplicará um procedimento simples e rápido à declaração de *exequatur* ou registo.

3 – A declaração de *exequatur* ou registo apenas poderá ser recusada com fundamento em um dos motivos previstos no artigo 23º, nº 2.

ARTIGO 27º

Sem prejuízo da análise que seja necessária para a aplicação dos artigos precedentes, não haverá qualquer revisão quanto ao mérito da medida tomada.

ARTIGO 28º

As medidas tomadas num Estado Contratante, declaradas executórias, ou registadas para fins de execução num outro Estado Contratante, serão executadas nesse último Estado Contratante como se tivessem sido tomadas pelas autoridades desse Estado. A execução das medidas far-se-á em conformidade com a lei do Estado requerido nos termos previstos pela respectiva lei, tomando em consideração os melhores interesses da criança.

CAPÍTULO V
Cooperação

ARTIGO 29º

1 – Cada Estado Contratante designará uma Autoridade Central responsável por fazer cumprir as obrigações que lhes são impostas pela Convenção.

2 – Os Estados federais, Estados plurilegislativos ou Estados com regiões territoriais autónomas têm liberdade para nomear mais do que uma Autoridade Central e para especificar a extensão territorial ou pessoal das suas funções. Quando um Estado que tiver nomeado mais de uma Autoridade Central, designará a Autoridade Central

a quem todas as comunicações deverão ser dirigidas para serem transmitidas à Autoridade Central competente dentro desse Estado.

ARTIGO 30º

1 – As Autoridades Centrais deverão colaborar mutuamente e promover a cooperação entre as autoridades competentes nos seus Estados para atingir os objectivos desta Convenção.

2 – Essas autoridades tomarão, relativamente à aplicação da Convenção, os passos adequados para fornecer informações sobre a legislação e serviços disponíveis nos respectivos Estados em matéria de protecção das crianças.

ARTIGO 31º

A Autoridade Central de um Estado Contratante deverá, directamente ou através das autoridades públicas ou de outros organismos, fazer todas as diligências apropriadas no sentido de:

a) Facilitar as comunicações e oferecer o auxílio previsto nos artigos 8º e 9º e neste capítulo;

b) Facilitar, através da mediação, conciliação ou qualquer outro meio análogo, as soluções de mútuo acordo para a protecção da pessoa ou dos bens da criança, em situações abrangidas pela Convenção;

c) Auxiliar, a pedido da autoridade competente do outro Estado Contratante, auxílio na localização da criança quando se verificar que a criança poderá encontrar-se dentro do território do Estado requerido e necessitar de protecção.

ARTIGO 32º

A pedido fundamentado emitido pela Autoridade Central ou por outra autoridade competente de qualquer Estado Contratante com o qual a criança possui uma ligação estreita, a Autoridade Central do Estado Contratante no qual a criança possui residência e permanece habitualmente, poderá, directamente ou através das autoridades públicas ou de outros organismos:

a) Fornecer um relatório sobre a situação da criança;

b) Solicitar à autoridade competente do seu Estado que analise a necessidade de tomar medidas para a protecção da pessoa ou dos bens da criança.

ARTIGO 33º

1 – Se uma autoridade com competência ao abrigo do disposto nos artigos 5º a 10º contemplar a colocação da criança numa família de acolhimento ou numa instituição, ou o seu acolhimento legal por «*kafala*» ou por uma instituição análoga, e se essa colocação ou acolhimento tiver lugar num outro Estado Contratante, deverá, em primeiro lugar, consultar a Autoridade Central ou outra autoridade competente desse último Estado. Para esse efeito, deverá transmitir-lhe um relatório acerca da criança, indicando os motivos da proposta de colocação ou acolhimento.

2 – A decisão da colocação ou de acolhimento apenas poderá ser efectuada no Estado requerente se a Autoridade Central ou outra autoridade competente do Estado requerido tiver consentido nessa colocação ou acolhimento, tomando em consideração os melhores interesses da criança.

ARTIGO 34º

1 – Quando uma medida de protecção estiver prevista e, caso a situação da criança o exija, as autoridades competentes ao abrigo da Convenção poderão solicitar a qualquer autoridade de outro Estado Contratante detentora de informação relevante à protecção da criança que lhes comunique essa informação.

2 – Um Estado Contratante poderá decidir se os pedidos previstos, ao abrigo do nº 1, poderão ser comunicados às autoridades apenas através da sua Autoridade Central.

ARTIGO 35º

1 – As autoridades competentes de um Estado Contratante poderão solicitar às autoridades de um outro Estado Contratante que lhe prestem assistência a implementar as medidas de protecção previstas na presente Convenção, especialmente para assegurar o exercício efectivo do direito de visita, bem como o direito de manter contactos directos regulares.

2 – As autoridades de um Estado Contratante no qual a criança não resida habitualmente poderão, quando solicitado por um parente residente nesse Estado que pretenda obter ou manter o direito de visita à criança, recolher informações ou provas e pronunciar-se sobre a capacidade desse parente exercer o direito de visita, bem como sobre quais as condições para esse direito ser exercido. A autoridade competente, ao abrigo dos artigos 5º a 10º, para determinar os direitos de visita deverá tomar em consideração essas informações, provas ou conclusões, antes de se pronunciar sobre estes.

3 – Ao abrigo dos artigos 5º a 10º, para decidir sobre o direito de visita, uma autoridade competente poderá prorrogar um processo aguardando a solução a um pedido efectuado ao abrigo do disposto no nº 2, nomeadamente enquanto analisa um pedido para delimitar ou rescindir os direitos de visita concedidos pelo Estado onde a criança possuía a sua anterior residência habitual.

4 – Este artigo não impede que uma autoridade com competência, ao abrigo dos artigos 5º a 10º, tome medidas provisórias até ao término do procedimento previsto no nº 2.

ARTIGO 36º

No caso de a criança estar exposta a um perigo sério, as autoridades competentes do Estado Contratante, onde as medidas de protecção dessa criança foram tomadas ou estão a ser apreciadas, se forem informadas sobre a alteração de residência da criança, ou que a criança se encontra presente noutro Estado, deverão informar as autoridades desse outro Estado sobre esse perigo e sobre as medidas tomadas ou a ser apreciadas.

ARTIGO 37º

Uma autoridade não solicitará nem transmitirá qualquer informação prevista neste capítulo se, em sua opinião, ao proceder dessa forma poria a pessoa ou os bens da criança em perigo, ou representaria uma ameaça grave à liberdade ou à vida de um membro da família da criança.

ARTIGO 38º

1 – Sem prejuízo da possibilidade de praticar preços módicos pelo fornecimento de serviços, as Autoridades Centrais e outras autoridades públicas dos Estados Contratantes suportarão as suas próprias despesas na aplicação das disposições deste capítulo.

2 – Qualquer Estado Contratante poderá celebrar acordos com um ou vários outros Estados Contratantes relativamente à divisão das despesas.

ARTIGO 39º

Qualquer Estado Contratante poderá celebrar acordos com um ou mais Estados Contratantes para melhorar a aplicação deste capítulo nas suas relações recíprocas. Os Estados que celebraram tal acordo deverão enviar uma cópia ao depositário da Convenção.

CAPÍTULO VI
Disposições gerais

ARTIGO 40º

1 – As autoridades do Estado Contratante da residência habitual da criança, ou do Estado Contratante onde tenha sido tomada uma medida de protecção, poderão fornecer ao titular da responsabilidade parental ou à pessoa a quem foi confiada a protecção da pessoa ou bens da criança, a seu pedido, um certificado indicando a sua capacidade de exercício bem como os poderes que lhe foram conferidos.

2 – A capacidade de exercício e os poderes indicados no certificado serão considerados como direitos adquiridos, salvo prova em contrário.

3 – Cada Estado Contratante designará as autoridades competentes para emitir o certificado.

ARTIGO 41º

Os dados pessoais reunidos ou transmitidos ao abrigo da presente Convenção apenas poderão ser utilizados para os fins para os quais foram adquiridos ou transmitidos.

ARTIGO 42º

As autoridades a quem as informações são transmitidas deverão assegurar confidencialidade, em conformidade com o direito interno do respectivo Estado.

ARTIGO 43º

Os documentos remetidos ou entregues ao abrigo da presente Convenção ficam dispensados de qualquer legalização ou de qualquer formalidade análoga.

ARTIGO 44º

Cada Estado Contratante poderá designar as autoridades a quem os pedidos previstos nos artigos 8º, 9º e 33º deverão ser dirigidos.

ARTIGO 45º

1 – As designações referidas nos artigos 29º e 44º deverão ser comunicados à Secretaria Permanente da Conferência da Haia de Direito Internacional Privado.

2 – A declaração referida no artigo 34º, nº 2, será feita junto do depositário da Convenção.

ARTIGO 46º

Um Estado Contratante, plurilegislativo ou que preveja conjuntos de regras de leis aplicáveis à protecção da criança e dos seus bens, não ficará sujeito à aplicação das regras da presente Convenção nos conflitos relacionados, exclusivamente, com os diferentes sistemas existentes ou conjuntos de regras de leis.

ARTIGO 47º

No que respeita a um Estado onde existem dois ou mais sistemas de direito ou conjuntos de regras de leis relacionadas com qualquer questão abordada na presente Convenção, nas diferentes regiões territoriais considera-se que:

1) Qualquer referência à residência habitual nesse Estado será entendida como referindo a residência habitual numa região territorial;

2) Qualquer referência à presença da criança nesse Estado será entendida como referindo a presença numa região territorial;

3) Qualquer referência à localização da propriedade da criança nesse Estado será entendida como referindo a localização dos bens da criança numa região territorial;

4) Qualquer referência ao Estado do qual a criança é nacional será entendida como referindo a região territorial designada pela lei daquele Estado ou, na ausência de regras pertinentes, a região territorial com a qual a criança tem relações mais estreitas;

5) Qualquer referência ao Estado cujas autoridades têm posse legal de um pedido de divórcio ou de separação dos pais da criança, ou de anulação do casamento, será entendida como referindo a região territorial cujas autoridades possuem tal pedido;

6) Qualquer referência ao Estado com o qual a criança tem uma relação estreita será entendida como referindo a região territorial com a qual a criança apresenta tal ligação;

7) Qualquer referência ao Estado para onde a criança foi enviada ou onde está retida será entendida como referindo a região territorial relevante para a qual essa criança foi enviada ou onde está retida;

8) Qualquer referência aos organismos, ou autoridades desse Estado, que não as Autoridades Centrais, será entendida como referindo os organismos ou as autoridades com autorização legal para actuar dentro da região territorial relevante;

9) Qualquer referência à lei, ao procedimento ou à autoridade do Estado onde uma medida tiver sido tomada será entendida como referindo a lei ou o procedimento ou a autoridade de região territorial onde essa medida foi tomada;

10) Qualquer referência à lei ou ao procedimento ou à autoridade do Estado requerido será entendida como referindo a lei ou o procedimento ou a autoridade da região territorial onde se procura esse reconhecimento ou execução.

ARTIGO 48º

Para os efeitos de identificar a lei aplicável ao abrigo do capítulo III, relativamente ao Estados que abrange duas ou mais regiões territoriais cada, tendo cada um o seu próprio sistema de leis ou conjuntos de regras de leis relativas a questões reguladas pela presente Convenção, aplicam-se as regras seguintes:

a) Se existem regras em vigor nesse Estado, identificando qual a lei da região territorial aplicável, aplicar-se-á a lei dessa região territorial;

b) Na ausência de tais regras, aplicar-se-á a lei da região territorial, definida segundo as disposições do artigo 47º

ARTIGO 49º

Para os efeitos de identificar a lei aplicável ao abrigo do capítulo III, relativamente a um Estado plurilegislativo ou que possui conjuntos de regras de leis aplicáveis a categorias diferentes de pessoas em questões abrangidas pela presente Convenção, aplicam-se as regras seguintes:

a) Se existem regras em vigor nesse Estado identificando qual das leis é aplicável, aplicar-se-á essa lei;

b) Na ausência de tais regras, aplicar-se-á a lei do sistema ou dos conjuntos de regras de leis com a qual a criança tem uma ligação mais estreita.

ARTIGO 50º

Esta Convenção não prejudica a aplicação da Convenção de 25 de Outubro de 1980 sobre os Aspectos Civis do Rapto Internacional de Crianças, nas relações entre as Partes de ambas as Convenções. Todavia, nada impede que as disposições da presente Convenção sejam invocadas para fazer regressar uma criança que foi afastada ou retida ilicitamente ou para organizar o direito de visita.

ARTIGO 51º

Nas relações entre os Estados Contratantes, a presente Convenção substitui a Convenção de 5 de Outubro de 1961 relativa à competência das autoridades e a lei aplicável em matéria de protecção de menores, e a Convenção para Regular a Tutela dos Menores, assinada na Haia em 12 de Junho de 1902, sem prejuízo do reconhecimento das medidas tomadas ao abrigo da Convenção de 5 de Outubro de 1961 supracitada.

ARTIGO 52º

1 – Esta Convenção não prejudica os instrumentos internacionais nos quais os Estados Contratantes são Partes e que contenham disposições sobre as matérias reguladas pela Convenção, salvo declaração em contrário dos Estados Parte do referido instrumento.

2 – Esta Convenção não prejudica a possibilidade de um ou mais Estados Contratantes concluírem acordos que contenham, relativamente a crianças habitualmente residentes em qualquer dos Estados Partes desses acordos, disposições em matérias reguladas por esta Convenção.

3 – Os Acordos a serem concluídos por um ou mais Estados Contratantes relativos a questões no âmbito desta Convenção não prejudicam, nas relações destes Estados com outros Estados Contratantes, a aplicação das disposições da presente Convenção.

4 – Os números precedentes aplicam-se, igualmente, às leis uniformes baseadas na existência de ligações especiais, de natureza regional ou de outra natureza, entre os Estados em questão.

ARTIGO 53º

1 – A presente Convenção apenas se aplicará às medidas que tiverem sido tomadas num Estado após a entrada em vigor da Convenção nesse Estado.

2 – A Convenção aplicar-se-á ao reconhecimento e à execução das medidas tomadas após a sua entrada em vigor nas relações entre o Estado onde as medidas foram tomadas e o Estado requerido.

ARTIGO 54º

1 – Qualquer comunicação enviada à Autoridade Central ou a qualquer outra autoridade de um Estado Contratante será redigida na língua original e será acompanhada de uma tradução para a língua oficial ou para uma das línguas oficiais do outro Estado, ou, se tal não for praticável, de uma tradução para francês ou inglês.

2 – Todavia, um Estado Contratante poderá, fazendo uma reserva em conformidade com o artigo 60º, objectando contra a utilização de apenas uma das línguas francesa ou inglesa, mas não de ambas.

ARTIGO 55º

1 – Um Estado Contratante poderá, em conformidade com o artigo 60º:

a) Reservar a competência das suas autoridades para tomar medidas com vista à protecção dos bens de uma criança situados no respectivo território;

b) Reservar-se o direito de não reconhecer qualquer responsabilidade parental ou medida se esta for incompatível com qualquer outra medida tomada pelas autoridades relativamente a esses bens.

2 – Estas reservas poderão ser limitadas a certas categorias de bens.

ARTIGO 56º

O secretário-geral da Conferência da Haia de Direito Internacional Privado convocará, em períodos regulares, uma Comissão Especial a fim de examinar o funcionamento prático desta Convenção.

CAPÍTULO VII
Cláusulas finais

ARTIGO 57º

1 – A Convenção fica aberta à assinatura dos Estados que foram membros da Conferência da Haia de Direito Internacional Privado aquando a sua décima oitava sessão.

2 – Será ratificada, aceite ou aprovada e os instrumentos de ratificação, aceitação ou aprovação serão depositados junto do Ministério dos Negócios Estrangeiros do Reino dos Países Baixos, depositário da Convenção.

ARTIGO 58º

1 – Qualquer outro Estado poderá aderir à Convenção após esta ter entrado em vigor, em conformidade com o artigo 61º, nº 1.

2 – O instrumento de adesão será depositado junto do depositário.

3 – Tal adesão apenas entrará em vigor, no que respeita às relações entre o Estado aderente e os Estados Contratantes que não objectarem contra a sua adesão, nos seis meses seguintes após a recepção da notificação referida no artigo 63º, alínea *b*). Tal objecção poderá igualmente ser feita por qualquer Estado no momento de uma ratificação, aceitação ou aprovação da Convenção, ulteriormente à adesão. Qualquer objecção será notificada ao depositário.

ARTIGO 59º

1 – Se um Estado possui duas ou mais regiões territoriais nas quais se aplicam sistemas de direito diferentes nas questões reguladas pela presente Convenção poderá, no momento da assinatura, ratificação, aceitação, aprovação ou adesão declarar que

a Convenção abrangerá todas as suas regiões territoriais ou apenas uma ou mais dessas regiões, e poderá modificar esta declaração emitindo uma nova declaração a qualquer momento.

2 – Tais declarações serão notificadas ao depositário e indicarão expressamente quais as regiões territoriais a que esta Convenção se aplica.

3 – Se um Estado não emitir nenhuma declaração ao abrigo deste artigo, a Convenção aplicar-se-á a todas as regiões territoriais desse Estado.

ARTIGO 60º

1 – Qualquer Estado poderá, o mais tardar no momento da ratificação, aceitação, aprovação ou adesão, ou no momento de efectuar uma declaração nos termos do artigo 59º, apresentar uma ou duas das reservas previstas no artigo 54º, nº 2, e no artigo 55º Nenhuma outra reserva será permitida.

2 – Qualquer Estado poderá, a qualquer momento, revogar a reserva que tiver apresentado. Essa revogação será notificada ao depositário.

3 – A reserva deixará de vigorar no 1º dia do terceiro mês do calendário a contar da data da notificação mencionada no número precedente.

ARTIGO 61º

1 – A presente Convenção entrará em vigor no 1º dia do mês seguinte ao termo do prazo de três meses a contar da data do depósito do terceiro instrumento de ratificação, aceitação ou aprovação referido no artigo 57º

2 – A partir daí, a Convenção entrará em vigor:

a) Para cada Estado que a ratificar, aceitar ou aprovar posteriormente, no 1º dia do mês seguinte ao termo do prazo de três meses a contar da data do depósito do seu instrumento de ratificação, aceitação, aprovação ou adesão;

b) Para cada Estado que a ela aderir, no 1º dia do mês seguinte ao termo do prazo de três meses após o termo do prazo de seis meses previstos no artigo 58º, nº 3;

c) Para as regiões territoriais às quais se tenha alargado a aplicação da Convenção, em conformidade com o disposto no artigo 59º, no 1º dia do mês seguinte ao termo do prazo de três meses a contar da data da notificação prevista naquele artigo.

ARTIGO 62º

1 – Um Estado Parte da Convenção poderá denunciá-la mediante notificação por escrito dirigida ao depositário. A denúncia poderá limitar-se a certas regiões territoriais às quais a Convenção se aplica.

2 – A denúncia entra em vigor no 1º dia do mês seguinte ao termo do prazo de doze meses a contar da recepção da notificação pelo depositário. Quando um período mais longo para a denúncia entrar em vigor for indicado na notificação, a denúncia entrará em vigor a contar do termo desse período mais extenso.

ARTIGO 63º

O depositário notificará os Estados membros da Conferência da Haia de Direito Internacional Privado, bem como os Estados que tiverem aderido, em conformidade com as disposições do artigo 58º sobre:

a) As assinaturas, ratificações, aceitações e aprovações referidas no artigo 57º;

b) As adesões e objecções levantadas às adesões referidas no artigo 58º;

c) A data em que a Convenção entra em vigor, em conformidade com o artigo 61º;

d) As declarações referidas no artigo 34º, nº 2, e no artigo 59º;

e) Os acordos referidos no artigo 39º;

f) As reservas referidas no artigo 54º, nº 2, e no artigo 55º, bem como as revogações referidas no artigo 60º, nº 2;

g) As denúncias referidas no artigo 62º

Em testemunho do que, os abaixo-assinados, devidamente autorizados, assinaram a presente Convenção.

Feito na Haia, a 19 de Outubro de 1996, nas línguas francesa e inglesa, fazendo ambos os textos igualmente fé, num único original, o qual será depositado nos arquivos do Governo do Reino dos Países Baixos, e do qual uma cópia autenticada será enviada, por via diplomática, a cada um dos Estados membros da Conferência da Haia de Direito Internacional Privado aquando a sua 18ª sessão.

Convenção sobre os Direitos da Criança*

Resolução da Assembleia da República nº 20/90, de 12 de setembro

A Assembleia da República resolve, nos termos dos artigos 164º, alínea *j*), e 169º, nº 5, da Constituição, aprovar, para ratificação, a Convenção sobre os Direitos da Criança, assinada em Nova Iorque a 26 de Janeiro de 1990, cujo original em inglês e a respectiva tradução em português seguem em anexo.

Aprovada em 8 de Junho de 1990. O Presidente da Assembleia da República, *Vítor Pereira Crespo.*

* *Contém as retificações no texto realizadas pela Retificação nº 8/91, de 20-03.*

Convenção sobre os Direitos da Criança

PREÂMBULO

Os Estados Partes na presente Convenção:

Considerando que, em conformidade com os princípios proclamados pela Carta das Nações Unidas, o reconhecimento da dignidade inerente a todos os membros da família humana e dos seus direitos iguais e inalienáveis constitui o fundamento da liberdade, da justiça e da paz no mundo;

Tendo presente que, na Carta, os povos das Nações Unidas proclamaram, de novo, a sua fé nos direitos fundamentais do homem, na dignidade e no valor da pessoa humana e que resolveram favorecer o progresso social e instaurar melhores condições de vida numa liberdade mais ampla;

Reconhecendo que as Nações Unidas, na Declaração Universal dos Direitos do Homem e nos pactos internacionais relativos aos direitos do homem, proclamaram e acordaram em que toda a pessoa humana pode invocar os direitos e liberdades aqui enunciados, sem distinção alguma, nomeadamente de raça, cor, sexo, língua, religião, opinião política ou outra, de origem nacional ou social, de fortuna, nascimento ou de qualquer outra situação;

Recordando que, na Declaração Universal dos Direitos do Homem, a Organização das Nações Unidas proclamou que a infância tem direito a uma ajuda e assistência especiais;

Convictos de que a família, elemento natural e fundamental da sociedade e meio natural para o crescimento e bem-estar de todos os seus membros, e em particular das crianças, deve receber a protecção e a assistência necessárias para desempenhar plenamente o seu papel na comunidade;

Reconhecendo que a criança, para o desenvolvimento harmonioso da sua personalidade, deve crescer num ambiente familiar, em clima de felicidade, amor e compreensão;

Considerando que importa preparar plenamente a criança para viver uma vida individual na sociedade e ser educada no espírito dos ideais proclamados na Carta das Nações Unidas e, em particular, num espírito de paz, dignidade, tolerância, liberdade e solidariedade;

Tendo presente que a necessidade de garantir uma protecção especial à criança foi enunciada pela Declaração de Genebra de 1924 sobre os Direitos da Criança e pela Declaração dos Direitos da Criança adoptada pelas Nações Unidas em 1959, e foi reconhecida pela Declaração Universal dos Direitos do Homem, pelo Pacto Internacional sobre os Direitos Civis e Políticos (nomeadamente nos artigos 23º e 24º), pelo Pacto Internacional sobre os Direitos Económicos, Sociais e Culturais (nomeadamente o artigo 10º) e pelos estatutos e instrumentos pertinentes das agências especializadas e organizações internacionais que se dedicam ao bem-estar da criança;

Tendo presente que, como indicado na Declaração dos Direitos da Criança, adoptada em 20 de Novembro de 1959 pela Assembleia Geral das Nações Unidas, «a criança, por motivo da sua falta de maturidade física e intelectual, tem necessidade de uma protecção e cuidados especiais, nomeadamente de protecção jurídica adequada, tanto antes como depois do nascimento»;

Recordando as disposições da Declaração sobre os Princípios Sociais e Jurídicos Aplicáveis à Protecção e Bem-Estar das Crianças, com Especial Referência à Adopção e Colocação Familiar nos Planos Nacional e Internacional (Resolução nº 41/85 da Assembleia Geral, de 3 de Dezembro de 1986), o Conjunto de Regras Mínimas das Nações Unidas relativas à Administração da Justiça para Menores («Regras de Beijing») (Resolução nº 40/33 da Assembleia Geral, de 29 de Novembro de 1985) e a Declaração sobre Protecção de Mulheres e Crianças em Situação de Emergência ou de Conflito Armado (Resolução nº 3318 (XXIX) da Assembleia Geral, de 14 de Dezembro de 1974);

Reconhecendo que em todos os países do mundo há crianças que vivem em condições particularmente difíceis e que importa assegurar uma atenção especial a essas crianças;

Tendo devidamente em conta a importância das tradições e valores culturais de cada povo para a protecção e o desenvolvimento harmonioso da criança;

Reconhecendo a importância da cooperação internacional para a melhoria das condições de vida das crianças em todos os países, em particular nos países em desenvolvimento;

acordam no seguinte:

PARTE I

ARTIGO 1º

Nos termos da presente Convenção, criança é todo o ser humano menor de 18 anos, salvo se, nos termos da lei que lhe for aplicável, atingir a maioridade mais cedo.

ARTIGO 2º

1 – Os Estados Partes comprometem-se a respeitar e a garantir os direitos previstos na presente Convenção a todas as crianças que se encontrem sujeitas à sua jurisdição, sem discriminação alguma, independentemente de qualquer consideração de raça, cor, sexo, língua, religião, opinião política ou outra da criança, de seus pais ou representantes legais, ou da sua origem nacional, étnica ou social, fortuna, incapacidade, nascimento ou de qualquer outra situação.

2 – Os Estados Partes tomam todas as medidas adequadas para que a criança seja efectivamente protegida contra todas as formas de discriminação ou de sanção decorrentes da situação jurídica, de actividades, opiniões expressas ou convicções de seus pais, representantes legais ou outros membros da sua família.

ARTIGO 3º

1 – Todas as decisões relativas a crianças, adoptadas por instituições públicas ou privadas de protecção social, por tribunais, autoridades administrativas ou órgãos legislativos, terão primacialmente em conta o interesse superior da criança.

2 – Os Estados Partes comprometem-se a garantir à criança a protecção e os cuidados necessários ao seu bem-estar, tendo em conta os direitos e deveres dos pais, representantes legais ou outras pessoas que a tenham legalmente a seu cargo e, para este efeito, tomam todas as medidas legislativas e administrativas adequadas.

3 – Os Estados Partes garantem que o funcionamento de instituições, serviços e estabelecimentos que têm crianças a seu cargo e asseguram a sua protecção seja conforme às normas fixadas pelas autoridades competentes, nomeadamente nos domínios da segurança e saúde, relativamente ao número e qualificação do seu pessoal, bem como quanto à existência de uma adequada fiscalização.

ARTIGO 4º

Os Estados Partes comprometem-se a tomar todas as medidas legislativas, administrativas e outras necessárias à realização dos direitos reconhecidos pela presente Convenção. No caso de direitos económicos, sociais e culturais, tomam essas medidas no limite máximo dos seus recursos disponíveis e, se necessário, no quadro da cooperação internacional.

ARTIGO 5º

Os Estados Partes respeitam as responsabilidades, direitos e deveres dos pais e, sendo caso disso, dos membros da família alargada ou da comunidade nos termos dos costumes locais, dos representantes legais ou de outras pessoas que tenham a criança legalmente a seu cargo, de assegurar à criança, de forma compatível com o desenvolvimento das suas capacidades, a orientação e os conselhos adequados ao exercício dos direitos que lhe são reconhecidos pela presente Convenção.

ARTIGO 6º

1 – Os Estados Partes reconhecem à criança o direito inerente à vida.

2 – Os Estados Partes asseguram na máxima medida possível a sobrevivência e o desenvolvimento da criança.

ARTIGO 7º

1 – A criança é registada imediatamente após o nascimento e tem desde o nascimento o direito a um nome, o direito a adquirir uma nacionalidade e, sempre que possível, o direito de conhecer os seus pais e de ser educada por eles.

2 – Os Estados Partes garantem a realização destes direitos de harmonia com a legislação nacional e as obrigações decorrentes dos instrumentos jurídicos internacionais relevantes neste domínio, nomeadamente nos casos em que, de outro modo, a criança ficasse apátrida.

ARTIGO 8º

1 – Os Estados Partes comprometem-se a respeitar o direito da criança a preservar a sua identidade, incluindo a nacionalidade, o nome e relações familiares, nos termos da lei, sem ingerência ilegal.

2 – No caso de uma criança ser ilegalmente privada de todos os elementos constitutivos da sua identidade ou de alguns deles, os Estados Partes devem assegurar-lhe assistência e protecção adequadas, de forma a que a sua identidade seja restabelecida o mais rapidamente possível.

ARTIGO 9º

1 – Os Estados Partes garantem que a criança não é separada de seus pais contra a vontade destes, salvo se as autoridades competentes decidirem, sem prejuízo de revisão judicial e de harmonia com a legislação e o processo aplicáveis, que essa separação é necessária no interesse superior da criança. Tal decisão pode mostrar-se necessária no caso de, por exemplo, os pais maltratarem ou negligenciarem a criança ou no caso de os pais viverem separados e uma decisão sobre o lugar da residência da criança tiver de ser tomada.

2 – Em todos os casos previstos no nº 1 todas as partes interessadas devem ter a possibilidade de participar nas deliberações e de dar a conhecer os seus pontos de vista.

3 – Os Estados Partes respeitam o direito da criança separada de um ou de ambos os seus pais de manter regularmente relações pessoais e contactos directos com ambos, salvo se tal se mostrar contrário ao interesse superior da criança.

4 – Quando a separação resultar de medidas tomadas por um Estado Parte, tais como a detenção, prisão, exílio, expulsão ou morte (incluindo a morte ocorrida no decurso de detenção, independentemente da sua causa) de ambos os pais ou de um deles, ou da criança, o Estado Parte, se tal lhe for solicitado, dará aos pais, à criança

ou, sendo esse o caso, a um outro membro da família, informações essenciais sobre o local onde se encontram o membro ou membros da família, a menos que a divulgação de tais informações se mostre prejudicial ao bem-estar da criança. Os Estados Partes comprometem-se, além disso, a que a apresentação de um pedido de tal natureza não determine em si mesmo consequências adversas para a pessoa ou pessoas interessadas.

ARTIGO 10º

1 – Nos termos da obrigação decorrente para os Estados Partes ao abrigo do nº 1 do artigo 9º, todos os pedidos formulados por uma criança ou por seus pais para entrar num Estado Parte ou para o deixar, com o fim de reunificação familiar, são considerados pelos Estados Partes de forma positiva, com humanidade e diligência. Os Estados Partes garantem, além disso, que a apresentação de um tal pedido não determinará consequências adversas para os seus autores ou para os membros das suas famílias.

2 – Uma criança cujos pais residem em diferentes Estados Partes tem o direito de manter, salvo circunstâncias excepcionais, relações pessoais e contactos directos regulares com ambos. Para esse efeito, e nos termos da obrigação que decorre para os Estados Partes ao abrigo do nº 2 do artigo 9º, os Estados Partes respeitam o direito da criança e de seus pais de deixar qualquer país, incluindo o seu, e de regressar ao seu próprio país. O direito de deixar um país só pode ser objecto de restrições que, sendo previstas na lei, constituam disposições necessárias para proteger a segurança nacional, a ordem pública, a saúde ou moral públicas, ou os direitos e liberdades de outrem, e se mostrem compatíveis com os outros direitos reconhecidos na presente Convenção.

ARTIGO 11º

1 – Os Estados Partes tomam as medidas adequadas para combater a deslocação e a retenção ilícitas de crianças no estrangeiro.

2 – Para esse efeito, os Estados Partes promovem a conclusão de acordos bilaterais ou multilaterais ou a adesão a acordos existentes.

ARTIGO 12º

1 – Os Estados Partes garantem à criança com capacidade de discernimento o direito de exprimir livremente a sua opinião sobre as questões que lhe respeitem, sendo devidamente tomadas em consideração as opiniões da criança, de acordo com a sua idade e maturidade.

2 – Para este fim, é assegurada à criança a oportunidade de ser ouvida nos processos judiciais e administrativos que lhe respeitem, seja directamente, seja através de representante ou de organismo adequado, segundo as modalidades previstas pelas regras de processo da legislação nacional.

ARTIGO 13º

1 – A criança tem direito à liberdade de expressão. Este direito compreende a liberdade de procurar, receber e expandir informações e ideias de toda a espécie, sem consideração de fronteiras, sob forma oral, escrita, impressa ou artística ou por qualquer outro meio à escolha da criança.

2 – O exercício deste direito só pode ser objecto de restrições previstas na lei e que sejam necessárias:

a) Ao respeito dos direitos e da reputação de outrem;
b) À salvaguarda da segurança nacional, da ordem pública, da saúde ou da moral públicas.

ARTIGO 14º

1 – Os Estados Partes respeitam o direito da criança à liberdade de pensamento, de consciência e de religião.

2 – Os Estados Partes respeitam os direitos e deveres dos pais e, sendo caso disso, dos representantes legais, de orientar a criança no exercício deste direito, de forma compatível com o desenvolvimento das suas capacidades.

3 – A liberdade de manifestar a sua religião ou as suas convicções só pode ser objecto de restrições previstas na lei e que se mostrem necessárias à protecção da segurança, da ordem e da saúde públicas, ou da moral e das liberdades e direitos fundamentais de outrem.

ARTIGO 15º

1 – Os Estados Partes reconhecem os direitos da criança à liberdade de associação e à liberdade de reunião pacífica.

2 – O exercício destes direitos só pode ser objecto de restrições previstas na lei e que sejam necessárias, numa sociedade democrática, no interesse da segurança nacional ou da segurança pública, da ordem pública, para proteger a saúde ou a moral públicas ou os direitos e liberdades de outrem.

ARTIGO 16º

1 – Nenhuma criança pode ser sujeita a intromissões arbitrárias ou ilegais na sua vida privada, na sua família, no seu domicílio ou correspondência, nem a ofensas ilegais à sua honra e reputação.

2 – A criança tem direito à protecção da lei contra tais intromissões ou ofensas.

ARTIGO 17º

Os Estados Partes reconhecem a importância da função exercida pelos órgãos de comunicação social e asseguram o acesso da criança à informação e a documentos provenientes de fontes nacionais e internacionais diversas, nomeadamente aqueles que visem promover o seu bem-estar social, espiritual e moral, assim como a sua saúde física e mental. Para esse efeito, os Estados Partes devem:

a) Encorajar os órgãos de comunicação social a difundir informação e documentos que revistam utilidade social e cultural para a criança e se enquadrem no espírito do artigo 29º;

b) Encorajar a cooperação internacional tendente a produzir, trocar e difundir informação e documentos dessa natureza, provenientes de diferentes fontes culturais, nacionais e internacionais;

c) Encorajar a produção e a difusão de livros para crianças;

d) Encorajar os órgãos de comunicação social a ter particularmente em conta as necessidades linguísticas das crianças indígenas ou que pertençam a um grupo minoritário;

e) Favorecer a elaboração de princípios orientadores adequados à protecção da criança contra a informação e documentos prejudiciais ao seu bem-estar, nos termos do disposto nos artigos 13º e 18º.

ARTIGO 18º

1 – Os Estados Partes diligenciam de forma a assegurar o reconhecimento do princípio segundo o qual ambos os pais têm uma responsabilidade comum na educação e no desenvolvimento da criança. A responsabilidade de educar a criança e de assegurar o seu desenvolvimento cabe primacialmente aos pais e, sendo caso disso, aos representantes legais. O interesse superior da criança deve constituir a sua preocupação fundamental.

2 – Para garantir e promover os direitos enunciados na presente Convenção, os Estados Partes asseguram uma assistência adequada aos pais e representantes legais da criança no exercício da responsabilidade que lhes cabe de educar a criança e garantem o estabelecimento de instituições, instalações e serviços de assistência à infância.

3 – Os Estados Partes tomam todas as medidas adequadas para garantir às crianças, cujos pais trabalhem o direito de beneficiar de serviços e instalações de assistência às crianças para os quais reúnam as condições requeridas.

ARTIGO 19º

1 – Os Estados Partes tomam todas as medidas legislativas, administrativas, sociais e educativas adequadas à protecção da criança contra todas as formas de violência física ou mental, dano ou sevícia, abandono ou tratamento negligente; maus tratos ou exploração, incluindo a violência sexual, enquanto se encontrar sob a guarda de seus pais ou de um deles, dos representantes legais ou de qualquer outra pessoa a cuja guarda haja sido confiada.

2 – Tais medidas de protecção devem incluir, consoante o caso, processos eficazes para o estabelecimento de programas sociais destinados a assegurar o apoio necessário à criança e àqueles a cuja guarda está confiada, bem como outras formas de prevenção, e para identificação, elaboração de relatório, transmissão, investigação, tra-

tamento e acompanhamento dos casos de maus tratos infligidos à criança, acima descritos, compreendendo igualmente, se necessário, processos de intervenção judicial.

ARTIGO 20º

1 – A criança temporária ou definitivamente privada do seu ambiente familiar ou que, no seu interesse superior, não possa ser deixada em tal ambiente, tem direito à protecção e assistência especiais do Estado.

2 – Os Estados Partes asseguram a tais crianças uma protecção alternativa, nos termos da sua legislação nacional.

3 – A protecção alternativa pode incluir, entre outras, a forma de colocação familiar, a kafala do direito islâmico, a adopção ou, no caso de tal se mostrar necessário, a colocação em estabelecimentos adequados de assistência às crianças. Ao considerar tais soluções, importa atender devidamente à necessidade de assegurar continuidade à educação da criança, bem como à sua origem étnica, religiosa, cultural e linguística.

ARTIGO 21º

Os Estados Partes que reconhecem e ou permitem a adopção asseguram que o interesse superior da criança será a consideração primordial neste domínio e:

a) Garantem que a adopção de uma criança é autorizada unicamente pelas autoridades competentes, que, nos termos da lei e do processo aplicáveis e baseando-se em todas as informações credíveis relativas ao caso concreto, verificam que a adopção pode ter lugar face à situação da criança relativamente a seus pais, parentes e representantes legais e que, se necessário, as pessoas interessadas deram em consciência o seu consentimento à adopção, após se terem socorrido de todos os pareceres julgados necessários;

b) Reconhecem que a adopção internacional pode ser considerada como uma forma alternativa de protecção da criança se esta não puder ser objecto de uma medida de colocação numa família de acolhimento ou adoptiva, ou se não puder ser convenientemente educada no seu país de origem;

c) Garantem à criança sujeito de adopção internacional o gozo das garantias e normas equivalentes às aplicáveis em caso de adopção nacional;

d) Tomam todas as medidas adequadas para garantir que, em caso de adopção internacional, a colocação da criança se não traduza num benefício material indevido para os que nela estejam envolvidos;

e) Promovem os objectivos deste artigo pela conclusão de acordos ou tratados bilaterais ou multilaterais, consoante o caso, e neste domínio procuram assegurar que as colocações de crianças no estrangeiro sejam efectuadas por autoridades ou organismos competentes.

ARTIGO 22º

1 – Os Estados Partes tomam as medidas necessárias para que a criança que requeira o estatuto de refugiado ou que seja considerada refugiado, de harmonia com

as normas e processos de direito internacional ou nacional aplicáveis, quer se encontre só, quer acompanhada de seus pais ou de qualquer outra pessoa, beneficie de adequada protecção e assistência humanitária, de forma a permitir o gozo dos direitos reconhecidos pela presente Convenção e outros instrumentos internacionais relativos aos direitos do homem ou de carácter humanitário, de que os referidos Estados sejam Partes.

2 – Para esse efeito, os Estados Partes cooperam, nos termos considerados adequados, nos esforços desenvolvidos pela Organização das Nações Unidas e por outras organizações intergovernamentais ou não governamentais competentes que colaborem com a Organização das Nações Unidas na protecção e assistência de crianças que se encontrem em tal situação, e na procura dos pais ou de outros membros da família da criança refugiada, de forma a obter as informações necessárias à reunificação familiar. No caso de não terem sido encontrados os pais ou outros membros da família, a criança deve beneficiar, à luz dos princípios enunciados na presente Convenção, da protecção assegurada a toda a criança que, por qualquer motivo, se encontre privada temporária ou definitivamente do seu ambiente familiar.

ARTIGO 23º

1 – Os Estados Partes reconhecem à criança mental e fisicamente deficiente o direito a uma vida plena e decente em condições que garantam a sua dignidade, favoreçam a sua autonomia e facilitem a sua participação activa na vida da comunidade.

2 – Os Estados Partes reconhecem à criança deficiente o direito de beneficiar de cuidados especiais e encorajam e asseguram, na medida dos recursos disponíveis, a prestação à criança que reúna as condições requeridas e àqueles que a tenham a seu cargo de uma assistência correspondente ao pedido formulado e adaptada ao estado da criança e à situação dos pais ou daqueles que a tiverem a seu cargo.

3 – Atendendo às necessidades particulares da criança deficiente, a assistência fornecida nos termos do nº 2 será gratuita sempre que tal seja possível, atendendo aos recursos financeiros dos pais ou daqueles que tiverem a criança a seu cargo, e é concebida de maneira a que a criança deficiente tenha efectivo acesso à educação, à formação, aos cuidados de saúde, à reabilitação, à preparação para o emprego e a actividades recreativas, e beneficie desses serviços de forma a assegurar uma integração social tão completa quanto possível e o desenvolvimento pessoal, incluindo nos domínios cultural e espiritual.

4 – Num espírito de cooperação internacional, os Estados Partes promovem a troca de informações pertinentes no domínio dos cuidados preventivos de saúde e do tratamento médico, psicológico e funcional das crianças deficientes, incluindo a difusão de informações respeitantes aos métodos de reabilitação e aos serviços de formação profissional, bem como o acesso a esses dados, com vista a permitir que os Estados Partes melhorem as suas capacidades e qualificações e alarguem a sua experiência nesses domínios. A este respeito atender-se-á de forma particular às necessidades dos países em desenvolvimento.

ARTIGO 24º

1 – Os Estados Partes reconhecem à criança o direito a gozar do melhor estado de saúde possível e a beneficiar de serviços médicos e de reeducação. Os Estados Partes velam pela garantia de que nenhuma criança seja privada do direito de acesso a tais serviços de saúde.

2 – Os Estados Partes prosseguem a realização integral deste direito e, nomeadamente, tomam medidas adequadas para:

a) Fazer baixar a mortalidade entre as crianças de tenra idade e a mortalidade infantil;

b) Assegurar a assistência médica e os cuidados de saúde necessários a todas as crianças, enfatizando o desenvolvimento dos cuidados de saúde primários;

c) Combater a doença e a má nutrição, no quadro dos cuidados de saúde primários, graças nomeadamente à utilização de técnicas facilmente disponíveis e ao fornecimento de alimentos nutritivos e de água potável, tendo em consideração os perigos e riscos da poluição do ambiente;

d) Assegurar às mães os cuidados de saúde, antes e depois do nascimento;

e) Assegurar que todos os grupos da população, nomeadamente os pais e as crianças, sejam informados, tenham acesso e sejam apoiados na utilização de conhecimentos básicos sobre a saúde e a nutrição da criança, as vantagens do aleitamento materno, a higiene e a salubridade do ambiente, bem como a prevenção de acidentes;

f) Desenvolver os cuidados preventivos de saúde, os conselhos aos pais e a educação sobre planeamento familiar e os serviços respectivos.

3 – Os Estados Partes tomam todas as medidas eficazes e adequadas com vista a abolir as práticas tradicionais prejudiciais à saúde das crianças.

4 – Os Estados Partes comprometem-se a promover e a encorajar a cooperação internacional, de forma a garantir progressivamente a plena realização do direito reconhecido no presente artigo. A este respeito atender-se-á de forma particular às necessidades dos países em desenvolvimento.

ARTIGO 25º

Os Estados Partes reconhecem à criança que foi objecto de uma medida de colocação num estabelecimento pelas autoridades competentes, para fins de assistência, protecção ou tratamento físico ou mental, o direito à revisão periódica do tratamento a que foi submetida e de quaisquer outras circunstâncias ligadas à sua colocação.

ARTIGO 26º

1 – Os Estados Partes reconhecem à criança o direito de beneficiar da segurança social e tomam todas as medidas necessárias para assegurar a plena realização deste direito, nos termos da sua legislação nacional.

2 – As prestações, se a elas houver lugar, devem ser atribuídas tendo em conta os recursos e a situação da criança e das pessoas responsáveis pela sua manutenção,

assim como qualquer outra consideração relativa ao pedido de prestação feito pela criança ou em seu nome.

ARTIGO 27º

1 – Os Estados Partes reconhecem à criança o direito a um nível de vida suficiente, de forma a permitir o seu desenvolvimento físico, mental, espiritual, moral e social.

2 – Cabe primacialmente aos pais e às pessoas que têm a criança a seu cargo a responsabilidade de assegurar, dentro das suas possibilidades e disponibilidades económicas, as condições de vida necessárias ao desenvolvimento da criança.

3 – Os Estados Partes, tendo em conta as condições nacionais e na medida dos seus meios, tomam as medidas adequadas para ajudar os pais e outras pessoas que tenham a criança a seu cargo a realizar este direito e asseguram, em caso de necessidade, auxílio material e programas de apoio, nomeadamente no que respeita à alimentação, vestuário e alojamento.

4 – Os Estados Partes tomam todas as medidas adequadas tendentes a assegurar a cobrança da pensão alimentar devida à criança, de seus pais ou de outras pessoas que tenham a criança economicamente a seu cargo, tanto no seu território quanto no estrangeiro. Nomeadamente, quando a pessoa que tem a criança economicamente a seu cargo vive num Estado diferente do da criança, os Estados Partes devem promover a adesão a acordos internacionais ou a conclusão de tais acordos, assim como a adopção de quaisquer outras medidas julgadas adequadas.

ARTIGO 28º

1 – Os Estados Partes reconhecem o direito da criança à educação e, tendo nomeadamente em vista assegurar progressivamente o exercício desse direito na base da igualdade de oportunidades:

a) Tornam o ensino primário obrigatório e gratuito para todos;

b) Encorajam a organização de diferentes sistemas de ensino secundário, geral e profissional, tornam estes públicos e acessíveis a todas as crianças e tomam medidas adequadas, tais como a introdução da gratuitidade do ensino e a oferta de auxílio financeiro em caso de necessidade;

c) Tornam o ensino superior acessível a todos, em função das capacidades de cada um, por todos os meios adequados;

d) Tornam a informação e a orientação escolar e profissional públicas e acessíveis a todas as crianças;

e) Tomam medidas para encorajar a frequência escolar regular e a redução das taxas de abandono escolar.

2 – Os Estados Partes tomam as medidas adequadas para velar por que a disciplina escolar seja assegurada de forma compatível com a dignidade humana da criança e nos termos da presente Convenção.

3 – Os Estados Partes promovem e encorajam a cooperação internacional no domínio da educação, nomeadamente de forma a contribuir para a eliminação da

ignorância e do analfabetismo no mundo e a facilitar o acesso aos conhecimentos científicos e técnicos e aos modernos métodos de ensino. A este respeito atender-se-á de forma particular às necessidades dos países em desenvolvimento.

ARTIGO 29º

1 – Os Estados Partes acordam em que a educação da criança deve destinar-se a:

a) Promover o desenvolvimento da personalidade da criança, dos seus dons e aptidões mentais e físicos na medida das suas potencialidades;

b) Inculcar na criança o respeito pelos direitos do homem e liberdades fundamentais e pelos princípios consagrados na Carta das Nações Unidas;

c) Inculcar na criança o respeito pelos pais, pela sua identidade cultural, língua e valores, pelos valores nacionais do país em que vive, do país de origem e pelas civilizações diferentes da sua;

d) Preparar a criança para assumir as responsabilidades da vida numa sociedade livre, num espírito de compreensão, paz, tolerância, igualdade entre os sexos e de amizade entre todos os povos, grupos étnicos, nacionais e religiosos e com pessoas de origem indígena;

e) Promover o respeito da criança pelo meio ambiente.

2 – Nenhuma disposição deste artigo ou do artigo 28º pode ser interpretada de forma a ofender a liberdade dos indivíduos ou das pessoas colectivas de criar e dirigir estabelecimentos de ensino, desde que sejam respeitados os princípios enunciados no nº 1 do presente artigo e que a educação ministrada nesses estabelecimentos seja conforme às regras mínimas prescritas pelo Estado.

ARTIGO 30º

Nos Estados em que existam minorias étnicas, religiosas ou linguísticas ou pessoas de origem indígena, nenhuma criança indígena ou que pertença a uma dessas minorias poderá ser privada do direito de, conjuntamente com membros do seu grupo, ter a sua própria vida cultural, professar e praticar a sua própria religião ou utilizar a sua própria língua.

ARTIGO 31º

1 – Os Estados Partes reconhecem à criança o direito ao repouso e aos tempos livres, o direito de participar em jogos e actividades recreativas próprias da sua idade e de participar livremente na vida cultural e artística.

2 – Os Estados Partes respeitam e promovem o direito da criança de participar plenamente na vida cultural e artística e encorajam a organização, em seu benefício, de formas adequadas de tempos livres e de actividades recreativas, artísticas e culturais, em condições de igualdade.

ARTIGO 32º

1 – Os Estados Partes reconhecem à criança o direito de ser protegida contra a exploração económica ou a sujeição a trabalhos perigosos ou capazes de comprometer a sua educação, prejudicar a sua saúde ou o seu desenvolvimento físico, mental, espiritual, moral ou social.

2 – Os Estados Partes tomam medidas legislativas, administrativas, sociais e educativas para assegurar a aplicação deste artigo. Para esse efeito, e tendo em conta as disposições relevantes de outros instrumentos jurídicos internacionais, os Estados Partes devem, nomeadamente:

a) Fixar uma idade mínima ou idades mínimas para a admissão a um emprego;

b) Adoptar regulamentos próprios relativos à duração e às condições de trabalho; e

c) Prever penas ou outras sanções adequadas para assegurar uma efectiva aplicação deste artigo.

ARTIGO 33º

Os Estados Partes adoptam todas as medidas adequadas, incluindo medidas legislativas, administrativas, sociais e educativas para proteger as crianças contra o consumo ilícito de estupefacientes e de substâncias psicotrópicas, tais como definidos nas convenções internacionais aplicáveis, e para prevenir a utilização de crianças na produção e no tráfico ilícitos de tais substâncias.

ARTIGO 34º

Os Estados Partes comprometem-se a proteger a criança contra todas as formas de exploração e de violência sexuais. Para esse efeito, os Estados Partes devem, nomeadamente, tomar todas as medidas adequadas, nos planos nacional, bilateral e multilateral para impedir:

a) Que a criança seja incitada ou coagida a dedicar-se a uma actividade sexual ilícita;

b) Que a criança seja explorada para fins de prostituição ou de outras práticas sexuais ilícitas;

c) Que a criança seja explorada na produção de espectáculos ou de material de natureza pornográfica.

ARTIGO 35º

Os Estados Partes tomam todas as medidas adequadas, nos planos nacional, bilateral e multilateral, para impedir o rapto, a venda ou o tráfico de crianças, independentemente do seu fim ou forma.

ARTIGO 36º

Os Estados Partes protegem a criança contra todas as formas de exploração prejudiciais a qualquer aspecto do seu bem-estar.

ARTIGO 37º

Os Estados Partes garantem que:

a) Nenhuma criança será submetida à tortura ou a penas ou tratamentos cruéis, desumanos ou degradantes. A pena de morte e a prisão perpétua sem possibilidade de libertação não serão impostas por infracções cometidas por pessoas com menos de 18 anos;

b) Nenhuma criança será privada de liberdade de forma ilegal ou arbitrária: a captura, detenção ou prisão de uma criança devem ser conformes à lei, serão utilizadas unicamente como medida de último recurso e terão a duração mais breve possível;

c) A criança privada de liberdade deve ser tratada com a humanidade e o respeito devidos à dignidade da pessoa humana e de forma consentânea com as necessidades das pessoas da sua idade. Nomeadamente, a criança privada de liberdade deve ser separada dos adultos, a menos que, no superior interesse da criança, tal não pareça aconselhável, e tem o direito de manter contacto com a sua família através de correspondência e visitas, salvo em circunstâncias excepcionais;

d) A criança privada de liberdade tem o direito de aceder rapidamente à assistência jurídica ou a outra assistência adequada e o direito de impugnar a legalidade da sua privação de liberdade perante um tribunal ou outra autoridade competente, independente e imparcial, bem como o direito a uma rápida decisão sobre tal matéria.

ARTIGO 38º

1 – Os Estados Partes comprometem-se a respeitar e a fazer respeitar as normas de direito humanitário internacional que lhes sejam aplicáveis em caso de conflito armado e que se mostrem relevantes para a criança.

2 – Os Estados Partes devem tomar todas as medidas possíveis na prática para garantir que nenhuma criança com menos de 15 anos participe directamente nas hostilidades.

3 – Os Estados Partes devem abster-se de incorporar nas forças armadas as pessoas que não tenham a idade de 15 anos. No caso de incorporação de pessoas de idade superior a 15 anos e inferior a 18 anos, os Estados Partes devem incorporar prioritariamente os mais velhos.

4 – Nos termos das obrigações contraídas à luz do direito internacional humanitário para a protecção da população civil em caso de conflito armado, os Estados Partes na presente Convenção devem tomar todas as medidas possíveis na prática para assegurar protecção e assistência às crianças afectadas por um conflito armado.

ARTIGO 39º

Os Estados Partes tomam todas as medidas adequadas para promover a recuperação física e psicológica e a reinserção social da criança vítima de qualquer forma de negligência, exploração ou sevícias, de tortura ou qualquer outra pena ou tratamento cruéis, desumanos ou degradantes ou de conflito armado. Essas recuperação e reinserção devem ter lugar num ambiente que favoreça a saúde, o respeito por si próprio e a dignidade da criança.

ARTIGO 40º

1 – Os Estados Partes reconhecem à criança suspeita, acusada ou que se reconheceu ter infringido a lei penal o direito a um tratamento capaz de favorecer o seu sentido de dignidade e valor, reforçar o seu respeito pelos direitos do homem e as liberdades fundamentais de terceiros e que tenha em conta a sua idade e a necessidade de facilitar a sua reintegração social e o assumir de um papel construtivo no seio da sociedade.

2 – Para esse feito, e atendendo às disposições pertinentes dos instrumentos jurídicos internacionais, os Estados Partes garantem, nomeadamente, que:

a) Nenhuma criança seja suspeita, acusada ou reconhecida como tendo infringido a lei penal por acções ou omissões que, no momento da sua prática, não eram proibidas pelo direito nacional ou internacional;

b) A criança suspeita ou acusada de ter infringido a lei penal tenha, no mínimo, direito às garantias seguintes:

- *i*) Presumir-se inocente até que a sua culpabilidade tenha sido legalmente estabelecida;
- *ii*) A ser informada pronta e directamente das acusações formuladas contra si ou, se necessário, através de seus pais ou representantes legais, e beneficiar de assistência jurídica ou de outra assistência adequada para a preparação e apresentação da sua defesa;
- *iii*) A sua causa ser examinada sem demora por uma autoridade competente, independente e imparcial ou por um tribunal, de forma equitativa nos termos da lei, na presença do seu defensor ou de outrem assegurando assistência adequada e, a menos que tal se mostre contrário ao interesse superior da criança, nomeadamente atendendo à sua idade ou situação, na presença de seus pais ou representantes legais;
- *iv*) A não ser obrigada a testemunhar ou a confessar-se culpada; a interrogar ou fazer interrogar as testemunhas de acusação e a obter a comparência e o interrogatório das testemunhas de defesa em condições de igualdade;
- *v*) No caso de se considerar que infringiu a lei penal, a recorrer dessa decisão e das medidas impostas em sequência desta para uma autoridade superior, competente, independente e imparcial, ou uma autoridade judicial, nos termos da lei;
- *vi*) A fazer-se assistir gratuitamente por um intérprete, se não compreender ou falar a língua utilizada;
- *vii*) A ver plenamente respeitada a sua vida privada em todos os momentos do processo.

3 – Os Estados Partes procuram promover o estabelecimento de leis, processos, autoridades e instituições especificamente adequadas a crianças suspeitas, acusadas ou reconhecidas como tendo infringido a lei penal, e, nomeadamente:

a) O estabelecimento de uma idade mínima abaixo da qual se presume que as crianças não têm capacidade para infringir a lei penal;

b) Quando tal se mostre possível e desejável, a adopção de medidas relativas a essas crianças sem recurso ao processo judicial, assegurando-se o pleno respeito dos direitos do homem e das garantias previstas pela lei.

4 – Um conjunto de disposições relativas, nomeadamente, à assistência, orientação e controlo, conselhos, regime de prova, colocação familiar, programas de educação geral e profissional, bem como outras soluções alternativas às institucionais, serão previstas de forma a assegurar às crianças um tratamento adequado ao seu bem-estar e proporcionado à sua situação e à infracção.

ARTIGO 41º

Nenhuma disposição da presente Convenção afecta as disposições mais favoráveis à realização dos direitos da criança que possam figurar:

a) Na legislação de um Estado Parte;

b) No direito internacional em vigor para esse Estado.

PARTE II

ARTIGO 42º

Os Estados Partes comprometem-se a tornar amplamente conhecidos, por meios activos e adequados, os princípios e as disposições da presente Convenção, tanto pelos adultos como pelas crianças.

ARTIGO 43º

1 – Com o fim de examinar os progressos realizados pelos Estados Partes no cumprimento das obrigações que lhes cabem nos termos da presente Convenção, é instituído um Comité dos Direitos da Criança, que desempenha as funções seguidamente definidas.

2 – O Comité é composto de 10 peritos de alta autoridade moral e de reconhecida competência no domínio abrangido pela presente Convenção. Os membros do Comité são eleitos pelos Estados Partes de entre os seus nacionais e exercem as suas funções a título pessoal, tendo em consideração a necessidade de assegurar uma repartição geográfica equitativa e atendendo aos principais sistemas jurídicos.

3 – Os membros do Comité são eleitos por escrutínio secreto de entre uma lista de candidatos designados pelos Estados Partes. Cada Estado Parte pode designar um perito de entre os seus nacionais.

4 – A primeira eleição tem lugar nos seis meses seguintes à data da entrada em vigor da presente Convenção e, depois disso, todos os dois anos. Pelo menos quatro meses antes da data de cada eleição, o Secretário-Geral da Organização das Nações Unidas convida, por escrito, os Estados Partes a proporem os seus candidatos num

prazo de dois meses. O Secretário-Geral elabora, em seguida, a lista alfabética dos candidatos assim apresentados, indicando por que Estado foram designados, e comunica-a aos Estados Partes na presente Convenção.

5 – As eleições realizam-se aquando das reuniões dos Estados Partes convocadas pelo Secretário-Geral para a sede da Organização das Nações Unidas. Nestas reuniões, em que o quórum é constituído por dois terços dos Estados Partes, são eleitos para o Comité os candidatos que obtiverem o maior número de votos e a maioria absoluta dos votos dos representantes dos Estados Partes presentes e votantes.

6 – Os membros do Comité são eleitos por um período de quatro anos. São reelegíveis no caso de recandidatura. O mandato de cinco dos membros eleitos na primeira eleição termina ao fim de dois anos. O pre-sidente da reunião tira à sorte, imediatamente após a primeira eleição, os nomes destes cinco elementos.

7 – Em caso de morte ou de demissão de um membro do Comité ou se, por qualquer outra razão, um membro declarar que não pode continuar a exercer funções no seio do Comité, o Estado Parte que havia proposto a sua candidatura designa um outro perito, de entre os seus nacionais, para preencher a vaga até ao termo do mandato, sujeito a aprovação do Comité.

8 – O Comité adopta o seu regulamento interno.

9 – O Comité elege o seu secretariado por um período de dois anos.

10 – As reuniões do Comité têm habitualmente lugar na sede da Organização das Nações Unidas ou em qualquer outro lugar julgado conveniente e determinado pelo Comité. O Comité reúne em regra anualmente. A duração das sessões do Comité é determinada, e se necessário revista, por uma reunião dos Estados Partes na presente Convenção, sujeita à aprovação da Assembleia Geral.

11 – O Secretário-Geral da Organização das Nações Unidas põe à disposição do Comité o pessoal e as instalações necessárias para o desempenho eficaz das funções que lhe são confiadas ao abrigo da presente Convenção.

12 – Os membros do Comité instituído pela presente Convenção recebem, com a aprovação da Assembleia Geral, emolumentos provenientes dos recursos financeiros das Nações Unidas, segundo as condições e modalidades fixadas pela Assembleia Geral.

Portugal aceitou a emenda ao nº 2 deste artigo (adoptada pela Conferência dos Estados Partes a 12 de Dezembro de 1995), disso tendo dado conta o aviso do Ministério dos Negócios Estrangeiros nº 267/98, de 20 de Novembro, publicado no Diário da República, I Série-A, nº 269/98.

ARTIGO 44º

1 – Os Estados Partes comprometem-se a apresentar ao Comité, através do Secretário-Geral da Organização das Nações Unidas, relatórios sobre as medidas que hajam adoptado para dar aplicação aos direitos reconhecidos pela Convenção e sobre os progressos realizados no gozo desses direitos:

a) Nos dois anos subsequentes à data da entrada em vigor da presente Convenção para os Estados Partes;

b) Em seguida, de cinco em cinco anos.

2 – Os relatórios apresentados em aplicação do presente artigo devem indicar os factores e as dificuldades, se a elas houver lugar, que impeçam o cumprimento, pelos Estados Partes, das obrigações decorrentes da presente Convenção. Devem igualmente conter informações suficientes para dar ao Comité uma ideia precisa da aplicação da Convenção no referido país.

3 – Os Estados Partes que tenham apresentado ao Comité um relatório inicial completo não necessitam de repetir, nos relatórios subsequentes, submetidos nos termos do nº 1, alínea *b*), as informações de base anteriormente comunicadas.

4 – O Comité pode solicitar aos Estados Partes informações complementares relevantes para a aplicação da Convenção.

5 – O Comité submete de dois em dois anos à Assembleia Geral, através do Conselho Económico e Social, um relatório das suas actividades.

6 – Os Estados Partes asseguram aos seus relatórios uma larga difusão nos seus próprios países.

ARTIGO 45º

De forma a promover a aplicação efectiva da Convenção e a encorajar a cooperação internacional no domínio coberto pela Convenção:

a) As agências especializadas, a UNICEF e outros órgãos das Nações Unidas podem fazer-se representar quando for apreciada a aplicação de disposições da presente Convenção que se inscrevam no seu mandato. O Comité pode convidar as agências especializadas, a UNICEF e outros organismos competentes considerados relevantes a fornecer o seu parecer técnico sobre a aplicação da convenção no âmbito dos seus respectivos mandatos. O Comité pode convidar as agências especializadas, a UNICEF e outros órgãos das Nações Unidas a apresentar relatórios sobre a aplicação da Convenção nas áreas relativas aos seus domínios de actividade;

b) O Comité transmite, se o julgar necessário, às agências especializadas, à UNICEF e a outros organismos competentes os relatórios dos Estados Partes que contenham pedidos ou indiquem necessidades de conselho ou de assistência técnicos, acompanhados de eventuais observações e sugestões do Comité relativos àqueles pedidos ou indicações;

c) O Comité pode recomendar à Assembleia Geral que solicite ao Secretário-Geral a realização, para o Comité, de estudos sobre questões específicas relativas aos direitos da criança;

d) O Comité pode fazer sugestões e recomendações de ordem geral com base nas informações recebidas em aplicação dos artigos 44º e 45º da presente Convenção. Essas sugestões e recomendações de ordem geral são transmitidas aos Estados interessados e levadas ao conhecimento da Assembleia Geral, acompanhadas, se necessário, dos comentários dos Estados Partes.

PARTE III

ARTIGO 46º

A presente Convenção está aberta à assinatura de todos os Estados.

ARTIGO 47º

A presente Convenção está sujeita a ratificação. Os instrumentos de ratificação serão depositados junto do Secretário-Geral da Organização das Nações Unidas.

ARTIGO 48º

A presente Convenção está aberta a adesão de todos os Estados. A adesão far-se-á pelo depósito de um instrumento de adesão junto do Secretário-Geral da Organização das Nações Unidas.

ARTIGO 49º

1 – A presente Convenção entrará em vigor no 30º dia após a data do depósito junto do Secretário-Geral da Organização das Nações Unidas do 20º instrumento de ratificação ou de adesão.

2 – Para cada um dos Estados que ratificarem a presente Convenção ou a ela aderirem após o depósito do 20º instrumento de ratificação ou de adesão, a Convenção entrará em vigor no 30º dia após a data do depósito, por parte desse Estado, do seu instrumento de ratificação ou de adesão.

ARTIGO 50º

1 – Qualquer Estado Parte pode propor uma emenda e depositar o seu texto junto do Secretário-Geral da Organização das Nações Unidas. O Secretário-Geral transmite, em seguida, a proposta de emenda aos Estados Partes na presente Convenção, solicitando que lhe seja comunicado se são favoráveis à convocação de uma conferência de Estados Partes para apreciação e votação da proposta. Se, nos quatro meses subsequentes a essa comunicação, pelo menos um terço dos Estados Partes se declarar a favor da realização da referida conferência, o Secretário-Geral convocá-la-á sob os auspícios da Organização das Nações Unidas. As emendas adoptadas pela maioria dos Estados Partes presentes e votantes na conferência são submetidas à Assembleia Geral das Nações Unidas para aprovação.

2 – As emendas adoptadas nos termos do disposto no nº 1 do presente artigo entram em vigor quando aprovadas pela Assembleia Geral das Nações Unidas e aceites por uma maioria de dois terços dos Estados Partes.

3 – Quando uma emenda entrar em vigor, terá força vinculativa para os Estados que a hajam aceite, ficando os outros Estados Partes ligados pelas disposições da presente Convenção e por todas as emendas anteriores que tenham aceite.

ARTIGO 51º

1 – O Secretário-Geral da Organização das Nações Unidas recebe e comunica a todos os Estados o texto das reservas que forem feitas pelos Estados no momento da ratificação ou da adesão.

2 – Não é autorizada nenhuma reserva incompatível com o objecto e com o fim da presente Convenção.

3 – As reservas podem ser retiradas em qualquer momento por via de notificação dirigida ao Secretário-Geral da Organização das Nações Unidas, o qual informará todos os Estados Partes na Convenção. A notificação produz efeitos na data da sua recepção pelo Secretário-Geral.

ARTIGO 52º

Um Estado Parte pode denunciar a presente Convenção por notificação escrita dirigida ao Secretário-Geral da Organização das Nações Unidas. A denúncia produz efeitos um ano após a data de recepção da notificação pelo Secretário-Geral.

ARTIGO 53º

O Secretário-Geral da Organização das Nações Unidas é designado como depositário da presente Convenção.

ARTIGO 54º

A presente Convenção, cujos textos em inglês, árabe, chinês, espanhol, francês e russo fazem igualmente fé, será depositada junto do Secretário-Geral da Organização das Nações Unidas.

Em fé do que os plenipotenciários abaixo assinados, devidamente habilitados pelos seus governos respectivos, assinaram a Convenção.

Feita em Nova Iorque, aos 20 dias do mês de Novembro de 1989.

Convenção para a Proteção das Crianças Contra a Exploração Sexual e os Abusos Sexuais

Resolução da Assembleia da República nº 75/2012, de 28 de maio

PREÂMBULO

Os Estados membros do Conselho da Europa e os restantes signatários da presente Convenção:

Considerando que o objectivo do Conselho da Europa é o de realizar uma união mais estreita entre os seus membros;

Considerando que toda a criança tem direito às medidas de protecção dispensadas pela sua família, pela sociedade e pelo Estado, exigidas pela sua condição de menor;

Constatando que a exploração sexual de crianças, em particular a pornografia e a prostituição de menores, bem como todas as formas de abuso sexual de crianças, incluindo actos praticados no estrangeiro, colocam gravemente em perigo a saúde e o desenvolvimento psicossocial da criança;

Constatando que a exploração sexual e o abuso sexual de crianças adquiriram proporções inquietantes a nível nacional e internacional, nomeadamente no que se refere ao uso crescente das tecnologias de informação e comunicação tanto pelas crianças como pelos autores das infracções penais, e que a cooperação internacional se mostra fundamental para prevenir e combater a exploração sexual e o abuso sexual de crianças;

Considerando que o bem-estar e os melhores interesses das crianças são valores fundamentais partilhados por todos os Estados membros e que devem ser promovidos sem qualquer discriminação;

Relembrando o Plano de Acção adoptado pela 3ª Cimeira de Chefes de Estado e de Governo do Conselho da Europa (Varsóvia, 16-17 de Maio de 2005), o qual apelava à elaboração de medidas destinadas a pôr fim à exploração sexual das crianças;

Relembrando, nomeadamente, as Recomendações do Comité de Ministros, Recomendação R(91) 11 sobre a exploração sexual, a pornografia, a prostituição, bem como sobre o tráfico de crianças e de jovens, e a Recomendação R(2001) 16 sobre a protecção das crianças contra a exploração sexual, e ainda a Convenção sobre a Cibercriminalidade (STE nº 185), em particular o seu artigo 9º, e a Convenção do Conselho da Europa Relativa à Luta contra o Tráfico de Seres Humanos (CTCE nº 197);

Tendo presente a Convenção para a Protecção dos Direitos do Homem e das Liberdades Fundamentais (1950, STE nº 5), a Carta Social Europeia revista (1996, STE nº 163) e a Convenção Europeia sobre o Exercício dos Direitos da Criança (1196, STE nº 160);

Tendo, igualmente, presente a Convenção das Nações Unidas sobre os Direitos da Criança, em particular o seu artigo 34º, e o Protocolo Facultativo a esta Convenção relativo à Venda de Crianças, Prostituição Infantil e Pornografia Infantil, bem como o Protocolo Adicional à Convenção das Nações Unidas contra a Criminalidade Organizada Transnacional relativo à Prevenção, à Repressão e à Punição do Tráfico de Pessoas, em especial de Mulheres e Crianças, e a Convenção da Organização Internacional do Trabalho sobre a Interdição e a Eliminação das Piores Formas de Trabalho Infantil;

Tendo presente a Decisão-Quadro do Conselho da União Europeia relativa à Luta contra a Exploração Sexual de Crianças e a Pornografia Infantil (2004/68/JAI), a Decisão-Quadro do Conselho da União Europeia relativa ao Estatuto da Vítima em Processo Penal (2001/220/JAI) e a Decisão-Quadro do Conselho da União Europeia relativa à Luta contra o Tráfico de Seres Humanos (2002/629/JAI);

Tendo devidamente em consideração outros instrumentos jurídicos e programas internacionais pertinentes nesta área, nomeadamente a Declaração e o Programa de Acção de Estocolmo, adoptados aquando do 1º Congresso Mundial contra a Exploração Sexual das Crianças com Fins Comerciais (27-31 de Agosto de 1996), o Compromisso Mundial de Yokohama, adoptado aquando do 2º Congresso Mundial contra a Exploração Sexual das Crianças com Fins Comerciais (17-20 de Dezembro de 2001), o Compromisso e o Plano de Acção de Budapeste, adoptados pela Conferência Preparatória do 2º Congresso Mundial contra a Exploração Sexual das Crianças com Fins Comerciais (20-21 de Novembro de 2001), a Resolução da Assembleia Geral das Nações Unidas S-27/2 «Um mundo digno das crianças» e o Programa trienal «Construir uma Europa para e com as crianças», adoptado na sequência da 3ª Cimeira e lançado pela Conferência do Mónaco (4-5 de Abril de 2006);

Determinados a contribuir, de forma eficaz, para a realização do objectivo comum de protecção das crianças contra a exploração sexual e os abusos sexuais, independentemente dos seus autores, e a prestar assistência às vítimas;

Tendo em consideração a necessidade de elaboração de um instrumento internacional global centrado nos aspectos relacionados com a prevenção, a protecção e o direito penal em matéria de luta contra todas as formas de exploração sexual e de abusos sexuais de crianças, e que crie um mecanismo de acompanhamento específico;

acordaram no seguinte:

CAPÍTULO I

Objecto, princípio da não discriminação e definições

ARTIGO 1º
Objecto

1 – A presente Convenção tem por objecto:

a) Prevenir e combater a exploração sexual e os abusos sexuais de crianças;

b) Proteger os direitos das crianças vítimas de exploração sexual e de abusos sexuais;

c) Promover a cooperação nacional e internacional contra a exploração sexual e os abusos sexuais de crianças.

2 – A fim de garantir uma implementação eficaz das suas disposições pelas Partes, a presente Convenção cria um mecanismo de acompanhamento específico.

ARTIGO 2º
Princípio da não discriminação

A implementação da presente Convenção pelas Partes, em particular das medidas tendentes a proteger os direitos das vítimas, deve ser assegurada sem qualquer discriminação com base no sexo, na raça, na cor, na língua, na religião, nas opiniões políticas ou outras, na origem nacional ou social, na pertença a uma minoria nacional, na riqueza, no nascimento ou em qualquer outra situação.

ARTIGO 3º
Definições

Para efeitos da presente Convenção:

a) «Criança» designa qualquer pessoa com idade inferior a 18 anos;

b) «Exploração sexual e abusos sexuais de crianças» abrange os comportamentos referidos nos artigos 18º a 23º da presente Convenção;

c) «Vítima» designa qualquer criança vítima de exploração sexual e de abusos sexuais.

CAPÍTULO II

Medidas preventivas

ARTIGO 4º
Princípios

Cada Parte toma as necessárias medidas legislativas ou outras para prevenir qualquer forma de exploração sexual e de abusos sexuais das crianças, e para as proteger.

ARTIGO 5º
Recrutamento, formação e sensibilização das pessoas que trabalham em contacto com crianças

1 – Cada Parte toma as necessárias medidas legislativas ou outras para sensibilizar as pessoas que contactam regularmente com crianças nos sectores da educação, saúde, protecção social, justiça e manutenção da ordem, bem como nos sectores relacionados com as actividades desportivas, culturais e de lazer, para a protecção e os direitos das crianças.

2 – Cada Parte toma as necessárias medidas legislativas ou outras para garantir que as pessoas referidas no nº 1 tenham um conhecimento adequado da exploração sexual e dos abusos sexuais das crianças, dos meios de os detectar e da possibilidade prevista no nº 1 do artigo 12º

3 – Cada Parte toma as necessárias medidas legislativas ou outras, em conformidade com o seu direito interno, para que as condições de acesso às profissões cujo exercício implique, de forma habitual, contactos com crianças permitam garantir que os candidatos a tais profissões não foram anteriormente condenados por actos de exploração sexual ou abusos sexuais de crianças.

ARTIGO 6º
Educação das crianças

Cada Parte toma as necessárias medidas legislativas ou outras para que as crianças recebam, ao longo da escolaridade básica e secundária, informação sobre os riscos de exploração sexual e abusos sexuais, bem como sobre os meios de que dispõem para se proteger, adaptada ao seu estádio de desenvolvimento. Esta informação, dispensada, se necessário, com a colaboração dos progenitores, insere-se num tipo de informação mais generalizada sobre a sexualidade e centra, particularmente, a atenção nas situações de risco, nomeadamente as resultantes da utilização das novas tecnologias de informação e de comunicação.

ARTIGO 7º
Programas ou medidas de intervenção preventiva

Cada Parte garante que as pessoas que receiam poder cometer qualquer das infracções penais previstas na presente Convenção possam aceder, se necessário, a programas ou medidas de intervenção eficazes destinados a avaliar e prevenir os riscos de prática de tais actos.

ARTIGO 8º
Medidas destinadas ao público em geral

1 – Cada Parte promove ou organiza campanhas de sensibilização destinadas a informar o público sobre o fenómeno da exploração sexual e dos abusos sexuais das crianças e sobre as medidas preventivas que podem ser tomadas.

2 – Cada Parte toma as necessárias medidas legislativas ou outras para prevenir ou proibir a difusão de materiais que publicitem infracções penais previstas na presente Convenção.

ARTIGO 9º
Participação das crianças, do sector privado, dos meios de comunicação e da sociedade civil

1 – Cada Parte incentiva a participação das crianças, de acordo com o seu estádio de desenvolvimento, na elaboração e implementação das políticas, dos programas públicos ou outros relacionados com a luta contra a exploração sexual e os abusos sexuais das crianças.

2 – Cada Parte incentiva o sector privado, nomeadamente os sectores das tecnologias de comunicação e informação, a indústria do turismo e das viagens e os sectores bancários e financeiros, bem como a sociedade civil, a participar na elaboração e na implementação das políticas de prevenção da exploração sexual e dos abusos sexuais das crianças e na criação de normas internas com recurso à auto-regulação ou à co-regulação.

3 – Cada Parte incentiva os meios de comunicação a fornecer informação apropriada sobre todos os aspectos relacionados com a exploração sexual e os abusos sexuais das crianças, no respeito pela independência dos meios de comunicação e pela liberdade de imprensa.

4 – Cada Parte incentiva o financiamento, através, se necessário, da criação de fundos, de projectos e de programas implementados pela sociedade civil, com vista à prevenção e à protecção das crianças contra a exploração sexual e os abusos sexuais.

CAPÍTULO III
Autoridades especializadas e órgãos de coordenação

ARTIGO 10º
Medidas nacionais de coordenação e de colaboração

1 – Cada Parte toma as necessárias medidas para assegurar a coordenação, a nível nacional ou local, entre os diferentes órgãos responsáveis pela protecção das crianças, pela prevenção e pela luta contra a exploração sexual e os abusos sexuais de crianças, nomeadamente os sectores da educação e da saúde, os serviços sociais e as autoridades de manutenção da ordem e judiciárias.

2 – Cada Parte toma as necessárias medidas legislativas ou outras para criar ou designar:

a) Instituições nacionais ou locais independentes competentes para a promoção e a protecção dos direitos da criança, assegurando a atribuição de recursos e responsabilidades específicas a tais instituições;

b) Sistemas de recolha de dados e de pontos focais, a nível nacional ou local e em cooperação com a sociedade civil, permitindo, no respeito pelas exigências relacionadas com a protecção de dados de carácter pessoal, a observação e a avaliação dos fenómenos de exploração sexual e abusos sexuais de crianças.

3 – Cada Parte incentiva a cooperação entre os poderes públicos competentes, a sociedade civil e o sector privado, a fim de melhor prevenir e combater a exploração sexual e os abusos sexuais de crianças.

CAPÍTULO IV
Medidas de protecção e assistência às vítimas

ARTIGO 11º
Princípios

1 – Cada Parte estabelece programas sociais eficazes e cria estruturas multidisciplinares destinadas a prestar o apoio necessário às vítimas, aos seus familiares próximos e a qualquer pessoa a quem estejam confiadas.

2 – Cada Parte toma as necessárias medidas legislativas ou outras para que, em caso de incerteza quanto à idade da vítima e havendo razões para crer que se trata de uma criança, as medidas de protecção e de assistência previstas para as crianças lhe sejam aplicadas enquanto se aguarda a verificação ou confirmação da sua idade.

ARTIGO 12º
Comunicação de suspeitas de exploração sexual ou abusos sexuais

1 – Cada Parte toma as necessárias medidas legislativas ou outras para que as regras de confidencialidade impostas pelo direito interno a determinados profissionais que estejam a trabalhar em contacto com crianças não constituam obstáculo à possibilidade, para esses profissionais, de comunicarem aos serviços responsáveis pela protecção à infância qualquer situação relativamente à qual tenham razões para crer que uma criança é vítima de exploração sexual ou de abusos sexuais.

2 – Cada Parte toma as necessárias medidas legislativas ou outras para incentivar qualquer pessoa que tenha conhecimento ou suspeita fundamentada de actos de exploração sexual ou de abusos sexuais de crianças a comunicar a sua existência aos serviços competentes.

ARTIGO 13º
Serviços de assistência

Cada Parte toma as necessárias medidas legislativas ou outras para incentivar e apoiar a criação de serviços de comunicação, tais como linhas de telefone ou Internet, que permitam disponibilizar aconselhamento a quem a eles recorra, mesmo com carácter de confidencialidade ou respeitando o seu anonimato.

ARTIGO 14º
Assistência às vítimas

1 – Cada Parte toma as necessárias medidas legislativas ou outras para prestar assistência às vítimas, a curto e a longo prazos, por forma a garantir o seu restabelecimento físico e psicossocial. As medidas tomadas em aplicação do presente número devem ter em devida consideração as opiniões, as necessidades e as preocupações da criança.

2 – Cada Parte toma medidas, em conformidade com o seu direito interno, para cooperar com as organizações não governamentais, outras organizações competentes ou outros elementos da sociedade civil envolvidos na assistência às vítimas.

3 – Se os familiares ou as pessoas a quem a criança está confiada forem suspeitos de actos de exploração sexual ou abusos sexuais de que aquela tiver sido vítima, os procedimentos de intervenção executados em aplicação do nº 1 do artigo 11º incluem:

a) A possibilidade de afastar o presumível autor dos factos;

b) A possibilidade de retirar a vítima do seu meio familiar. As modalidades e a duração dessa retirada são determinadas em conformidade com o superior interesse da criança.

4 – Cada Parte toma as necessárias medidas legislativas ou outras para que as pessoas próximas da vítima possam beneficiar, se necessário, de ajuda terapêutica, nomeadamente de apoio psicológico urgente.

CAPÍTULO V
Programas ou medidas de intervenção

ARTIGO 15º
Princípios gerais

1 – Cada Parte assegura ou promove, em conformidade com o seu direito interno, programas ou medidas de intervenção eficazes destinados às pessoas referidas nos nºs 1 e 2 do artigo 16º, com o propósito de prevenir e minimizar os riscos da prática reiterada de infracções de natureza sexual contra crianças. Tais programas ou medidas estão disponíveis a todo o momento e em qualquer fase do processo, dentro e fora do meio prisional, em conformidade com o direito interno.

2 – Cada Parte assegura e promove, em conformidade com o seu direito interno, o desenvolvimento de parcerias ou outras formas de cooperação entre as autoridades competentes, em particular serviços de prestação de cuidados de saúde e serviços sociais, autoridades judiciárias e outros órgãos responsáveis pelo acompanhamento das pessoas referidas nos nºs 1 e 2 do artigo 16º

3 – Cada Parte prevê a efectivação, em conformidade com o seu direito interno, de uma avaliação do grau de perigosidade e dos possíveis riscos da prática reiterada das infracções penais previstas na presente Convenção, pelas pessoas referidas nos nºs 1 e 2 do artigo 16º , com o propósito de identificar programas ou medidas apropriados.

4 – Cada Parte prevê a efectivação, em conformidade com o seu direito interno, de uma avaliação da eficácia dos programas e das medidas implementados.

ARTIGO 16º
Destinatários de programas e medidas de intervenção

1 – Cada Parte garante, em conformidade com o seu direito interno, que as pessoas sujeitas a processos penais pela prática de qualquer das infracções penais previstas na presente Convenção possam ter acesso aos programas e medidas previstos no nº 1 do artigo 15º, em condições que não sejam prejudiciais ou contrárias aos direitos da defesa e às exigências de um julgamento justo e imparcial e, em particular, no respeito das regras que regem o princípio de presunção da inocência.

2 – Cada Parte garante, em conformidade com o seu direito interno, que as pessoas condenadas por qualquer das infracções previstas na presente Convenção tenham acesso aos programas e às medidas previstos no nº 1 do artigo 15º

3 – Cada Parte garante, em conformidade com o seu direito interno, que os programas ou medidas de intervenção são desenvolvidos ou adaptados por forma a responder às necessidades das crianças que tenham praticado infracções de natureza sexual, incluindo as que sejam inimputáveis em razão da idade, com o propósito de tratar os seus problemas de natureza sexual.

ARTIGO 17º
Informação e consentimento

1 – Cada Parte garante, em conformidade com o seu direito interno, que as pessoas referidas no artigo 16º, a quem tenham sido propostos programas ou medidas de intervenção, sejam plenamente informadas dos motivos dessa proposta e consintam no programa ou na medida com total conhecimento de causa.

2 – Cada Parte garante, em conformidade com o seu direito interno, que as pessoas a quem tenham sido propostos programas ou medidas de intervenção possam recusá-los e, tratando-se de pessoas condenadas, sejam informadas das eventuais consequências da sua recusa.

CAPÍTULO VI
Direito penal material

ARTIGO 18º
Abusos sexuais

1 – Cada Parte toma as medidas legislativas ou outras necessárias para qualificar como infracção penal os seguintes comportamentos dolosos:

a) A prática de acto sexual com uma criança que, nos termos das disposições legais nacionais relevantes, não tenha ainda atingido a idade legal prevista para o efeito;

b) A prática de acto sexual com uma criança:

– Por meio de coação, violência ou ameaça; ou
– Abusando de reconhecida posição de confiança, autoridade ou influência sobre a criança, incluindo o ambiente familiar;
– Abusando de uma situação de particular vulnerabilidade da criança, nomeadamente devido a incapacidade mental ou física ou a uma situação de dependência.

2 – Para efeitos do nº 1 do presente artigo, cada uma das Partes determina a idade abaixo da qual não é permitido praticar actos sexuais com uma criança.

3 – O disposto na alínea *a*) do nº 1 não deve ser aplicado aos actos sexuais consentidos entre menores.

ARTIGO 19º
Infracções penais relativas à prostituição de menores

1 – Cada Parte toma as necessárias medidas legislativas ou outras para qualificar como infracção penal os seguintes comportamentos dolosos:

a) O recrutamento de uma criança para que ela se dedique à prostituição ou de favorecer a participação de uma criança na prostituição;

b) A coacção de uma criança a dedicar-se à prostituição, ou tirar proveito dessa actividade ou, por qualquer outra forma, explorar uma criança para tais fins;

c) O recurso à prostituição de uma criança.

2 – Para os fins do presente artigo, a expressão «prostituição de menores» designa o facto de utilizar uma criança para actividades sexuais, oferecendo ou prometendo dinheiro ou qualquer outra forma de remuneração, pagamento ou vantagem, independentemente de tal remuneração, pagamento, promessa ou vantagem ser feito à criança ou a um terceiro.

ARTIGO 20º
Infracções penais relativas à pornografia de menores

1 – Cada Parte toma as necessárias medidas legislativas ou outras para qualificar como infracção penal os seguintes comportamentos dolosos, desde que cometidos de forma ilícita:

a) A produção de pornografia de menores;
b) A oferta ou disponibilização de pornografia de menores;
c) A difusão ou a transmissão de pornografia de menores;
d) A procura, para si ou para outrem, de pornografia de menores;
e) A posse de pornografia de menores;
f) O facto de aceder, conscientemente, através das tecnologias de comunicação e de informação, a pornografia de menores.

2 – Para os fins do presente artigo, a expressão «pornografia de menores» designa todo o material que represente visualmente uma criança envolvida em comporta-

mentos sexualmente explícitos, reais ou simulados, ou qualquer representação dos órgãos sexuais de uma criança, com fins sexuais.

3 – Cada Parte pode reservar-se o direito de não aplicar, no todo ou em parte, a alínea *a*) do nº 1, à produção e à posse:

- De material pornográfico constituído exclusivamente por representações simuladas ou por imagens realistas de uma criança que não existe;
- De material pornográfico implicando menores que tenham atingido a idade referida no nº 2 do artigo 18º, na medida em que essas imagens sejam produzidas e detidas pelos próprios menores, com o seu acordo e para seu uso privado.

4 – Cada Parte pode reservar-se o direito de não aplicar, no todo ou em parte, a alínea *f*) do nº 1.

ARTIGO 21º
Infracções penais relativas à participação de uma criança em espectáculos pornográficos

1 – Cada Parte toma as necessárias medidas legislativas ou outras para qualificar como infracção penal os seguintes comportamentos dolosos:

a) Recrutar uma criança para que participe em espectáculos pornográficos ou favorecer a participação de uma criança em tais espectáculos;

b) Coagir uma criança a participar em espectáculos pornográficos, ou tirar proveito dessa participação ou, por qualquer outra forma, explorar uma criança para tais fins;

c) Assistir conscientemente a espectáculos pornográficos envolvendo a participação de crianças.

2 – Cada Parte pode reservar-se o direito de limitar a aplicação da alínea *c*) do nº 1 aos casos em que as crianças foram recrutadas ou coagidas em conformidade com as alíneas *a*) e *b*) do nº 1.

ARTIGO 22º
Corrupção de menores

Cada Parte deve tomar as necessárias medidas legislativas ou outras para qualificar como infracção penal o facto doloso de forçar uma criança, que não tenha atingido a idade estabelecida em aplicação do nº 2 do artigo 18º, com fins sexuais, a assistir a abusos sexuais ou a actividades sexuais, mesmo que neles não participe.

ARTIGO 23º
Abordagem de crianças para fins sexuais

Cada Parte toma as necessárias medidas legislativas ou outras para qualificar como infracção penal o facto de um adulto propor de forma dolosa, através de tecnologias de informação e comunicação, um encontro a uma criança que não tenha atingido a idade estabelecida em aplicação do nº 2 do artigo 18º, com a finalidade de cometer nesse encontro qualquer das infracções estabelecidas em conformidade com a alínea *a*) do nº 1 do artigo 18º ou com a alínea *a*) do nº 1 do artigo 20º, desde que essa proposta seja seguida de actos materiais que visem a tal encontro.

ARTIGO 24º
Cumplicidade e tentativa

1 – Cada Parte toma as necessárias medidas legislativas ou outras para responsabilizar criminalmente a cumplicidade na prática das infracções penais estabelecidas em conformidade com a presente Convenção, desde que os factos que as integram sejam cometidos dolosamente.

2 – Cada Parte toma as necessárias medidas legislativas ou outras para responsabilizar criminalmente a tentativa de cometer as infracções penais estabelecidas em conformidade com a presente Convenção, desde que os factos que as integram sejam cometidos dolosamente.

3 – Cada Parte pode reservar-se o direito de não aplicar, no todo ou em parte, o nº 2 do presente artigo às infracções penais estabelecidas em conformidade com as alíneas *b*), *d*) e *f*) do nº 1 do artigo 20º, o nº 1 do artigo 21º, o artigo 22º e o artigo 23º

ARTIGO 25º
Competência

1 – Cada Parte toma as necessárias medidas legislativas ou outras para estabelecer a sua competência relativamente a qualquer infracção penal estabelecida em conformidade com a presente Convenção, desde que seja cometida:

a) No seu território;
b) A bordo de um navio arvorando o pavilhão dessa Parte; ou
c) A bordo de uma aeronave matriculada segundo as leis dessa Parte; ou
d) Por um dos seus nacionais; ou
e) Por uma pessoa que tenha residência habitual no seu território.

2 – Cada Parte deve envidar esforços para tomar as necessárias medidas legislativas ou outras visando estabelecer a sua competência relativamente a qualquer infracção penal estabelecida em conformidade com a presente Convenção, sempre que a infracção penal tenha sido cometida contra um dos seus nacionais ou contra uma pessoa que tenha a sua residência habitual no seu território.

3 – Cada Parte pode, no momento da assinatura ou do depósito do seu instrumento de ratificação, aceitação, aprovação ou adesão, mediante declaração dirigida ao Secretário-Geral do Conselho da Europa, declarar que se reserva o direito de não aplicar, ou de só aplicar em condições específicas, as regras de competência previstas na alínea *e*) do nº 1 do presente artigo.

4 – Para o processamento das infracções penais estabelecidas em conformidade com os artigos 18º, 19º, 20º, nº 1, alínea *a*), e 21º, nº 1, alíneas *a*) e *b*), da presente Con-

venção, cada Parte toma as necessárias medidas legislativas ou outras para assegurar que a definição da sua competência, no que se refere à alínea *d*) do nº 1, não está subordinada à condição de que os factos sejam igualmente puníveis no local onde foram cometidos.

5 – Cada Parte pode, no momento da assinatura ou do depósito do seu instrumento de ratificação, aceitação, aprovação ou adesão, mediante declaração dirigida ao Secretário-Geral do Conselho da Europa, declarar que se reserva o direito de limitar a aplicação do nº 4 do presente artigo, no que diz respeito às infracções penais estabelecidas em conformidade com os segundo e terceiro parágrafos da alínea *b*) do nº 1 do artigo 18º, aos casos em que o seu nacional tem a sua residência habitual no seu território.

6 – Para o processamento das infracções penais estabelecidas em conformidade com os artigos 18º, 19º, 20º, nº 1, alínea *a*), e 21º da presente Convenção, cada Parte toma as necessárias medidas legislativas ou outras para assegurar que a definição da sua competência no que se refere às alíneas *d*) e *e*) do nº 1 não é subordinada à condição de que a instauração do procedimento seja precedida de uma queixa da vítima ou de uma denúncia do Estado do local onde foi cometida a infracção.

7 – Cada Parte toma as necessárias medidas legislativas ou outras para definir a sua competência relativamente às infracções penais estabelecidas em conformidade com a presente Convenção, quando o autor presumido se encontre no seu território e não possa ser extraditado para outra Parte em razão da sua nacionalidade.

8 – Se várias Partes reivindicarem a competência para conhecer de uma infracção penal estabelecida em conformidade com a presente Convenção, as Partes envolvidas acordam, quando isso seja oportuno, na escolha da que se encontre em melhores condições para conhecer dos procedimentos.

9 – Sem prejuízo das regras gerais do direito internacional, a presente Convenção não exclui qualquer competência criminal exercida por uma Parte, em conformidade com o seu direito interno.

ARTIGO 26º
Responsabilidade das pessoas colectivas

1 – Cada Parte toma as necessárias medidas legislativas ou outras para garantir que as pessoas colectivas possam ser responsáveis pelas infracções penais estabelecidas em conformidade com a presente Convenção, quando cometidas no interesse colectivo por qualquer pessoa singular, agindo individualmente ou como membro de um órgão da pessoa colectiva, que nela exerça uma posição de liderança, com base:

a) Num poder de representação da pessoa colectiva;
b) Na autoridade para tomar decisões em nome da pessoa colectiva;
c) Na autoridade para exercer controlo dentro da pessoa colectiva.

2 – Para além dos casos já previstos no nº 1, cada Parte toma as necessárias medidas legislativas ou outras para garantir que uma pessoa colectiva possa ser considerada

responsável quando a falta de vigilância ou de controlo por uma pessoa singular referida no nº 1 tenha tornado possível a prática de uma infracção penal estabelecida em conformidade com a presente Convenção em benefício dessa pessoa colectiva, por uma pessoa singular agindo sob a sua autoridade.

3 – De acordo com os princípios jurídicos da Parte, a responsabilidade de uma pessoa colectiva pode ser criminal, civil ou administrativa.

4 – A responsabilidade das pessoas colectivas não exclui a responsabilidade penal das pessoas singulares que tenham cometido a infracção penal.

ARTIGO 27º
Consequências jurídicas

1 – Cada Parte toma as necessárias medidas legislativas ou outras para garantir que as infracções penais estabelecidas em conformidade com a presente Convenção sejam passíveis de penas efectivas, proporcionadas e dissuasivas, tendo em conta a sua gravidade, devendo incluir penas privativas de liberdade susceptíveis de extradição.

2 – Cada Parte toma as necessárias medidas legislativas ou outras para assegurar que as pessoas colectivas consideradas responsáveis nos termos do artigo 26º sejam passíveis de penas efectivas, proporcionadas e dissuasivas, que incluam multas penais ou não penais e, eventualmente, outras medidas, nomeadamente:

a) Privação do direito a benefícios ou auxílios públicos;
b) Interdição temporária ou definitiva de exercer actividade comercial;
c) Colocação sob vigilância judiciária;
d) Dissolução por via judicial.

3 – Cada Parte toma as necessárias medidas legislativas ou outras para:

a) Permitir a apreensão e perda de:

– Bens, documentos e outros meios materiais utilizados para cometer as infracções penais estabelecidas em conformidade com a presente Convenção ou para facilitar a sua prática;
– Bens derivados de tais infracções penais ou o valor correspondente;

b) Permitir o encerramento temporário ou definitivo de qualquer estabelecimento utilizado para a prática de qualquer das infracções penais estabelecidas em conformidade com a presente Convenção, sem prejuízo dos direitos de terceiros de boa fé, ou proibir ao autor dessas infracções penais, temporária ou definitivamente, o exercício da actividade que envolva contacto com crianças, no decurso da qual a infracção penal foi cometida, de forma profissional ou em regime de voluntariado.

4 – Cada Parte pode adoptar outras medidas em relação aos autores das infracções penais, tais como a inibição do exercício do poder paternal ou o controlo ou a vigilância de pessoas condenadas.

5 – Cada Parte pode estabelecer que o produto da infracção penal ou dos bens declarados perdidos, em conformidade com o presente artigo, possam ser atribuí-

dos a um fundo especial para financiar programas de prevenção e assistência às vítimas de qualquer das infracções penais estabelecidas em conformidade com a presente Convenção.

ARTIGO 28º
Circunstâncias agravantes

Cada Parte toma as necessárias medidas legislativas ou outras para assegurar que as seguintes circunstâncias, na medida em que não façam parte dos elementos constitutivos da infracção penal, possam, em conformidade com as disposições pertinentes do direito interno, ser tomadas em consideração como circunstâncias agravantes na determinação das sanções relativas às infracções penais estabelecidas em conformidade com a presente Convenção:

a) A infracção provocou lesão grave à saúde física ou mental da vítima;

b) A infracção foi precedida ou acompanhada por actos de tortura ou de grave violência;

c) A infracção foi cometida contra uma vítima particularmente vulnerável;

d) A infracção foi cometida por um membro da família, por uma pessoa que coabita com a criança ou por uma pessoa que tenha abusado da sua autoridade;

e) A infracção foi cometida por várias pessoas agindo em conjunto;

f) A infracção foi cometida no âmbito de uma organização criminosa;

g) O autor da infracção tenha já sido anteriormente condenado por infracções da mesma natureza.

ARTIGO 29º
Condenações anteriores

Cada Parte toma as necessárias medidas legislativas ou outras para assegurar a possibilidade de serem tomadas em consideração, na determinação da pena, as condenações definitivas pronunciadas por outra Parte, por infracções penais estabelecidas em conformidade com a presente Convenção.

CAPÍTULO VII
Investigações, procedimentos penais e direito processual

ARTIGO 30º
Princípios

1 – Cada Parte toma as necessárias medidas legislativas e outras para garantir que as investigações e os procedimentos penais são instaurados no superior interesse da criança e no respeito pelos seus direitos.

2 – Cada Parte adopta uma abordagem protectora das vítimas, garantindo que as investigações e os procedimentos penais não agravam o trauma vivenciado pela criança e que a resposta do sistema judiciário é acompanhada de apoio, se apropriado.

3 – Cada Parte garante que as investigações e os procedimentos penais são tratados com carácter de prioridade e executados sem atrasos injustificados.

4 – Cada Parte garante que as medidas adoptadas nos termos do presente capítulo não prejudicam os direitos de defesa e os requisitos de um julgamento equitativo e imparcial, em conformidade com o artigo 6º da Convenção para a Protecção dos Direitos do Homem e das Liberdades Fundamentais.

5 – Cada Parte toma as necessárias medidas legislativas ou outras, em conformidade com os princípios fundamentais consignados no seu direito interno:

- Para garantir o exercício eficaz da acção penal relativamente a infracções penais estabelecidas em conformidade com a presente Convenção, prevendo, se apropriado, a possibilidade de operações encobertas;
- Para permitir que as unidades ou serviços de investigação identifiquem vítimas de infracções penais estabelecidas em conformidade com o artigo 20º, em particular através da análise de material relacionado com pornografia infantil tal como fotografias e registos áudio-visuais transmitidos ou disponibilizados através de tecnologias de informação ou comunicação.

ARTIGO 31º
Medidas gerais de protecção

1 – Cada Parte toma as necessárias medidas legislativas ou outras para proteger os direitos e os interesses das vítimas, incluindo as suas especiais necessidades enquanto testemunhas, em qualquer fase das investigações e dos procedimentos, em particular:

a) Informando-as sobre os seus direitos e os serviços de que dispõem e, salvo se as vítimas optarem por não receber tais informações, sobre o seguimento dado às suas queixas, o andamento geral da investigação e do processo, bem como o seu papel e o resultado dos seus processos;

b) Garantindo-lhes, pelo menos nos casos em que tanto as vítimas como as suas famílias possam estar em perigo, que sejam informadas, se necessário, quando a pessoa pronunciada ou condenada for libertada temporária ou definitivamente;

c) Permitindo-lhes, de forma consistente com as regras processuais previstas no direito interno, ser ouvidas, fornecer elementos de prova e indicar os meios pelos quais as suas opiniões, necessidades e preocupações são apresentadas e apreciadas, directamente ou através de um intermediário;

d) Prestando-lhes serviços de apoio adequados, por forma que os seus direitos e interesses sejam conhecidos e tidos em consideração;

e) Protegendo a sua privacidade, identidade e imagem e tomando medidas em conformidade com o direito interno que visem evitar a publicidade de quaisquer informações passíveis de permitir a sua identificação;

f) Providenciando por que tanto as vítimas como as suas famílias, e as testemunhas que as representem, sejam protegidas de acções de intimidação, retaliação e vitimização reiterada;

g) Garantindo que o contacto entre vítimas e arguidos nos edifícios dos tribunais ou das forças de manutenção da ordem é evitado, salvo determinação em contrário das autoridades competentes tendo em atenção os melhores interesses da criança ou sempre que as investigações ou os procedimentos exijam tal contacto.

2 – Cada Parte garante que as vítimas tenham acesso, desde o seu primeiro contacto com as autoridades competentes, a informações sobre processos judiciais e administrativos relevantes.

3 – Cada Parte garante que as vítimas tenham acesso, isento de custas mediante requerimento nesse sentido, a apoio judiciário sempre que intervenham na qualidade de partes no processo.

4 – Cada Parte garante a possibilidade de as autoridades judiciárias designarem um representante especial da vítima sempre que, nos termos do direito interno, esta possa vir a ser parte no processo e os detentores da responsabilidade parental estiverem impedidos de representar a criança nesse processo em virtude de um conflito de interesses entre eles e a vítima.

5 – Cada Parte providencia, através de medidas legislativas ou outras, em conformidade com o seu direito interno, a possibilidade de grupos, fundações, associações ou organizações governamentais ou não governamentais prestarem assistência e ou apoio às vítimas, mediante o consentimento destas, no decorrer de um processo relativo a infracções penais estabelecidas em conformidade com a presente Convenção.

6 – Cada Parte garante que as informações transmitidas às vítimas, em conformidade com o disposto no presente artigo, tenham um teor adequado à sua idade e maturidade e uma linguagem que lhes permita entendê-las.

ARTIGO 32º
Início do processo

Cada Parte toma as necessárias medidas legislativas ou outras para garantir que as investigações ou os procedimentos por infracções penais estabelecidas em conformidade com a presente Convenção não dependam de queixa ou acusação formulada pela vítima, e que será dado andamento ao processo mesmo que a vítima retire a sua queixa ou acusação.

ARTIGO 33º
Prazo de prescrição

Cada Parte toma as necessárias medidas legislativas ou outras para garantir que o prazo de prescrição relativo à instauração de procedimentos por infracções penais estabelecidas em conformidade com o artigo 18º, as alíneas *a*) e *b*) do nº 1 do artigo 19º e as alíneas *a*) e *b*) do nº 1 do artigo 20º continue a correr por um prazo suficientemente amplo para permitir a instauração efectiva do procedimento após o momento em que a vítima tiver atingido a maioridade e proporcional à gravidade da infracção penal em causa.

ARTIGO 34º
Investigações

1 – Cada Parte adopta as medidas que considere necessárias para garantir que as pessoas, as unidades ou os serviços responsáveis pela investigação tenham especialização na área da luta contra a exploração sexual e os abusos sexuais de crianças, ou que essas pessoas recebam formação nesse sentido. Tais unidades ou serviços devem dispor de recursos financeiros adequados.

2 – Cada Parte toma as necessárias medidas legislativas ou outras para garantir que a incerteza relativamente à idade efectiva da vítima não é impeditiva da abertura da investigação penal.

ARTIGO 35º
Audição da criança

1 – Cada Parte toma as necessárias medidas legislativas ou outras para garantir que:

a) As audições da criança tenham lugar sem atrasos injustificados após a denúncia dos factos às autoridades competentes;

b) As audições da criança tenham lugar, sempre que necessário, em instalações adequadas ou adaptadas para esse efeito;

c) As audições da criança sejam efectuadas por profissionais com formação adequada a esse fim;

d) Se possível e apropriado, as audições da criança sejam efectuadas pelas mesmas pessoas;

e) O número de audições seja limitado ao mínimo e na estrita medida do necessário à evolução do processo;

f) A criança possa fazer-se acompanhar do seu representante legal ou, se apropriado, por um adulto da sua escolha, salvo decisão razoável em contrário no que se refere a tal pessoa.

2 – Cada Parte toma as necessárias medidas legislativas ou outras para garantir que todas as audições da vítima ou, se apropriado, com uma criança na qualidade de testemunha possam ser gravadas em vídeo e que as audições assim registadas possam ser aceites em tribunal como elementos de prova, segundo as regras previstas no seu direito interno.

3 – Sempre que haja incerteza quanto à idade da vítima e existam razões para crer que se trata de uma criança, são aplicáveis as medidas previstas nos nºs 1 e 2 até confirmação da sua idade.

ARTIGO 36º
Audiências de julgamento

1 – Cada Parte toma as necessárias medidas legislativas ou outras, no respeito pelas regras que regem a autonomia das profissões jurídicas, para garantir acções de

formação na área dos direitos das crianças e da exploração sexual e dos abusos sexuais das crianças para todos os intervenientes no processo, em particular juízes, procuradores e advogados.

2 – Cada Parte toma as necessárias medidas legislativas ou outras para garantir, segundo as regras previstas no seu direito interno:

a) A possibilidade de o juiz poder ordenar que a audiência decorra com exclusão de publicidade;

b) A possibilidade de a vítima ser ouvida em audiência sem estar presente, nomeadamente através do recurso às tecnologias da comunicação apropriadas.

CAPÍTULO VIII
Registo e armazenamento de dados

ARTIGO 37º
Registo e armazenamento de dados nacionais sobre pessoas condenadas por infracções penais de natureza sexual

1 – Para efeitos de prevenção, investigação e processamento penais das infracções penais estabelecidas em conformidade com a presente Convenção, cada Parte toma as necessárias medidas legislativas ou outras para coligir e armazenar, em conformidade com as disposições legais relevantes sobre protecção de dados de carácter pessoal e com as regras e garantias apropriadas previstas no direito interno, dados relativos à identidade e ao perfil genético (ADN) de pessoas condenadas por infracções penais previstas na presente Convenção.

2 – Aquando da assinatura ou do depósito do seu instrumento de ratificação, aceitação aprovação ou adesão, cada Parte comunica ao Secretário-Geral do Conselho da Europa o nome e a morada de uma autoridade nacional responsável única, para efeitos do nº 1 do presente artigo.

3 – Cada Parte toma as necessárias medidas legislativas ou outras para garantir que as informações referidas no nº 1 do presente artigo possam ser transmitidas à autoridade competente de outra Parte, em conformidade com as condições estabelecidas no seu direito interno e com os instrumentos internacionais relevantes.

CAPÍTULO IX
Cooperação internacional

ARTIGO 38º
Princípios gerais e medidas de cooperação internacional

1 – As Partes cooperam entre si, nos termos da presente Convenção, através da aplicação de instrumentos internacionais e regionais relevantes, de acordos estabe-

lecidos com base em legislação uniforme ou recíproca e de legislações nacionais, na medida mais ampla possível, para efeitos de:

a) Prevenção e combate à exploração sexual e aos abusos sexuais de crianças;

b) Protecção e assistência às vítimas;

c) Investigações ou procedimentos penais relacionados com a prática das infracções penais estabelecidas em conformidade com a presente Convenção.

2 – Cada Parte toma as necessárias medidas legislativas ou outras para garantir que as vítimas de uma infracção penal estabelecida em conformidade com a presente Convenção e cometida no território de uma Parte diferente daquela em que residem possam apresentar queixa junto das autoridades competentes do seu Estado de residência.

3 – Se uma Parte, que condicione o auxílio mútuo em matéria penal ou a extradição à existência de um tratado, receber um pedido de auxílio judiciário em matéria penal ou de extradição de outra Parte com a qual não tenha celebrado tal tratado, poderá considerar a presente Convenção como base jurídica para o auxílio judiciário mútuo em matéria penal ou extradição relativamente às infracções penais estabelecidas em conformidade com a presente Convenção.

4 – Cada Parte deve envidar esforços para integrar, se apropriado, a prevenção e a luta contra a exploração sexual e os abusos sexuais de crianças em programas de assistência para o desenvolvimento em benefício de Estados terceiros.

CAPÍTULO X
Mecanismos de acompanhamento

ARTIGO 39º
Comité das Partes

1 – O Comité das Partes é composto por representantes das Partes na Convenção.

2 – O Comité das Partes é convocado pelo Secretário-Geral do Conselho da Europa. A sua primeira reunião tem lugar num prazo de um ano a contar da data de entrada em vigor da presente Convenção relativamente ao décimo signatário que a tenha ratificado. Subsequentemente, reúne-se sempre que, pelo menos, um terço das Partes ou o Secretário-Geral o solicite.

3 – O Comité das Partes adopta o seu próprio regulamento interno.

ARTIGO 40º
Outros representantes

1 – A Assembleia Parlamentar do Conselho da Europa, o Comissário para os Direitos Humanos, o Comité Europeu para os Problemas Criminais (CDPC), bem como outros *comités* intergovernamentais relevantes do Conselho da Europa, nomeiam um seu representante no Comité das Partes.

2 – O Comité de Ministros pode convidar outros órgãos do Conselho da Europa a nomear um representante no Comité das Partes, após consultar o Comité.

3 – Os representantes da sociedade civil, e em particular as organizações não governamentais, podem ser admitidos como observadores junto do Comité das Partes, mediante a observância do procedimento previsto nas normas específicas pertinentes do Conselho da Europa.

4 – Os representantes nomeados nos termos dos nºs 1 a 3 do presente artigo participam nas reuniões do Comité das Partes, sem direito a voto.

ARTIGO 41º
Funções do Comité das Partes

1 – O Comité das Partes acompanha a implementação da presente Convenção. O regulamento do Comité das Partes determina o processo de avaliação da implementação da presente Convenção.

2 – O Comité das Partes facilita a recolha, análise e intercâmbio de informações, experiências e boas práticas entre Estados, por forma que estes possam melhorar a sua capacidade de prevenir e combater a exploração sexual e os abusos sexuais de crianças.

3 – Se apropriado, o Comité das Partes:

a) Facilita o uso e a implementação eficazes da presente Convenção, incluindo a identificação de quaisquer problemas e os efeitos de qualquer declaração ou reserva formulada nos termos da presente Convenção;

b) Expressa a sua opinião sobre qualquer questão relativa à aplicação da presente Convenção e facilita o intercâmbio de informações sobre desenvolvimentos relevantes nos domínios jurídico, político ou tecnológico.

4 – O Comité das Partes é assistido pelo Secretariado do Conselho da Europa no que se refere às suas funções decorrentes do presente artigo.

5 – O Comité Europeu para os Problemas Criminais (CDPC) é, periodicamente, informado sobre as actividades referidas nos nºs 1, 2 e 3 do presente artigo.

CAPÍTULO XI
Relação com outros instrumentos internacionais

ARTIGO 42º
Relação com a Convenção das Nações Unidas sobre os Direitos da Criança e o seu Protocolo Facultativo Relativo à Venda de Crianças, Prostituição Infantil e Pornografia Infantil

A presente Convenção não prejudica os direitos e as obrigações decorrentes da Convenção das Nações Unidas sobre os Direitos da Criança e do seu Protocolo Facultativo Relativo à Venda de Crianças, Prostituição Infantil e Pornografia Infantil, devendo reforçar a protecção concedida por estes instrumentos e desenvolver e complementar as normas neles enunciadas.

ARTIGO 43º
Relação com outros instrumentos internacionais

1 – A presente Convenção não prejudica os direitos e as obrigações decorrentes de outros instrumentos internacionais de que as Partes na presente Convenção sejam ou se tornem Partes, os quais disponham sobre questões regidas pela presente Convenção e que garantam protecção e assistência acrescidas a crianças vítimas de exploração sexual ou de abusos sexuais.

2 – As Partes na presente Convenção podem celebrar acordos bilaterais ou multilaterais entre si relativamente a questões tratadas na presente Convenção, com o fim de completar ou reforçar as suas disposições ou de facilitar a aplicação dos princípios nela consignados.

3 – As Partes que sejam membros da União Europeia devem aplicar, nas suas relações mútuas, as regras da Comunidade e da União Europeia, na medida em que estas disponham de regras que regulamentem a questão em causa e que lhe sejam aplicáveis, sem prejuízo do objecto e do fim da presente Convenção e sem prejuízo da sua aplicação integral relativamente a outras Partes.

CAPÍTULO XII
Alterações à presente Convenção

ARTIGO 44º
Alterações

1 – Qualquer proposta de alteração à presente Convenção formulada por uma Parte é comunicada ao Secretário-Geral do Conselho da Europa e transmitida por este aos Estados membros do Conselho da Europa, a qualquer outro signatário, a qualquer Estado Parte, à Comunidade Europeia, a qualquer Estado convidado a assinar a presente Convenção em conformidade com o nº 1 do artigo 45º, bem como a qualquer Estado convidado a aderir à presente Convenção em conformidade com o nº 1 do artigo 46º

2 – Qualquer alteração proposta por uma Parte é comunicada ao Comité Europeu para os Problemas Criminais (CDPC), o qual submete ao Comité de Ministros a sua opinião relativamente à alteração proposta.

3 – O Comité de Ministros examina a alteração proposta e a opinião emitida pelo CDPC e, após consulta aos Estados não membros que são Partes da presente Convenção, pode adoptar a alteração.

4 – O texto de qualquer alteração adoptada pelo Comité de Ministros em conformidade com o nº 3 do presente artigo é transmitido às Partes, para efeitos de aceitação.

5 – Qualquer alteração adoptada em conformidade com o nº 3 do presente artigo entra em vigor no 1º dia do mês seguinte ao termo de um período de um mês a contar da data em que todas as Partes tenham informado o Secretário-Geral da sua aceitação.

CAPÍTULO XIII
Cláusulas finais

ARTIGO 45º
Assinatura e entrada em vigor

1 – A presente Convenção fica aberta à assinatura dos Estados membros do Conselho da Europa, dos Estados não membros que tenham participado na sua elaboração e da Comunidade Europeia.

2 – A presente Convenção fica sujeita a ratificação, aceitação ou aprovação. Os instrumentos de ratificação, aceitação ou aprovação são depositados junto do Secretário-Geral do Conselho da Europa.

3 – A presente Convenção entra em vigor no 1º dia do mês seguinte ao termo de um período de três meses a contar da data em que cinco signatários, incluindo, pelo menos, três Estados membros do Conselho da Europa, tenham expresso o seu consentimento em ficar vinculados pela Convenção em conformidade com o número anterior.

4 – Relativamente a qualquer Estado referido no nº 1 do presente artigo ou à Comunidade Europeia que, subsequentemente, expresse o seu consentimento em ficar vinculado pela presente Convenção, esta entra em vigor no 1º dia do mês seguinte ao termo de um período de três meses a contar da data do depósito do seu instrumento de ratificação, aceitação ou aprovação.

ARTIGO 46º
Adesão à Convenção

1 – Após a entrada em vigor da presente Convenção, o Comité de Ministros do Conselho da Europa pode, mediante consulta às Partes na presente Convenção e obtido o seu consentimento unânime, convidar qualquer Estado não membro do Conselho da Europa que não tenha participado na elaboração da Convenção, a ela aderir por decisão tomada pela maioria prevista na alínea *d*) do artigo 20º do Estatuto do Conselho da Europa e por unanimidade de votos dos representantes dos Estados Contratantes com assento no Comité de Ministros.

2 – Relativamente a qualquer Estado aderente, a Convenção entra em vigor no 1º dia do mês seguinte ao termo de um período de três meses a contar da data de depósito do instrumento de adesão junto do Secretário-Geral do Conselho da Europa.

ARTIGO 47º
Aplicação territorial

1 – Qualquer Estado ou a Comunidade Europeia pode, no momento da assinatura ou do depósito do seu instrumento de ratificação, aceitação, aprovação ou adesão, especificar o território ou os territórios a que a presente Convenção é aplicável.

2 – Qualquer Parte pode, em qualquer momento posterior, mediante declaração dirigida ao Secretário-Geral do Conselho da Europa, estender a aplicação da presente Convenção a qualquer outro território especificado na declaração e cujas relações internacionais assegure, ou em representação do qual esteja autorizado a assumir compromissos. Relativamente a tal território, a Convenção entra em vigor no 1º dia do mês seguinte ao termo de um período de três meses a contar da data de recepção da referida declaração pelo Secretário-Geral.

3 – Qualquer declaração formulada nos termos dos dois números anteriores pode, relativamente a qualquer território especificado nessa declaração, ser retirada mediante notificação dirigida ao Secretário-Geral do Conselho da Europa. A retirada produz efeitos no 1º dia do mês seguinte ao termo de um período de três meses a contar da data de recepção da referida notificação pelo Secretário-Geral.

ARTIGO 48º
Reservas

Nenhuma reserva pode ser formulada relativamente a qualquer disposição da presente Convenção, com excepção das reservas expressamente previstas. As reservas podem ser retiradas a qualquer momento.

ARTIGO 49º
Denúncia

1 – Qualquer Parte pode, a qualquer momento, denunciar a presente Convenção mediante notificação dirigida ao Secretário-Geral do Conselho da Europa.

2 – A denúncia produz efeitos no 1º dia do mês seguinte ao termo de um período de três meses a contar da data de recepção da notificação pelo Secretário-Geral.

ARTIGO 50º
Notificação

O Secretário-Geral do Conselho da Europa notifica os Estados membros do Conselho da Europa, qualquer Estado signatário, qualquer Estado Parte, a Comunidade Europeia, qualquer Estado convidado a assinar a presente Convenção nos termos do artigo 45º, bem como qualquer Estado convidado a aderir à presente Convenção nos termos do artigo 46º:

a) De qualquer assinatura;

b) Do depósito de qualquer instrumento de ratificação, aceitação, aprovação ou adesão;

c) De qualquer data de entrada em vigor da presente Convenção, em conformidade com os artigos 45º e 46º;

d) De qualquer alteração adoptada em conformidade com o artigo 44º, bem como da data da entrada em vigor de tal alteração;

e) De qualquer reserva formulada nos termos do artigo 48º;

f) De qualquer denúncia formulada nos termos do artigo 49º;

g) De qualquer outro acto, notificação ou comunicação relacionado com a presente Convenção.

Em fé do que, os abaixo assinados, devidamente autorizados para o efeito, assinaram a presente Convenção.

Feito em Lanzarote, aos 25 dias do mês de Outubro de 2007, em francês e inglês, fazendo ambos os textos igualmente fé, num único exemplar que será depositado nos arquivos do Conselho da Europa. O Secretário-Geral do Conselho da Europa transmitirá cópias autenticadas a cada um dos Estados membros do Conselho da Europa, aos Estados não membros que tenham participado na elaboração da presente Convenção, à Comunidade Europeia e a qualquer Estado convidado a aderir à presente Convenção.

Medidas de Proteção de Menores

Lei nº 113/2009, de 17 de setembro

Estabelece medidas de protecção de menores, em cumprimento do artigo 5º da Convenção do Conselho da Europa contra a Exploração Sexual e o Abuso Sexual de Crianças, e procede à segunda alteração à Lei nº 57/98, de 18 de Agosto.

A Assembleia da República decreta, nos termos da alínea *c*) do artigo 161º da Constituição, o seguinte:

ARTIGO 1º
Objecto

A presente lei estabelece medidas de protecção de menores em cumprimento do artigo 5º da Convenção do Conselho da Europa contra a Exploração Sexual e o Abuso Sexual de Crianças.

ARTIGO 2º
Medidas de prevenção de contacto profissional com menores

1 – No recrutamento para profissões, empregos, funções ou actividades, públicas ou privadas, ainda que não remuneradas, cujo exercício envolva contacto regular com menores, a entidade recrutadora está obrigada a pedir ao candidato a apresentação de certificado de registo criminal e a ponderar a informação constante do certificado na aferição da idoneidade do candidato para o exercício das funções.

2 – Após o recrutamento a entidade empregadora ou responsável pelas atividades está obrigada a pedir anualmente a quem exerce a profissão ou as atividades a que se refere o número anterior certificado de registo criminal e a ponderar a informação constante do mesmo na aferição da idoneidade para o exercício das funções.

3 – No requerimento do certificado, o requerente especifica obrigatoriamente o fim a que aquele se destina, indicando a profissão, emprego, função ou activi-

dade a exercer e indicando ainda que o seu exercício envolve contacto regular com menores.

4 – O certificado requerido por particulares para os fins previstos nos nºs 1 e 2 tem a menção de que se destina a situação de exercício de funções que envolvam contacto regular com menores e deve conter, para além da informação prevista nos nºs 5 a 8 do artigo 10º da Lei nº 37/2015, de 5 de maio:

a) As condenações por crime previsto nos artigos 152º, 152º-A ou no capítulo V do título I do livro II do Código Penal;

b) As decisões que apliquem penas acessórias nos termos do nº 1 do artigo 69º-B, do artigo 69º-C e do artigo 152º do Código Penal, ou medidas de segurança que interditem a atividade;

c) As decisões que sejam consequência, complemento ou execução das indicadas nas alíneas anteriores e não tenham como efeito o cancelamento do registo.

5 – Ao certificado requerido por particulares para o fim previsto no nº 1 não é aplicável o disposto na alínea *e*) do nº 2 do artigo 12º da Lei nº 57/98, de 18 de Agosto.

6 – No certificado requerido por particulares para o fim previsto no nº 1 constam também as decisões proferidas por tribunais estrangeiros, equivalentes às previstas nas alíneas do nº 3.

7 – O disposto no nº 1 não prejudica a obrigatoriedade do cumprimento de proibições ou inibições decorrentes da aplicação de uma pena acessória ou de uma medida de segurança, cuja violação é punida nos termos do artigo 353º do Código Penal.

8 – O não cumprimento do dispostos nos nºs 1 e 2 por parte da entidade recrutadora, empregadora ou responsável pela atividade constitui contraordenação, punida com coima cujos limites mínimo e máximo são os previstos no artigo 17º do regime que institui o ilícito de mera ordenação social e respetivo processo, aprovado pelo Decreto-Lei nº 433/82, de 27 de outubro, podendo também ser aplicadas as sanções acessórias previstas nas alíneas *b*), *c*), *e*), *f*) e *g*) do nº 1 do artigo 21º, verificados os pressupostos previstos no artigo 21º-A do mesmo diploma.

9 – A negligência é punível.

10 – A instrução dos processos de contra-ordenação e a aplicação das coimas e sanções acessórias competem às entidades administrativas competentes para a fiscalização das correspondentes actividades, aplicando-se subsidiariamente o artigo 34º do regime que institui o ilícito de mera ordenação social e respectivo processo.

11 – O produto das coimas reverte para o serviço que as tiver aplicado e para o Estado, nas percentagens de 40% e 60%, respectivamente.

12 – A entidade recrutadora deve assegurar a confidencialidade da informação de que tenha conhecimento através da consulta do certificado do registo criminal.

13 – Quem, dolosamente, por si ou em representação de pessoa coletiva, admitir pessoa condenada na pena acessória prevista no artigo 69º-B do Código Penal para exercer profissão, emprego, funções ou atividades, públicas ou privadas, ainda que não remuneradas, cujo exercício envolva contacto regular com menores é punido com pena de prisão até 1 ano de prisão ou com pena de multa até 120 dias.

14 – No caso previsto no número anterior podem ainda ser aplicadas ao agente as seguintes penas acessórias:

a) Interdição do exercício de profissões ou atividades cujo exercício dependa de título público ou de autorização ou homologação de autoridade pública por um período fixado entre dois e cinco anos;

b) Privação do direito a subsídio ou benefício outorgado por entidades ou serviços públicos;

c) Encerramento de estabelecimento cujo funcionamento esteja sujeito a autorização ou licença de autoridade administrativa por um período fixado entre dois e cinco anos;

d) Suspensão de autorizações, licenças e alvarás.

15 – A pessoa coletiva em nome da qual o agente da forma descrita no nº 13 é responsável pelo crime, nos termos previstos no Código Penal.

(Redação dada pela Lei n.º 103/2015, de 24-08)

ARTIGO 3º
Aferição de idoneidade na tomada de decisões de confiança de menores

1 – As autoridades judiciárias que, nos termos da lei, devam decidir sobre a adopção, tutela, curatela, acolhimento familiar, apadrinhamento civil, entrega, guarda ou confiança de menores ou regulação do exercício das responsabilidades parentais acedem à informação sobre identificação criminal das pessoas a quem o menor possa ser confiado, como elemento da tomada da decisão, nomeadamente para aferição da sua idoneidade.

2 – As autoridades judiciárias podem ainda aceder à informação sobre identificação criminal das pessoas que coabitem com as referidas no número anterior.

3 – A informação referida nos números anteriores abrange o teor integral do registo criminal, salvo a informação definitivamente cancelada.

4 – Tratando-se de procedimento não judicial, a Comissão de Protecção de Crianças e Jovens, ou a entidade que for competente, solicita informação ao Ministério Público, que pode proceder de acordo com o nº 1.

5 – As entidades que acedam a informação constante do registo criminal nos termos do presente artigo asseguram a sua reserva, salvo no que seja indispensável à tramitação e decisão dos respectivos procedimentos.

(Redação dada pela Lei nº 103/2015, de 24-08)

ARTIGO 4º
Identificação criminal

1 – Tratando-se de condenação por crime previsto no capítulo V do título I do livro II do Código Penal, o cancelamento previsto na alínea *a*) do nº 1 do artigo 11º da Lei nº 37/2015, de 5 de maio, ocorre decorridos 25 anos sobre a extinção da pena, principal ou de substituição, ou da medida de segurança, e desde que entretanto não tenha ocorrido nova condenação por crime.

2 – As autoridades judiciárias podem ainda aceder à informação sobre identificação criminal das pessoas que coabitem com as referidas no número anterior.

3 – Estando em causa o exercício de emprego, profissão ou atividade que envolva contacto regular com menores, o cancelamento provisório de decisões de condenação por crime previsto nos artigos 152º e 152º-A e no capítulo V do título I do livro II do Código Penal, só pode ocorrer nas condições previstas nos números seguintes e no artigo 12º da Lei nº 37/2015, de 5 de maio.

4 – Sem prejuízo do disposto no nº 6 do artigo 10º da Lei nº 37/2015, de 5 de maio, estando em causa a emissão de certificado de registo criminal requerido para os fins previstos no artigo 2º da presente lei, o Tribunal de Execução das Penas pode determinar, a pedido do titular, a não transcrição, em certificado de registo criminal requerido para os fins previstos no artigo 1º da presente lei, de condenações previstas no nº 1, desde que já tenham sido extintas a pena principal e a pena acessória eventualmente aplicada, quando seja fundadamente de esperar que o titular conduzirá a sua vida sem voltar a cometer crimes da mesma espécie, sendo sensivelmente diminuto o perigo para a segurança e bem-estar de menores que poderia decorrer do exercício da profissão, emprego, função ou atividade a exercer.

5 – Tratando-se de procedimento não judicial, a Comissão de Protecção de Crianças e Jovens, ou a entidade que for competente, solicita informação ao Ministério Público, que pode proceder de acordo com o nº 1.

6 – A decisão de não transcrição de condenação prevista nos nºs 1 e 3, proferida ao abrigo do disposto no artigo 13º da Lei nº 37/2015, de 5 de maio, apenas opera relativamente a certificados que não se destinem aos fins abrangidos pelo artigo 2º da presente lei.

(Redação dada pela Lei nº 103/2015, de 24-08)

ARTIGO 5º
Alteração à Lei nº 57/98, de 18 de Agosto

O artigo 7º da Lei nº 57/98, de 18 de Agosto, passa a ter a seguinte redação:

«ARTIGO 7º
[...]

Podem ainda aceder à informação sobre identificação criminal:

a) Os magistrados judiciais e do Ministério Público para fins de investigação criminal, de instrução de processos criminais, de execução de penas e de decisão sobre adopção, tutela, curatela, acolhimento familiar, apadrinhamento civil, entrega, guarda ou confiança de menores ou regulação do exercício das responsabilidades parentais;

b) ……………………………………………………

c) ……………………………………………………

d) ……………………………………………………

e) ……………………………………………………

f) ....
g) ....
h) ....
i) ....»

ARTIGO 6º
Verificação anual

O disposto no nº 2 do artigo 2º é aplicável ainda que o recrutamento tenha ocorrido em data anterior à entrada em vigor da presente lei e que perdurem durante a sua vigência.

(Aditado pela Lei nº 103/2015, de 24-08)

Aprovada em 23 de Julho de 2009.

O Presidente da Assembleia da República, *Jaime Gama.*

Promulgada em 28 de Agosto de 2009.

Publique-se.

O Presidente da República, ANÍBAL CAVACO SILVA.

Referendada em 31 de Agosto de 2009.

O Primeiro-Ministro, *José Sócrates Carvalho Pinto de Sousa.*

IV. Regime Jurídico da Adoção

Eliminação das Discriminações no Acesso à Adoção, Apadrinhamento Civil e Demais Relações Jurídicas Familiares

Lei nº 2/2016, de 29 de fevereiro

A Assembleia da República decreta, nos termos da alínea *c*) do artigo 161º da Constituição, o seguinte:

ARTIGO 1º
Objeto

A presente lei elimina as discriminações no acesso à adoção, apadrinhamento civil e demais relações jurídicas familiares, procedendo à segunda alteração à Lei nº 7/2001, de 11 de maio, à primeira alteração à Lei nº 9/2010, de 31 de maio, e à vigésima terceira alteração ao Código do Registo Civil, aprovado pelo Decreto-Lei nº 131/95, de 6 de junho.

ARTIGO 2º
Alteração à Lei nº 7/2001, de 11 de maio

O artigo 7º da Lei nº 7/2001, de 11 de maio, que adota medidas de proteção das uniões de facto, alterada pela Lei nº 23/2010, de 30 de agosto, passa a ter a seguinte redação:

«ARTIGO 7º
[...]

Nos termos do atual regime de adoção, constante do livro IV, título IV, do Código Civil, é reconhecido a todas as pessoas que vivam em união de facto nos termos da presente lei o direito de adoção em condições análogas às previstas no artigo 1979º do Código Civil, sem prejuízo das disposições legais respeitantes à adoção por pessoas não casadas.»

ARTIGO 3º
Alteração à Lei nº 9/2010, de 31 de maio

Os artigos 3º e 5º da Lei nº 9/2010, de 31 de maio, que permite o casamento civil entre pessoas do mesmo sexo, passam a ter a seguinte redação:

«ARTIGO 3º

[...]

1 – O regime introduzido pela presente lei implica a admissibilidade legal de adoção, em qualquer das suas modalidades, por pessoas casadas com cônjuge do mesmo sexo.

2 – Nenhuma disposição legal ou regulamentar em matéria de adoção pode ser interpretada em sentido contrário ao disposto no número anterior.

ARTIGO 5º

[...]

Todas as disposições legais relativas ao casamento, adoção, apadrinhamento civil e outras relações jurídicas familiares devem ser interpretadas à luz da presente lei, independentemente do sexo dos cônjuges.»

ARTIGO 4º
Alteração ao Código do Registo Civil

O artigo 1º do Código do Registo Civil, aprovado pelo Decreto-Lei nº 131/95, de 6 de junho, alterado pelos Decretos-Leis nºs 36/97, de 31 de janeiro, 120/98, de 8 de maio, 375-A/99, de 20 de setembro, 228/2001, de 20 de agosto, 273/2001, de 13 de outubro, 323/2001, de 17 de dezembro, 113/2002, de 20 de abril, 194/2003, de 23 de agosto, e 53/2004, de 18 de março, pela Lei nº 29/2007, de 2 de agosto, pelo Decreto-Lei nº 324/2007, de 28 de setembro, pela Lei nº 61/2008, de 31 de outubro, pelos Decretos-Leis nºs 247-B/2008, de 30 de dezembro, e 100/2009, de 11 de maio, pelas Leis nºs 29/2009, de 29 de junho, 103/2009, de 11 de setembro, 7/2011, de 15 de março, pelo Decreto-Lei nº 209/2012, de 19 de setembro, pelas Leis nºs 23/2013, de 5 de março, 90/2015, de 12 de agosto, e 143/2015, de 8 de setembro, e pelo Decreto-Lei nº 201/2015, de 17 de setembro, passa a ter a seguinte redação:

«ARTIGO 1º

[...]

1 – ....

2 – ....

3 – Quando os sujeitos da relação jurídica de filiação, adoção ou apadrinhamento civil estejam casados ou unidos de facto com pessoa do mesmo sexo, os assentos, averbamentos ou novos assentos de nascimento no registo civil são efe-

tuados de forma idêntica à prevista nas leis em vigor para casais de sexo diferente.»

ARTIGO 5º
Disposição transitória

1 – Os casais do mesmo sexo que se tenham entretanto divorciado ou cuja união de facto tenha entretanto cessado e que se encontravam legalmente impedidos de adotar por força das disposições alteradas pela presente lei, e em que, consequentemente, apenas um dos cônjuges ou unidos de facto seja titular das responsabilidades parentais, podem submeter um requerimento de adoção do filho do então cônjuge ou unido de facto, nos termos legalmente aplicáveis, desde que:

a) Reunissem todos os demais requisitos previstos na legislação sobre adoção no momento da constância do casamento ou da união de facto;

b) Manifestem expressamente a vontade de constituir o vínculo de adoção pelo outro cônjuge ou unido de facto, através de acordo homologado judicialmente.

2 – O disposto no número anterior não dispensa a observância dos procedimentos previstos na lei para a adoção do filho do cônjuge ou unido de facto, não operando automaticamente qualquer efeito a partir da declaração referida na alínea *b*) do número anterior.

ARTIGO 6º
Norma revogatória

É revogado o nº 4 do artigo 3º do Decreto-Lei nº 121/2010, de 27 de outubro.

ARTIGO 7º
Entrada em vigor

A presente lei entra em vigor no primeiro dia do mês seguinte ao da sua publicação.

Aprovada em 18 de dezembro de 2015.

O Presidente da Assembleia da República, *Eduardo Ferro Rodrigues.*

Promulgada em 18 de fevereiro de 2016.

Publique-se.

O Presidente da República, ANÍBAL CAVACO SILVA.

Referendada em 24 de fevereiro de 2016.

O Primeiro-Ministro, *António Luís Santos da Costa.*

Regime Jurídico do Processo de Adoção

Lei nº 143/2015, de 8 de setembro

TÍTULO I
Disposições gerais

ARTIGO 1º
Objeto

1 – O Regime Jurídico do Processo de Adoção, doravante designado RJPA, regula os processos de adoção nacional e internacional, bem como a intervenção nesses processos das entidades competentes.

2 – São entidades competentes em matéria de adoção:

a) Os organismos de segurança social;
b) A Autoridade Central para a Adoção Internacional;
c) O Ministério Público;
d) Os tribunais.

3 – Podem também intervir:

a) Na adoção nacional, as instituições particulares de solidariedade social e equiparadas e outras entidades de reconhecido interesse público, sem caráter lucrativo, adiante designadas por instituições particulares autorizadas, nas condições e com os limites estabelecidos no RJPA;
b) Na adoção internacional, as entidades devidamente autorizadas e acreditadas, adiante designadas por entidades mediadoras, nas condições e com os limites estabelecidos no RJPA.

ARTIGO 2º
Definições

Para os efeitos do RJPA considera-se:

a) «Adoção internacional», processo de adoção, no âmbito do qual ocorre a transferência de uma criança do seu país de residência habitual para o país da residência habitual dos adotantes, com vista ou na sequência da sua adoção;

b) «Adoção nacional», processo de adoção no âmbito do qual a criança a adotar e o candidato à adoção têm residência habitual em Portugal, independentemente da nacionalidade;

c) «Adotabilidade», situação jurídica da criança beneficiária de uma decisão judicial ou administrativa de confiança com vista à adoção;

d) «Criança», qualquer pessoa com idade inferior a 15 anos, ou inferior a 18 anos nos casos previstos no nº 3 do artigo 1980º do Código Civil;

e) «País de acolhimento», país da residência habitual dos adotantes, no âmbito de um processo de adoção internacional;

f) «País de origem», país da residência habitual da criança, no âmbito de um processo de adoção internacional;

g) «Preparação, avaliação e seleção de candidatos», conjunto de procedimentos para a aferição da capacidade tendentes à capacitação psicossocial e das competências essenciais ao estabelecimento de uma relação parental adotiva;

h) «Processo de adoção», conjunto de procedimentos de natureza administrativa e judicial, integrando designadamente atos de preparação e atos avaliativos, tendo em vista a prolação da decisão judicial constitutiva do vínculo da adoção, a qual ocorre na sequência de uma decisão de adotabilidade ou de avaliação favorável da pretensão de adoção de filho do cônjuge;

i) «Guarda de facto», relação que se estabelece entre a criança e a pessoa que com ela vem assumindo, continuadamente, as funções essenciais próprias de quem tem responsabilidades parentais.

ARTIGO 3º
Princípios orientadores

A intervenção em matéria de adoção obedece aos seguintes princípios orientadores:

a) Interesse superior da criança – em todas as decisões a proferir, no âmbito do processo de adoção, deve prevalecer o interesse superior da criança;

b) Obrigatoriedade de informação – a criança e os candidatos à adoção devem ser informados com precisão e clareza sobre os seus direitos, os objetivos da intervenção inerente ao processo e a forma como esta última se processa, bem como sobre as possíveis consequências de qualquer decisão que venha a ser tomada no âmbito do processo;

c) Audição obrigatória – a criança, tendo em atenção a sua idade, grau de maturidade e capacidade de compreensão, deve ser pessoalmente ouvida no âmbito do processo de adoção;

d) Participação – a criança, bem como os candidatos à adoção, têm o direito de participar nas decisões relativas à concretização do projeto adotivo;

e) Cooperação – todos os intervenientes no processo e, designadamente, as entidades com competência em matéria de adoção, bem como os candidatos à adoção, têm o dever de colaborar no sentido da boa decisão do processo;

f) Primado da continuidade das relações psicológicas profundas – a intervenção deve respeitar o direito da criança à preservação das relações afetivas estruturantes de grande significado e de referência para o seu saudável e harmónico desenvolvimento, devendo prevalecer as medidas que garantam a continuidade de uma vinculação securizante.

ARTIGO 4º
Caráter secreto

1 – A fase judicial e os demais procedimentos administrativos e judiciais que integram o processo de adoção, incluindo os seus preliminares, têm carácter secreto.

2 – O processo de adoção, incluindo os seus preliminares, pode ser consultado pelo adotado depois de atingida a maioridade.

3 – Por motivos ponderosos e nas condições e com os limites a fixar na decisão, pode o tribunal, a requerimento de quem prove interesse legítimo, ouvido o Ministério Público, se não for o requerente, autorizar a consulta dos processos referidos no nº 1 e a extração de certidões.

4 – Para efeitos do disposto no número anterior, tratando-se de procedimentos de natureza administrativa, o requerimento deve ser dirigido ao tribunal competente em matéria de família e menores da área da sede do organismo de segurança social.

5 – A violação do segredo dos processos referidos no nº 1 e a utilização de certidões para fim diverso do expressamente autorizado constituem crime a que corresponde pena de prisão até um ano ou multa até 120 dias.

ARTIGO 5º
Segredo de identidade

1 – Todas as entidades públicas e privadas têm o dever de adotar as providências necessárias à preservação do segredo de identidade a que se refere o artigo 1985º do Código Civil.

2 – No acesso aos autos, nas notificações a realizar no processo de adoção e nos respetivos procedimentos preliminares, incluindo os de natureza administrativa, deve sempre ser preservado o segredo de identidade, nos termos previstos no artigo 1985º do Código Civil.

ARTIGO 6º
Acesso ao conhecimento das origens

1 – Os organismos de segurança social, mediante solicitação expressa do adotado com idade igual ou superior a 16 anos, têm o dever de prestar informação, aconselhamento e apoio técnico no acesso ao conhecimento das suas origens.

2 – Para efeitos do disposto no número anterior, durante a menoridade é sempre exigida autorização dos pais adotivos ou do representante legal, revestindo o apoio técnico caráter obrigatório.

3 – As entidades competentes em matéria de adoção devem conservar as informações sobre a identidade, as origens e os antecedentes do adotado, durante pelo menos 50 anos após a data do trânsito em julgado da sentença constitutiva do vínculo da adoção.

4 – Para os efeitos previstos no presente artigo, qualquer entidade pública ou privada tem obrigação de fornecer às entidades competentes em matéria de adoção, incluindo ao Ministério Público, quando lhe sejam requeridas, as necessárias informações sobre os antecedentes do adotado, os seus progenitores, tutores e detentores da guarda de facto, sem necessidade de obtenção do consentimento destes.

5 – As entidades que intervêm nos termos do presente artigo estão obrigadas à preservação do segredo de identidade previsto no artigo 5º

6 – Independentemente dos requisitos previstos nos nºs 1 e 2, em casos excecionais e com fundamento em razões ponderosas, mormente quando estiverem em causa motivos de saúde, pode o tribunal, a requerimento dos pais, ouvido o Ministério Público, autorizar o acesso a elementos da história pessoal do adotado menor.

7 – Pode ainda o tribunal, a requerimento do Ministério Público e com fundamento em ponderosos motivos de saúde do adotado menor, autorizar o acesso a elementos da sua história pessoal.

TÍTULO II
Adoção nacional

CAPÍTULO I
Intervenção das entidades competentes em matéria de adoção

SECÇÃO I
Intervenção dos organismos de segurança social

ARTIGO 7º
Organismos de segurança social

Para efeitos do RJPA, são organismos de segurança social o Instituto da Segurança Social, I. P., o Instituto da Segurança Social dos Açores, I. P. R. A., o Instituto da Segurança Social da Madeira, IP-RAM, e, no município de Lisboa, a Santa Casa da Misericórdia de Lisboa.

ARTIGO 8º
Competências

Compete aos organismos de segurança social:

a) Proceder ao estudo de caracterização das crianças em situação de adotabilidade e ao diagnóstico das suas necessidades, bem como à sua preparação para subsequente integração em famílias adotivas;

b) Informar os interessados sobre o processo de adoção, disponibilizando-lhes igualmente informação sobre outros institutos jurídicos que visem a integração familiar de crianças;

c) Receber as candidaturas à adoção e instruir os respetivos processos;

d) Preparar, avaliar e selecionar os candidatos a adotantes;

e) Aferir a correspondência entre as necessidades evidenciadas pelas crianças em situação de adotabilidade e as capacidades dos candidatos selecionados, tendo em vista a apresentação de concretas propostas de encaminhamento;

f) Promover a integração das crianças nas famílias adotantes e acompanhar e avaliar o período prévio de convivência entre crianças e candidatos destinado a aferir da viabilidade do estabelecimento da relação parental;

g) Proceder à confiança administrativa;

h) Decretada a adotabilidade ou recebida comunicação do tribunal relativa ao consentimento prévio para a adoção, informar trimestralmente o tribunal sobre as diligências efetuadas para promover o efetivo encaminhamento da criança para candidato selecionado;

i) Elaborar o relatório de acompanhamento e avaliação do período de pré-adoção, do qual constem, designadamente, os elementos relativos à personalidade e à saúde do adotante e do adotando, à idoneidade do adotante para criar e educar o adotando, à situação familiar e económica do adotante e às razões determinantes do pedido de adoção;

j) Acompanhar as famílias após o decretamento da adoção, mediante pretensão expressa nesse sentido, nos termos previstos no RJPA;

k) Prestar informação, aconselhamento e apoio técnico no acesso ao conhecimento das origens do adotado;

l) Proceder à recolha, tratamento e divulgação dos dados estatísticos relativos à adoção nacional;

m) Elaborar e publicar anualmente relatório, donde constem informações e conclusões sobre as atribuições referidas nas alíneas anteriores.

ARTIGO 9º
Equipas técnicas de adoção

1 – O acompanhamento e o apoio às pessoas envolvidas num processo de adoção são assegurados por equipas pluridisciplinares suficientemente dimensionadas e qualificadas, integrando técnicos com formação nas áreas da psicologia, do serviço social e do direito.

2 – Tais equipas podem ainda, pontualmente e quando necessário, contar com o apoio de profissionais das áreas da saúde e da educação.

3 – As equipas que intervêm na preparação, avaliação e seleção dos candidatos a adotantes devem ser autónomas e distintas das que, decretada a adotabilidade, procedem ao estudo da situação das crianças e à concretização dos respetivos projetos adotivos.

4 – Para salvaguarda do disposto no número anterior e sempre que o volume processual o justifique, as funções de preparação, avaliação e seleção de candidatos podem ser concentradas em equipas de âmbito regional, cuja atividade toma em linha de conta as exigências de proximidade que tais funções pressupõem.

ARTIGO 10º
Listas nacionais para a adoção

1 – Os candidatos selecionados para a adoção, bem como as crianças em situação de adotabilidade, integram obrigatoriamente listas nacionais.

2 – Cabe aos organismos de segurança social o registo e a permanente atualização das listas a que se refere o número anterior.

ARTIGO 11º
Colegialidade das decisões

1 – A concreta proposta de encaminhamento de uma criança para a família adotante resulta de decisão participada e consensualizada entre a equipa que procedeu ao estudo da criança e a equipa que efetuou a preparação, avaliação e seleção dos candidatos.

2 – A confirmação da proposta prevista no número anterior cabe ao Conselho Nacional para a Adoção, adiante designado por Conselho.

ARTIGO 12º
Composição e atribuições do Conselho Nacional para a Adoção

1 – O Conselho é composto por um representante de cada organismo mencionado no artigo 7º

2 – O Conselho garante a harmonização dos critérios que presidem à aferição de correspondência entre as necessidades da criança e as capacidades dos adotantes.

3 – O Conselho tem as seguintes atribuições:

a) Confirmar as propostas de encaminhamento apresentadas pelas equipas de adoção, incluindo as efetuadas no âmbito de confiança administrativa com base na prestação de consentimento prévio;

b) Emitir parecer prévio para efeito de concessão de autorização às instituições particulares, para intervenção em matéria de adoção;

c) Acompanhar a atividade desenvolvida pelas instituições particulares autorizadas;

d) Emitir recomendações aos organismos de segurança social e às instituições particulares autorizadas que intervêm em matéria de adoção, e divulgá-las publicamente.

4 – Para efeitos do disposto na alínea *a*) do número anterior, o Conselho emite certidão da decisão de confirmação.

ARTIGO 13º
Funcionamento do Conselho Nacional para a Adoção

1 – A coordenação do Conselho é assegurada, bienal e rotativamente, pelas entidades que o integram.

2 – O Conselho reúne, ordinariamente, com uma frequência mínima quinzenal e, extraordinariamente, sempre que tal seja considerado necessário ou o volume processual assim o exija.

3 – O Conselho profere decisão sobre as propostas que lhe forem remetidas, no prazo máximo de 15 dias a contar da data da respetiva apresentação.

4 – A organização e o funcionamento do Conselho constam de regulamento interno que garante a celeridade dos procedimentos de confirmação.

ARTIGO 14º
Padronização e publicitação de critérios e procedimentos

1 – A preparação, avaliação e seleção de candidatos a adotantes e as diligências para a concretização do projeto adotivo obedecem a critérios e procedimentos padronizados, de aplicação uniforme pelos organismos de segurança social e pelas entidades previstas na alínea *a*) do nº 3 do artigo 1º

2 – Os critérios e procedimentos referidos no número anterior devem ser publicitados, designadamente mediante divulgação nos sítios oficiais dos organismos mencionados no artigo 7º, de forma a permitir o seu conhecimento por parte de todos os interessados.

SECÇÃO II
Intervenção das instituições particulares sem fins lucrativos

ARTIGO 15º
Excecionalidade da intervenção

Excecionalmente e nas condições previstas na presente secção, as instituições particulares sem fins lucrativos podem intervir no processo de adoção.

ARTIGO 16º
Áreas de intervenção

1 – As instituições particulares sem fins lucrativos podem desenvolver as atividades previstas no artigo 8º, com exceção das referidas nas suas alíneas *g*) e *k*).

2 – A mesma entidade não pode intervir, concomitantemente, no âmbito das atividades previstas nas alíneas *a*) e *d*) do artigo 8º

3 – A excecionalidade da intervenção a que alude o artigo anterior não se aplica à atividade prevista na alínea *j*) do artigo 8º

4 – O disposto nas alíneas *l*) e *m*) do artigo 8º não se aplica às instituições particulares sem fins lucrativos.

SUBSECÇÃO I
Condições para a intervenção

ARTIGO 17º
Autorização

1 – Constitui pressuposto do desenvolvimento de atividades compreendidas nas áreas de intervenção definidas no artigo anterior a prévia obtenção de correspondente autorização.

2 – A autorização referida no número anterior é concedida por portaria dos membros do Governo responsáveis pelas áreas da justiça, da solidariedade e da segurança social, a qual define as áreas de intervenção, a competência territorial, a data do início de atividade e o prazo de vigência da autorização.

3 – A autorização referida no nº 1 carece de parecer prévio favorável do Conselho.

4 – O exercício não autorizado das atividades referidas no artigo anterior faz incorrer o respetivo agente na prática de crime punível com prisão até dois anos ou multa até 240 dias.

ARTIGO 18º
Requisitos

As instituições particulares sem fins lucrativos que pretendam intervir no processo de adoção, nos termos do artigo 15º, devem ser representadas e administradas por pessoas com reconhecida idoneidade, pelos seus conhecimentos ou experiência no domínio da adoção, devendo ainda preencher cumulativamente os seguintes requisitos:

a) Prosseguir atividades no âmbito da promoção da família e da proteção da criança;

b) Não desenvolver principalmente a sua atividade no âmbito do acolhimento de crianças;

c) Dispor de equipas técnicas pluridisciplinares adequadas, de acordo com o disposto no artigo 9º

ARTIGO 19º
Requisitos especiais

1 – As instituições particulares sem fins lucrativos que, desenvolvendo atividade no âmbito do acolhimento de crianças, pretendam intervir no processo de adoção, devem assegurar a disponibilização de equipas distintas, não podendo os técnicos afetos à equipa de acolhimento integrar simultaneamente a equipa afeta às atividades de adoção.

2 – A autonomia das equipas técnicas pressupõe, além do mais, o não desenvolvimento de atividade de acolhimento e de atividades no âmbito da adoção, no mesmo espaço físico.

SUBSECÇÃO II
Autorização e decisão

ARTIGO 20º
Pedido de autorização

1 – As instituições particulares sem fins lucrativos que pretendam intervir em matéria de adoção, nos termos previstos no RJPA, devem dirigir a sua pretensão aos membros do Governo responsáveis pelas áreas da justiça, da solidariedade e da segurança social, através de requerimento a apresentar junto do organismo de segurança social da área onde pretendam exercer a sua atividade.

2 – O requerimento é acompanhado de cópia dos estatutos e de todos os documentos que se afigurem necessários à avaliação do pedido de autorização, com vista à verificação dos requisitos previstos nos artigos 18º e 19º.

ARTIGO 21º
Instrução e decisão

1 – O organismo de segurança social que receber o pedido de autorização deve instruir o processo e verificar o preenchimento dos requisitos, no prazo máximo de 15 dias, procedendo para o efeito à realização das diligências que entender necessárias.

2 – Finda a instrução, o organismo de segurança social elabora informação da qual devem obrigatoriamente constar os elementos habilitantes à ponderação sobre a oportunidade do deferimento da pretensão, designadamente a existência de outras instituições particulares já autorizadas e o número de candidatos a adotantes e de crianças em situação de adotabilidade, na área territorial a que se reporta o pedido de autorização.

3 – O processo é remetido ao Conselho para emissão de parecer, nos termos do nº 3 do artigo 17º, a proferir no prazo máximo de 30 dias.

4 – Emitido parecer, o Conselho remete o processo para decisão ao membro do Governo responsável pelas áreas da solidariedade e da segurança social, para proposta de decisão conjunta.

5 – A decisão relativa à pretensão é sempre notificada à instituição requerente.

SUBSECÇÃO III
Articulação, acompanhamento e fiscalização

ARTIGO 22º
Articulação com os organismos da segurança social

1 – As instituições particulares autorizadas nos termos do RJPA desenvolvem a sua atividade em estreita articulação com o organismo de segurança social territorialmente competente, a quem incumbe a respetiva supervisão.

2 – Para efeitos do disposto no número anterior, as instituições particulares autorizadas têm o dever de prestar a colaboração que lhes seja solicitada, disponibilizando a informação e demais elementos relevantes, nos prazos que lhes forem assinalados.

ARTIGO 23º
Relatório de atividades

1 – As instituições particulares autorizadas devem enviar ao organismo de segurança social da respetiva área de intervenção, até ao fim do primeiro trimestre de cada ano, relatório de atividades do ano anterior, do qual constem, obrigatória e discriminadamente, as ações desenvolvidas em matéria de adoção, incluindo as de formação asseguradas às equipas técnicas, bem como as receitas e despesas associadas.

2 – O organismo de segurança social, no prazo de 15 dias, envia ao Conselho o relatório de atividades, acompanhado de parecer, para os efeitos previstos na alínea *c*) do nº 3 do artigo 12º

ARTIGO 24º
Fiscalização

1 – A Inspeção-Geral do Ministério da Solidariedade, Emprego e Segurança Social, adiante designada por Inspeção-Geral, fiscaliza, através de auditoria e inspeção, a atividade das instituições particulares autorizadas a intervir em matéria de adoção.

2 – Nas ações de fiscalização, a Inspeção-Geral é, sempre que necessário, apoiada por consultores designados de entre técnicos que exerçam a supervisão da atividade das instituições.

SUBSECÇÃO IV
Revogação da autorização

ARTIGO 25º
Revogação

1 – A autorização concedida nos termos do RJPA pode ser revogada por portaria dos membros do Governo responsáveis pelas áreas da justiça, da solidariedade e da segurança social, mediante proposta devidamente fundamentada da Inspeção-Geral ou do Conselho.

2 – Constituem fundamentos para a revogação a assunção de procedimentos e práticas que contrariem os fins visados pela adoção e, bem assim, a falta de observância dos critérios de padronização a que alude o artigo 14º

3 – Constituem, ainda, fundamento para a revogação:

a) A não observância dos requisitos previstos nos artigos 18º e 19º;

b) O não exercício da atividade objeto da autorização por um período de um ano.

4 – A apresentação de proposta de revogação, nos termos do nº 1, acarreta a imediata suspensão da autorização para o exercício da atividade, até à prolação da decisão final.

5 – A decisão final deve ser proferida no prazo máximo de 60 dias.

SECÇÃO III
Intervenção do Ministério Público

ARTIGO 26º
Natureza

O Ministério Público intervém no processo de adoção defendendo os direitos e promovendo o superior interesse da criança.

ARTIGO 27º
Competências

Compete, em especial, ao Ministério Público:

a) Pronunciar-se sobre os recursos interpostos pelos candidatos à adoção das decisões de rejeição de candidaturas;

b) Pronunciar-se sobre a conformidade da confiança administrativa com o interesse da criança, na pendência de processo de promoção e proteção ou tutelar cível;

c) Receber as comunicações dos organismos de segurança social das decisões relativas a confiança administrativa;

d) Promover as iniciativas processuais cíveis ou de proteção na sequência de comunicação do organismo de segurança social, nos casos de não atribuição de confiança administrativa;

e) Requerer a prestação de consentimento prévio para a adoção;

f) Requerer a curadoria provisória, no caso de os adotantes o não terem feito, no prazo de 30 dias após a decisão de confiança administrativa;

g) Emitir parecer na fase final do processo de adoção;

h) Representar a criança no incidente de revisão da adoção;

i) Pronunciar-se sobre pedidos de consulta que hajam sido formulados nos termos do nº 3 do artigo 4º, ou requerer ao tribunal a respetiva autorização;

j) Requerer a averiguação dos pressupostos da dispensa do consentimento dos pais do adotando ou das pessoas que o devam prestar em sua substituição, nos termos do artigo 1981º do Código Civil, bem como pronunciar-se sobre o requerimento nesse sentido apresentado pelo adotante;

k) Informar o adotado, a requerimento deste, do direito de acesso ao conhecimento das suas origens e respetivo exercício, prestando-lhe os esclarecimentos relevantes e o apoio técnico necessário, bem como, sendo caso disso, solicitando a quaisquer entidades informações e antecedentes sobre o adotado, os seus progenitores, tutores ou detentores da guarda de facto, desencadeando os procedimentos no sentido da sua obtenção;

l) Requerer ao tribunal ou pronunciar-se, caso não seja o requerente, sobre a concessão de autorização para acesso a elementos da história pessoal do adotado;

m) Requerer ao tribunal a cessação dos contactos pessoais entre o adotado e elementos da família biológica autorizados na sentença de adoção, ao abrigo do nº 3 do artigo 1986º do Código Civil.

SECÇÃO IV
Intervenção do tribunal

ARTIGO 28º
Natureza

Os tribunais exercem no processo de adoção as funções que a Constituição lhes confere, garantindo o cumprimento da lei, assegurando a promoção e defesa dos direitos das crianças e fazendo prevalecer o seu superior interesse, sem prejuízo da consideração devida aos interesses legítimos das famílias biológicas e dos adotantes ou candidatos à adoção.

ARTIGO 29º
Competências

Compete, em especial, ao tribunal em matéria de adoção:

a) Presidir à prestação do consentimento prévio para a adoção;

b) Apreciar e decidir os recursos das decisões de rejeição de candidatura a adoção proferidas pelos organismos de segurança social ou pelas instituições particulares autorizadas;

c) Estando pendente processo de promoção e proteção ou tutelar cível, decidir sobre a conformidade da confiança administrativa com o interesse da criança;

d) Nomear curador provisório logo que decretada a confiança com vista à adoção ou decidida a confiança administrativa e, bem assim, proceder à transferência da curadoria provisória para o candidato a adotante logo que identificado;

e) Decretar a adoção e decidir sobre a composição do nome da criança adotada;

f) Autorizar excecionalmente a manutenção de contactos pessoais entre o adotado e elementos da família biológica, nos termos previstos no nº 3 do artigo 1986º do Código Civil, bem como determinar a sua cessação;

g) Decidir do incidente de revisão da adoção;

h) Conceder autorização para acesso a elementos da história pessoal do adotado nos termos previstos nos nºs 6 e 7 do artigo 6º

ARTIGO 30º
Competência territorial

1 – Sem prejuízo do disposto no nº 3, as competências do tribunal em matéria de adoção são exercidas pelas secções de família e menores da instância central, de acordo com as seguintes regras:

a) Para conhecer das matérias a que se referem as alíneas *c*) a *f*) e *h*) do artigo anterior é competente o tribunal da residência da criança, nos termos previstos na Lei de Proteção de Crianças e Jovens em Perigo, aprovada pela Lei nº 147/99, de 1 de setembro, alterada pelas Leis nºs 31/2003, de 22 de agosto, e 142/2015, de 8 de setembro, e no Regime Geral do Processo Tutelar Cível, aprovado pela Lei nº 141/2015, de 8 de setembro;

b) Para conhecer da matéria a que se refere a alínea *b*) do artigo anterior é competente o tribunal da área da sede do organismo de segurança social ou da instituição particular autorizada;

c) Para conhecer da matéria a que se refere a alínea *g*) do artigo anterior é competente o tribunal que decretou a adoção.

2 – Nas áreas não abrangidas pela jurisdição das secções de família e menores cabe às secções da instância local ou, em caso de não ocorrer desdobramento, às secções de competência genérica da instância local, conhecer das matérias elencadas no número anterior.

3 – Para efeito de prestação de consentimento prévio para a adoção é competente qualquer secção de família e menores da instância central ou qualquer secção de competência genérica ou cível da instância local, independentemente da residência da criança ou das pessoas que o pretendam prestar.

CAPÍTULO II
Processo de adoção

ARTIGO 31º
Jurisdição voluntária

A fase final do processo de adoção, regulada na subsecção III do presente capítulo, tem natureza de jurisdição voluntária, sendo-lhe aplicáveis as correspondentes normas do Código do Processo Civil.

ARTIGO 32º
Caráter urgente

O procedimento relativo à prestação do consentimento prévio para a adoção, bem como a tramitação judicial do processo de adoção, têm caráter urgente.

SECÇÃO I
Preliminares

ARTIGO 33º
Comunicações obrigatórias

1 – Quem tiver criança a seu cargo em situação de poder vir a ser adotada deve

dar conhecimento da situação ao organismo de segurança social da área da sua residência, que avalia a situação.

2 – O organismo de segurança social deve dar conhecimento imediato ao magistrado do Ministério Público junto do tribunal competente das comunicações recebidas nos termos do número anterior e informar, em prazo não superior a três meses, do resultado dos estudos que realizar e das providências que tomar.

ARTIGO 34º
Pressupostos

1 – A prolação da decisão judicial constitutiva do vínculo da adoção depende de:

a) Prévia declaração de adotabilidade decidida no âmbito de processo judicial de promoção e proteção, mediante decretamento de medida de confiança a que alude a alínea *g*) do nº 1 do artigo 35º da Lei de Proteção de Crianças e Jovens em Perigo, aprovada pela Lei nº 147/99, de 1 de setembro, alterada pelas Leis nºs 31/2003, de 22 de agosto, e 142/2015, de 8 de setembro;

b) Prévia decisão de confiança administrativa, reunidos que se mostrem os necessários requisitos;

c) Prévia avaliação favorável da pretensão expressa pelo candidato a adotante relativamente à adoção do filho do cônjuge, tendo em conta o superior interesse da criança.

2 – A confiança administrativa resulta de decisão do organismo de segurança social:

a) Que proceda à entrega de criança, relativamente à qual haja sido prestado consentimento prévio para a adoção, ao candidato a adotante; ou

b) Que confirme a permanência de criança a cargo do candidato a adotante que sobre ela exerça já as responsabilidades parentais, nos termos previstos na alínea *a*) do nº 8 do artigo 36º

3 – A avaliação a que alude a alínea *c*) do nº 1 tem lugar na sequência de um período de pré-adoção, não superior a três meses, o qual tem início imediatamente após a formulação da pretensão pelo candidato a adotante.

ARTIGO 35º
Consentimento prévio

1 – Sem prejuízo do disposto no nº 3 do artigo 1982º do Código Civil, a prestação do consentimento prévio pode ser requerida pelas pessoas que o devam prestar, pelo Ministério Público ou pelos organismos de segurança social.

2 – Recebido o requerimento, o juiz designa imediatamente hora para prestação do consentimento, a qual tem lugar no próprio dia ou, caso tal não se revele possível, no mais curto prazo, na presença das pessoas que o devam prestar e do Ministério Público.

3 – A prestação de consentimento prévio por quem tenha idade igual ou superior a 16 anos é válida, não carecendo de autorização dos pais ou do representante legal.

4 – Da prestação de consentimento é lavrado auto assinado pelo próprio.

5 – Requerida a adoção, o incidente é apensado ao respetivo processo.

6 – O recurso interposto das decisões proferidas em processos relativos ao consentimento prévio para a adoção tem efeito suspensivo.

ARTIGO 36º
Requisitos da confiança administrativa

1 – A confiança administrativa só pode ser atribuída se, após audição da criança de idade superior a 12 anos, ou de idade inferior, em atenção ao seu grau de maturidade e discernimento, resultar, inequivocamente, que aquela não se opõe a tal decisão.

2 – A atribuição da confiança administrativa pressupõe ainda, sendo caso disso, a audição do representante legal, de quem tiver a guarda de direito e de quem tiver a guarda de facto da criança.

3 – A confiança administrativa só pode ter lugar quando for possível formular um juízo de prognose favorável relativamente à compatibilização entre as necessidades da criança e as capacidades do candidato.

4 – A oposição manifestada por alguma das pessoas referidas no nº 2 pode também fundamentar a não atribuição de confiança administrativa.

5 – Nos casos em que não seja atribuída a confiança administrativa, o Ministério Público promove as iniciativas processuais cíveis ou de proteção adequadas ao caso, na sequência da correspondente comunicação do organismo de segurança social.

6 – Estando pendente processo judicial de promoção e proteção ou tutelar cível, é também necessário que o tribunal, a requerimento do organismo de segurança social, ouvido o Ministério Público, considere que a confiança administrativa corresponde ao superior interesse da criança.

7 – A apreciação do tribunal reveste caráter urgente, devendo ter lugar no prazo máximo de 15 dias após a entrada do requerimento apresentado pelo organismo de segurança social.

8 – A decisão de confiança administrativa na modalidade de confirmação da permanência da criança a cargo do candidato a adotante pressupõe:

a) Que o exercício das responsabilidades parentais relativas à esfera pessoal da criança lhe haja sido previamente atribuído, no âmbito de providência tutelar cível;

b) Prévia avaliação da pretensão expressa pelo candidato a adotante relativamente à criança a cargo, tendo em conta o seu superior interesse.

ARTIGO 37º
Deveres específicos dos organismos de segurança social

1 – No âmbito da confiança administrativa, o organismo de segurança social deve:

a) Iniciar as diligências com vista à tomada de decisão, logo que receba comunicação da prestação de consentimento prévio para a adoção;

b) Solicitar ao tribunal que se pronuncie nos termos do nº 6 do artigo anterior;

c) Apresentar ao Conselho, no prazo máximo de 30 dias, proposta de encaminhamento com vista a uma confiança administrativa;

d) Comunicar, em cinco dias, ao Ministério Público junto do tribunal competente, nos termos dos artigos 29º e 30º, a decisão final relativa à confiança administrativa e os respetivos fundamentos, incluindo os que, nos termos do artigo anterior, hajam impedido a confiança;

e) Efetuar as comunicações necessárias à conservatória do registo civil onde estiver lavrado o assento de nascimento da criança para efeitos de preservação do segredo de identidade previsto no artigo 1985º do Código Civil;

f) Emitir e entregar ao candidato a adotante certificado da data em que a criança lhe foi confiada.

2 – O prazo referido na alínea *c*) do número anterior pode ser prorrogado, por igual período, em casos excecionais devidamente justificados.

ARTIGO 38º
Prejudicialidade e suspensão

1 – Os procedimentos legais visando a averiguação e a investigação da maternidade ou paternidade não revestem caráter de prejudicialidade face ao processo de adoção.

2 – A aplicação de medida de promoção e proteção de confiança com vista a futura adoção suspende o processo de averiguação oficiosa da maternidade e da paternidade.

3 – Sem prejuízo do disposto no número anterior, serão ultimados os atos de instrução já ordenados e a prova produzida poderá ser aproveitada em ação de investigação da maternidade ou paternidade.

4 – O disposto no número anterior não poderá prejudicar o segredo inerente ao processo de adoção e seus preliminares, bem como à identidade dos adotantes.

ARTIGO 39º
Iniciativas do tribunal

1 – O tribunal deve comunicar ao organismo de segurança social o consentimento prévio para a adoção, logo que prestado.

2 – Deve igualmente remeter ao organismo de segurança social ou instituição particular autorizada, consoante os casos, cópias das sentenças proferidas nos processos de promoção e proteção, com nota do respetivo trânsito em julgado, quando aplicada medida de confiança com vista a futura adoção.

3 – Recebida alguma das comunicações referidas nos números anteriores, o organismo de segurança social ou instituição particular autorizada, consoante os casos, adota as providências necessárias para a preservação do segredo de identidade a que se refere o nº 2 do artigo 1985º do Código Civil.

SECÇÃO II
Tramitação

ARTIGO 40º
Etapas do processo

O processo de adoção, nos termos em que é definido na alínea *c*) do artigo 2º, é constituído pelas seguintes fases:

a) Fase preparatória, que integra as atividades desenvolvidas pelos organismos de segurança social ou pelas instituições particulares autorizadas, no que respeita ao estudo de caracterização da criança com decisão de adotabilidade e à preparação, avaliação e seleção de candidatos a adotantes;

b) Fase de ajustamento entre crianças e candidatos, que integra as atividades desenvolvidas pelos organismos de segurança social ou pelas instituições particulares autorizadas, para aferição da correspondência entre as necessidades da criança e as capacidades dos candidatos, organização do período de transição e acompanhamento e avaliação do período de pré-adoção;

c) Fase final, que integra a tramitação judicial do processo de adoção com vista à prolação de sentença que decida da constituição do vínculo.

SUBSECÇÃO I
Fase preparatória

ARTIGO 41º
Estudo de caracterização e preparação da criança

1 – Recebida alguma das comunicações previstas no artigo 39º, o organismo de segurança social ou instituição particular autorizada procede, no prazo máximo de 30 dias, ao estudo de caracterização da criança, o qual incide sobre as suas específicas necessidades, nos diversos domínios relevantes do crescimento e desenvolvimento, bem como sobre a sua situação familiar e jurídica.

2 – O estudo de caracterização é necessariamente instruído com o parecer da equipa técnica da instituição, caso a criança se encontre acolhida.

3 – As crianças com medida de adotabilidade aplicada são inscritas na lista nacional a que se refere o artigo 10º, sendo-lhes obrigatoriamente proporcionada, de acordo com programa próprio, intervenção técnica adequada à concretização do projeto adotivo.

ARTIGO 42º
Informação ao tribunal

1 – Decorridos três meses sobre a decisão de adotabilidade, a equipa de adoção comunica oficiosa e fundamentadamente ao tribunal o resultado das diligências já efetuadas com vista à concretização do projeto de adoção.

2 – A informação é atualizada trimestralmente e, em qualquer caso, sempre que ocorram factos supervenientes relevantes.

ARTIGO 43º
Candidatura à adoção

1 – Quem pretender adotar deve manifestar essa intenção, pessoalmente ou por via eletrónica, junto de qualquer equipa de adoção dos organismos de segurança social ou instituição particular autorizada.

2 – Recebida a comunicação prevista no número anterior, a equipa de adoção presta, no prazo máximo de 30 dias, toda a informação necessária ao conhecimento do processo de adoção e à formalização da candidatura.

3 – A formalização da candidatura só se concretiza mediante o preenchimento e entrega de requerimento próprio acompanhado de:

a) Documentos comprovativos da residência, idade, estado civil, situação económica, saúde e idoneidade;

b) Declaração relativa à disponibilidade para participar no processo de preparação, avaliação e seleção para a adoção.

4 – Para efeitos de aferição preliminar do estado de saúde e idoneidade, o interessado deve juntar declaração médica e certificado do registo criminal, respetivamente.

5 – O organismo de segurança social ou instituição particular autorizada indefere liminarmente a candidatura sempre que da mera apreciação documental resulte manifesta a não verificação dos pressupostos substanciais previstos no Código Civil.

6 – O organismo de segurança social ou instituição particular autorizada emite e entrega ao candidato a adotante certificado da formalização da candidatura do qual conste a data da respetiva admissão.

ARTIGO 44º
Preparação, avaliação e seleção

1 – Logo após a formalização da candidatura, o organismo de segurança social ou a instituição particular autorizada dá início ao conjunto de procedimentos de preparação, avaliação e seleção, o qual deve estar concluído no prazo máximo de seis meses.

2 – O conjunto de procedimentos de preparação, avaliação e seleção é composto por sessões formativas, entrevistas psicossociais e aplicação de outros instrumentos de avaliação técnica complementar, designadamente de avaliação psicológica, tendo em vista a capacitação do candidato e a emissão de parecer sobre a pretensão.

3 – A avaliação da pretensão do candidato a adotante e o correspondente parecer devem incidir, nomeadamente, sobre a personalidade, a saúde, a idoneidade para criar e educar a criança, a situação familiar e económica do candidato a adotante e as razões determinantes do pedido.

4 – Em caso de parecer desfavorável, é obrigatória a audiência dos interessados em momento prévio ao da decisão da rejeição da candidatura, nos termos previstos no Código do Procedimento Administrativo.

5 – Concluídos os procedimentos, o organismo de segurança social ou a instituição particular autorizada profere decisão fundamentada e notifica-a ao candidato.

6 – Em caso de aceitação da candidatura, é emitido certificado de seleção, sendo os candidatos selecionados obrigatoriamente inscritos na lista nacional, nos termos do artigo 10º

7 – Em caso de rejeição da candidatura, a notificação da decisão deve incluir referência à possibilidade de recurso, menção do prazo e identificação do tribunal competente para o efeito.

ARTIGO 45º
Validade e renovação do certificado de seleção

1 – O certificado de seleção tem uma validade de três anos, podendo ser renovado por sucessivos e idênticos períodos a pedido expresso do candidato, antes que ocorra a respetiva caducidade.

2 – A renovação do certificado de seleção pressupõe a reapreciação da candidatura, aplicando-se, com as necessárias adaptações, o disposto no artigo 43º

3 – O candidato selecionado deve comunicar ao organismo de segurança social ou instituição particular autorizada que admitiu a sua candidatura qualquer facto superveniente suscetível de ter impacto no projeto de adoção, nomeadamente mudança de residência e alteração da situação familiar.

4 – A comunicação referida no número anterior determina a reavaliação da situação e eventual revisão da decisão proferida.

ARTIGO 46º
Recurso da decisão de rejeição da candidatura

1 – Da decisão que rejeite a candidatura apenas cabe recurso, a interpor no prazo de 30 dias, para o tribunal competente em matéria de família e menores da área da sede do organismo da segurança social ou da instituição particular autorizada.

2 – O requerimento, acompanhado das respetivas alegações, é apresentado à entidade que proferiu a decisão, que pode repará-la.

3 – Caso a entidade que proferir a decisão não a repare, deve remeter, no prazo máximo de 15 dias, o processo ao tribunal com as observações que entender convenientes, sendo o recorrente notificado da respetiva remessa.

4 – Recebido o recurso, o juiz ordena as diligências que julgue necessárias e, dada vista ao Ministério Público, profere decisão no prazo de 15 dias.

5 – A decisão a que se refere o número anterior não admite recurso.

ARTIGO 47º
Preparação complementar

Sempre que o competente organismo de segurança social ou instituição particular autorizada considere essencial à boa integração da criança em situação de adotabilidade a frequência pelos candidatos selecionados de ações de preparação complementar, são estas disponibilizadas, revestindo caráter obrigatório.

SUBSECÇÃO II
Fase de ajustamento

ARTIGO 48º
Aferição de correspondência entre necessidades e capacidades

1 – O organismo de segurança social ou a instituição particular autorizada responsável pelo diagnóstico das necessidades da criança em situação de adotabilidade, procede a pesquisa, nas listas nacionais, dos candidatos relativamente aos quais seja legítimo efetuar um juízo de prognose favorável de compatibilização entre as suas capacidades e as necessidades da criança.

2 – O resultado da pesquisa é comunicado à equipa técnica que efetuou a preparação, avaliação e seleção dos candidatos, nos termos e para os efeitos previstos nos artigos 11º e 12º

3 – Obtida a decisão do Conselho, o organismo de segurança social ou instituição particular autorizada apresenta ao concreto candidato identificado a proposta de adoção.

ARTIGO 49º
Período de transição

1 – Aceite a proposta de adoção, inicia-se um período de transição em que se promove o conhecimento mútuo, com vista à aferição da existência de indícios favoráveis à vinculação afetiva entre o adotando e o candidato a adotante.

2 – Durante o período de transição são promovidos encontros, devidamente preparados e observados pela equipa de adoção do organismo de segurança social ou instituição particular autorizada, conjuntamente, consoante os casos, com a equipa técnica da instituição onde a criança se encontra acolhida ou com a equipa técnica da instituição de enquadramento da família de acolhimento que tenha a criança a seu cargo.

3 – Quando considerado necessário, a equipa técnica que efetuou a seleção dos candidatos pode ser chamada a participar nas atividades a que se refere o número anterior.

4 – O período de transição decorre pelo tempo mais curto e estritamente necessário ao cumprimento dos seus objetivos, tendo uma duração variável, em função das características da criança e da família adotante, não devendo exceder 15 dias.

5 – Findo o período de transição, considerando-se não existir qualquer facto que obste à continuidade do processo, inicia-se o período de pré-adoção.

6 – Sempre que a avaliação técnica aponte para a inexistência de indícios favoráveis à vinculação afetiva entre a criança e o candidato a adotante, deve ocorrer a imediata cessação do período de transição, com a correspondente comunicação obrigatória ao Conselho.

ARTIGO 50º
Período de pré-adoção

1 – O organismo de segurança social ou instituição particular autorizada acompanha a integração da criança na família adotante, avaliando a viabilidade do estabelecimento da relação parental, num período de pré-adoção não superior a seis meses.

2 – Durante este período, o organismo de segurança social ou instituição particular autorizada presta todo o apoio e desencadeia as ações necessárias a um acompanhamento efetivo tendo em vista a construção e a consolidação do vínculo familiar.

3 – Para os efeitos previstos nos números anteriores, quando, em virtude de deslocalização da criança, a equipa a quem incumba o acompanhamento da pré-adoção seja diversa da que procedeu à aferição da correspondência entre as necessidades da criança e as capacidades do candidato, deve privilegiar-se o acompanhamento por parte desta última.

4 – Decorrido o período a que se refere o nº 1 ou logo que verificadas as condições para ser requerida a adoção, o organismo de segurança social ou a instituição particular autorizada elabora, em 30 dias, relatório incidindo sobre as matérias a que se refere a alínea *i*) do artigo 8º, concluindo com parecer relativo à concretização do projeto adotivo.

5 – Excecionalmente, e em situações devidamente fundamentadas, o prazo referido no nº 1 pode ser alargado por um período máximo de três meses, devendo esse facto ser comunicado ao Ministério Público.

6 – O organismo de segurança social ou instituição particular autorizada notifica o adotante do teor integral do relatório referido no nº 4.

7 – Pode, a todo o tempo, ser decidida a cessação do período de pré-adoção, com fundamento na defesa do superior interesse da criança.

8 – Quer a decisão de cessação do período de pré-adoção, quer o parecer desfavorável à prossecução do projeto adotivo, são obrigatória e fundamentadamente comunicados ao tribunal que decretou a curadoria provisória e ao Conselho.

ARTIGO 51º
Suprimento do exercício das responsabilidades parentais

1 – O organismo de segurança social ou a instituição particular autorizada solicita a transferência da curadoria provisória da criança, instituída nos termos do nº 3 do artigo 62º-A da Lei de Proteção de Crianças e Jovens em Perigo, aprovada pela Lei nº 147/99, de 1 de setembro, alterada pelas Leis nºs 31/2003, de 22 de agosto, e 142/ /2015, de 8 de setembro, para o candidato a adotante logo que este seja identificado.

2 – O adotante que, mediante confiança administrativa, haja tomado a criança a seu cargo com vista a futura adoção deve requerer ao tribunal a sua nomeação como curador provisório até ser decretada a adoção ou instituída outra providência tutelar cível.

3 – A curadoria provisória é requerida pelo Ministério Público se, decorridos 30 dias sobre a decisão de confiança administrativa, o não tiver sido nos termos do número anterior.

4 – Nos casos previstos nos nºs 2 e 3, o incidente de nomeação de curador provisório é apensado ao processo judicial de adoção.

5 – O curador provisório tem os direitos e deveres do tutor.

SUBSECÇÃO III
Fase final – Processo judicial de adoção

ARTIGO 52º
Iniciativa processual

1 – A fase final do processo de adoção inicia-se com o requerimento apresentado pelo adotante junto do tribunal competente.

2 – A adoção só pode ser requerida após a notificação prevista no nº 6 do artigo 50º ou decorrido o prazo de elaboração do relatório.

3 – Caso a adoção não seja requerida dentro do prazo de três meses, o organismo de segurança social ou a instituição particular autorizada reaprecia obrigatoriamente a situação, apurando as razões que o determinaram e toma as providências adequadas à salvaguarda do superior interesse da criança.

4 – Sem prejuízo do disposto no nº 1 do artigo 55º, os pais biológicos não são notificados para os termos do processo.

ARTIGO 53º
Requerimento inicial e relatório

1 – No requerimento inicial, o adotante deve alegar os factos tendentes a demonstrar os requisitos gerais previstos no nº 1 do artigo 1974º do Código Civil, bem como as demais condições necessárias à constituição do vínculo jurídico da adoção.

2 – Com o requerimento deve o adotante oferecer desde logo todos os meios de prova, nomeadamente certidões de cópia integral do registo de nascimento do adotando e do adotante, bem como certificado comprovativo da verificação de algum dos pressupostos enunciados no nº 1 do artigo 34º e o relatório previsto no nº 4 do artigo 50º

3 – Caso o relatório não acompanhe o requerimento, o tribunal solicita-o ao organismo de segurança social competente ou à instituição particular autorizada que o deve remeter, no prazo máximo de 15 dias, prorrogável por igual período, em caso devidamente justificado.

ARTIGO 54º
Diligências subsequentes

1 – Junto o relatório, o juiz, com a presença do Ministério Público, ouve obrigatoriamente:

a) O adotante;

b) As pessoas cujo consentimento a lei exija e não haja sido previamente prestado ou dispensado;

c) O adotando, nos termos e com observância das regras previstas para a audição de crianças nos processos tutelares cíveis.

2 – A audição das pessoas referidas no número anterior é feita separadamente e por forma a salvaguardar o segredo de identidade.

3 – O juiz esclarece as pessoas de cujo consentimento a adoção depende sobre o significado e os efeitos do ato e recolhe os consentimentos que forem prestados, de tudo se lavrando ata.

ARTIGO 55º
Averiguação dos pressupostos da dispensa do consentimento

1 – Sempre que o processo de adoção não tiver sido precedido de aplicação de medida de confiança com vista a futura adoção, no âmbito de processo de promoção e proteção, a averiguação dos pressupostos da dispensa do consentimento dos pais do adotando ou das pessoas que o devam prestar em sua substituição, nos termos do artigo 1981º do Código Civil, deve ser efetuada no próprio processo de adoção, oficiosamente ou a requerimento do Ministério Público, ou dos adotantes, ouvido o Ministério Público.

2 – Para efeitos do disposto no número anterior, o juiz ordena as diligências e assegura o contraditório relativamente às pessoas cujo consentimento pode ser dispensado, sem prejuízo da salvaguarda do segredo de identidade.

ARTIGO 56º
Sentença

1 – Efetuadas as diligências requeridas e outras julgadas convenientes e ouvido o Ministério Público, é proferida sentença.

2 – A sentença de adoção não é, em caso algum, notificada aos pais biológicos.

3 – Sem prejuízo do disposto no número anterior, a extinção do vínculo da filiação biológica e a respetiva data, com salvaguarda do segredo de identidade, previsto no artigo 1985º do Código Civil, são comunicadas aos pais biológicos e, na falta destes, a outros ascendentes do adotado, preferindo os de grau mais próximo.

4 – A comunicação referida no número anterior terá lugar aquando do averbamento da adoção ao assento de nascimento do adotado, nos termos previstos no Código de Registo Civil, a efetuar com salvaguarda da identidade dos adotantes.

5 – Excecionalmente, a sentença pode estabelecer a manutenção de contactos pessoais entre o adotado e elementos da família biológica, verificadas as condições e os limites previstos no nº 3 do artigo 1986º do Código Civil.

ARTIGO 57º
Revisão

1 – No incidente de revisão, bem como no recurso extraordinário de revisão, a criança é representada pelo Ministério Público.

2 – Apresentado o pedido no incidente de revisão da adoção, são citados os requeridos e o Ministério Público para contestar.

3 – Ao incidente, que corre por apenso ao processo de adoção, é aplicável, com as necessárias adaptações, o disposto nos artigos 54º a 56º do Regime Geral do Processo Tutelar Cível, aprovado pela Lei nº 141/2015, de 8 de setembro.

ARTIGO 58º
Apensação

O processo de promoção e proteção é apensado ao de adoção quando nele tenha sido aplicada medida de confiança com vista a futura adoção, com observância do disposto nos artigos 4º e 5º

ARTIGO 59º
Prazo e seu excesso

1 – Na falta de disposição especial, é de 10 dias o prazo para a prática de qualquer ato processual.

2 – Os despachos ou promoções de mero expediente, bem como os considerados urgentes, devem ser proferidos no prazo máximo de dois dias.

3 – Decorridos três meses sobre o termo do prazo fixado para a prática de ato próprio do juiz sem que o mesmo tenha sido praticado, deve o juiz consignar a concreta razão da inobservância do prazo.

4 – A secretaria remete, mensalmente, ao presidente do tribunal informação discriminada dos casos em que se mostrem decorridos três meses sobre o termo do prazo fixado para a prática de ato próprio do juiz, ainda que o ato tenha sido entretanto praticado, incumbindo ao presidente do tribunal, no prazo de 10 dias a contar da data de receção, remeter o expediente à entidade com competência disciplinar.

SUBSECÇÃO IV
Pós-adoção

ARTIGO 60º
Acompanhamento pós-adoção

1 – O acompanhamento pós-adoção ocorre em momento posterior ao trânsito em julgado da sentença constitutiva do vínculo de adoção, depende de solicitação expressa dos destinatários e traduz-se numa intervenção técnica especializada junto do adotado e da respetiva família, proporcionando aconselhamento e apoio na superação de dificuldades decorrentes da filiação e parentalidade adotivas.

2 – O acompanhamento pós-adoção é efetuado até à idade de 18 anos do adotado, podendo ser estendido até aos 21 anos, quando aquele solicite a continuidade da intervenção antes de atingir a maioridade.

3 – O acompanhamento pode, ainda, determinar o envolvimento de outros técnicos ou entidades com competência em matéria de infância e juventude sempre que tal se revele necessário à prossecução das finalidades visadas.

4 – O acompanhamento referido no presente artigo compete aos organismos de segurança social ou às instituições particulares autorizadas.

TÍTULO III
Adoção internacional

CAPÍTULO I
Disposições gerais

ARTIGO 61º
Objeto

1 – As disposições do presente título aplicam-se aos processos de adoção em que ocorra a transferência de uma criança do seu país de residência habitual para o país da residência habitual dos adotantes, com vista ou na sequência da sua adoção.

2 – As questões relativas à determinação da lei aplicável e à competência das autoridades judiciárias são reguladas, respetivamente, pelas normas de conflitos do Código Civil e pelas disposições do Código do Processo Civil em matéria de competência internacional.

ARTIGO 62º
Princípios orientadores

Para além dos princípios referidos no artigo 3º, a intervenção em matéria de adoção internacional obedece ainda aos seguintes princípios:

a) Subsidiariedade – a adoção internacional só é permitida quando não seja possível encontrar uma colocação familiar permanente para a criança no seu país de residência habitual;

b) Cooperação internacional – o processo de adoção internacional exige a participação e colaboração obrigatória e concertada das autoridades centrais e competentes dos países envolvidos, nos termos regulados nos instrumentos internacionais;

c) Colaboração interinstitucional – a nível interno, o processo de adoção internacional exige a colaboração entre a Autoridade Central para a Adoção Internacional e outras autoridades, nomeadamente diplomáticas e policiais.

ARTIGO 63º
Circunstâncias impeditivas da adoção internacional

O processo de adoção internacional não pode ter lugar quando:

a) O país de origem se encontre em situação de conflito armado ou de catástrofe natural;

b) No país de origem inexista autoridade com competência para controlar e garantir que a adoção corresponde ao superior interesse da criança;

c) No país de origem não haja garantias de observância dos princípios ético-jurídicos e normas legais aplicáveis à adoção internacional.

CAPÍTULO II
Autoridade Central

ARTIGO 64º
Autoridade Central para a Adoção Internacional

1 – A entidade responsável pelo cumprimento dos compromissos internacionais assumidos por Portugal, no contexto da Convenção Relativa à Proteção das Crianças e à Cooperação em Matéria de Adoção Internacional concluída na Haia em 29 de maio de 1993, é a Autoridade Central para a Adoção Internacional, adiante designada por Autoridade Central.

2 – Compete ao Governo a designação da Autoridade Central.

3 – A Autoridade Central intervém obrigatoriamente em todos os processos de adoção internacional, incluindo os que envolvam países não contratantes da Convenção a que se refere o nº 1.

4 – Não são reconhecidas as adoções internacionais decretadas no estrangeiro sem a intervenção da Autoridade Central.

ARTIGO 65º
Atribuições da Autoridade Central

À Autoridade Central compete, nomeadamente:

a) Exercer as funções de autoridade central previstas em convenções internacionais relativas à adoção de que Portugal seja parte;

b) Certificar a conformidade das adoções internacionais com a Convenção Relativa à Proteção das Crianças e à Cooperação em Matéria de Adoção Internacional concluída na Haia em 29 de maio de 1993, adiante designada por Convenção;

c) Reconhecer e registar as decisões estrangeiras de adoção, nas situações a que se refere o nº 1 do artigo 61º;

d) Emitir obrigatoriamente parecer sobre a regularidade do processo de adoção internacional para efeitos de autorização de entrada da criança em território nacional;

e) Delinear, em colaboração com as estruturas diplomáticas e consulares, estratégias em matéria de adoção internacional sustentadas em políticas de cooperação em prol de crianças privadas de família;

f) Preparar acordos e protocolos em matéria de adoção internacional;

g) Acompanhar, prestar a colaboração necessária e avaliar os procedimentos respeitantes à adoção internacional;

h) Acreditar as entidades com sede em Portugal que pretendam exercer a atividade mediadora;

i) Autorizar o exercício em Portugal da atividade mediadora por entidades estrangeiras;

j) Acompanhar, supervisionar e controlar a atuação das entidades mediadoras acreditadas e autorizadas;

k) Garantir a conservação da informação de que disponha relativamente às origens da criança adotada internacionalmente, em particular quanto à história pessoal incluindo a identidade dos progenitores;

l) Proceder à recolha, tratamento e divulgação dos dados estatísticos relativos à adoção internacional;

m) Elaborar e publicar anualmente relatório de atividades, donde constem, designadamente, informações e conclusões sobre as atribuições referidas nas alíneas anteriores.

SECÇÃO I
Intervenção das entidades mediadoras

ARTIGO 66º
Exercício de atividade mediadora

Para efeitos do RJPA, considera-se exercício de atividade mediadora:

a) A informação e assessoria aos interessados em matéria de adoção internacional;

b) A receção e o encaminhamento para a Autoridade Central de pretensões de candidatos residentes no estrangeiro, relativas à adoção de crianças residentes em Portugal;

c) A receção e o encaminhamento para a competente autoridade estrangeira de pretensões de candidatos residentes em Portugal, relativas à adoção de crianças residentes no estrangeiro;

d) A assessoria e o apoio aos candidatos nos procedimentos a realizar perante as autoridades competentes, tanto em Portugal como no estrangeiro;

e) A intervenção, a avaliação e o acompanhamento da pós-adoção em cumprimento das obrigações impostas aos adotantes pela legislação do país de origem da criança.

ARTIGO 67º
Quem pode exercer atividade mediadora

A atividade mediadora em adoção internacional pode ser exercida por entidades que cumulativamente:

a) Prossigam fins não lucrativos e tenham por objetivo a proteção das crianças;
b) Disponham dos meios financeiros e materiais adequados;
c) Tenham uma equipa técnica pluridisciplinar, integrando técnicos com formação nas áreas da psicologia, do serviço social e do direito;

d) Sejam representadas e administradas por pessoas qualificadas quer no que respeita à sua idoneidade, quer quanto aos conhecimentos ou experiência em matéria de adoção internacional.

ARTIGO 68º
Acreditação e autorização

1 – As entidades com sede em Portugal que pretendam exercer a atividade mediadora em adoção internacional são acreditadas por decisão da Autoridade Central.

2 – As entidades estrangeiras que, devidamente acreditadas pelas autoridades competentes do país em que se encontram sediadas, desejem exercer atividade mediadora para a adoção internacional de crianças residentes em Portugal são autorizadas por decisão da Autoridade Central.

3 – O exercício não autorizado de atividade mediadora faz incorrer o respetivo agente na prática de crime punível com prisão até dois anos ou multa até 240 dias.

ARTIGO 69º
Processo de acreditação

1 – As entidades com sede em Portugal que pretendam desenvolver a atividade mediadora devem formular a sua pretensão, mediante requerimento a apresentar junto da Autoridade Central.

2 – Para efeitos de apreciação do pedido, o requerimento deve ser acompanhado de cópia dos estatutos ou, quando não se trate de instituição particular de solidariedade social, de certidão do titulo constitutivo, bem como de documentos destinados a comprovar o preenchimento dos requisitos enunciados no artigo 67º e dos demais que se afigurem necessários à avaliação global da pretensão.

ARTIGO 70º
Instrução e decisão do processo de acreditação

1 – A Autoridade Central procede à instrução do processo de acreditação devendo, no prazo máximo de 30 dias, proferir decisão fundamentada da qual conste designadamente a ponderação da oportunidade de acreditação da entidade requerente, tendo em consideração as condições e as necessidades de adoção internacional no país em que se propõe trabalhar.

2 – A decisão de acreditação contém obrigatoriamente a menção dos países para os quais a mesma é concedida, bem como o respetivo prazo de vigência.

3 – A decisão relativa à acreditação é notificada às entidades requerentes e, em caso de deferimento, publicada no *Diário da República*.

ARTIGO 71º
Processo de autorização

1 – As entidades estrangeiras que pretendam exercer a atividade mediadora em Portugal devem solicitar a necessária autorização mediante requerimento dirigido à Autoridade Central.

2 – O requerimento deve ser instruído com os elementos necessários à comprovação do preenchimento dos requisitos referidos no artigo 67º, bem como de documento comprovativo da autorização genérica para o exercício da atividade mediadora emitido pelas autoridades competentes do país da sede da entidade requerente e da autorização específica para o exercício de tal atividade em Portugal.

ARTIGO 72º
Instrução e decisão do processo de autorização

1 – A Autoridade Central procede à avaliação da pretensão, ponderando nomeadamente o universo de crianças disponíveis para a adoção internacional e as suas características, o número de entidades estrangeiras já autorizadas e o âmbito de intervenção proposto pela entidade requerente.

2 – Sempre que entenda necessário, a Autoridade Central solicita informação à autoridade competente do país em que a entidade requerente se encontra sediada.

3 – A decisão de autorização contém obrigatoriamente o prazo de vigência e é comunicada à entidade requerente e à autoridade competente do país da sede da entidade autorizada.

4 – A decisão relativa à autorização é, em caso de deferimento, publicada no *Diário da República*.

ARTIGO 73º
Acompanhamento e fiscalização das entidades mediadoras

1 – As entidades mediadoras desenvolvem a sua atividade em estreita colaboração com a Autoridade Central, ficando sujeitas ao seu controlo e supervisão.

2 – Constituem deveres das entidades mediadoras:

a) Apresentar, anualmente e até ao final do primeiro trimestre de cada ano, relatório de atividades do qual conste, obrigatória e discriminadamente, o número de processos tramitados e as receitas e despesas associadas;

b) Informar, de imediato, a Autoridade Central sobre qualquer irregularidade ou violação de norma imperativa no domínio do processo de adoção de que tenham tido conhecimento no âmbito da sua atividade.

ARTIGO 74º
Revogação da acreditação

1 – A acreditação concedida nos termos dos artigos 68º a 70º pode ser revogada, ainda que parcialmente, por decisão fundamentada da Autoridade Central.

2 – Constituem fundamento para a revogação da acreditação a assunção de procedimentos e práticas violadoras dos princípios ético-jurídicos e normas legais aplicáveis à adoção internacional.

3 – Constituem ainda fundamento para a revogação da acreditação:

a) A não observância das condições previstas no artigo 67º;

b) A recusa de autorização por parte do país em que se propôs desenvolver a atividade;

c) O não exercício de qualquer atividade mediadora, no ano subsequente à obtenção da autorização, junto do país onde se propôs desenvolvê-la.

4 – A decisão de revogação é notificada à entidade mediadora e acarreta a imediata cessação da respetiva atividade, sendo objeto de publicação no *Diário da República*.

ARTIGO 75º
Revogação da autorização

1 – A autorização concedida pela Autoridade Central a entidade estrangeira, nos termos dos artigos 68º, 71º e 72º pode, a todo o tempo, ser revogada com os fundamentos previstos no nº 2 e nas alíneas *a*) e *c*) do nº 3 do artigo anterior e ainda com fundamento na revogação da habilitação operada no país onde a entidade se encontra sediada.

2 – A decisão de revogação da autorização é obrigatoriamente comunicada à autoridade competente do país onde a entidade se encontra sediada.

CAPÍTULO III
Processo de adoção

SECÇÃO I
Adoção por residentes em Portugal de crianças residentes no estrangeiro

ARTIGO 76º
Candidatura

1 – Quem, residindo habitualmente em Portugal, pretenda adotar criança residente no estrangeiro deve apresentar a sua candidatura ao organismo de segurança social da área da residência.

2 – À candidatura referida no número anterior aplica-se, com as necessárias adaptações, o disposto nos artigos 43º a 47º, sem prejuízo, sendo o caso, da ponderação sobre o aproveitamento dos atos já praticados no âmbito de candidatura à adoção nacional.

ARTIGO 77º
Transmissão da candidatura

1 – Emitido certificado de seleção para a adoção internacional, o organismo de segurança social procede à instrução da candidatura internacional, de acordo com as informações disponibilizadas relativamente aos requisitos e elementos probatórios exigidos pelo país de origem e remete-a à Autoridade Central.

2 – A Autoridade Central, após verificação da correta instrução da candidatura, transmite-a à autoridade competente do país de origem, informando os candidatos da data em que tal ocorreu.

3 – Caso o candidato pretenda recorrer a uma entidade mediadora acreditada e habilitada a desenvolver a atividade no país de origem, deve, sempre que possível, comunicar essa intenção ao organismo de segurança social no momento da apresentação da candidatura.

4 – No caso previsto no número anterior, incumbe à entidade mediadora a instrução e transmissão da candidatura, devendo obrigatoriamente informar a Autoridade Central e os candidatos da data em que procedeu à sua transmissão.

ARTIGO 78º
Estudo de viabilidade

1 – Apresentada uma proposta concreta de adoção pela autoridade competente do país de origem ou pela entidade mediadora acreditada e habilitada, a Autoridade Central analisa com o organismo de segurança social da área de residência do candidato a viabilidade da adoção proposta, tendo em conta o seu perfil e o relatório sobre a situação da criança elaborado pela autoridade competente do país de origem.

2 – Caso a análise a que se refere o número anterior permita concluir pela correspondência entre as necessidades da criança e as capacidades do candidato, a Autoridade Central efetua a respetiva comunicação à autoridade competente do país de origem e diligencia pela formalização do acordo de prosseguimento do processo de adoção.

3 – Caso a proposta seja apresentada pela entidade mediadora acreditada e habilitada, a Autoridade Central exige, antes de se pronunciar nos termos do número anterior, o comprovativo da situação de adotabilidade da criança, bem como da observância do princípio da subsidiariedade.

4 – Com exceção dos casos de adoção intrafamiliar, o contacto entre o candidato e a criança a adotar, bem como entre aquele e a família biológica da criança, só pode ocorrer após a formalização do acordo a que se refere o nº 2.

5 – Formalizado o acordo, a Autoridade Central dá conhecimento ao organismo de segurança social e diligencia pela obtenção da autorização de entrada e de residência para a criança.

ARTIGO 79º
Acompanhamento do processo

1 – O organismo de segurança social da área de residência dos adotantes comunica à Autoridade Central, no prazo de cinco dias, a entrada da criança em Portugal e a situação jurídica em que esta se encontra, designadamente se foi já decretada a adoção no país de origem.

2 – Caso a criança entre em Portugal sem que a adoção haja sido previamente decretada no país de origem, há lugar a um período de pré-adoção com acompanhamento disponibilizado pelo organismo de segurança social da área de residência do candidato, nos termos e prazo prescritos nos nºs 1 e 2 do artigo 50º, sem prejuízo, no que se refere à duração, do que haja sido acordado com o país de origem.

3 – Caso o decretamento da adoção haja precedido a entrada da criança em Portugal, o organismo de segurança social efetua o acompanhamento pós-adoção nos moldes exigidos pelo país de origem, podendo também ter lugar por solicitação da família adotiva, nos termos previstos no artigo 60º

4 – Ao organismo de segurança social compete ainda a elaboração de relatórios do acompanhamento referido nos nºs 2 e 3, com a periodicidade exigida pelo país de origem, remetendo-os no mais curto prazo à Autoridade Central.

5 – A Autoridade Central presta à autoridade competente do país de origem todas as informações relativas ao acompanhamento da situação.

6 – Sempre que do acompanhamento efetuado nos termos do nº 2 resulte que a situação objeto de acompanhamento não salvaguarda o interesse da criança, são tomadas as medidas necessárias a assegurar a sua proteção, designadamente:

a) A retirada da criança à família adotante e a sua proteção imediata, nos termos previstos na Lei de Proteção de Crianças e Jovens em Perigo, aprovada pela Lei nº 147/99, de 1 de setembro, alterada pelas Leis nºs 31/2003, de 22 de agosto, e 142/2015, de 8 de setembro;

b) Em articulação com a autoridade competente do país de origem, uma nova colocação com vista à adoção ou, na sua falta, um acolhimento alternativo com caráter duradouro;

c) Em articulação com a autoridade competente do país de origem, o regresso da criança ao país de origem, se tal corresponder ao seu superior interesse.

ARTIGO 80º
Decisão

1 – A adoção é decretada em Portugal ou no país de origem, consoante o que haja sido acordado entre a Autoridade Central e a autoridade competente ou o que resulte imperativamente da legislação desse país.

2 – Caso o decretamento da adoção ocorra em Portugal, aplicam-se, com as necessárias adaptações, os termos da fase judicial do processo de adoção a que se referem os artigos 52º e seguintes, cabendo à Autoridade Central prestar toda a informação necessária ao tribunal e assegurar a articulação entre este e a autoridade competente do país de origem.

ARTIGO 81º
Comunicação da decisão

1 – Proferida sentença de adoção nos termos do nº 2 do artigo anterior, o tribunal remete certidão da mesma à Autoridade Central que a transmite à autoridade competente do país de origem.

2 – Tratando-se de adoção internacional entre países contratantes da Convenção e observados os respetivos procedimentos, a Autoridade Central emite o certificado de conformidade da adoção, o qual acompanha a certidão da sentença.

SECÇÃO II
Adoção de crianças residentes em Portugal por candidatos residentes no estrangeiro

ARTIGO 82º
Aplicação do princípio da subsidiariedade

1 – Aplicada medida de promoção e proteção de confiança com vista a futura adoção e não se mostrando viável, em tempo útil, a concretização do projeto adotivo em Portugal, o organismo de segurança social ou instituição particular autorizada informa a Autoridade Central, para efeito de ser perspetivada a adoção internacional, salvo se tal não corresponder ao superior interesse da criança.

2 – Considera-se viável a adoção em Portugal quando, à data da aplicação da medida de promoção e proteção de confiança com vista a futura adoção:

a) Existam candidatos residentes em território nacional cuja pretensão se apresente com probabilidade de vir a proceder, em função das específicas necessidades da criança a adotar; ou

b) Seja possível formular um juízo de prognose favorável relativamente à sua existência, no prazo referido no nº 1 do artigo 41º.

3 – O princípio da subsidiariedade não é aplicável sempre que a criança tiver a mesma nacionalidade do candidato a adotante, for filho do cônjuge do adotante ou se, em qualquer caso, o seu superior interesse aconselhar a adoção no estrangeiro.

ARTIGO 83º
Requisitos da adotabilidade internacional

A colocação da criança no estrangeiro, nos termos e para os efeitos previstos no artigo anterior, só pode ser deferida se, cumulativamente:

a) Os serviços competentes, segundo a lei do país de acolhimento, reconhecerem os candidatos como idóneos e a adoção da criança em causa como possível no respetivo país;

b) Estiver previsto um período de convivência entre a criança e o candidato a adotante suficiente para avaliar da conveniência da constituição do vínculo; e

c) Houver indícios de que a futura adoção apresenta reais vantagens para o adotando, se funda em motivos legítimos e for razoável supor que entre adotante e adotando se vai estabelecer um vínculo semelhante ao da filiação.

ARTIGO 84º
Manifestação e apreciação da vontade de adotar

1 – A manifestação da vontade de adotar deve ser dirigida diretamente à Autoridade Central pela autoridade competente do país de residência do candidato ou pela entidade mediadora autorizada, mediante transmissão de candidatura devidamente instruída.

2 – Recebida a candidatura, a Autoridade Central aprecia-a no prazo de 10 dias, aceitando-a, rejeitando-a ou convidando a prestar esclarecimentos ou a juntar documentos complementares, comunicando a correspondente decisão à autoridade competente ou à entidade mediadora.

3 – A candidatura é instruída com os documentos que forem necessários à demonstração dos requisitos referidos nas alíneas *a*) e *b*) do artigo anterior.

4 – As candidaturas aceites são inscritas na Lista de Candidatos à Adoção Internacional Residentes no Estrangeiro.

ARTIGO 85º
Estudo da viabilidade

1 – Sempre que da pesquisa a que se refere o nº 1 do artigo 48º não resultar a identificação de candidato, o organismo de segurança social ou a instituição particular autorizada consulta a Lista de Candidatos à Adoção Internacional Residentes no Estrangeiro.

2 – Em caso de identificação de candidato relativamente ao qual seja legítimo efetuar um juízo de prognose favorável de compatibilização entre as suas capacidades e as necessidades da criança, o organismo de segurança social ou a instituição particular autorizada efetua a correspondente comunicação à Autoridade Central, remetendo relatório exaustivo de caracterização da criança.

3 – A viabilidade concreta da adoção é analisada conjuntamente pela Autoridade Central e pelo organismo de segurança social ou instituição particular autorizada, tendo em conta a compatibilização entre as necessidades da criança e as capacidades do candidato.

4 – Concluindo-se pela viabilidade da adoção, a Autoridade Central apresenta proposta à autoridade competente ou à entidade mediadora autorizada, acompanhada do relatório de caracterização da criança.

ARTIGO 86º
Prosseguimento da adoção

1 – Aceite a proposta pela autoridade competente e pelos candidatos, a Autoridade Central diligencia pela formalização do acordo de prosseguimento do processo de adoção e colabora com o organismo de segurança social competente no sentido da adequada preparação da criança.

2 – O contacto entre o candidato e a criança a adotar só pode ocorrer após a formalização do acordo a que se refere o número anterior.

3 – O organismo de segurança social requer ao tribunal a transferência da curadoria provisória da criança para o candidato a adotante.

4 – A Autoridade Central e a autoridade competente do país de acolhimento devem tomar as iniciativas necessárias com vista à obtenção de autorização de saída da criança de Portugal e de entrada e permanência naquele país.

ARTIGO 87º
Acompanhamento e reapreciação da situação

1 – Durante o período de pré-adoção, a Autoridade Central acompanha a evolução da situação, através de contactos regulares com a autoridade competente do país de acolhimento.

2 – A Autoridade Central remete cópia das informações prestadas ao organismo de segurança social e ao tribunal que tiver aplicado a confiança com vista à futura adoção e transferido a curadoria provisória.

3 – Sempre que haja notícia de que o processo de pré-adoção foi interrompido por não corresponder ao interesse da criança, a Autoridade Central, em articulação com a autoridade competente do país de acolhimento, define as medidas necessárias para assegurar a proteção da criança.

4 – Caso não esteja previsto um período de pré-adoção na lei do país de acolhimento, o candidato a adotante deve permanecer em Portugal por período suficiente para se avaliar da conveniência da constituição do vínculo, não podendo esse período ser inferior a 30 dias.

5 – No caso referido no número anterior, compete ao organismo da segurança social o acompanhamento daquele período.

ARTIGO 88º
Decisão

1 – A adoção é decretada no país de acolhimento, salvo se a lei desse país não se reconhecer competente para tal.

2 – Caso o decretamento da adoção ocorra em Portugal, aplicam-se, com as necessárias adaptações, os termos da fase judicial do processo de adoção a que se referem os artigos 52º e seguintes, cabendo à Autoridade Central prestar toda a informação necessária ao tribunal e assegurar a articulação entre este e a autoridade competente do país de acolhimento.

ARTIGO 89º
Comunicação da decisão

1 – Decretada a adoção no país de acolhimento, a Autoridade Central, logo que obtida certidão da respetiva decisão, remete cópia ao tribunal que tiver decidido a confiança com vista a futura adoção.

2 – A Autoridade Central providencia igualmente pelo averbamento da adoção ao assento de nascimento da criança.

SECÇÃO III
Reconhecimento das decisões de adoção internacional

ARTIGO 90º
Reconhecimento da decisão estrangeira

1 – As decisões de adoção internacional proferidas no estrangeiro e certificadas em conformidade com a Convenção, bem como as abrangidas por acordo jurídico e judiciário bilateral que dispense a revisão de sentença estrangeira, têm eficácia automática em Portugal.

2 – Nos demais casos, a eficácia em Portugal da decisão estrangeira de adoção depende de reconhecimento a efetuar pela Autoridade Central.

3 – Para efeitos do disposto no número anterior, constituem requisitos para o reconhecimento da decisão estrangeira de adoção:

a) A autenticidade do documento, a inteligibilidade da decisão e o seu caráter definitivo;

b) A comprovação da situação de adotabilidade internacional da criança no que respeita aos consentimentos prestados ou à sua dispensa e à observância do princípio da subsidiariedade;

c) A intervenção da Autoridade Central, nos termos do nº 3 do artigo 64º, e da autoridade competente do país de origem ou de acolhimento;

d) A certificação da idoneidade dos candidatos para a adoção internacional, nos termos dos artigos 76º e 83º

4 – Não é reconhecida decisão de adoção estrangeira sempre que tal conduza a resultado manifestamente incompatível com os princípios da ordem pública internacional do Estado português.

5 – A decisão de reconhecimento da decisão estrangeira de adoção, ou a sua recusa, é notificada aos interessados e ao Ministério Público junto da secção de família e menores da instância central do Tribunal da comarca de Lisboa.

6 – Da recusa de reconhecimento da decisão estrangeira de adoção cabe recurso para o Tribunal da Relação de Lisboa, a interpor no prazo de 30 dias.

7 – O Ministério Público tem legitimidade para interpor recurso da decisão de reconhecimento de decisão estrangeira de adoção, ou da sua recusa.

8 – A Autoridade Central remete oficiosamente certidão de sentença estrangeira reconhecida à Conservatória do Registo Civil para efeito de ser lavrado o competente registo.

9 – Em todos os procedimentos destinados ao reconhecimento da sentença estrangeira de adoção, deve ser preservado o segredo de identidade a que se refere o artigo 1985º do Código Civil.

Código Civil

LIVRO IV
DIREITO DA FAMÍLIA

(...)

TÍTULO IV
Da adoção

CAPÍTULO I
Disposições gerais

ARTIGO 1973º
Constituição

1 – O vínculo da adoção constitui-se por sentença judicial.
2 – O processo de adoção é regulado em diploma próprio.
(Redação dada pela Lei nº 143/2015, de 08-09)

ARTIGO 1974º
Requisitos gerais

1 – A adopção visa realizar o superior interesse da criança e será decretada quando apresente reais vantagens para o adoptando, se funde em motivos legítimos, não envolva sacrifício injusto para os outros filhos do adoptante e seja razoável supor que entre o adoptante e o adoptando se estabelecerá um vínculo semelhante ao da filiação.
2 – O adoptando deverá ter estado ao cuidado do adoptante durante prazo suficiente para se poder avaliar da conveniência da constituição do vínculo.
(Redação dada pela Lei nº 31/2003, de 22-08)

ARTIGO 1975º
Proibição de adoções simultâneas e sucessivas

1 – Enquanto subsistir uma adoção, não pode constituir-se outra quanto ao mesmo adotado, exceto se os adotantes forem casados um com o outro.

2 – O disposto no número anterior não impede a constituição de novo vínculo adotivo, caso se verifiquem algumas das situações a que se reportam as alíneas *a*), *c*), *d*) e *e*) do nº 1 do artigo 1978º

(Redação dada pela Lei nº 143/2015, de 08-09)

ARTIGO 1976º
Adoção pelo tutor ou administrador legal de bens

O tutor ou administrador legal de bens só pode adotar a criança depois de aprovadas as contas da tutela ou administração de bens e saldada a sua responsabilidade.

(Redação dada pela Lei nº 143/2015, de 08-09)

ARTIGO 1977º
Espécies de adoção

(Revogado pela Lei nº 143/2015, de 08-09)

ARTIGO 1978º
Confiança com vista a futura adopção

1 – O tribunal, no âmbito de um processo de promoção e proteção, pode confiar a criança com vista a futura adoção quando não existam ou se encontrem seriamente comprometidos os vínculos afetivos próprios da filiação, pela verificação objetiva de qualquer das seguintes situações:

a) Se a criança for filha de pais incógnitos ou falecidos;

b) Se tiver havido consentimento prévio para a adoção;

c) Se os pais tiverem abandonado a criança;

d) Se os pais, por ação ou omissão, mesmo que por manifesta incapacidade devida a razões de doença mental, puserem em perigo grave a segurança, a saúde, a formação, a educação ou o desenvolvimento da criança;

e) Se os pais da criança acolhida por um particular, por uma instituição ou por família de acolhimento tiverem revelado manifesto desinteresse pelo filho, em termos de comprometer seriamente a qualidade e a continuidade daqueles vínculos, durante, pelo menos, os três meses que precederam o pedido de confiança.

2 – Na verificação das situações previstas no número anterior, o tribunal deve atender prioritariamente aos direitos e interesses da criança.

3 – Considera-se que a criança se encontra em perigo quando se verificar alguma das situações assim qualificadas pela legislação relativa à proteção e à promoção dos direitos das crianças.

4 – A confiança com fundamento nas situações previstas nas alíneas *a*), *c*), *d*) e *e*) do nº 1 não pode ser decidida se a criança se encontrar a viver com ascendente, colateral até ao 3º grau ou tutor e a seu cargo, salvo se aqueles familiares ou o tutor puserem em perigo, de forma grave, a segurança, a saúde, a formação, a educação ou o desenvolvimento da criança ou se o tribunal concluir que a situação não é adequada a assegurar suficientemente o interesse daquela.
(Redação dada pela Lei nº 143/2015, de 08-09)

ARTIGO 1978º-A
Efeitos da medida de promoção e proteção de confiança com vista a futura adoção

Decretada a medida de promoção e proteção de confiança com vista a futura adoção, ficam os pais inibidos do exercício das responsabilidades parentais.
(Redação dada pela Lei nº 143/2015, de 08-09)

CAPÍTULO II
Adoção plena

ARTIGO 1979º
Quem pode adotar

1 – Podem adotar duas pessoas casadas há mais de quatro anos e não separadas judicialmente de pessoas e bens ou de facto, se ambas tiverem mais de 25 anos.

2 – Pode ainda adotar quem tiver mais de 30 anos ou, se o adotando for filho do cônjuge do adotante, mais de 25 anos.

3 – Só pode adotar quem não tiver mais de 60 anos à data em que a criança lhe tenha sido confiada, mediante confiança administrativa ou medida de promoção e proteção de confiança com vista a futura adoção, sendo que a partir dos 50 anos a diferença de idades entre o adotante e o adotando não pode ser superior a 50 anos.

4 – Pode, no entanto, a diferença de idades ser superior a 50 anos quando, a título excecional, motivos ponderosos e atento o superior interesse do adotando o justifiquem, nomeadamente por se tratar de uma fratria em que relativamente apenas a algum ou alguns dos irmãos se verifique uma diferença de idades superior àquela.

5 – O disposto no nº 3 não se aplica quando o adotando for filho do cônjuge do adotante.

6 – Releva para efeito da contagem do prazo do nº 1 o tempo de vivência em união de facto imediatamente anterior à celebração do casamento.
(Redação dada pela Lei nº 143/2015, de 08-09)

ARTIGO 1980º
Quem pode ser adotado

1 – Podem ser adotadas as crianças:

a) Que tenham sido confiadas ao adotante mediante confiança administrativa ou medida de promoção e proteção de confiança com vista a futura adoção;

b) Filhas do cônjuge do adotante.

2 – O adotando deve ter menos de 15 anos à data do requerimento de adoção.

3 – Pode, no entanto, ser adotado quem, à data do requerimento, tenha menos de 18 anos e não se encontre emancipado quando, desde idade não superior a 15 anos, tenha sido confiado aos adotantes ou a um deles ou quando for filho do cônjuge do adotante.

(Redação dada pela Lei nº 143/2015, de 08-09)

ARTIGO 1981º
Consentimento para a adoção

1 – Para a adoção é necessário o consentimento:

a) Do adotando maior de doze anos;

b) Do cônjuge do adotante não separado judicialmente de pessoas e bens;

c) Dos pais do adotando, ainda que menores e mesmo que não exerçam as responsabilidades parentais, desde que não tenha havido medida de promoção e proteção de confiança com vista a futura adoção;

d) Do ascendente, do colateral até ao 3º grau ou do tutor, quando, tendo falecido os pais do adotando, tenha este a seu cargo e com ele viva;

e) Dos adotantes.

2 – Nos casos previstos nas alíneas *c*), *d*) e *e*) do nº 1 do artigo 1978º, sempre que a criança se encontre a viver com ascendente colateral até ao 3º grau ou tutor e a seu cargo, não é exigido o consentimento dos pais, sendo porém exigido o consentimento dessas pessoas.

3 – O tribunal pode dispensar o consentimento:

a) Das pessoas que o deveriam prestar nos termos dos números anteriores, se estiverem privadas do uso das faculdades mentais ou se, por qualquer outra razão, houver grave dificuldade em as ouvir;

b) *(Revogada.)*

c) Dos pais do adotando inibidos do exercício das responsabilidades parentais, quando, passados 18 ou 6 meses, respetivamente, sobre o trânsito em julgado da sentença de inibição ou da que houver desatendido outro pedido, o Ministério Público ou aqueles não tenham solicitado o levantamento da inibição decretada pelo tribunal, nos termos do disposto no nº 2 do artigo 1916º

(Redação dada pela Lei nº 143/2015, de 08-09)

ARTIGO 1982º
Forma e tempo do consentimento

1 – O consentimento é inequívoco e prestado perante o juiz, que deve esclarecer o declarante sobre o significado e os efeitos do ato.

2 – O consentimento pode ser prestado independentemente da instauração do processo de adoção.

3 – A mãe não pode dar o seu consentimento antes de decorridas seis semanas após o parto.

(Redação dada pela Lei nº 143/2015, de 08-09)

ARTIGO 1983º
Irreversibilidade do consentimento

1 – O consentimento é irrevogável e não está sujeito a caducidade.

2 – Se, no prazo de três anos após a prestação do consentimento, a criança não tiver sido adotada, nem decidida a sua confiança administrativa, nem tiver sido aplicada medida de promoção e proteção de confiança com vista a futura adoção, o Ministério Público promove as iniciativas processuais cíveis ou de proteção adequadas ao caso.

(Redação dada pela Lei nº 143/2015, de 08-09)

ARTIGO 1984º
Audição obrigatória

O juiz deverá ouvir:

a) Os filhos do adoptante maiores de doze anos;

b) Os ascendentes ou, na sua falta, os irmãos maiores do progenitor falecido, se o adoptando for filho do cônjuge do adoptante e o seu consentimento não for necessário, salvo se estiverem privados das faculdades mentais ou se, por qualquer outra razão, houver grave dificuldade em os ouvir.

(Cfr. Declaração de Retificação nº 11-C/98, de 30-06)

ARTIGO 1985º
Segredo da identidade

1 – A identidade do adoptante não pode ser revelada aos pais naturais do adoptado, salvo se aquele declarar expressamente que não se opõe a essa revelação.

2 – Os pais naturais do adoptado podem opor-se, mediante declaração expressa, a que a sua identidade seja revelada ao adoptante.

(Redação dada pelo Decreto-Lei nº 185/93, de 22-05)

ARTIGO 1986º
Efeitos

1 – Pela adoção, o adotado adquire a situação de filho do adotante e integra-se com os seus descendentes na família deste, extinguindo-se as relações familiares entre o adotado e os seus ascendentes e colaterais naturais, sem prejuízo do disposto quanto a impedimentos matrimoniais nos artigos 1602º a 1604º

2 – Se um dos cônjuges adota o filho do outro mantêm-se as relações entre o adotado e o cônjuge do adotante e os respetivos parentes.

3 – Excecionalmente, ponderada a idade do adotado, a sua situação familiar ou qualquer outra circunstância atendível, pode ser estabelecida a manutenção de alguma forma de contacto pessoal entre aquele e algum elemento da família biológica

ou, sendo caso disso, entre aquele e a respetiva família adotiva e algum elemento da família biológica, favorecendo-se especialmente o relacionamento entre irmãos, desde que, em qualquer caso, os pais adotivos consintam na referida manutenção e tal corresponda ao superior interesse do adotado.

(Redação dada pela Lei nº 143/2015, de 08-09)

ARTIGO 1987º
Estabelecimento e prova da filiação natural

Depois de decretada a adoção, não é possível estabelecer a filiação natural do adotado nem fazer a prova dessa filiação fora do processo preliminar de casamento.

(Redação dada pela Lei nº 143/2015, de 08-09)

ARTIGO 1988º
Nome próprio e apelidos do adotado

1 – O adotado perde os seus apelidos de origem, sendo o seu novo nome constituído, com as necessárias adaptações, nos termos do artigo 1875º

2 – A pedido do adotante, pode o tribunal, excecionalmente, modificar o nome próprio da criança, se a modificação salvaguardar o seu interesse, nomeadamente o direito à identidade pessoal, e favorecer a integração na família.

(Redação dada pela Lei nº 143/2015, de 08-09)

ARTIGO 1989º
Irrevogabilidade da adoção

A adoção não é revogável.

(Redação dada pela Lei nº 143/2015, de 08-09)

ARTIGO 1990º
Revisão da sentença

1 – Sem prejuízo da impugnação da sentença através de recurso extraordinário de revisão previsto na lei processual civil, a sentença que tiver decretado a adoção só é suscetível de revisão:

a) Se tiver faltado o consentimento do adotante ou dos pais do adotado, quando necessário e não dispensado;

b) Se o consentimento dos pais do adotado tiver sido indevidamente dispensado, por não se verificarem as condições do nº 3 do artigo 1981º;

c) Se o consentimento do adotante tiver sido viciado por erro desculpável e essencial sobre a pessoa do adotado;

d) Se o consentimento do adotante ou dos pais do adotado tiver sido determinado por coação moral, contanto que seja grave o mal com que eles foram ilicitamente ameaçados e justificado o receio da sua consumação;

e) Se tiver faltado o consentimento do adotado, quando necessário.

2 – O erro só se considera essencial quando for de presumir que o conhecimento da realidade excluiria razoavelmente a vontade de adotar.

3 – A revisão não será, contudo, concedida quando os interesses do adotado possam ser consideravelmente afetados, salvo se razões invocadas pelo adotante imperiosamente o exigirem.

(Redação dada pela Lei nº 143/2015, de 08-09)

ARTIGO 1990º-A
Acesso ao conhecimento das origens

Às pessoas adotadas é garantido o direito ao conhecimento das suas origens, nos termos e com os limites definidos no diploma que regula o processo de adoção.

(Aditado pela Lei nº 143/2015, de 08-09)

ARTIGO 1991º
Legitimidade e prazo para a revisão

1 – A revisão nos termos do nº 1 do artigo anterior pode ser pedida:

a) No caso das alíneas *a*) e *b*), pelas pessoas cujo consentimento faltou, no prazo de seis meses a contar da data em que tiveram conhecimento da adopção;

b) No caso das alíneas *c*) e *d*), pelas pessoas cujo consentimento foi viciado, dentro dos seis meses subsequentes à cessação do vício;

c) No caso da alínea e), pelo adoptado, até seis meses a contar da data em que ele atingiu a maioridade ou foi emancipado.

2 – No caso das alíneas *a*) e *b*) do número anterior, o pedido de revisão não poderá ser deduzido decorridos três anos sobre a data do trânsito em julgado da sentença que tiver decretado a adopção.

(Redação dada pelo Decreto-Lei nº 496/77, de 25-11)

CAPÍTULO III
Adoção restrita

ARTIGOS 1992º A 2002º-D

(Revogados pela Lei nº 143/2015, de 08-09)

Convenção Europeia em Matéria de Adoção de Crianças

Resolução da Assembleia da República nº 4/90, de 31 de janeiro

A Assembleia da República resolve, nos termos dos artigos 164º, alínea *j*), e 169º, nº 5, da Constituição, o seguinte:

1 – É aprovada, para ratificação, a Convenção Europeia em Matéria de Adopção de Crianças, aberta à assinatura dos Estados em Estrasburgo, a 24 de Abril de 1967, cujo texto original em francês e respectiva tradução em português vão anexos à presente resolução.

2 – Ao texto da Convenção são formuladas as seguintes reservas:

a) Portugal não considera aplicável ao consentimento da mãe o prazo fixado no nº 4 do artigo 5º;

b) Portugal não se considera vinculado pelo disposto no nº 5 do artigo 10º

3 – No uso da faculdade conferida pelo artigo 24º, Portugal considera as disposições dos nºs 1 e 2 do artigo 10º aplicáveis apenas à adopção plena.

Aprovada em 20 de Dezembro de 1989.

O Presidente da Assembleia da República, *Vítor Pereira Crespo*.

Convenção Europeia em Matéria de Adopção de Crianças

PREÂMBULO

Os Estados membros do Conselho da Europa, signatários da presente Convenção:

Considerando que o objectivo do Conselho da Europa é realizar uma união mais estreita entre os seus membros, a fim de, nomeadamente, favorecer o seu progresso social;

Considerando que, embora o instituto adopção de menores exista na legislação de todos os Estados membros do Conselho da Europa, há nesses países pontos de vista divergentes acerca dos princípios que o deveriam reger, assim como diferenças quanto ao processo de adopção e aos efeitos jurídicos da adopção;

Considerando que a aceitação de princípios e práticas comuns referentes à adopção de menores, contribuiria para aplanar as dificuldades causadas por tais divergências e permitiria, ao mesmo tempo, promover o bem-estar dos menores que são adoptados;

acordaram no seguinte:

PARTE I
COMPROMISSOS E CAMPO DE APLICAÇÃO

ARTIGO 1º

Cada Parte Contratante compromete-se a assegurar a conformidade da sua legislação com as disposições da parte II da presente Convenção e a notificar ao secretário-geral do Conselho da Europa as medidas tomadas com essa finalidade.

ARTIGO 2º

Cada Parte Contratante compromete-se a tomar em consideração as disposições enunciadas na parte III da presente Convenção e, se der execução ou se, após ter dado execução, deixar de o fazer em relação a qualquer destas disposições, deverá notificar o facto ao secretário-geral do Conselho da Europa.

ARTIGO 3º

A presente Convenção só é aplicável à adopção de um menor que, no momento do pedido de adopção, não tenha atingido a idade de 18 anos, não seja ou não tenha sido casado e não seja considerado maior.

PARTE II
DISPOSIÇÕES ESSENCIAIS

ARTIGO 4º

A adopção só é válida se for decretada por uma autoridade judiciária ou administrativa a seguir denominada «a autoridade competente».

ARTIGO 5º

1 – Sem prejuízo dos nºs 2 a 4 do presente artigo, a adopção não é decretada sem que, pelo menos, tenham sido prestados e não retirados os seguintes consentimentos:

a) O consentimento da mãe e, quanto o menor for legítimo, o do pai ou, se não existir pai nem mãe que o possa consentir, o consentimento de qualquer pessoa ou organismo que esteja habilitado a exercer o poder paternal para tal fim;

b) O consentimento do cônjuge do adoptante.

2 – Não é permitido à autoridade competente:

a) Dispensar-se de obter o consentimento de uma das pessoas mencionadas no nº 1; ou

b) Não atender à recusa do consentimento de uma das pessoas ou de um dos organismos mencionados no referido nº 1;

salvo por motivos excepcionais determinados por lei.

3 – Se o pai ou a mãe estiverem privados do seu poder paternal em relação ao menor ou, pelo menos, do direito de consentir a adopção, a lei pode prever que o seu consentimento não seja exigido.

4 – O consentimento da mãe para adopção de seu filho só é aceite se for dado após o nascimento e no termo do prazo prescrito pela lei, o qual não deve ser inferior a seis semanas, ou, não havendo prazo estipulado, a partir do momento em que, na opinião da autoridade competente, a mãe tenha podido restabelecer-se suficientemente das consequências do parto.

5 – No presente artigo entende-se por «pai» e «mãe» as pessoas que são legalmente os pais do menor.

ARTIGO 6º

1 – A lei apenas poderá permitir a adopção de um menor por duas pessoas unidas pelo casamento, quer a adopção seja simultânea ou sucessiva, quer seja efectuada por um só adoptante.

2 – A lei só pode permitir nova adopção de um menor em algum ou alguns dos seguintes casos:

a) Quando o menor é adoptado pelo cônjuge do adoptante;
b) Quando o anterior adoptante tiver falecido;
c) Quando a adopção anterior tiver sido anulada;
d) Quando a adopção anterior tiver cessado.

ARTIGO 7º

1 – Um menor só pode ser adoptado se o adoptante tiver a idade mínima prescrita para este fim, a qual não poderá ser inferior a 21 anos e superior a 35 anos.

2 – No entanto, a lei pode prever a possibilidade de derrogar a condição da idade mínima exigida:

a) Se o adoptante for o pai ou a mãe do menor; ou
b) Por circunstâncias excepcionais.

ARTIGO 8º

1 – A autoridade competente não decreta uma adopção sem adquirir a convicção de que a adopção assegura os interesses do menor.

2 – Em cada caso específico, a autoridade competente atribui particular importância a que a adopção proporcione ao menor um lar estável e harmonioso.

3 – Regra geral, a autoridade competente não considera preenchidas as condições atrás mencionadas se a diferença de idade entre o adoptante e o menor for inferior à que normalmente separa os pais dos seus filhos.

ARTIGO 9º

1 – A autoridade competente só decreta uma adopção após inquérito apropriado relativamente ao adoptante, ao menor e à sua família.

2 – Tal inquérito deve, na medida adequada a cada caso, incidir, nomeadamente, sobre os seguintes elementos:

a) A personalidade, a saúde e a situação económica do adoptante, a sua vida familiar e a instalação do seu lar, a sua aptidão para educar o menor;

b) Os motivos pelos quais o adoptante deseja adoptar o menor;

c) Os motivos pelos quais, no caso de só um dos cônjuges pedir a adopção do menor, o outro cônjuge se não associou ao pedido;

d) A adaptação mútua do menor e do adoptante e a duração do período durante o qual tenha sido confiado aos seus cuidados;

e) A personalidade e a saúde do menor e, salvo proibição legal, os antecedentes do menor;

f) A opinião do menor em relação à adopção proposta;

g) As convicções religiosas do adoptante e do menor, se as tiverem.

3 – Tal inquérito deve ser confiado a uma pessoa ou a um organismo reconhecidos por lei ou aprovados para este fim por uma autoridade judiciária ou administrativa. Na medida do possível deve ser realizado por trabalhadores sociais qualificados neste domínio pela sua formação ou pela sua experiência.

4 – O disposto no presente artigo em nada afecta o poder e o dever da autoridade competente em obter todas as informações ou provas relativas ou não ao objecto do inquérito e que considere como podendo ser úteis.

ARTIGO 10º

1 – A adopção confere ao adoptante, relativamente ao menor adoptado, os direitos e obrigações de qualquer natureza que um pai ou uma mãe têm relativamente a um seu filho legítimo.

A adopção confere ao adoptado, relativamente ao adoptante, os direitos e obrigações de qualquer natureza de um filho legítimo relativamente ao seu pai ou à sua mãe.

2 – A partir do momento em que são criados os deveres e obrigações mencionados no nº 1 do presente artigo, os direitos e obrigações da mesma natureza existentes entre o adoptado e seu pai ou sua mãe ou com qualquer outra pessoa ou organismo deixam de existir.

Contudo, a lei pode prever que o cônjuge do adoptante conserve os seus direitos e obrigações para com o adoptado se este for seu filho legítimo, ilegítimo ou adoptivo.

Além disso, a lei pode manter para os pais a obrigação alimentar em relação ao filho, a obrigação de prover ao seu sustento, de o estabelecer e de o dotar, no caso de o adoptante não cumprir alguma destas obrigações.

3 – Regra geral, é dada ao adoptado a possibilidade de adquirir os apelidos do adoptante ou de os juntar ao próprio apelido.

4 – Se um progenitor legítimo tem o direito de usufruto sobre os bens do seu filho, o direito de usufruto do adoptante sobre os bens do adoptado pode ser limitado por lei, tendo em conta o disposto no nº1 do presente artigo.

5 – Em matéria sucessória, sempre que a lei conceda ao filho legítimo um direito na sucessão de seu pai, ou de sua mãe, o menor adoptado é considerado, para este efeito, como sendo filho legítimo do adoptante.

ARTIGO 11º

1 – Se o menor adoptado não possuir, no caso de adopção por uma só pessoa, a nacionalidade do adoptante ou, no caso de adopção pelos dois cônjuges, a sua nacio-

nalidade comum, a Parte Contratante da qual o adoptante ou os adoptantes sejam nacionais facilitará a aquisição da sua nacionalidade pelo menor.

2 – A perda da nacionalidade que poderia resultar da adopção fica dependente da posse ou aquisição de uma outra nacionalidade.

ARTIGO 12º

1 – O número de menores que um mesmo adoptante pode adoptar não é limitado por lei.

2 – A lei não pode proibir uma pessoa de adoptar um menor pelo facto de ter ou poder vir a ter um filho legítimo.

3 – Se a adopção melhorar a situação jurídica do menor, a lei não pode proibir uma pessoa de adoptar o seu filho ilegítimo.

ARTIGO 13º

1 – Enquanto o adoptado não atingir a maioridade, a adopção só pode ser revogada por decisão de uma autoridade judiciária ou administrativa por motivos graves e só no caso de tal revogação ser permitida por lei.

2 – O número anterior não respeita aos casos em que:

a) A adopção é nula;

b) A adopção cessa em consequência da legitimação do adoptado pelo adoptante.

ARTIGO 14º

Quando os inquéritos efectuados em aplicação dos artigos 8º e 9º da presente Convenção se reportarem a uma pessoa que reside ou residiu no território de uma outra Parte Contratante, esta Parte Contratante deve procurar obter, no mais curto espaço de tempo, as informações necessárias que lhe são solicitadas. As autoridades podem comunicar directamente entre si para esse efeito.

ARTIGO 15º

Serão tomadas medidas no sentido de proibir todo e qualquer lucro injustificado proveniente da entrega de um menor com vista à sua adopção.

ARTIGO 16º

Cada uma das Partes Contratantes conserva a faculdade de adoptar disposições mais favoráveis para o menor adoptado.

PARTE III
DISPOSIÇÕES SUPLEMENTARES

ARTIGO 17º

A adopção não pode ser decretada se o menor não tiver sido confiado ao cuidado dos adoptantes durante um período suficientemente longo para que a autoridade competente possa razoavelmente avaliar as relações que se estabeleceriam entre eles se a adopção fosse decretada.

ARTIGO 18º

Os poderes públicos zelarão pela promoção e bom funcionamento das instituições públicas ou privadas às quais se podem dirigir, para obter ajuda e conselho, todos os que desejem adoptar ou fazer adoptar um menor.

ARTIGO 19º

Os aspectos sociais e jurídicos da adopção devem constar dos programas de formação dos trabalhadores da assistência social.

ARTIGO 20º

1 – Se necessário, serão tomadas medidas para que uma adopção possa constituir-se sem que a identidade do adoptante seja revelada à família do menor.

2 – Serão tomadas medidas para determinar ou para permitir que o processo de adopção decorra à porta fechada.

3 – O adoptante e o adoptado podem obter documentos extraídos de registos públicos cujo conteúdo ateste o facto, a data e o local de nascimento do adoptado, mas não revele expressamente a adopção, nem a identidade dos seus pais naturais.

4 – Os registos públicos devem ser conservados, ou pelo menos os seus conteúdos reproduzidos, de forma a que as pessoas que não têm um interesse legítimo não possam tomar conhecimento do facto de uma pessoa ter sido adoptada ou, se esse facto for conhecido, da identidade dos seus pais naturais.

PARTE IV
CLÁUSULAS FINAIS

ARTIGO 21º

1 – A presente Convenção está aberta à assinatura dos Estados membros do Conselho da Europa. Será ratificada ou aceite. Os instrumentos de ratificação ou de aceitação serão depositados junto do secretário-geral do Conselho da Europa.

2 – A Convenção entrará em vigor três meses após a data do depósito do terceiro instrumento de ratificação ou aceitação.

3 – Em relação a qualquer Estado signatário que a ratifique ou aceite ulteriormente, entrará em vigor três meses após a data do depósito do seu instrumento de ratificação ou aceitação.

ARTIGO 22º

1 – Após a entrada em vigor da presente Convenção, o Comité de Ministros do Conselho da Europa poderá convidar qualquer Estado não membro do Conselho a aderir à presente Convenção.

2 – A adesão efectuar-se-á mediante o depósito, junto do secretário-geral do Conselho da Europa, de um instrumento de adesão que produzirá efeito três meses após a data do respectivo depósito.

ARTIGO 23º

1 – Qualquer Parte Contratante pode, no momento da assinatura ou no momento do depósito do respectivo instrumento de ratificação, aceitação ou adesão, designar o ou os territórios aos quais a presente Convenção se aplicará.

2 – Qualquer Parte Contratante pode, no momento do depósito do respectivo instrumento de ratificação, aceitação ou adesão, ou em qualquer momento ulterior, mediante declaração dirigida ao secretário-geral do Conselho da Europa, alargar a aplicação da presente Convenção a qualquer outro território designado na declaração por cujas relações internacionais seja responsável ou em nome do qual esteja autorizado a tomar decisões.

3 – Qualquer declaração feita em conformidade com o número anterior pode ser retirada, relativamente a qualquer dos territórios nela designados, nas condições previstas no artigo 27º da presente Convenção.

ARTIGO 24º

1 – Qualquer Parte Contratante cuja legislação preveja mais de uma forma de adopção tem a faculdade de aplicar apenas a uma dessas formas as disposições da presente Convenção contidas nos nºs 1, 2, 3 e 4 do artigo 10º e nos nºs 2 e 3 do artigo 12º.

2 – A Parte Contratante que faça uso desta faculdade deve notificar o secretário-geral do Conselho da Europa no momento da assinatura ou do depósito do respectivo instrumento de ratificação, aceitação ou adesão, ou ainda quando fizer uma declaração nos termos do nº 2 do artigo 23º da presente Convenção, e indicar as modalidade do exercício desta faculdade.

3 – Esta Parte Contratante pode pôr termo ao exercício desta faculdade mediante notificação dirigida ao secretário-geral do Conselho da Europa.

ARTIGO 25º

1 – Qualquer Parte Contratante pode, no momento da assinatura ou do depósito do respectivo instrumento de ratificação, aceitação ou adesão, ou ainda quando fizer

uma declaração nos termos do nº 2 do artigo 23º da presente Convenção, formular no máximo duas reservas a propósito das disposições da parte II da Convenção.

Não são permitidas reservas de carácter geral e cada reserva só pode incidir sobre uma disposição.

Cada reserva produz efeito durante cinco anos a partir da entrada em vigor da presente Convenção em relação à Parte considerada. Pode ser renovada por períodos sucessivos de cinco anos, mediante declaração dirigida, antes do termo de cada período, ao secretário-geral do Conselho da Europa.

2 – Qualquer Parte Contratante pode retirar, no todo ou em parte, uma reserva por si formulada nos termos do número anterior, mediante declaração dirigida ao secretário-geral do Conselho da Europa, a qual produz efeito a partir da data da sua recepção.

ARTIGO 26º

As Partes Contratantes devem comunicar ao secretário-geral do Conselho da Europa os nomes e endereços das autoridades às quais podem ser transmitidos os pedidos previstos no artigo 14º.

ARTIGO 27º

1 – A presente Convenção permanece em vigor por tempo indeterminado.

2 – Qualquer Estado Contratante pode, no que lhe diz respeito, denunciar a presente Convenção mediante notificação dirigida ao secretário-geral do Conselho da Europa.

3 – A denúncia produzirá efeito seis meses após a data de recepção da notificação pelo secretário-geral.

ARTIGO 28º

O secretário-geral do Conselho da Europa notificará aos Estados membros do Conselho e a todos os Estados que tiverem aderido à presente Convenção:

a) Qualquer assinatura;

b) O depósito de qualquer instrumento de ratificação, aceitação ou de adesão;

c) As datas de entrada em vigor da presente Convenção em conformidade com o artigo 21º;

d) Qualquer notificação recebida em aplicação do disposto no artigo 1º;

e) Qualquer notificação recebida em aplicação do disposto no artigo 2º;

f) Qualquer declaração recebida em aplicação do disposto nos nºs 2 e 3 do artigo 23º;

g) Qualquer informação recebida em aplicação do disposto nos nºs 2 e 3 do artigo 24º;

h) Qualquer reserva formulada em aplicação do disposto no nº 1 do artigo 25º;

i) A renovação de qualquer reserva formulada em aplicação do disposto no nº 1 do artigo 25º;

j) O facto de ter sido retirada qualquer reserva feita em aplicação do disposto no nº 2 do artigo 25º;

k) Qualquer notificação efectuada em aplicação do disposto no artigo 26º;

l) Qualquer notificação recebida em aplicação do disposto no artigo 27º e a data a partir da qual a denúncia produz efeito.

Em fé do que os signatários, devidamente autorizados para o efeito, assinaram a presente Convenção.

Feito em Estrasburgo, aos 24 dias do mês de Abril de 1967, em francês e inglês, fazendo igualmente fé ambos os textos, num só exemplar, que será depositado nos arquivos do Conselho da Europa. O secretário-geral do Conselho da Europa enviará cópia conforme a cada um dos Estados signatários e aos que tiverem aderido.

Convenção Relativa à Proteção das Crianças e à Cooperação em Matéria de Adoção Internacional

Resolução da Assembleia da República nº 8/2003, de 25 de fevereiro

Aprova, para ratificação, a Convenção Relativa à Protecção das Crianças e à Cooperação em Matéria de Adopção Internacional, feita na Haia em 29 de Maio de 1993.

A Assembleia da República resolve, nos termos da alínea *i*) do artigo 161º e do nº 5 do artigo 166º da Constituição, o seguinte:

ARTIGO 1º
Aprovação

É aprovada, para ratificação, a Convenção Relativa à Protecção das Crianças e à Cooperação em Matéria de Adopção Internacional, feita na Haia em 29 de Maio de 1993, cujas versões autênticas nas línguas inglesa e francesa e respectiva tradução em língua portuguesa seguem em anexo.

ARTIGO 2º
Declarações

A República Portuguesa declara que, nos termos do nº 4 do artigo 22º da Convenção, as adopções de crianças cuja residência habitual se situe no território português só podem ocorrer se as funções confiadas às autoridades centrais forem exercidas nos termos do nº 1 do mesmo artigo.

Aprovada em 19 de Dezembro de 2002.

O Presidente da Assembleia da República, *João Bosco Mota Amaral.*

Convenção Relativa à Protecção das Crianças e à Cooperação em Matéria de Adopção Internacional, Feita na Haia em 29 de Maio de 1993

Os Estados signatários na presente Convenção:

Reconhecendo que a criança, para o desenvolvimento harmonioso da sua personalidade, deve crescer num ambiente familiar, em clima de felicidade, amor e compreensão;

Recordando que cada país deve tomar, com carácter prioritário, medidas adequadas para permitir a manutenção da criança na sua família de origem;

Reconhecendo que a adopção internacional pode apresentar a vantagem de dar uma família permanente a uma criança que não encontra uma família conveniente no seu Estado de origem;

Convencidos da necessidade de adoptar medidas para garantir que as acções internacionais devem ser feitas no interesse superior da criança e no respeito dos seus direitos fundamentais, assim como para prevenir o rapto, a venda ou o tráfico de crianças;

Desejando, para esse efeito, estabelecer disposições comuns que tomem em consideração os princípios consagrados em instrumentos internacionais, em particular na Convenção das Nações Unidas sobre os Direitos da Criança, de 20 de Novembro de 1989, e na Declaração das Nações Unidas sobre os Princípios Sociais e Jurídicos Aplicáveis à Protecção e Bem-Estar das Crianças, com Especial Referência à Adopção e Colocação Familiar nos Planos Nacional e Internacional (Resolução da Assembleia Geral nº 41/85, de 3 de Dezembro de 1986);

acordaram no seguinte:

CAPÍTULO I
Campo de aplicação da Convenção

ARTIGO 1º

A presente Convenção tem por objecto:

a) Estabelecer garantias para assegurar que as adopções internacionais sejam feitas no interesse superior da criança e no respeito dos seus direitos fundamentais, nos termos do direito internacional;

b) Estabelecer um sistema de cooperação entre os Estados contratantes que assegure o respeito dessas garantias, prevenindo assim o rapto, a venda ou o tráfico de crianças;

c) Assegurar o reconhecimento, nos Estados contratantes, das adopções realizadas de acordo com a Convenção.

ARTIGO 2º

1 – A Convenção aplica-se sempre que uma criança com residência habitual num Estado contratante («o Estado de origem») tenha sido, seja ou venha a ser transferida para outro Estado contratante («o Estado receptor»), seja após a sua adopção no Estado de origem por casal ou por pessoa residente habitualmente no Estado receptor, seja com o objectivo de ser adoptada no Estado receptor ou no Estado de origem.

2 – A Convenção abrange apenas as adopções que estabeleçam um vínculo de filiação.

ARTIGO 3º

A Convenção deixa de ser aplicável se a concordância prevista no artigo 17º, alínea *c*), não tiver sido dada antes de a criança ter atingido a idade de 18 anos.

CAPÍTULO II
Requisitos para as adopções internacionais

ARTIGO 4º

As adopções abrangidas por esta Convenção só se podem realizar quando as autoridades competentes no Estado de origem:

a) Tenham estabelecido que a criança está em condições de ser adoptada;

b) Tenham constatado, depois de adequadamente ponderadas as possibilidades de colocação da criança no seu Estado de origem, que uma adopção internacional responde ao interesse superior da criança;

c) Tenham assegurado que:

i) As pessoas, instituições e autoridades, cujo consentimento seja necessário para a adopção, foram convenientemente aconselhadas e devidamente informadas sobre as consequências do seu consentimento, especialmente sobre a manutenção ou ruptura dos vínculos jurídicos entre a criança e a sua família de origem, em virtude da adopção;

ii) Essas pessoas, instituições e autoridades exprimiram o seu consentimento livremente, na forma legalmente prevista e que este consentimento tenha sido manifestado ou seja comprovado por escrito;

iii) Os consentimentos não foram obtidos mediante pagamento ou compensação de qualquer espécie e que tais consentimentos não tenham sido revogados; e

iv) O consentimento da mãe, se ele for exigido, foi expresso após o nascimento da criança;

d) Tenham assegurado, tendo em consideração a idade e o grau de maturidade da criança, que:

i) Esta foi convenientemente aconselhada e devidamente informada sobre as consequências da adopção e do seu consentimento em ser adoptada, quando este for exigido;

ii) Foram tomados em consideração os desejos e as opiniões da criança;

iii) O consentimento da criança em ser adoptada, quando exigido, foi livremente expresso, na forma exigida por lei, e que este consentimento foi manifestado ou seja comprovado por escrito;

iv) O consentimento não tenha sido obtido mediante pagamento ou compensação de qualquer espécie.

ARTIGO 5º

As adopções abrangidas pela presente Convenção só podem realizar-se quando as autoridades competentes do Estado receptor:

a) Tenham constatado que os futuros pais adoptivos são elegíveis e aptos para adoptar;

b) Se tenham assegurado de que os futuros pais adoptivos foram convenientemente aconselhados;

c) Tenham verificado que a criança foi ou será autorizada a entrar e a residir com carácter de permanência naquele Estado.

CAPÍTULO III
Autoridades centrais e organismos acreditados

ARTIGO 6º

1 – Cada Estado contratante designará uma autoridade central encarregue de dar cumprimento às obrigações decorrentes da presente Convenção.

2 – Os Estados federais, os Estados nos quais vigoram diversos sistemas jurídicos ou os Estados com unidades territoriais autónomas podem designar mais de uma autoridade central e especificar a extensão territorial e pessoal das suas funções. Os Estados que designarem mais de uma autoridade central designarão a autoridade central à qual pode ser dirigida qualquer comunicação, tendo em vista a sua transmissão à autoridade central competente no seio desse Estado.

ARTIGO 7º

1 – As autoridades centrais deverão cooperar entre si e promover a colaboração entre as autoridades competentes dos seus Estados para assegurar a protecção das crianças e alcançar os restantes objectivos da Convenção.

2 – As autoridades centrais tomarão directamente todas as medidas para:

a) Proporcionar informações sobre a legislação dos seus Estados em matéria de adopção internacional e outras informações gerais, tais como estatísticas e formulários;

b) Se manterem mutuamente informadas sobre o funcionamento da Convenção e, na medida do possível, suprimirem os obstáculos à sua aplicação.

ARTIGO 8º

As autoridades tomarão, directamente ou com a cooperação de autoridades públicas, todas as medidas apropriadas para prevenir benefícios materiais indevidos ou outros relativos a uma adopção e para impedir qualquer prática contrária aos objectivos da Convenção.

ARTIGO 9º

As autoridades tomarão todas as medidas apropriadas, seja directamente ou com a cooperação de autoridades públicas ou outros organismos devidamente acreditados no seu Estado, especialmente para:

a) Facilitar, acompanhar e expedir os procedimentos tendo em vista a realização da adopção;

b) Facilitar, acompanhar e acelerar o processo de adopção;

c) Promover, nos respectivos Estados, o desenvolvimento de organismos de aconselhamento em matéria de adopção e de serviços para o acompanhamento das adopções;

d) Trocar relatórios gerais de avaliação sobre as experiências em matéria de adopção internacional;

e) Responder, na medida em que tal seja permitido pela lei do seu Estado, aos pedidos de informações justificados, relativos a uma situação particular de adopção, formulados por outras autoridades centrais ou por autoridades públicas.

ARTIGO 10º

Só podem obter e conservar a acreditação os organismos que demonstrem capacidades no cumprimento adequado das funções que lhes possam ter sido confiadas.

ARTIGO 11º

Um organismo acreditado deve:

a) Prosseguir unicamente fins não lucrativos, nas condições e dentro dos limites fixados pelas autoridades competentes do Estado que o tenham acreditado;

b) Ser dirigido e administrado por pessoas qualificadas pela sua integridade moral e pela sua formação ou experiência para trabalhar em matéria de adopção internacional;

c) Estar submetido ao controlo das autoridades competentes do referido Estado, no que se refere à sua composição, funcionamento e situação financeira.

ARTIGO 12º

Um organismo acreditado num Estado contratante só poderá actuar noutro Estado contratante se para tal for autorizado pelas autoridades competentes de ambos os Estados.

ARTIGO 13º

A designação das autoridades centrais e, se for caso disso, a extensão das suas funções, assim como os nomes e endereços dos organismos acreditados, devem ser comunicados por cada Estado contratante ao Secretariado Permanente da Conferência de Haia de Direito Internacional Privado.

CAPÍTULO IV

Requisitos de procedimento para a adopção internacional

ARTIGO 14º

As pessoas com residência habitual num Estado contratante que desejem adoptar uma criança cuja residência habitual seja noutro Estado contratante deverão dirigir-se à autoridade central do Estado da sua residência habitual.

ARTIGO 15º

1 – Se a autoridade central do Estado receptor considerar que os candidatos são elegíveis e aptos para adoptar, deverá preparar um relatório contendo informações sobre a identidade, capacidade jurídica dos solicitantes para adoptar, a sua situação pessoal, familiar e médica, o seu meio social, os motivos da adopção, a sua aptidão para assumir uma adopção internacional, assim como as características das crianças que eles estariam em condições de cuidar.

2 – A autoridade central do Estado receptor transmitirá o relatório à autoridade central do Estado de origem.

ARTIGO 16º

1 – Se a autoridade central do Estado de origem considerar que a criança é apta para adopção, deverá:

a) Preparar um relatório contendo informações sobre a identidade da criança, a sua aptidão para ser adoptada, o seu meio social, a sua evolução pessoal e familiar, a história clínica da criança e da sua família, assim como sobre as suas necessidades particulares;

b) Levar em conta as condições de educação da criança, assim como a sua origem étnica, religiosa e cultural;

c) Assegurar-se de que os consentimentos foram obtidos de acordo com o artigo 4º; e

d) Determinar, baseando-se especialmente nos relatórios relativos à criança e aos futuros pais adoptivos, se a colocação prevista obedece ao interesse superior da criança.

2 – A autoridade central do Estado de origem deve transmitir à autoridade central do Estado receptor o seu relatório sobre a criança, a prova dos consentimentos requeridos e as razões que determinaram a colocação, tomando precauções para não revelar a identidade da mãe ou do pai, no caso de o Estado de origem não permitir a divulgação dessas identidades.

ARTIGO 17º

Qualquer decisão por parte do Estado de origem no sentido de confiar uma criança aos futuros pais adoptivos só poderá ser tomada se:

a) A autoridade central do Estado de origem se tiver assegurado da anuência dos futuros pais adoptivos;

b) A autoridade central do Estado receptor tiver aprovado tal decisão, quando esta aprovação for requerida pela lei do Estado receptor ou pela autoridade central do Estado de origem;

c) As autoridades centrais de ambos os Estados estiverem de acordo quanto ao prosseguimento da adopção; e

d) Tenha sido constatado, de acordo com o artigo 5º, de que os futuros pais adoptivos são elegíveis e aptos para adoptar e que a criança foi ou será autorizada a entrar e residir com carácter de permanência no Estado receptor.

ARTIGO 18º

As autoridades centrais dos dois Estados tomarão as medidas necessárias para que a criança receba a autorização de saída do Estado de origem, assim como a de entrada e de permanência definitiva no Estado receptor.

ARTIGO 19º

1 – A transferência da criança para o Estado receptor só pode ocorrer quando se tenham observado os requisitos do artigo 17º.

2 – As autoridades centrais dos dois Estados devem assegurar-se de que a transferência se realiza com toda a segurança, em condições adequadas e, quando possível, em companhia dos pais adoptivos ou futuros pais adoptivos.

3 – Se a transferência da criança não se efectuar, os relatórios a que se referem os artigos 15º e 16º serão devolvidos às autoridades que os tenham expedido.

ARTIGO 20º

As autoridades centrais manter-se-ão informadas sobre o procedimento de adopção e as medidas tomadas para a sua conclusão, assim como sobre o desenrolar do período probatório, se este for requerido.

ARTIGO 21º

1 – Quando a adopção se deva realizar após a transferência da criança para o Estado receptor e a autoridade central desse Estado considerar que a manutenção da criança junto dos potenciais pais adoptivos já não corresponde ao interesse superior da criança, a autoridade central tomará as medidas necessárias para a protecção da criança, tendo em vista, designadamente:

a) Assegurar que a criança é retirada aos potenciais pais adoptivos e assegurar lhe cuidados temporários;

b) Assegurar, em consulta com a autoridade central do Estado de origem, a imediata colocação da criança com vista à sua adopção ou, na sua falta, uma colocação alternativa de carácter duradouro; não se deverá realizar uma adopção sem que a autoridade central do Estado de origem tenha sido devidamente informada sobre os novos potenciais pais adoptivos;

c) Como último recurso, e se os interesses da criança o exigirem, assegurar o regresso da criança ao Estado de origem.

2 – Tendo nomeadamente em consideração a idade e maturidade da criança, deverá esta ser consultada e, quando tal se afigurar apropriado, deverá ser obtido o seu consentimento relativamente às medidas a serem tomadas nos termos do presente artigo.

ARTIGO 22º

1 – As funções conferidas à autoridade central pelo presente capítulo podem ser exercidas por autoridades públicas ou por organismos acreditados, em conformidade com o capítulo III, nos termos em que for permitido pela lei do Estado.

2 – Um Estado contratante pode declarar ao depositário da Convenção que as funções conferidas à autoridade central nos termos dos artigos 15º e 21º poderão ser igualmente exercidas nesse Estado, nos termos em que for permitido pela lei e sob o controlo das autoridades competentes desse Estado, por pessoas e organismos que:

a) Cumpram as condições de integridade moral, competência profissional, experiência e responsabilidade exigidas por esse Estado;

b) Sejam qualificadas pela sua integridade moral e pela sua formação ou experiência para trabalhar na área da adopção internacional.

3 – O Estado contratante que efectue a declaração prevista no nº 2 do presente artigo informará regularmente o Secretariado Permanente da Conferência de Haia de Direito Internacional Privado sobre os nomes e moradas destes organismos e pessoas.

4 – Qualquer Estado contratante pode declarar ao depositário da Convenção que as adopções de crianças cuja residência habitual se situe no seu território só poderão realizar-se se as funções conferidas às autoridades centrais forem exercidas de acordo com o nº 1 do presente artigo.

5 – Não obstante qualquer declaração efectuada de acordo com os termos do nº 2 do presente artigo, os relatórios previstos pelos artigos 15º e 16º são, em qualquer caso, elaborados sob a responsabilidade da autoridade central ou de outros organismos ou autoridades, em conformidade com o nº 1 do presente artigo.

CAPÍTULO V
Reconhecimento e efeitos da adopção

ARTIGO 23º

1 – Uma adopção certificada por uma autoridade competente do Estado onde se realizou, como tendo sido efectuada em conformidade com a Convenção, deverá ser reconhecida de pleno direito nos demais Estados contratantes. O certificado deverá especificar a data e o autor da autorização concedida nos termos do artigo 17º, alínea *c*).

2 – Cada Estado contratante deve notificar, no momento da assinatura, ratificação, aceitação, aprovação ou adesão, o depositário da Convenção sobre a identidade e funções da autoridade ou autoridades competentes no Estado para conceder o certificado, devendo igualmente notificá-lo sobre qualquer modificação na designação dessas autoridades.

ARTIGO 24º

O reconhecimento de uma adopção só pode ser recusado num Estado contratante se esta for manifestamente contrária à sua ordem pública, tomando em consideração o interesse superior da criança.

ARTIGO 25º

Qualquer Estado contratante pode declarar junto do depositário da Convenção que não reconhecerá as adopções feitas ao abrigo de um acordo concluído nos termos do artigo 39º, nº 2, da presente Convenção.

ARTIGO 26º

1 – O reconhecimento de uma adopção implica o reconhecimento:

a) Da relação de filiação entre a criança e os seus pais adoptivos;

b) Da responsabilidade dos pais adoptivos relativamente à criança;

c) Do termo da relação de filiação previamente existente entre a criança e a sua mãe e o seu pai, se a adopção produzir este efeito no Estado contratante em que teve lugar.

2 – Se a adopção tiver por efeito o termo do vínculo de filiação previamente existente, a criança gozará, tanto no Estado receptor como em qualquer outro Estado contratante em que a adopção seja reconhecida, de direitos equivalentes aos resultantes de adopções que produzam esses efeitos em cada um desses Estados.

3 – Os números precedentes não impedirão a aplicação de disposições mais favoráveis à criança em vigor no Estado contratante que reconheça a adopção.

ARTIGO 27º

1 – Quando uma adopção concedida no Estado de origem não tiver por efeito o termo do vínculo de filiação previamente existente, poderá ser convertida numa adopção que produza tais efeitos no Estado receptor, que reconhece a adopção, em conformidade com a Convenção:

a) Se a lei do Estado receptor o permitir; e

b) Se os consentimentos exigidos no artigo 4º, alíneas *c*) e *d*), foram ou sejam outorgados para tal adopção.

2 – O artigo 23º aplicar-se-á à decisão sobre a conversão da adopção.

CAPÍTULO VI
Disposições gerais

ARTIGO 28º

A Convenção não afectará nenhuma lei de um Estado de origem que exija que nele se realize a adopção de uma criança habitualmente residente nesse Estado, ou que proíba a colocação da criança ou a sua transferência para o Estado receptor antes da adopção.

ARTIGO 29º

Não haverá nenhum contacto entre os potenciais pais adoptivos e os pais da criança ou qualquer outra pessoa que detenha a sua guarda até que se tenham cumprido as condições do artigo 4º, alíneas *a*) a *c*), e do artigo 5º, alínea *a*), salvo nos casos em que a adopção seja efectuada no seio de uma mesma família ou desde que esse contacto se encontre em conformidade com as condições fixadas pela autoridade competente do Estado de origem.

ARTIGO 30º

1 – As autoridades competentes de um Estado devem assegurar a protecção das informações que detenham sobre a origem da criança, em particular informações relativas à identidade dos seus pais, assim como a história clínica da criança e da sua família.

2 – Estas autoridades assegurarão o acesso da criança ou do seu representante legal, mediante orientação adequada, a estas informações, na medida em tal seja permitido pela lei desse Estado.

ARTIGO 31º

Sem prejuízo do estabelecido no artigo 30º, os dados pessoais que se recolham ou transmitam nos termos da Convenção, em particular os referidos nos artigos 15º e 16º, só poderão ser utilizados para os fins para os quais foram recolhidos ou transmitidos.

ARTIGO 32º

1 – Ninguém poderá obter benefícios financeiros ou outros indevidos por qualquer actividade relacionada com uma adopção internacional.

2 – Só poderão ser cobrados ou pagos custos e gastos, incluindo honorários profissionais razoáveis de pessoas envolvidas na adopção.

3 – Os directores, administradores e empregados dos organismos intervenientes numa adopção não podem receber uma remuneração que seja desproporcionadamente elevada em relação aos serviços prestados.

ARTIGO 33º

Qualquer autoridade competente que constate que uma disposição da Convenção não foi respeitada ou que existe um risco manifesto de que não venha a sê-lo informará imediatamente a autoridade central do seu Estado. Esta autoridade central será responsável por assegurar que são tomadas as medidas adequadas.

ARTIGO 34º

Se a autoridade competente do Estado de destino de um documento assim o requerer, deverá ser fornecida uma tradução certificando a respectiva conformidade com o original. Salvo disposição noutro sentido, os custos dessa tradução serão suportado pelos potenciais pais adoptivos.

ARTIGO 35º

As autoridades competentes dos Estados contratantes actuarão com celeridade nos processos de adopção.

ARTIGO 36º

Relativamente a um Estado que possua, em matéria de adopção, dois ou mais sistemas jurídicos aplicáveis em diferentes unidades territoriais:

a) Qualquer referência à residência habitual nesse Estado entender-se-á como sendo relativa à residência habitual numa unidade territorial desse Estado;

b) Qualquer referência à lei desse Estado entender-se-á como sendo relativa à lei vigente na unidade territorial pertinente;

c) Qualquer referência às autoridades competentes ou às autoridades públicas desse Estado entender-se-á como sendo relativa às autoridades autorizadas para actuar na unidade territorial pertinente;

d) Qualquer referência aos organismos autorizados desse Estado entender-se-á como sendo relativa aos organismos autorizados na unidade territorial pertinente.

ARTIGO 37º

Relativamente a um Estado que possua, em matéria de adopção, dois ou mais sistemas jurídicos aplicáveis a diferentes categorias de pessoas, qualquer referência à lei desse Estado entender-se-á como sendo relativa ao sistema jurídico indicado pela lei desse Estado.

ARTIGO 38º

Um Estado no qual diferentes unidades territoriais possuam regras jurídicas próprias em matéria de adopção não estará obrigado a aplicar a Convenção nos casos em que um Estado com um sistema jurídico unitário não estivesse obrigado a fazê-lo.

ARTIGO 39º

1 – A Convenção não afecta os instrumentos internacionais em que os Estados contratantes sejam partes e que contenham disposições incidindo sobre matérias reguladas pela presente Convenção, salvo declaração em contrário dos Estados partes nesses instrumentos internacionais.

2 – Qualquer Estado contratante poderá celebrar com um ou mais Estados contratantes acordos, tendo em vista favorecer a aplicação da Convenção nas suas relações recíprocas. Estes acordos só poderão derrogar as disposições contidas nos artigos 14º a 16º e 18º a 21º. Os Estados que tenham celebrado tais acordos transmitirão uma cópia dos mesmos ao depositário da presente Convenção.

ARTIGO 40º

Não são admitidas reservas à Convenção.

ARTIGO 41º

A Convenção aplicar-se-á em todos os casos em que tenha sido recebido um pedido nos termos do artigo 14º e recebido depois da entrada em vigor da Convenção no Estado de origem e no Estado receptor.

ARTIGO 42º

O Secretário-Geral da Conferência de Haia de Direito Internacional Privado convocará, de forma periódica, uma comissão especial para examinar o funcionamento prático da Convenção.

CAPÍTULO VIII*
Cláusulas finais

ARTIGO 43º

1 – A Convenção estará aberta à assinatura dos Estados que eram membros da Conferência de Haia de Direito Internacional Privado aquando da sua 17ª sessão e aos demais Estados participantes na referida sessão.

2 – A Convenção poderá ser ratificada, aceite ou aprovada, devendo os instrumentos de ratificação, aceitação ou aprovação ser depositados junto do Ministério dos Negócios Estrangeiros do Reino dos Países Baixos, depositário da Convenção.

ARTIGO 44º

1 – Qualquer outro Estado poderá aderir à Convenção depois da sua entrada em vigor, em virtude do artigo 46º, nº 1.

2 – O instrumento de adesão será depositado junto do depositário da Convenção.

3 – A adesão produzirá unicamente efeitos nas relações entre o Estado aderente e os Estados contratantes que não tenham formulado objecções à adesão nos seis meses seguintes à recepção da notificação a que se refere o artigo 48º, alínea *b*). A objecção poderá ser igualmente formulada por Estados, após a adesão, no momento da ratificação, aceitação ou aprovação da Convenção. Qualquer destas objecções deve ser notificada ao depositário.

ARTIGO 45º

1 – Se um Estado compreender duas ou mais unidades territoriais nas quais se apliquem sistemas jurídicos diferentes relativamente a questões reguladas pela presente Convenção, poderá declarar, no momento da assinatura, ratificação, aceitação, aprovação ou adesão, que a Convenção se aplicará a todas as suas unidades territoriais

* Na versão portuguesa desta convenção, publicada no Diário da República nº 47, Série I, Parte A, de 25 de Fevereiro de 2003, passa-se, certamente por lapso, do Capítulo VI para o Capítulo VIII.

ou somente a uma ou várias delas, podendo em qualquer momento modificar esta declaração, emitindo uma nova.

2 – Qualquer declaração desta natureza será notificada ao depositário e nesta se indicarão expressamente as unidades territoriais às quais a Convenção será aplicável.

3 – Em caso de um Estado não formular qualquer declaração nos termos deste artigo, a Convenção aplicar-se-á à totalidade do território do referido Estado.

ARTIGO 46º

1 – A Convenção entrará em vigor no 1º dia do mês seguinte ao decurso de um período de três meses após o depósito do terceiro instrumento de ratificação, de aceitação ou de aprovação previsto no ar-tigo 43º.

2 – Posteriormente, a Convenção entrará em vigor:

a) Para cada Estado que a ratifique, aceite ou aprove posteriormente, ou que a ela aceda, no 1º dia do mês seguinte ao decurso de um período de três meses após o depósito do seu instrumento de ratificação, aceitação, aprovação ou adesão;

b) Para as unidades territoriais às quais se tenha extendido a aplicação da Convenção, em conformidade com o disposto no artigo 45º, no 1º dia do mês seguinte ao decurso de um período de três meses após a notificação prevista no referido artigo.

ARTIGO 47º

1 – Um Estado parte na Convenção pode denunciá-la mediante notificação por escrito dirigida ao depositário.

2 – A denúncia produzirá efeitos no 1º dia do mês seguinte ao decurso de um período de 12 meses a partir da data da recepção da notificação pelo depositário. No caso de a notificação fixar um prazo maior para que a denúncia produza efeitos, esta produzirá efeitos quando transcorrer o referido período, o qual será calculado a partir da data da recepção da notificação.

ARTIGO 48º

O depositário notificará aos Estados membros da Conferência de Haia de Direito Internacional Privado, assim como aos demais Estados participantes na 17ª sessão e aos Estados que tenham aderido em conformidade com o disposto no artigo 44º:

a) As assinaturas, ratificações, aceitações e aprovações a que se refere o artigo 43º;

b) As adesões e as objecções às mesmas a que se refere o artigo 44º;

c) A data em que a Convenção entrará em vigor, de acordo com o disposto no artigo 46º;

d) As declarações a que se referem os artigos 22º, 23º, 25º e 45º;

e) Os acordos mencionados no artigo 39º;

f) As denúncias a que se refere o artigo 47º.

Em fé do que os abaixo assinados devidamente autorizados assinaram a presente Convenção.

Feita na Haia, no 29º dia de Maio de 1993, nas línguas francesa e inglesa, fazendo os dois textos igualmente fé, num só exemplar, o qual será depositado nos arquivos do Governo do Reino dos Países Baixos e do qual será enviada uma cópia certificada, por via diplomática, a cada um dos Estados membros da Conferência de Haia de Direito Internacional Privado aquando da 17ª sessão, assim como a cada um dos outros Estados que participaram nessa sessão.

V. Prestação de Alimentos a Menores

Regime Jurídico da Garantia de Alimentos Devidos a Menores

Lei nº 75/98, de 19 de novembro

A Assembleia da República decreta, nos termos dos artigos 161º, alínea *c*), e 166º, nº 3, e do artigo 112º, nº 5, da Constituição, para valer como lei geral da República, o seguinte:

ARTIGO 1º
Garantia de alimentos devidos a menores

1 – Quando a pessoa judicialmente obrigada a prestar alimentos a menor residente em território nacional não satisfizer as quantias em dívida pelas formas previstas no artigo 189º do Decreto-Lei nº 314/78, de 27 de outubro, e o alimentado não tenha rendimento ilíquido superior ao valor do indexante dos apoios sociais (IAS) nem beneficie nessa medida de rendimentos de outrem a cuja guarda se encontre, o Estado assegura as prestações previstas na presente lei até ao início do efetivo cumprimento da obrigação.

2 – O pagamento das prestações a que o Estado se encontra obrigado, nos termos da presente lei, cessa no dia em que o menor atinja a idade de 18 anos, exceto nos casos e nas circunstâncias previstas no nº 2 do artigo 1905º do Código Civil.

(Redação dada pela Lei nº 24/2017, de 24-05)

ARTIGO 2º
Fixação e montante das prestações

1 – As prestações atribuídas nos termos da presente lei são fixadas pelo tribunal e não podem exceder, mensalmente, por cada devedor, o montante de 1 IAS, independentemente do número de filhos menores.

2 – Para a determinação do montante referido no número anterior, o tribunal atenderá à capacidade económica do agregado familiar, ao montante da prestação de alimentos fixada e às necessidades específicas do menor.

(Redação dada pela Lei nº 66-B/2012, de 31-12)

ARTIGO 3º
Disposições processuais

1 – Compete ao Ministério Público ou àqueles a quem a prestação de alimentos deveria ser entregue requerer nos respectivos autos de incumprimento que o tribunal fixe o montante que o Estado, em substituição do devedor, deve prestar.

2 – Se for considerada justificada e urgente a pretensão do requerente, o juiz, após diligências de prova, proferirá decisão provisória.

3 – Seguidamente, o juiz mandará proceder às restantes diligências que entenda indispensáveis e a inquérito sobre as necessidades do menor, posto o que decidirá.

4 – O montante fixado pelo tribunal perdura enquanto se verificarem as circunstâncias subjacentes à sua concessão e até que cesse a obrigação a que o devedor está obrigado.

5 – Da decisão cabe recurso de agravo com efeito devolutivo para o tribunal da relação.

6 – Compete a quem receber a prestação a renovação anual da prova de que se mantêm os pressupostos subjacentes à sua atribuição, sem o que a mesma cessa.

ARTIGO 4º
Cessação ou alteração das prestações

1 – O representante legal do menor ou a pessoa à guarda de quem se encontre deve comunicar ao tribunal ou à entidade responsável pelo pagamento das prestações previstas na presente lei a cessação ou qualquer alteração da situação de incumprimento ou da situação do menor.

2 – A necessidade de cessação ou alteração das prestações pode ser comunicada ao curador por qualquer pessoa.

ARTIGO 4º-A
Fixação do montante e atualização da prestação

1 – O montante da prestação de alimentos a cargo do Fundo de Garantia dos Alimentos Devidos a Menores não pode exceder o montante da pensão de alimentos estabelecida no acordo ou na decisão judicial de regulação do exercício das responsabilidades parentais ou de fixação de alimentos.

2 – Caso tenham sido fixados coeficientes de atualização da pensão de alimentos, devem estes ser considerados na determinação da prestação a atribuir pelo Fundo desde que a operação de liquidação possa ser realizada através de simples cálculo aritmético e com o recurso a coeficientes de conhecimento público.

3 – A atualização da prestação de alimentos é efetuada oficiosamente pelo Fundo de Garantia aquando da renovação dos pressupostos para a respetiva atribuição e tendo como referência a variação positiva em vigor no termo do ano anterior ao da renovação.

(Aditado pela Lei nº 71/2018, de 31-12)

ARTIGO 5º
Responsabilidade civil e criminal

1 – Dos quantitativos indevidamente recebidos cabe restituição e, em caso de incumprimento doloso do dever de informação previsto no artigo anterior, o pagamento de juros de mora.

2 – Aqueles que omitirem factos relevantes para a concessão da prestação de alimentos pelo Estado em substituição do devedor ficam sujeitos a procedimento criminal por crime de burla.

ARTIGO 6º
Fundo de Garantia dos Alimentos Devidos a Menores

1 – É constituído o Fundo de Garantia dos Alimentos Devidos a Menores, adiante designado por Fundo, cuja inserção orgânica será definida por diploma regulamentar do Governo.

2 – O Fundo é gerido em conta especial e assegurará o pagamento das prestações fixadas nos termos da presente lei.

3 – O Fundo de Garantia dos Alimentos Devidos a Menores fica sub-rogado em todos os direitos dos menores a quem sejam atribuídas prestações, com vista à garantia do respectivo reembolso.

4 – As dotações do Fundo são inscritas anualmente no Orçamento do Estado, em rubrica própria.

ARTIGO 7º
Regulamentação e execução

O Governo regulamentará no prazo de 90 dias, mediante decreto-lei, o disposto no presente diploma e tomará as providências orçamentais necessárias à sua execução.

ARTIGO 8º
Entrada em vigor

O presente diploma entra em vigor na data da sua publicação e produz efeitos na data da entrada em vigor da lei do orçamento posterior à regulamentação prevista no artigo anterior.

Aprovada em 15 de Outubro de 1998.

O Presidente da Assembleia da República, *António de Almeida Santos.*

Promulgada em 5 de Novembro de 1998.

Publique-se.

O Presidente da República, JORGE SAMPAIO.

Referendada em 9 de Novembro de 1998.

O Primeiro-Ministro, *António Manuel de Oliveira Guterres.*

Regulamentação da Garantia de Alimentos Devidos a Menores

Decreto-Lei nº 164/99, 13 de maio

A Constituição da República Portuguesa consagra expressamente o direito das crianças à protecção, como função da sociedade e do Estado, tendo em vista o seu desenvolvimento integral (artigo 69º).

Ainda que assumindo uma dimensão programática, este direito impõe ao Estado os deveres de assegurar a garantia da dignidade da criança como pessoa em formação a quem deve ser concedida a necessária protecção. Desta concepção resultam direitos individuais, desde logo o direito a alimentos, pressuposto necessário dos demais e decorrência, ele mesmo, do direito à vida (artigo 24º). Este direito traduz-se no acesso a condições de subsistência mínimas, o que, em especial no caso das crianças, não pode deixar de comportar a faculdade de requerer à sociedade e, em última instância, ao próprio Estado as prestações existenciais que proporcionem as condições essenciais ao seu desenvolvimento e a uma vida digna.

A protecção à criança, em particular no que toca ao direito a alimentos, tem merecido também especial atenção no âmbito das organizações internacionais especializadas nesta matéria e de normas vinculativas de direito internacional elaboradas no seio daquelas. Destacam-se, nomeadamente, as Recomendações do Conselho da Europa R(82)2, de 4 de Fevereiro de 1982, relativa à antecipação pelo Estado de prestações de alimentos devidos a menores, e R(89)l, de 18 de Janeiro de 1989, relativa às obrigações do Estado, designadamente em matéria de prestações de alimentos a menores em caso de divórcio dos pais, bem como o estabelecido na Convenção sobre os Direitos da Criança, adoptada pela ONU em 1989 e assinada em 26 de Janeiro de 1990, em que se atribui especial relevância à consecução da prestação de alimentos a crianças e jovens até aos 18 anos de idade.

A evolução das condições sócio-económicas, as mudanças de índole cultural e a alteração dos padrões de comportamento têm determinado mutações profundas a nível das estruturas familiares e um enfraquecimento no cumprimento dos deveres inerentes ao poder paternal, nomeadamente no que se refere à prestação de alimentos, circunstância que tem determinado um aumento significativo de acções tendo por objecto a regulação do exercício do poder paternal, a fixação de prestação de alimentos e situações de incumprimento das decisões judiciais, com riscos significativos para os menores.

De entre os factores que relevam para o não cumprimento da obrigação de alimentos assumem frequência significativa a ausência do devedor e a sua situação sócio-económica, seja por motivo de desemprego ou de situação laboral menos estável, doença ou incapacidade, decorrentes, em muitos casos, da toxicodependência, e o crescimento de situações de maternidade ou paternidade na adolescência que inviabilizam, por vezes, a assunção das respectivas responsabilidades parentais.

Estas situações justificam que o Estado crie mecanismos que assegurem, na falta de cumprimento daquela obrigação, a satisfação do direito a alimentos.

Ao regulamentar a Lei nº 75/98, de 19 de Novembro, que consagrou a garantia de alimentos devidos a menores, cria-se uma nova prestação social, que traduz um avanço qualitativo inovador na política social desenvolvida pelo Estado, ao mesmo tempo que se dá cumprimento ao objectivo de reforço da protecção social devida a menores.

Institui-se o Fundo de Garantia dos Alimentos Devidos a Menores, gerido pelo Instituto de Gestão Financeira da Segurança Social, a quem cabe assegurar o pagamento das prestações de alimentos em caso de incumprimento da obrigação pelo respectivo devedor, através dos centros regionais de segurança social da área de residência do alimentado, após ordem do tribunal competente e subsequente comunicação da entidade gestora. A intervenção destas entidades no processo em causa resulta justificada, no que concerne ao Instituto de Gestão Financeira da Segurança Social, pela própria natureza da prestação e, no que respeita aos centros regionais de segurança social, pela proximidade territorial do alimentado, podendo estes assegurar, melhor que outro serviço, a rápida e eficaz satisfação da garantia de alimentos devidos ao menor.

Através da articulação de diversas entidades intervenientes, em colaboração com o tribunal, visa-se assegurar a plena eficácia e rapidez do procedimento ora criado, bem como, em obediência ao princípio da segurança, a efectivação regular da prova da subsistência dos pressupostos e requisitos que determinaram a intervenção do Fundo de Garantia e a prestação de alimentos a cargo do Estado.

Assim:

Nos termos da alínea *a*) do nº 1 do artigo 198º da Constituição, o Governo decreta, para valer como lei geral da República, o seguinte:

CAPÍTULO I
Objecto

ARTIGO 1º
Objecto

O presente diploma regula a garantia de alimentos devidos a menores prevista na Lei nº 75/98, de 19 de Novembro.

CAPÍTULO II
Da competência e da atribuição de prestações de alimentos

ARTIGO 2º
Entidades competentes

1 – É constituído, no âmbito do ministério responsável pela área da solidariedade e da segurança social, o Fundo de Garantia dos Alimentos Devidos a Menores, adiante designado por Fundo, gerido em conta especial pelo Instituto de Gestão Financeira da Segurança Social, I. P. (IGFSS, I. P.).

2 – Compete ao Fundo assegurar o pagamento das prestações de alimentos atribuídas a menores residentes em território nacional, nos termos dos artigos 1º e 2º da Lei nº 75/98, de 19 de Novembro.

3 – O pagamento das prestações referidas no número anterior é efetuado pelo IGFSS, I. P., na qualidade de gestor do Fundo, por ordem do tribunal competente.

(Redação dada pela Lei nº 64/2012, de 20-12)

ARTIGO 3º
Pressupostos e requisitos de atribuição

1 – O Fundo assegura o pagamento das prestações de alimentos referidas no artigo anterior até ao início do efectivo cumprimento da obrigação quando:

a) A pessoa judicialmente obrigada a prestar alimentos não satisfizer as quantias em dívida pelas formas previstas no artigo 189º do Decreto-Lei nº 314/78, de 27 de Outubro; e

b) O menor não tenha rendimento ilíquido superior ao valor do indexante dos apoios sociais (IAS) nem beneficie nessa medida de rendimentos de outrem a cuja guarda se encontre.

2 – Entende-se que o alimentado não beneficia de rendimentos de outrem a cuja guarda se encontre, superiores ao valor do IAS, quando a capitação do rendimento do respetivo agregado familiar não seja superior àquele valor.

3 – O agregado familiar, os rendimentos a considerar e a capitação dos rendimentos, referidos no número anterior, são aferidos nos termos do disposto no Decreto-Lei nº 70/2010, de 16 de junho, alterado pela Lei nº 15/2011, de 3 de maio, e pelos Decretos-Leis nºs 113/2011, de 29 de novembro, e 133/2012, de 27 de junho.

4 – Para efeitos da capitação do rendimento do agregado familiar do menor, considera-se como requerente o representante legal do menor ou a pessoa a cuja guarda este se encontre.

5 – As prestações a que se refere o nº 1 são fixadas pelo tribunal e não podem exceder, mensalmente, por cada devedor, o montante de 1 IAS, devendo aquele atender, na fixação deste montante, à capacidade económica do agregado familiar, ao montante da prestação de alimentos fixada e às necessidades específicas do menor.

6 – Os menores que estejam em situação de internamento em estabelecimentos de apoio social, públicos ou privados sem fins lucrativos, cujo funcionamento seja financiado pelo Estado ou por pessoas coletivas de direito público ou de direito privado e utilidade pública, bem como os internados em centros de acolhimento, centros tutelares educativos ou de detenção, não têm direito à prestação de alimentos atribuída pelo Fundo.

(Redação dada pela Lei nº 64/2012, de 20-12)

ARTIGO 4º
Atribuição das prestações de alimentos

1 – A decisão de fixação das prestações a pagar pelo Fundo é precedida da realização das diligências de prova que o tribunal considere indispensáveis e de inquérito sobre as necessidades do menor, oficiosamente ou a requerimento do Ministério Público.

2 – Para os efeitos do disposto no número anterior, o tribunal pode solicitar a colaboração e informações de outros serviços e de entidades públicas ou privadas que conheçam as necessidades e a situação socioeconómica do alimentado e do seu agregado familiar.

3 – A decisão a que se refere o nº 1 é notificada ao Ministério Público, ao representante legal do menor ou à pessoa a cuja guarda este se encontre, e ao IGFSS, I. P.

4 – O IGFSS, I. P., inicia o pagamento das prestações, por conta do Fundo, no mês seguinte ao da notificação da decisão do tribunal, não havendo lugar ao pagamento de prestações vencidas.

5 – A prestação de alimentos é devida a partir do 1º dia do mês seguinte ao da decisão do tribunal.

(Redação dada pela Lei nº 64/2012, de 20-12)

CAPÍTULO III
Do reembolso

ARTIGO 5º
Garantias de reembolso

1 – O Fundo fica sub-rogado em todos os direitos do menor a quem sejam atribuídas prestações, com vista à garantia do respectivo reembolso.

2 – O IGFSS, I. P., após o pagamento da primeira prestação a cargo do Fundo, notifica o devedor para, no prazo máximo de 30 dias úteis a contar da data da notificação, efetuar o reembolso.

3 – Decorrido o prazo previsto no número anterior sem que o reembolso tenha sido efetuado, o IGFSS, I. P., aciona o sistema de cobrança coerciva das dívidas à segurança social, mediante a emissão da certidão de dívida respetiva.

4 – *(Revogado.)*

5 – *(Revogado.)*

6 – *(Revogado.)*

(Redação dada pela Lei nº 64/2012, de 20-12)

ARTIGO 6º
Formas e modalidades de reembolso

O devedor pode efetuar o reembolso ao IGFSS, I. P., em numerário, cheque, vale postal, transferência bancária, ou qualquer outro meio legal de pagamento.

(Redação dada pela Lei nº 64/2012, de 20-12)

ARTIGO 7º
Manutenção da obrigação principal

O reembolso não prejudica a obrigação de prestar alimentos previamente fixada pelo tribunal competente.

ARTIGO 8º
Receitas e despesas do Fundo

1 – Constituem receitas próprias do Fundo:

a) As dotações inscritas no Orçamento do Estado;

b) As importâncias provenientes do reembolso das prestações;

c) As importâncias provenientes da restituição das prestações indevidamente pagas e os correspondentes juros de mora;

d) Outras importâncias que lhe sejam atribuídas.

2 – Constituem despesas do Fundo as prestações pagas.

(Redação dada pela Lei nº 64/2012, de 20-12)

CAPÍTULO IV
Da manutenção e da cessação das prestações

ARTIGO 9º
Articulação entre as entidades competentes

1 – O montante fixado pelo tribunal mantém-se enquanto se verificarem as circunstâncias subjacentes à sua concessão e até que cesse a obrigação a que o devedor está obrigado.

2 – O IGFSS, I. P., o ISS, I. P., o representante legal do menor ou a pessoa à guarda de quem este se encontre devem comunicar ao tribunal qualquer facto que possa determinar a alteração ou a cessação das prestações a cargo do Fundo.

3 – Para efeitos dos números anteriores, deve o IGFSS, I. P., comunicar ao tribunal competente os reembolsos efetuados pelo devedor.

4 – A pessoa que recebe a prestação fica obrigada a renovar anualmente a prova, perante o tribunal competente, de que se mantêm os pressupostos subjacentes à sua atribuição.

5 – Caso a renovação da prova não seja realizada, o tribunal notifica a pessoa que receber a prestação para a fazer no prazo de 10 dias, sob pena da cessação desta.

6 – O tribunal notifica o IGFSS, I. P., da decisão que aprecie a renovação da prova e que determine a manutenção ou a cessação do pagamento das prestações a cargo do Fundo.

7 – A notificação prevista no número anterior é efetuada, preferencialmente, por via eletrónica.

(Redação dada pelo Decreto-Lei nº 84/2019, de 28-06)

ARTIGO 10º
Restituição das prestações

1 – As prestações pagas indevidamente são objeto de restituição por parte de quem as tenha recebido, no prazo de 30 dias após a notificação para o efeito, efetuada pelo IGFSS, I. P.

2 – Findo o prazo previsto no número anterior sem que as prestações indevidamente pagas tenham sido restituídas, o IGFSS, I. P., emite certidão de dívida para efeitos de cobrança coerciva em processo executivo de dívidas à segurança social.

(Redação dada pela Lei nº 64/2012, de 20-12)

CAPÍTULO V
Disposição final

ARTIGO 11º
Entrada em vigor

O presente diploma entra em vigor no dia imediato ao da sua publicação e produz efeitos na data de entrada em vigor da Lei do Orçamento do Estado para o ano 2000.

Visto e aprovado em Conselho de Ministros de 25 de Março de 1999. – *António Manuel de Oliveira Guterres – António Luciano Pacheco de Sousa Franco – Jorge Paulo Sacadura Almeida Coelho – José Eduardo Vera Cruz Jardim – Eduardo Luís Barreto Ferro Rodrigues.*

Promulgado em 29 de Abril de 1999.

Publique-se.

O Presidente da República, Jorge Sampaio.

Referendado em 4 de Maio de 1999.

O Primeiro-Ministro, *António Manuel de Oliveira Guterres.*

Convenção para a Cobrança de Alimentos no Estrangeiro

Decreto-Lei nº 45 942, de 28 de setembro de 1964

Usando da faculdade conferida pela 2ª parte do nº 2º do artigo 109º da Constituição, o Governo decreta e eu promulgo, para valer como lei, o seguinte:

ARTIGO ÚNICO

É aprovada, para adesão, a Convenção para a cobrança de alimentos no estrangeiro, concluída em Nova Iorque em 20 de Junho de 1956, cujo texto em francês e respectiva tradução para português vão anexos ao presente decreto-lei.

Publique-se e cumpra-se e como nele se contém.

Paços do Governo da República, 28 de Setembro de 1964. – AMÉRICO DEUS RODRIGUES THOMAZ – *António de Oliveira Salazar – José Gonçalo da Cunha Sottomayor Correia de Oliveira – Manuel Gomes de Araújo – Alfredo Rodrigues dos Santos Júnior – João de Matos Antunes Varela – António Manuel Pinto Barbosa – Joaquim da Luz Cunha – Fernando Quintanilha Mendonça Dias – Alberto Marciano Gorjão Franco Nogueira – Eduardo de Arantes e Oliveira – António Augusto Peixoto Correia – Inocêncio Galvão Teles – Carlos Gomes da Silva Ribeiro – José João Gonçalves de Proença – Francisco Pereira Neto de Carvalho.*

Convenção para a Cobrança de Alimentos no Estrangeiro

PREÂMBULO

Considerando a urgência na solução do problema humanitário que se levanta para as pessoas carecidas de alimentos cuja tutela legal se encontra no estrangeiro.

Considerando que a instauração de acções de alimentos ou a execução das decisões no estrangeiro dá lugar a grandes dificuldades legais e práticas.

Decididas a prever os meios que permitam resolver estes problemas e superar tais dificuldades,

As Partes Contratantes acordam no que segue:

ARTIGO 1º
Objecto da Convenção

1 – A presente Convenção tem por objecto facilitar a uma pessoa, designada aqui como credora, que se encontra no território de uma das Partes Contratantes, a prestação de alimentos a que se julgue com direito em relação a outra, designada aqui como devedora, que está sob a jurisdição de outra Parte Contratante. Os organismos que serão utilizados para este efeito são designados por autoridades expedidoras e instituições intermediárias.

2 – Os meios de direito previstos na presente Convenção completam, sem os substituir, todos os outros existentes em direito interno ou em direito internacional.

ARTIGO 2º
Designação das instituições

1 – Cada Parte Contratante designará, no momento do depósito do instrumento de ratificação ou de adesão, uma ou mais autoridades administrativas ou judiciárias que exercerão, no seu território, as funções de autoridades expedidoras.

2 – Cada Parte Contratante designará, no momento do depósito do instrumento de ratificação ou de adesão, um organismo público ou privado que exercerá, no seu território, as funções de instituição intermediária.

3 – Cada Parte Contratante comunicará, sem demora, ao secretário-geral das Nações Unidas as designações feitas em execução dos nºs 1 e 2, e qualquer modificação que venha a surgir nesta matéria.

4 – As autoridades expedidoras e as instituições intermediárias podem entrar directamente em contacto com as autoridades expedidoras e as instituições intermediárias das outras Partes Contratantes.

ARTIGO 3º
Apresentação do pedido à autoridade expedidora

1 – Quando um credor se encontra no território de uma Parte Contratante, designada aqui como Estado do credor, e o devedor sob a jurisdição de uma outra Parte Contratante, designada aqui como Estado do devedor, pode primeiro dirigir um pedido à autoridade expedidora do Estado em que se encontra para obter alimentos por parte do devedor.

2 – Cada Parte Contratante informará o secretário-geral dos elementos de prova, normalmente exigidos em processos de alimentos pela lei do Estado da instituição intermediária, das condições em que devem ser prestados para serem recebidos e das outras condições fixadas por esta lei.

3 – O pedido deverá ser acompanhado de todos os elementos pertinentes e, se for necessário, de uma procuração que autorize a instituição intermediária a agir em nome do credor ou a designar uma pessoa habilitada a agir em nome daquele; será igualmente acompanhado de uma fotografia do credor e, se possível, de uma fotografia do devedor.

4 – A autoridade expedidora adoptará todas as medidas possíveis para que as exigências da lei do Estado da instituição intermediária sejam respeitadas; sob reserva das disposições desta lei, do pedido farão parte os seguintes elementos:

a) O nome completo, residência, data do nascimento, nacionalidade e profissão do credor, assim como, caso necessário, o nome e residência do seu representante legal;

b) O nome completo do devedor e, na medida em que o credor tenha disso conhecimento, as suas residências sucessivas durante os cinco últimos anos, a data do nascimento, a nacionalidade e a profissão;

c) Uma exposição detalhada dos motivos em que se funda o pedido, do objecto deste, e toda e qualquer outra indicação pertinente, que se refira, designadamente, à situação financeira e familiar do credor e do devedor.

ARTIGO 4º
Transmissão do processo

1 – A autoridade expedidora remeterá o processo à instituição intermediária designada pelo Estado do devedor, salvo se considerar o pedido feito de má fé.

2 – Antes de remeter o processo, a autoridade expedidora deverá certificar-se de que os elementos a fornecer estão, segundo a lei do Estado do credor, em boa e devida forma.

3 – A autoridade expedidora pode comunicar à instituição intermediária a sua opinião sobre o merecimento do pedido e recomendar que o credor beneficie de assistência judiciária e de isenção de custas.

ARTIGO 5º
Transmissão de decisões e outros actos judiciais

1 – A autoridade transmitirá a pedido do credor e, de acordo com as disposições do artigo 4º, toda e qualquer decisão, provisória ou definitiva, ou qualquer outro acto judicial em matéria de alimentos, favorável ao credor, e que provenha de um tribunal competente de uma das Partes Contratantes, e, se necessário e possível, o registo dos debates que conduziram àquela decisão.

2 – As decisões e os actos judiciais indicados no número anterior podem substituir ou completar as peças do processo mencionadas no artigo 3º.

3 – O processo previsto no artigo 6º pode ser, segundo a lei do Estado do devedor, um processo de exequátur ou de registo, ou então uma acção nova, fundada sobre a decisão transmitida por força do disposto no nº 1.

ARTIGO 6º
Funções da instituição intermediária

1 – Agindo dentro dos limites dos poderes conferidos pelo credor, a instituição intermediária toma, em nome deste, todas as medidas adequadas a assegurar a cobrança de alimentos. Assim, poderá transigir, e, sendo necessário, intentar e prosseguir uma acção de alimentos, bem como fazer executar toda e qualquer decisão, ordem ou outro acto judicial.

2 – A instituição intermediária manterá informada a autoridade expedidora. Se não puder agir apresentará as suas razões e devolverá o processo à autoridade expedidora.

3 – Não obstante as disposições da presente Convenção, a lei que rege aquelas acções e todas as questões com elas ligadas é a lei do Estado do devedor, designadamente o seu direito internacional privado.

ARTIGO 7º
Cartas rogatórias

No caso de a lei das duas Partes Contratantes interessadas admitir as cartas rogatórias, são aplicáveis as seguintes disposições:

a) O tribunal da acção de alimentos poderá, para obter documentos ou outras provas, pedir a execução de uma carta rogatória ao tribunal competente da outra Parte Contratante, ou a qualquer outra autoridade ou instituição designada pela Parte Contratante onde a comissão deva ser executada;

b) A fim de as Partes Contratantes poderem assistir ou fazer-se representar, a autoridade requerida é obrigada a informar tanto a autoridade expedidora e a instituição intermediária interessadas, como o devedor, sobre a data e lugar onde se procederá à diligência solicitada;

c) A carta rogatória deve ser cumprida com toda a diligência desejada; se não for cumprida num prazo de quatro meses, a partir do momento em que a autoridade requerida recebe a carta, a autoridade requerente deverá ser informada sobre as razões do seu não cumprimento ou do seu atraso;

d) O cumprimento da carta rogatória não poderá dar lugar ao reembolso de custas ou despesas de qualquer ordem;

e) O cumprimento da carta rogatória não poderá ser recusado senão:

1. Quando a autencidade do documento não estiver comprovada;
2. Quando o Estado em cujo território o cumprimento devesse realizar-se o julgar atentatório da sua soberania ou da sua segurança.

ARTIGO 8º
Modificações das decisões judiciais

As disposições da presente Convenção são também aplicáveis aos pedidos que visam modificar as decisões judiciais proferidas em matéria de obrigações de alimentos.

ARTIGO 9º
Isenções e facilidades

1 – Nos processos regidos pela Convenção os credores beneficiam do tratamento e isenções de custas e despesas atribuídas aos credores que residam no Estado onde a acção é intentada ou que dele sejam súbditos.

2 – Os credores estrangeiros ou que não residam no território do Estado onde a acção é intentada não podem ser obrigados a prestar uma caução judicatum solvi, nem fazer qualquer outro pagamento ou depósito.

3 – As autoridades expedidoras e as instituições intermediárias não poderão receber nenhuma remuneração pelos serviços que prestem, de acordo com as disposições da presente Convenção.

ARTIGO 10º
Transferências de fundos

As Partes Contratantes cuja lei impõe restrições às transferências de fundos para o estrangeiro deverão conceder a máxima prioridade às transferências de fundos que se destinam a satisfazer prestações de alimentos ou a cobrir despesas ocasionadas por acções judiciais regidas pela presente Convenção.

ARTIGO 11º
Cláusula federal

No caso de um Estado federal ou não unitário, aplicar-se-ão as disposições seguintes:

a) No que toca aos artigos da presente Convenção cuja aplicação exige acção legislativa do Poder Legislativo federal, as obrigações do Governo federal serão as mesmas que as das Partes que não são Estados federais;

b) No que toca aos artigos da presente Convenção cuja aplicação exige a acção legislativa de cada um dos Estados, províncias ou cantões constituintes, que não são obrigados, em virtude do sistema constitucional da federação, a tomar medidas legislativas, o Governo federal levará, o mais cedo possível e com o seu parecer favorável, os artigos em questão ao conhecimento das autoridades competentes dos Estados, províncias ou cantões;

c) Um Estado federal Parte na presente Convenção apresentará, a pedido de qualquer outra Parte Contratante, transmitido pelo secretário-geral, uma exposição da legislação e das práticas em vigor na federação e nas suas unidades constituintes no que toca a cada preceito da Convenção, indicando a medida em que foi atribuído efeito ao preceito em questão, mediante um acto legislativo ou de outra natureza.

ARTIGO 12º
Aplicação territorial

As disposições da presente Convenção aplicam-se, nas mesmas condições, aos territórios não autónomos, sob tutela ou a todo e qualquer território cujas relações internacionais são asseguradas por uma Parte Contratante, a menos que esta, ao ratificar a presente Convenção ou a ela aderindo, declare que a Convenção não se aplicará a algum desses territórios. A Parte Contratante que tiver feito esta declaração poderá, em qualquer momento, por notificação dirigida ao secretário-geral, estender a aplicação da Convenção aos territórios assim excluídos ou a algum deles.

ARTIGO 13º
Assinatura, ratificação e adesão

1 – A presente Convenção estará aberta até 31 de Dezembro de 1956 à assinatura de todos os Estados membros da Organização das Nações Unidas, de todos os Estados não membros mas que sejam parte no Estatuto do Tribunal Internacional de Justiça ou de uma instituição especializada, bem como de qualquer outro Estado não membro que tenha sido convidado pelo Conselho Económico e Social a ser Parte na Convenção.

2 – A presente Convenção será ratificada. Os instrumentos de ratificação serão depositados junto do secretário-geral.

3 – Qualquer Estado mencionado no nº 1 do presente artigo poderá, em qualquer momento, aderir à Convenção. Os instrumentos de adesão serão depositados junto do secretário-geral.

ARTIGO 14º
Entrada em vigor

1 – A presente Convenção entrará em vigor no trigésimo dia após a data do depósito do terceiro instrumento de ratificação ou de adesão, efectuado de acordo com as disposições do artigo 13º.

2 – A Convenção entrará em vigor, em relação a cada um dos Estados que a ratifique ou a ela adira após o depósito do terceiro instrumento de ratificação ou de adesão, no trigésimo dia, a contar da data do depósito por aquele Estado do seu instrumento de ratificação ou de adesão.

ARTIGO 15º
Denúncia

1 – Qualquer Parte Contratante poderá denunciar a presente Convenção por notificação dirigida ao secretário-geral. A denúncia poderá igualmente referir-se a todos ou a qualquer dos territórios mencionados no artigo 12º.

2 – A denúncia produzirá efeito um ano após a data em que a notificação for recebida pelo secretário-geral, tendo-se em atenção que não se aplicará às acções em curso no momento em que produzir efeito.

ARTIGO 16º
Resolução dos diferendos

Se surgir um diferendo entre duas Partes Contratantes sobre a interpretação ou a aplicação da presente Convenção, e se não for resolvido por outras vias, deverá ser apresentado ao Tribunal Internacional de Justiça. Para tanto bastará ou a notificação de um acordo especial ou o pedido de uma das Partes do diferendo.

ARTIGO 17º
Reservas

1 – Se no momento da assinatura, da ratificação ou da adesão um Estado fizer reserva a um dos artigos da presente Convenção, o secretário-geral comunicará o texto da reserva a todos os Estados que são Partes da Convenção e a todos os outros visados no artigo 13º. A Parte Contratante que não aceitar aquela reserva pode, no prazo de 90 dias, a partir da data da comunicação, notificar o secretário-geral de que não aceita a reserva e, neste caso, a Convenção não entrará em vigor entre o Estado autor da objecção e o Estado autor da reserva. Qualquer Estado que venha a aderir à Convenção poderá, no momento da adesão, proceder a uma notificação semelhante.

2 – Qualquer Parte Contratante pode retirar, em qualquer momento, uma reserva que tenha feito, devendo disso notificar o secretário-geral.

ARTIGO 18º
Reciprocidade

Uma Parte Contratante não pode invocar as disposições da presente Convenção contra outras Partes Contratantes, a não ser na medida em que ela própria esteja ligada pela Convenção.

ARTIGO 19º
Notificações pelo secretário-geral

1 – O secretário-geral notificará a todos os Estados membros da Organização das Nações Unidas e aos Estados não membros indicados no artigo 13º:

a) As comunicações previstas no nº 3 do artigo 2º;

b) Os elementos fornecidos de acordo com as disposições do artigo 3º, nº 2;

c) As declarações e notificações feitas de acordo com as disposições do artigo 12º;

d) As assinaturas, ratificações e adesões feitas de acordo com as disposições do artigo 13º;

e) A data em que a Convenção entrou em vigor de acordo com as disposições do artigo 14º;

f) As denúncias feitas de acordo com as disposições do artigo 15º, nº 1;

g) As reservas e notificações feitas de acordo com as disposições do artigo 17º.

2 – O secretário-geral notificará, igualmente, a todas as Partes Contratantes os pedidos de revisão e as respostas dadas a estes pedidos por força do artigo 20º.

ARTIGO 20º
Revisão

1 – Qualquer Parte Contratante pode pedir, em qualquer altura, por notificação dirigida ao secretário-geral a revisão da presente Convenção.

2 – O secretário-geral transmitirá esta notificação a cada uma das Partes Contratantes convidando-a a manifestar-se, no prazo de quatro meses, sobre se é favorável à reunião de uma conferência que estude a revisão proposta. Se a maioria das Partes Contratantes responder afirmativamente, o secretário-geral convocará aquela conferência.

ARTIGO 21º
Depósito da Convenção e línguas

O original da presente Convenção, cujos textos em inglês, chinês, espanhol, francês e russo fazem igualmente fé, será depositado junto do secretário-geral, que dele transmitirá cópias autênticas aos Estados indicados no artigo 13º.

Convenção Relativa à Lei Aplicável em Matéria de Prestação de Alimentos A Menores

Decreto-Lei nº 48 495, de 22 de julho de 1968

Usando da faculdade conferida pela 2ª parte do nº 2, do artigo 109º da Constituição, o Governo decreta e eu promulgo, para valer como lei, o seguinte:

ARTIGO ÚNICO

É aprovada, para ratificação, a Convenção Relativa à Lei Aplicável em Matéria de Prestação de Alimentos a Menores, concluída na Haia em 24 de Outubro de 1956, cujos textos em francês e respectiva tradução para português vão anexos ao presente decreto-lei.

Publique-se e cumpra-se como nele se contém.

Paços do Governo da República, 22 de Julho de 1968. – AMÉRICO DEUS RODRIGUES THOMAZ – *António de Oliveira Salazar – António Jorge Martins da Mota Veiga – Manuel Gomes de Araújo – Alfredo Rodrigues dos Santos Júnior – Mário Júlio de Almeida Costa – Ulisses Cruz de Aguiar Cortês – Joaquim da Luz Cunha – Fernando Quintanilha Mendonça Dias – Alberto Marciano Gorjão Franco Nogueira – José Albino Machado Vaz – Joaquim Moreira da Silva Cunha – Inocêncio Galvão Teles – José Gonçalo da Cunha Sottomayor Correia de Oliveira – Carlos Gomes da Silva Ribeiro – José João Gonçalves de Proença – Francisco Pereira Neto de Carvalho.*

Convenção Relativa à Lei Aplicável em Matéria de Prestação de Alimentos A Menores

Os Estados signatários da presente Convenção, Desejando estabelecer disposições comuns relativas à lei aplicável às obrigações de prestação de alimentos a menores,

Decidiram celebrar uma Convenção destinada a esse efeito e acordaram nas seguintes disposições:

ARTIGO 1º

A lei da residência habitual do menor determina se, em que medida e a quem ele pode reclamar a prestação de alimentos.

No caso de mudança da residência habitual do menor, a lei da nova residência habitual é aplicável a partir do momento em que a mudança se efectuou.

A referida lei regula também a questão de saber quem é admitido a intentar a acção de prestação de alimentos e quais os prazos em que o pode fazer.

Pelo termo «menor» entende-se, para os fins da presente Convenção, todo o indivíduo filho legítimo, ilegítimo ou adoptivo que, sem ter ainda completado 21 anos, não esteja casado.

ARTIGO 2º

Por derrogação às disposições do artigo 1º, qualquer dos Estados contratantes pode declarar aplicável a sua própria lei, nos casos em que:

a) O pedido seja apresentado a uma autoridade desse Estado;

b) Tanto a pessoa a quem seja reclamada a prestação de alimentos como o menor tenham a nacionalidade desse Estado; e

c) A pessoa a quem a prestação de alimentos seja reclamada tenha residência habitual nesse Estado.

ARTIGO 3º

No caso de a lei da residência habitual do menor lhe recusar qualquer direito a obter prestação de alimentos, será aplicada, contrariamente às disposições que antecedem, a lei resultante das regras nacionais de conflitos da autoridade requerida.

ARTIGO 4º

A lei declarada aplicável pela presente Convenção só pode ser afastada em caso de manifesta incompatibilidade com a ordem pública do Estado a que pertence a autoridade requerida.

ARTIGO 5º

A presente Convenção não se aplica às relações da prestação de alimentos entre colaterais.

Regula apenas os conflitos de leis em matéria de obrigação de prestação de alimentos. As decisões proferidas em aplicação da presente Convenção não podem pronunciar-se sobre questões de filiação e relações de família entre o devedor e o credor.

ARTIGO 6º

A Convenção não se aplica senão aos casos em que a lei designada no artigo 1º é a de um dos Estados contratantes.

ARTIGO 7º

A presente Convenção está aberta à assinatura dos Estados representantes na Oitava Sessão da Conferência da Haia de Direito Internacional Privado.

Será ratificada e os instrumentos de ratificação depositados junto do Ministério dos Negócios Estrangeiros dos Países Baixos.

De cada depósito de instrumentos de ratificação será lavrada acta, da qual será enviada, por via diplomática, cópia autenticada a cada um dos Estados signatários.

ARTIGO 8º

A presente Convenção entrará em vigor no 60º dia a contar do depósito do quarto instrumento de ratificação previsto pelo artigo 7º, alínea 2.

Em relação a cada Estado signatário que a ratifique posteriormente, a Convenção entrará em vigor no 60º dia a contar da data do depósito do respectivo instrumento de ratificação.

ARTIGO 9º

A presente Convenção aplica-se de pleno direito aos territórios metropolitanos dos Estados contratantes.

Se um Estado contratante desejar que a presente Convenção vigore em todos os outros territórios por cujas relações internacionais é responsável ou somente em alguns desses territórios, notificará a sua intenção a tal respeito por um documento que será depositado no Ministério dos Negócios Estrangeiros dos Países Baixos. Este enviará, por via diplomática, uma cópia autenticada a cada um dos Estados contratantes.

A Convenção entrará em vigor nas relações entre os Estados que não apresentarem objecção dentro de seis meses após aquela comunicação e o território ou territórios por cujas relações internacionais o Estado em questão é responsável e em relação ao qual ou aos quais a notificação tiver sido feita.

ARTIGO 10º

Qualquer Estado não representado na Oitava Sessão da Conferência poderá aderir à presente Convenção, a menos que um ou vários Estados que tenham ratificado a Convenção a isso se oponha, no prazo de seis meses a contar da data em que o Governo Holandês comunicar essa adesão, que será feita pelo modo previsto no artigo 7º, alínea 3.

Entende-se que as adesões só poderão ser efectuadas depois da presente Convenção entrar em vigor, em conformidade com o artigo 8º, alínea 1.

ARTIGO 11º

Cada Estado contratante, ao assinar ou ratificar a presente Convenção, ou ao aderir a esta, pode fazer reserva da sua não aplicação aos menores que sejam filhos adoptivos.

ARTIGO 12º

A presente Convenção terá a duração de cinco anos, a partir da data indicada no artigo 8º, alínea 1, mesmo para os Estados que a tenham ratificado ou a ela tenham aderido posteriormente.

A Convenção considerar-se-á como prorrogada, tacitamente, por períodos de cinco anos, salvo denúncia.

A denúncia deverá ser notificada, pelo menos seis meses antes da expiração do prazo, ao Ministério dos Negócios Estrangeiros dos Países Baixos, que dela dará conhecimento a todos os Estados contratantes.

A denúncia poderá limitar-se aos territórios ou a alguns dos territórios indicados numa notificação feita em conformidade com o artigo 9º, alínea 3.

A denúncia só produzirá efeito em relação ao Estado que a tiver notificado. A Convenção continuará em vigor em relação aos outros Estados contratantes.

Em fé do que os abaixo indicados, devidamente autorizados, assinaram a presente Convenção.

Feita na Haia, aos 24 de Outubro de 1956, num só exemplar, que será depositado nos arquivos do Governo dos Países Baixos, e do qual se enviará pela via diplomática cópia autenticada a cada um dos Estados representados na Oitava Sessão da Conferência de Direito Internacional Privado da Haia, assim como aos Estados que aderirem ulteriormente.

Convenção Relativa ao Reconhecimento e Execução de Decisões em Matéria de Prestação de Alimentos a Menores

Decreto-Lei nº 246/71, de 3 de junho

Usando da faculdade conferida pela 2ª parte do nº 2º do artigo 109º da Constituição, o Governo decreta e eu promulgo, para valer como lei, o seguinte:

ARTIGO ÚNICO

É aprovada, para ratificação, a Convenção Relativa ao Reconhecimento e Execução das Decisões em Matéria de Obrigações Alimentares para com os Menores, concluída na Haia aos 15 de Abril de 1958, cujo texto original em francês e tradução em português são incorporados no presente decreto-lei.

Visto e aprovado em Conselho de Ministros. – *Marcello Caetano* – *Rui Manuel de Medeiros d'Espiney Patrício.*

Promulgado em 19 de Maio de 1971

Publique-se.

O Presidente da República, AMÉRICO DEUS RODRIGUES THOMAZ.

Convenção Relativa ao Reconhecimento e Execução de Decisões em Matéria de Prestação de Alimentos a Menores

Os Estados signatários da presente Convenção;

Desejando estabelecer disposições comuns relativamente ao reconhecimento e execução de decisões em matéria de prestação de alimentos a menores;

Resolveram celebrar uma Convenção com aquela finalidade e acordaram nas seguintes disposições:

ARTIGO 1º

A presente Convenção tem por objecto assegurar o reconhecimento e a execução recíprocos, pelos Estados contratantes, das decisões proferidas em acções de alimentos, de carácter internacional ou interno, de prestação de alimentos a favor de um filho legítimo, ilegítimo ou adoptivo, solteiro e com menos de 21 anos.

Se a decisão estatuir sobre outras matérias além da prestação de alimentos, o efeito da Convenção limitar-se-á a esta última.

A Convenção não se aplicará às decisões sobre prestação de alimentos entre colaterais.

ARTIGO 2º

As decisões proferidas em matéria de alimentos num dos Estados contratantes deverão ser reconhecidas e declaradas executórias, sem revisão de fundo, nos outros Estados contratantes, se:

1. A autoridade que proferiu a decisão for competente de acordo com a presente Convenção;

2. O requerido tiver sido citado regularmente ou tiver estado representado em juízo regularmente, segundo a lei do estado onde foi proferida a decisão;

Contudo, no caso de revelia, o reconhecimento e a execução da decisão poderão ser recusados se, atentas as circunstâncias da causa, a autoridade de execução considerar que o desconhecimento da acção, pelo requerido ou a falta de defesa deste contra a acção, lhe não é imputável.

3. A decisão tiver transitado em julgado no Estado em que ela foi proferida;

Todavia, as decisões provisórias e as providências cautelares, ainda que susceptíveis de recurso, serão declaradas executórias pela autoridade de execução, se decisões semelhantes puderem ser proferidas e executadas no Estado dessa autoridade;

4. A decisão não for contrária a outra decisão sobre o mesmo assunto e entre as mesmas partes no Estado onde ela seja invocada;

O reconhecimento e a execução poderão ser recusados se, antes de a decisão ter sido proferida, existia litispendência no Estado em que ela foi invocada;

5. A decisão não for manifestamente incompatível com a ordem pública do Estado onde foi invocada.

ARTIGO 3º

Nos termos da presente Convenção, são competentes para proferir decisões em matéria de alimentos as autoridades seguintes:

1. As autoridades do Estado em cujo território o devedor da obrigação alimentar tinha a sua residência habitual no momento em que o processo foi instaurado;
2. As autoridades do Estado em cujo território o credor da obrigação alimentar tinha a sua residência habitual no momento em que a acção foi instaurada;
3. A autoridade a cuja competência o devedor da obrigação alimentar se submeteu, quer expressamente, quer respondendo sobre o fundo da questão, sem levantar reservas relativamente à competência.

ARTIGO 4º

A parte que se arroga uma decisão ou que pede a respectiva execução deve apresentar:

1. Uma certidão de teor autêntica da decisão;
2. As peças que provam que a decisão é executória;
3. No caso de decisões à revelia, uma cópia autêntica do acto que tenha iniciado a instância e as peças que demonstrem que este acto foi devidamente objecto de notificação.

ARTIGO 5º

O exame que for efectuado pela autoridade de execução limitar-se-á às condições previstas no artigo 2º e aos documentos enumerados no artigo 4º.

ARTIGO 6º

O processo de exequátur é regulado pela lei do Estado da autoridade de execução, se a presente Convenção não dispuser diversamente.

Toda a decisão declarada executória tem a mesma força e produz os mesmos efeitos como se ela tivesse sido proferida por uma autoridade competente do Estado onde a execução foi pedida.

ARTIGO 7º

Se a decisão cuja execução é pedida contiver a ordem de que a obrigação de prestar alimentos seja cumprida mediante pagamentos periódicos, a força executória será conferida tanto em relação aos pagamentos já vencidos, como em relação aos vincendos.

ARTIGO 8º

As condições estabelecidas pelos artigos precedentes relativamente ao reconhecimento e à execução das decisões a que se refere a presente Convenção são aplicadas igualmente às decisões proferidas por qualquer das autoridades referidas no artigo 3º que modifiquem uma condenação relativa a obrigação alimentar.

ARTIGO 9º

A parte que beneficiou de assistência judiciária no Estado onde a decisão foi proferida também beneficiará dela no processo executivo da decisão.

Nos processos abrangidos pela presente Convenção não terá lugar a *cautio judicatum solvi.*

Nos processos regulados pela presente Convenção as peças apresentadas são dispensadas de visto e legalização.

ARTIGO 10º

Os Estados contratantes comprometem-se a facilitar a transferência das importâncias atribuídas em razão de obrigações alimentares para com menores.

ARTIGO 11º

Nenhuma regra da presente Convenção obstará ao direito do credor de uma obrigação alimentar, a invocar qualquer outra disposição aplicável à execução de decisões em matéria de alimentos, quer em virtude da lei interna do país da autoridade de execução, quer nos termos de outra convenção em vigor entre os Estados contratantes.

ARTIGO 12º

A presente Convenção não se aplica às decisões proferidas antes da sua entrada em vigor.

ARTIGO 13º

Cada Estado contratante indicará ao Governo dos Países Baixos as autoridades competentes para proferirem decisões em matéria de alimentos e para tornar executórias as decisões estrangeiras.

O Governo dos Países Baixos dará conhecimento destas comunicações aos outros Estados contratantes.

ARTIGO 14º

A presente Convenção aplica-se de pleno direito nos territórios metropolitanos dos Estados contratantes.

Se um Estado contratante desejar que a Convenção seja aplicada no conjunto dos territórios cujas relações internacionais ele assegura, ou num ou vários desses territórios, notificará o Ministério dos Negócios Estrangeiros dos Países Baixos daquele seu desejo, por meio de um documento que será depositado no Ministério referido. Este Ministério enviará uma cópia autenticada da notificação a cada um dos Estados contratantes, por via diplomática.

Esta declaração apenas produzirá efeitos nos territórios não metropolitanos no âmbito das relações entre o Estado que a fez e os Estados que declararem aceitá-la. Esta última declaração será depositada no Ministério dos Negócios Estrangeiros dos Países Baixos; este enviará uma cópia autenticada a cada um dos Estados contratantes, por via diplomática.

ARTIGO 15º

A presente Convenção fica aberta à assinatura dos Estados representados na 8ª Sessão da Conferência da Haia do Direito Internacional Privado.

A Convenção será ratificada e os instrumentos de ratificação serão depositados no Ministério dos Negócios Estrangeiros dos Países Baixos. De cada depósito de instrumento de ratificação será lavrada acta, da qual será enviada, pela via diplomática, uma cópia autenticada a cada um dos Estados signatários.

ARTIGO 16º

A presente Convenção entrará em vigor no sexagésimo dia a partir do depósito do quarto instrumento de ratificação previsto pelo artigo 15º.

Para cada Estado signatário que a ratificar posteriormente, a Convenção entrará em vigor no sexagésimo dia após o depósito do respectivo instrumento de ratificação.

Na hipótese prevista pelo artigo 14º, alínea 2, da presente Convenção, esta entrará em vigor no sexagésimo dia a partir da data do depósito da declaração de aceitação.

ARTIGO 17º

Qualquer Estado não representado na 8ª Sessão da Conferência da Haia do Direito Internacional Privado poderá aderir à presente Convenção. Um Estado que desejar aderir notificará o Ministério dos Negócios Estrangeiros dos Países Baixos daquele seu desejo, por meio de um documento que será depositado no Ministério referido. Este Ministério enviará uma cópia autenticada a cada um dos Estados contratantes, por via diplomática.

A Convenção entrará em vigor, entre o Estado aderente e o Estado que tiver declarado aceitar a adesão, no sexagésimo dia após a data do depósito do instrumento de adesão.

A adesão apenas produzirá efeito nas relações entre o Estado aderente e os Estados contratantes que tiverem declarado aceitar a adesão. Esta declaração será depositada no Ministério dos Negócios Estrangeiros dos Países Baixos; este enviará, pela via diplomática, uma cópia autenticada a cada um dos Estados contratantes.

Entenda-se que o depósito do instrumento da adesão não poderá ter lugar senão depois da entrada em vigor da presente Convenção, nos termos do artigo 16º.

ARTIGO 18º

Cada Estado contratante, ao assinar ou ratificar a presente Convenção, ou ao aderir a ela, poderá fazer uma reserva quanto ao reconhecimento e execução de decisões proferidas por uma autoridade de outro Estado contratante, que teria sido competente em razão da residência do credor da obrigação de alimentos.

O Estado que tiver feito esta reserva não poderá pretender que a Convenção seja aplicada às decisões proferidas pelas suas autoridades, quando estas teriam sido competentes em razão da residência do credor da obrigação alimentar.

ARTIGO 19º

A presente Convenção terá a duração de cinco anos a partir da data indicada no artigo 16º, alínea 1, mesmo para os Estados que a tenham ratificado ou a ela tenham aderido posteriormente.

A Convenção será considerada prorrogada tacitamente por períodos de cinco anos, salvo denúncia.

A denúncia deverá ser notificada, pelo menos seis meses antes da expiração do prazo, ao Ministério dos Negócios Estrangeiros dos Países Baixos, que dela dará conhecimento a todos os Estados contratantes.

A denúncia poderá ser limitada aos territórios ou a alguns dos territórios indicados numa notificação feita em conformidade com o artigo 14º, alínea 2.

A denúncia só produzirá efeito em relação ao Estado que a tiver notificado. A Convenção continuará em vigor em relação aos outros Estados contratantes.

Em fé do que os abaixo assinados, devidamente autorizados, assinaram a presente Convenção.

Feita na Haia em 15 de Abril de 1958, num só exemplar, que será depositado nos arquivos do Governo dos Países Baixos, e do qual será enviada cópia autêntica a cada um dos Estados representados na 8ª Sessão da Conferência da Haia do Direito Internacional Privado, pela via diplomática, assim como aos Estados que ulteriormente aderirem.

Convenção Sobre a Lei Aplicável às Obrigações Alimentares

Decreto nº 339/75, de 2 de julho

Usando da faculdade conferida pelo artigo 16º, nº 1, 3º, da Lei Constitucional nº 3/ /74, de 14 de Maio, o Governo decreta o seguinte:

ARTIGO ÚNICO

É aprovada para ratificação a Convenção sobre a Lei Aplicável às Obrigações Alimentares, concluída na Haia em 2 de Outubro de 1973, cujo texto original em francês e respectiva tradução para português vão anexos ao presente decreto.

Visto e aprovado em Conselho de Ministros. – *Vasco dos Santos Gonçalves* – *Francisco Salgado Zenha* – *Ernesto Augusto de Melo Antunes*.

Assinado em 16 de Junho de 1975.

Publique-se.

O Presidente da República, FRANCISCO DA COSTA GOMES.

Convenção Sobre a Lei Aplicável às Obrigações Alimentares

Os Estados signatários da presente Convenção, Desejando estabelecer disposições comuns relativas à lei aplicável às obrigações alimentares referentes a adultos,

Desejando coordenar estas disposições e as da Convenção de 24 de Outubro de 1956 sobre a lei aplicável às obrigações alimentares referentes a menores,

Resolveram celebrar, para este efeito, uma Convenção e acordaram nas disposições seguintes:

CAPÍTULO I
Campo de aplicação da Convenção

ARTIGO 1º

A presente Convenção é aplicável às obrigações alimentares provenientes de relações de família, de parentesco, de casamento ou de afinidade, incluindo as obrigações alimentares relativas a um filho ilegítimo.

ARTIGO 2º

A Convenção regula apenas os conflitos de leis em matéria de obrigações alimentares.

As decisões proferidas em aplicação da Convenção não podem apreciar a existência de qualquer das relações referidas no artigo 1º.

ARTIGO 3º

A lei designada pela Convenção é aplicável independentemente de qualquer condição de reciprocidade, mesmo se se tratar da lei de um Estado não contratante.

CAPÍTULO II
Lei aplicável

ARTIGO 4º

A lei interna da residência habitual do credor de alimentos rege as obrigações alimentares referidas no artigo 1º.

No caso de mudança da residência habitual do credor, a lei interna da nova residência habitual é aplicável a partir do momento em que tenha ocorrido a mudança.

ARTIGO 5º

A lei nacional comum é aplicável quando o credor não pode obter alimentos do devedor em virtude da lei referida no artigo 4º.

ARTIGO 6º

A lei interna da autoridade requerida é aplicável quando o credor não pode obter alimentos do devedor em virtude das leis referidas nos artigos 4º e 5º.

ARTIGO 7º

Nas relações alimentares entre colaterais e afins, o devedor pode opor à pretensão do credor a falta de obrigação para com ele ao abrigo da lei nacional comum ou, caso não tenham a mesma nacionalidade, ao abrigo da lei interna da residência habitual do devedor.

ARTIGO 8º

Por derrogação dos artigos 4º e 6º, a lei aplicada ao divórcio rege, no Estado contratante em que este foi decretado ou reconhecido, as obrigações alimentares entre cônjuges divorciados e a revisão das decisões relativas a essas obrigações.

O parágrafo precedente é igualmente aplicável aos casos de separação de pessoas e bens, de nulidade ou de anulação de casamento.

ARTIGO 9º

O direito de uma instituição pública obter o reembolso da prestação paga ao credor está sujeito à lei que rege a instituição.

ARTIGO 10º

A lei aplicável à obrigação alimentar determina nomeadamente:

1. Se, em que medida e de quem o credor pode reclamar alimentos;

2. A quem é permitido intentar a acção alimentar e quais são os prazos para a propor;

3. Os limites da obrigação do devedor, quando a instituição pública que prestou alimentos ao credor pede o reembolso dessa prestação.

ARTIGO 11º

A aplicação da lei designada pela Convenção só pode ser recusada se for manifestamente incompatível com a ordem pública.

Todavia, mesmo que a lei aplicável disponha de outro modo, devem ser tomadas em consideração as necessidades do credor e os recursos do devedor, na determinação do montante da prestação alimentar.

CAPÍTULO III
Disposições diversas

ARTIGO 12º

A Convenção não é aplicável aos alimentos reclamados num Estado contratante no período anterior à sua entrada em vigor nesse Estado.

ARTIGO 13º

Qualquer Estado contratante poderá, em conformidade com o artigo 24º, reservar-se o direito de só aplicar a Convenção às obrigações alimentares:

1. Entre cônjuges e ex-cônjuges;
2. Relativas a uma pessoa com menos de 21 anos de idade e que não tenha sido casada.

ARTIGO 14º

Qualquer Estado contratante poderá, em conformidade com o artigo 24º, reservar-se o direito de não aplicar a Convenção às obrigações alimentares:

1. Entre colaterais;
2. Entre afins;
3. Entre cônjuges divorciados, separados de pessoas e bens ou cujo casamento tenha sido declarado nulo ou anulado, desde que a decisão de divórcio, de separação, de nulidade ou de anulação tenha sido proferida à revelia num Estado onde a parte revel não tinha a sua residência habitual.

ARTIGO 15º

Qualquer Estado contratante poderá, em conformidade com o artigo 24º, fazer uma reserva nos termos da qual as suas autoridades aplicarão a sua lei interna quando o credor e o devedor tiverem a nacionalidade desse Estado e o devedor aí residir habitualmente.

ARTIGO 16º

Se se dever tomar em consideração a lei de um Estado que, em matéria de obrigações alimentares, tenha dois ou mais sistemas de direito de aplicação territorial ou pessoal – como no caso de referência à lei da residência habitual do credor ou do devedor ou à lei nacional comum –, haverá lugar à aplicação do sistema designado pelas regras em vigor nesse Estado, ou, na falta delas, do sistema com o qual os interessados tiverem laços mais estreitos.

ARTIGO 17º

Um Estado contratante em que diferentes unidades territoriais tenham as suas próprias regras de direito em matéria de obrigações alimentares não é obrigado a aplicar a Convenção aos conflitos de leis relativos unicamente às suas unidades territoriais.

ARTIGO 18º

Esta Convenção substitui, nas relações entre os Estados que nela são Partes, a Convenção sobre a Lei Aplicável às Obrigações Alimentares Relativas a Menores, celebrada na Haia, a 24 de Outubro de 1956.

Todavia, o parágrafo anterior não é aplicável ao Estado que, por meio da reserva prevista no artigo 13º, tenha excluído a aplicação da presente Convenção às obrigações alimentares relativas a uma pessoa com menos de 21 anos de idade e que não tenha sido casada.

ARTIGO 19º

A Convenção não afecta qualquer instrumento internacional de que um Estado contratante é ou venha a ser Parte e que contenha disposições sobre as matérias reguladas pela presente Convenção.

CAPÍTULO IV
Disposições finais

ARTIGO 20º

A Convenção fica aberta à assinatura dos Estados que eram membros da Conferência da Haia de Direito Internacional Privado quando da sua 12ª sessão. Será ratificada, aceite ou aprovada e os instrumentos de ratificação, de aceitação ou de aprovação serão depositados no Ministério dos Negócios Estrangeiros dos Países Baixos.

ARTIGO 21º

Qualquer Estado que só se tenha tornado Membro da Conferência depois da sua 12ª sessão, ou que pertença à Organização das Nações Unidas ou a uma instituição especializada desta ou que seja Parte do Estatuto do Tribunal Internacional de Justiça poderá aderir à presente Convenção depois da sua entrada em vigor, nos termos do primeiro parágrafo do artigo 25º.

O instrumento de adesão será depositado no Ministério dos Negócios Estrangeiros dos Países Baixos.

ARTIGO 22º

Qualquer Estado, no momento da assinatura, da ratificação, da aprovação, da aceitação ou da adesão, poderá declarar que a Convenção se estenderá ao conjunto dos territórios que representa no plano internacional, ou a um ou vários de entre eles. Esta declaração produzirá efeito no momento da entrada em vigor da Convenção para o dito Estado.

Posteriormente, qualquer extensão desta natureza será notificada ao Ministério dos Negócios Estrangeiros dos Países Baixos.

ARTIGO 23º

Qualquer Estado contratante que compreenda duas ou várias unidades territoriais onde sejam aplicáveis diferentes sitemas de direito, em matéria de obrigações alimentares, poderá, no momento da assinatura, da ratificação, da aceitação, da aprovação ou da adesão, declarar que a presente Convenção se estenderá a todas essas unidades territoriais ou somente a uma ou a várias de entre elas e poderá a todo o tempo modificar esta declaração fazendo outra.

Estas declarações serão notificadas ao Ministério dos Negócios Estrangeiros dos Países Baixos e indicarão expressamente a unidade territorial à qual a Convenção é aplicável.

ARTIGO 24º

Qualquer Estado poderá, o mais tardar até ao momento da ratificação, da aceitação, da aprovação ou da adesão, fazer uma ou várias das reservas previstas nos artigos 13º a 15º Nenhuma outra reserva será admitida.

Quaquer Estado poderá igualmente, ao modificar uma extensão ao abrigo do artigo 22º, fazer uma ou mais dessas reservas, com efeitos limitados a todos ou a alguns dos territórios visados pela extensão.

Qualquer Estado contratante poderá, a todo o tempo, retirar uma reserva que tenha feito. Esta retirada será notificada ao Ministério dos Negócios Estrangeiros dos Países Baixos.

O efeito da reserva cessará no primeiro dia do terceiro mês do calendário após a notificação mencionada no parágrafo precedente.

ARTIGO 25º

A Convenção entrará em vigor no primeiro dia do terceiro mês do calendário após o depósito do terceiro instrumento de ratificação, de aceitação ou de aprovação previsto no artigo 20º.

Depois, a Convenção entrará em vigor:

Para cada Estado signatário que a ratifique, aceite ou aprove posteriormente, no primeiro dia do terceiro mês do calendário depois do depósito do seu instrumento de ratificação, de aceitação ou de aprovação;

Para qualquer Estado aderente, no primeiro dia do terceiro mês do calendário após o depósito do seu instrumento de adesão;

Para os territórios aos quais a Convenção tenha sido tornada extensiva ao abrigo do artigo 22º, no primeiro dia do terceiro mês do calendário após a notificação referida nesse artigo.

ARTIGO 26º

A Convenção terá uma duração de cinco anos a partir da data da sua entrada em vigor, nos termos do primeiro parágrafo do artigo 25º, mesmo para os Estados que a tiverem posteriormente ratificado, aceitado ou aprovado ou que a ela tiverem aderido.

A Convenção será renovada tacitamente de cinco em cinco anos, salvo denúncia.

A denúncia será notificada ao Ministério dos Negócios Estrangeiros dos Países Baixos, pelo menos seis meses antes de expirado o prazo de cinco anos. Poderá ser limitada a certos territórios aos quais a Convenção seja aplicável.

A denúncia só produzirá efeito em relação ao Estado que a tenha notificado. A Convenção permanecerá em vigor para os outros Estados contratantes.

ARTIGO 27º

O Ministério dos Negócios Estrangeiros dos Países Baixos notificará aos Estados Membros da Conferência, assim como aos Estados que tiverem aderido em conformidade com as disposições do artigo 21º:

1. As assinaturas, ratificações, aceitações e aprovações referidas no artigo 20º;
2. A data em que a presente Convenção entrará em vigor em conformidade com as disposições do artigo 25º;
3. As adesões referidas ao artigo 21º e a data em que produzirão efeito;
4. As extensões referidas no artigo 22º e a data em que produzirão efeito;
5. As declarações mencionadas no artigo 23º, assim como as suas modificações, e a data em que essas declarações e modificações produzirão efeito;
6. As denúncias referidas no artigo 26º;
7. As reservas previstas nos artigos 13º a 15º e 24º e a retirada das reservas previstas no artigo 24º.

Em fé do que os abaixo assinados, devidamente autorizados, assinaram a presente Convenção.

Feita na Haia, a 2 de Outubro de 1973, em francês e em inglês, fazendo os dois textos igualmente fé, num único exemplar, que será depositado nos arquivos do Governo dos Países Baixos e do qual será remetida uma cópia autenticada, pela via diplomática, a cada um dos Estados Membros da Conferência da Haia de Direito Internacional Privado, quando da sua 12ª sessão.

Convenção sobre o Reconhecimento e Execução de Decisões Relativas a Obrigações Alimentares

Decreto nº 338/75, de 2 de julho

Usando da faculdade conferida pelo artigo 16º, nº 1, 3º, da Lei Constitucional nº 3/74, de 14 de Maio, o Governo decreta o seguinte:

ARTIGO ÚNICO

É aprovada para ratificação a Convenção sobre o Reconhecimento e Execução das Decisões Relativas às Obrigações Alimentares, concluída na Haia em 2 de Outubro de 1973, cujo texto original em francês e respectiva tradução para português vão anexos ao presente decreto.

Visto e aprovado em Conselho de Ministros. – *Vasco dos Santos Gonçalves* – *Francisco Salgado Zenha* – *Ernesto Augusto de Melo Antunes.*

Assinado em 16 de Junho de 1975.

Publique-se.

O Presidente da República, FRANCISCO DA COSTA GOMES.

Convenção sobre o Reconhecimento e Execução de Decisões Relativas a Obrigações Alimentares

Os Estados signatários da presente Convenção, Desejando estabelecer disposições comuns para regulamentar o reconhecimento e execução recíprocos de decisões relativas a obrigações alimentares referentes a adultos,

Desejando coordenar estas disposições e as da Convenção de 15 de Abril de 1958 sobre o reconhecimento e execução de decisões em matéria de obrigações alimentares referentes a menores,

Resolveram celebrar para esse efeito uma Convenção e acordaram nas seguintes disposições:

CAPÍTULO I
Campo de aplicação da Convenção

ARTIGO 1º

A presente Convenção é aplicável às decisões em matéria de obrigações alimentares provenientes de relações de família, de parentesco, de casamento ou de afinidade, incluindo as obrigações alimentares para com um filho ilegítimo, proferidas pelas autoridades judiciais ou administrativas de um Estado contratante entre:

1. Um credor e um devedor de alimentos; ou
2. Um devedor de alimentos e uma instituição pública que reclame o reembolso de prestação paga a um credor de alimentos.

É igualmente aplicável às transacções celebradas sobre esta matéria perante essas autoridades e entre essas pessoas.

ARTIGO 2º

A Convenção é aplicável às decisões e transacções, seja qual for a sua denominação.

É igualmente aplicável às decisões ou transacções que modifiquem decisão ou transacção anterior, mesmo no caso de esta provir de um Estado não contratante.

É aplicável independentemente do carácter internacional ou interno do pedido de alimentos e seja qual for a nacionalidade ou a residência habitual das partes.

ARTIGO 3º

Se a decisão ou a transacção não respeitar apenas a uma obrigação alimentar, o efeito da Convenção ficará limitado a esta última.

CAPÍTULO II

Condições para o reconhecimento e execução das decisões

ARTIGO 4º

Uma decisão proferida num Estado deve ser reconhecida ou declarada executória noutro Estado contratante:

1. Se tiver sido proferida por uma autoridade considerada competente segundo os artigos 7º ou 8º; e
2. Se não puder já ser sujeita a recurso ordinário no Estado de origem. As decisões provisoriamente executórias e as medidas provisórias são, embora susceptíveis de recurso ordinário, reconhecidas ou declaradas executórias no Estado requerido, se semelhantes decisões aí puderem ser proferidas e executadas.

ARTIGO 5º

O reconhecimento ou a execução de decisão podem, contudo, ser recusados:

1. Se o reconhecimento ou a execução da decisão for manifestamente incompatível com a ordem pública do Estado requerido; ou
2. Se a decisão resultar de fraude cometida no processo; ou
3. Se existir litígio pendente entre as mesmas partes e com o mesmo objecto instaurado em primeiro lugar perante uma autoridade do Estado requerido; ou
4. Se a decisão for incompatível com outra proferida entre as mesmas partes e sobre a mesma matéria, quer no Estado requerido, quer noutro Estado, desde que, neste último caso, ele reúna as condições necessárias para o seu reconhecimento e execução no Estado requerido.

ARTIGO 6º

Sem prejuízo do disposto no artigo 5º, uma decisão proferida à revelia só é reconhecida ou declarada executória se a petição inicial, contendo os elementos essenciais do pedido, foi dada a conhecer à parte revel nos termos previstos na lei do Estado de origem e se, atendendo às circunstâncias, essa parte dispôs de prazo suficiente para apresentar a sua defesa.

ARTIGO 7º

A autoridade do Estado de origem é considerada competente no sentido da Convenção:

1. Se o devedor ou o credor de alimentos tinha a sua residência habitual no Estado de origem, quando da instauração do processo; ou
2. Se o devedor e o credor de alimentos tinham a nacionalidade do Estado de origem, quando da instauração do processo; ou
3. Se o demandado se submeteu à competência daquela autoridade, quer expressamente, quer ao defender-se sobre o mérito da causa sem reservas quanto à competência.

ARTIGO 8º

Sem prejuízo do disposto no artigo 7º, as autoridades de um Estado contratante que tenham proferido decisão sobre um pedido de alimentos são consideradas como competentes para os efeitos da Convenção, se esses alimentos são devidos por motivo de divórcio, de separação de pessoas e bens, de anulação ou de nulidade do casamento, decretados por autoridade daquele Estado reconhecida como competente nessa matéria pela lei do Estado requerido.

ARTIGO 9º

A autoridade do Estado requerido fica vinculada aos factos sobre os quais a autoridade do Estado de origem tenha baseado a sua competência.

ARTIGO 10º

Se a decisão abranger vários pontos do pedido de alimentos e se o reconhecimento ou a execução não puderem ser concedidos para o todo, a autoridade do Estado requerido aplicará a Convenção à parte da decisão que puder ser reconhecida ou declarada executória.

ARTIGO 11º

Sempre que a decisão tiver estipulado a prestação de alimentos através de pagamentos periódicos, a execução será concedida tanto para os pagamentos vencidos como para os vincendos.

ARTIGO 12º

A autoridade do Estado requerido não procederá a exame sobre o mérito da decisão, a não ser que a Convenção disponha de outro modo.

CAPÍTULO III
Processo para o reconhecimento e execução das decisões

ARTIGO 13º

O processo para o reconhecimento ou execução da decisão é regulamentado pelo direito do Estado requerido, a não ser que a Convenção disponha de outro modo.

ARTIGO 14º

Pode sempre pedir-se o reconhecimento ou a execução parcial de uma decisão.

ARTIGO 15º

O credor de alimentos que, no Estado de origem, tenha beneficiado, no todo ou em parte, de assistência judiciária ou de isenção das custas e despesas beneficia, em qualquer processo de reconhecimento ou de execução, da assistência mais favorável ou da mais ampla isenção prevista pelo direito do Estado requerido.

ARTIGO 16º

Não pode exigir-se qualquer caução ou depósito, seja sob que denominação for, para garantir o pagamento de custas e despesas nos processos a que se refere a Convenção.

ARTIGO 17º

A parte que pretende o reconhecimento ou a execução de uma decisão deve apresentar:

1. Cópia integral da decisão devidamente autenticada;
2. Documento comprovativo de que a decisão não pode já ser objecto de recurso ordinário no Estado de origem e, quando necessário, que é executória;
3. Se se tratar de decisão proferida à revelia, o original ou cópia autenticada do documento comprovativo de que a petição inicial, contendo os elementos essenciais do pedido, foi regularmente dada a conhecer à parte revel nos termos previstos na lei do Estado de origem;
4. Se for caso disso, documento comprovativo da obtenção de assistência judiciária ou de isenção de custas e despesas no Estado de origem;
5. Salvo dispensa da autoridade do Estado requerido, tradução autenticada dos documentos acima indicados.

Na falta dos documentos acima mencionados ou se o conteúdo da decisão não permitir à autoridade do Estado requerido certificar-se de que foram cumpridas as condições da Convenção, esta autoridade concederá um prazo para a apresentação de todos os documentos necessários.

Não é exigível qualquer legalização ou formalidade análoga.

CAPÍTULO IV
Disposições complementares relativas às instituições públicas

ARTIGO 18º

A decisão proferida contra um devedor de alimentos a pedido de uma instituição pública que requer o reembolso de prestações pagas ao credor de alimentos é reconhecida e declarada executória, de acordo com a Convenção:

1. Se esse reembolso pode ser obtido por essa instituição, segundo a lei que a rege; e
2. Se a existência de uma obrigação alimentar entre o credor e o devedor é prevista pela lei interna designada pelo direito internacional privado do Estado requerido.

ARTIGO 19º

Uma instituição pública pode, na medida das prestações pagas ao credor, requerer o reconhecimento ou a execução de uma decisão proferida entre o credor e o devedor de alimentos se, de acordo com a lei que a rege, está habilitada de pleno direito a invocar o reconhecimento ou a requerer a execução da decisão em lugar do credor.

ARTIGO 20º

Sem prejuízo do disposto no artigo 17º, a instituição pública que requeira o reconhecimento ou a execução deve apresentar documento comprovativo de que satisfaz as condições previstas no artigo 18º, nº 1, ou no artigo 19º e de que as prestações foram pagas ao credor de alimentos.

CAPÍTULO V
Transacções

ARTIGO 21º

As transacções executórias no Estado de origem são reconhecidas e declaradas executórias nas mesmas condições que as decisões, na medida em que estas condições lhes sejam aplicáveis.

CAPÍTULO VI
Disposições diversas

ARTIGO 22º

Os Estados contratantes cuja lei imponha restrições a transferências de fundos concederão a maior prioridade às transferências de fundos destinados ao pagamento de alimentos ou de custas e despesas respeitantes a qualquer processo abrangido pela Convenção.

ARTIGO 23º

A Convenção não obsta a que outro instrumento internacional em vigor entre o Estado de origem e o Estado requerido ou o direito não convencional do Estado requerido sejam invocados para se obter o reconhecimento ou a execução de uma decisão ou de uma transacção.

ARTIGO 24º

A Convenção é aplicável independentemente da data em que tenha sido proferida a decisão.

Quando a decisão tiver sido proferida antes da entrada em vigor da Convenção entre o Estado de origem e o Estado requerido, só será declarada executória neste último Estado para efeito de pagamentos a realizar depois de tal entrada em vigor.

ARTIGO 25º

Qualquer Estado contratante pode, a todo o tempo, declarar que as disposições da Convenção serão extensivas, nas suas relações com os Estados que tiverem feito a mesma declaração, a todo o acto autêntico, emitido por ou perante uma autoridade ou oficial público, válido e executório no Estado de origem, na medida em que estas disposições puderem ser aplicadas a esses actos.

ARTIGO 26º

Qualquer Estado contratante poderá, em conformidade com o artigo 34º, reservar-se o direito de não reconhecer nem declarar executórias:

1. As decisões e transacções referentes aos alimentos devidos no período posterior ao casamento ou ao vigésimo primeiro aniversário do credor por um devedor que não seja cônjuge ou ex-cônjuge do credor;
2. As decisões e transacções em matéria de obrigações alimentares:

a) Entre colaterais;
b) Entre afins;

3. As decisões e acordos que não prevejam a prestação de alimentos por meio de pagamentos periódicos.

Nenhum Estado contratante que tiver feito uma reserva poderá pretender a aplicação da Convenção às decisões e acordos excluídos por essa reserva.

ARTIGO 27º

Se um Estado contratante tiver, em matéria de obrigações alimentares, dois ou mais sistemas de direito aplicáveis a diferentes categorias de pessoas, qualquer referência à lei desse Estado visará o sistema jurídico que a sua lei designar como aplicável a uma categoria particular de pessoas.

ARTIGO 28º

Se um Estado contratante compreender duas ou mais unidades territoriais, nas quais são aplicáveis diferentes sistemas de direito, no que diz respeito ao reconhecimento e execução de decisões em matéria de obrigações alimentares:

1. Qualquer referência à lei, ao processo ou à autoridade do Estado de origem refere-se à lei, processo ou autoridade da unidade territorial na qual foi proferida a decisão;
2. Qualquer referência à lei, ao processo ou à autoridade do Estado requerido refere-se à lei, processo ou autoridade da unidade territorial onde é invocado o reconhecimento ou a execução;
3. Qualquer referência feita, na aplicação dos nºs 1 e 2, quer à lei ou ao processo do Estado de origem, quer à lei ou ao processo do Estado requerido deve ser interpretada como compreendendo todas as regras e princípios legais próprios do Estado contratante que se apliquem às unidades territoriais que o constituem;
4. Qualquer referência à residência habitual do credor ou do devedor de alimentos no Estado de origem diz respeito à sua residência habitual na unidade territorial onde foi proferida a decisão.

Qualquer Estado contratante pode, a todo o tempo, declarar que não aplicará uma ou várias destas regras a uma ou várias disposições da Convenção.

ARTIGO 29º

A presente Convenção substitui, no que diz respeito às relações entre os Estados que nela são Partes, a Convenção Relativa ao Reconhecimento e Execução de Decisões em Matéria de Obrigações Alimentares Referentes a Menores, celebrada na Haia a 15 de Abril de 1958.

CAPÍTULO VII
Disposições finais

ARTIGO 30º

A Convenção fica aberta à assinatura dos Estados que eram membros da Conferência da Haia de Direito Internacional Privado, quando da sua 12ª sessão. Será ratificada, aceite ou aprovada e os instrumentos de ratificação, de aceitação ou de aprovação serão depositados no Ministério dos Negócios Estrangeiros dos Países Baixos.

ARTIGO 31º

Qualquer Estado que só se tenha tornado membro da Conferência depois da 12ª sessão, ou que pertença à Organização das Nações Unidas ou a uma instituição especializada desta, ou que seja Parte do Estatuto do Tribunal Internacional de Justiça poderá aderir à presente Convenção após a sua entrada em vigor, nos termos do artigo 35º, parágrafo 1º.

O instrumento de adesão será depositado no Ministério dos Negócios Estrangeiros dos Países Baixos.

A adesão só terá efeito nas relações entre o Estado aderente e os Estados contratantes que não tiverem levantado objecção à sua adesão nos doze meses após a recepção da notificação prevista no nº 3 do artigo 37º Tal objecção poderá igualmente ser levantada por qualquer Estado membro quando da ratificação, aceitação ou aprovação da Convenção posterior à adesão. Estas objecções serão notificadas ao Ministério dos Negócios Estrangeiros dos Países Baixos.

ARTIGO 32º

Qualquer Estado, no momento da assinatura, da ratificação, da aprovação, da aceitação ou da adesão, poderá declarar que a Convenção se estenderá ao conjunto dos territórios que representa no plano internacional ou a um ou vários de entre eles. Esta declaração produzirá efeito no momento da entrada em vigor da Convenção para o dito Estado.

Posteriormente, qualquer extensão desta natureza será notificada ao Ministério dos Negócios Estrangeiros dos Países Baixos.

A extensão produzirá efeito nas relações entre os Estados contratantes que nos doze meses depois da recepção da notificação prevista no artigo 37º, nº 4, não tiverem levantado objecção à extensão e o território ou os territórios cujas relações internacionais forem asseguradas pelo Estado em questão e para o qual ou os quais tiver sido feita a notificação.

Tal objecção poderá igualmente ser levantada por qualquer Estado membro quando da ratificação, aceitação ou aprovação posteriores à extensão.

Estas objecções serão notificadas ao Ministério dos Negócios Estrangeiros dos Países Baixos.

ARTIGO 33º

Qualquer Estado contratante que compreenda duas ou várias unidades territoriais nas quais sejam aplicáveis diferentes sistemas de direito, no que diz respeito ao reconhecimento e execução de decisões em matéria de obrigações alimentares, poderá, quando da assinatura, da ratificação, da aceitação, da aprovação ou da adesão, declarar que a presente Convenção se estenderá a todas essas unidades territoriais ou somente a uma ou várias delas e poderá, em qualquer altura, modificar essa declaração, fazendo uma outra.

Estas declarações serão notificadas ao Ministério dos Negócios Estrangeiros dos Países Baixos e indicarão expressamente a unidade territorial à qual é aplicável a Convenção.

Os outros Estados contratantes poderão recusar-se a reconhecer uma decisão em matéria de obrigações alimentares se, na data em que o reconhecimento é invocado, a Convenção não for aplicável à unidade territorial onde a decisão tenha sido obtida.

ARTIGO 34º

Qualquer Estado poderá, o mais tardar até ao momento da ratificação, da aceitação, da aprovação ou da adesão, fazer uma ou várias das reservas previstas no artigo 26º Nenhuma outra reserva será permitida.

Qualquer Estado poderá igualmente, ao notificar uma extensão da Convenção em conformidade com o artigo 32º, fazer uma ou várias dessas reservas com efeito limitado aos territórios ou a certos dos territórios visados pela extensão.

Qualquer Estado contratante poderá, em qualquer altura, retirar uma reserva que tiver feito. Esta retirada será notificada ao Ministério dos Negócios Estrangeiros dos Países Baixos.

O efeito da reserva cessará no primeiro dia do terceiro mês do calendário depois da notificação mencionada na alínea precedente.

ARTIGO 35º

A Convenção entrará em vigor no primeiro dia do terceiro mês do calendário após o depósito do terceiro instrumento de ratificação, de aceitação ou de aprovação previsto no artigo 30º.

Depois, a Convenção entrará em vigor:

1. Para cada Estado signatário que a ratifique, aceite ou aprove posteriormente, no primeiro dia do terceiro mês do calendário após o depósito do seu instrumento de ratificação, de aceitação ou de aprovação.
2. Para qualquer Estado aderente, no primeiro dia do terceiro mês do calendário após o termo do prazo referido no artigo 31º;
3. Para os territórios aos quais a Convenção tenha sido tornada extensiva em conformidade com o artigo 32º, no primeiro dia do terceiro mês do calendário após o termo do prazo referido no dito artigo.

ARTIGO 36º

A Convenção terá uma duração de cinco anos a partir da data da sua entrada em vigor, em conformidade com o parágrafo primeiro do artigo 35º, mesmo para os Estados que a tiverem posteriormente ratificado, aceitado ou aprovado ou que a ela tiverem aderido.

A Convenção será renovada tacitamente de cinco em cinco anos, salvo denúncia.

A denúncia será notificada ao Ministério dos Negócios Estrangeiros dos Países Baixos pelo menos seis meses antes do termo do prazo de cinco anos. Poderá limitar-se a certos dos territórios aos quais a Convenção se aplica.

A denúncia só produzirá efeito relativamente ao Estado que a tenha notificado. A Convenção permanecerá em vigor para os outros Estados contratantes.

ARTIGO 37º

O Ministério dos Negócios Estrangeiros dos Países Baixos notificará aos Estados membros da Conferência, assim como aos Estados que tenham aderido em conformidade com as disposições do artigo 31º:

1. As assinaturas, ratificações, aceitações e aprovações referidas no artigo 30º;
2. A data em que a presente Convenção entrará em vigor, em conformidade com as disposições do artigo 35º;
3. As adesões referidas no artigo 31º e a data em que produzirão efeito;
4. As extensões referidas no artigo 32º e a data em que produzirão efeito;
5. As objecções às adesões e extensões mencionadas nos artigos 31º e 32º;
6. As declarações mencionadas nos artigos 25º e 32º;
7. As denúncias referidas no artigo 36º;
8. As reservas previstas nos artigos 26º e 34º.

Em fé do que, os abaixo assinados, devidamente autorizados, assinaram a presente Convenção.

Feita na Haia, em 2 de Outubro de 1973, em francês e inglês, fazendo os dois textos igualmente fé, num único exemplar, que será depositado nos arquivos do Governo dos Países Baixos e do qual será remetida uma cópia autenticada, pela via diplomática, a cada um dos Estados membros da Conferência da Haia de Direito Internacional Privado, quando da sua 12ª sessão.

VI. Guarda de Menores

Convenção Europeia sobre o Reconhecimento e a Execução das Decisões Relativas à Guarda de Menores e sobre o Restabelecimento da Guarda de Menores

Decreto nº 136/82, de 21 de dezembro

O Governo decreta, nos termos da alínea *c*) do artigo 200º da Constituição, o seguinte:

ARTIGO ÚNICO

É aprovada para ratificação a Convenção Europeia sobre o Reconhecimento e a Execução das Decisões Relativas à Guarda de Menores e sobre o Restabelecimento da Guarda de Menores, cujo texto, em português e francês, é publicado em anexo ao presente diploma.

Visto e aprovado em Conselho de Ministros de 28 de Outubro de 1982. – *Francisco José Pereira Pinto Balsemão.*

Assinado em 25 de Novembro de 1982.

Publique-se.

O Presidente da República, ANTÓNIO RAMALHO EANES.

Convenção Europeia sobre o Reconhecimento e a Execução das Decisões Relativas à Guarda de Menores e sobre o Restabelecimento da Guarda de Menores

Os Estados membros do Conselho da Europa, signatários da presente Convenção,
Reconhecendo que nos Estados membros do Conselho da Europa a consideração do interesse do menor é de uma importância fundamental em matéria de decisões relativas à sua guarda;

Considerando que a instituição de medidas destinadas a facilitar o reconhecimento e a execução das decisões referentes à guarda de um menor terá como consequência garantir uma melhor protecção do interesse dos menores;

Considerando desejável, para tal, salientar que o direito de visita dos pais é o corolário normal do direito de guarda;

Constatando o número crescente de casos em que os menores foram ilicitamente deslocados por uma fronteira internacional e as dificuldades encontradas para resolver de forma adequada os problemas suscitados por esses casos;

Desejando introduzir disposições apropriadas que permitam o restabelecimento da guarda dos menores quando essa guarda tenha sido arbitrariamente interrompida;

Convencidos da oportunidade de adoptar, para esse efeito, medidas adaptadas às diferentes necessidades e circunstâncias;

Desejando estabelecer relações de cooperação judiciária entre as respectivas autoridades,

acordaram no que segue:

ARTIGO 1º

Para os fins da presente Convenção, entende-se por:

a) «Menor», uma pessoa, qualquer que seja a sua nacionalidade, desde que não tenha atingido ainda a idade de 16 anos e que não goze do direito de fixar ela própria a sua residência segundo a lei da sua residência habitual ou da sua nacionalidade, ou segundo a lei interna do Estado requerido;

b) «Autoridade», qualquer autoridade judiciária ou administrativa;

c) «Decisão relativa à guarda», qualquer decisão de uma autoridade na medida em que estatua sobre os cuidados a dispensar à pessoa do menor, incluindo o direito de fixar a sua residência, assim como o direito de visita;

d) «Deslocação ilícita», a deslocação de um menor através de uma fronteira internacional em violação de decisão relativa à sua guarda proferida num Estado contratante e executória nesse mesmo Estado; considera-se também uma deslocação ilícita:

i) A não entrega de um menor através de uma fronteira internacional, terminado o período do exercício de um direito de visita relativo a esse menor, ou no fim de qualquer outra estada temporária em território diverso daquele em que a guarda é exercida;

ii) A deslocação posteriormente declarada ilícita ao abrigo do artigo 12º.

TÍTULO I
Autoridades centrais

ARTIGO 2º

1 – Cada Estado contratante designará uma autoridade central, que exercerá as funções previstas na presente Convenção.

2 – Os Estados deferais e os Estados onde estejam em vigor vários sistemas legais têm a faculdade de designar várias autoridades centrais, cujas competências eles determinam.

3 – Qualquer designação feita ao abrigo do presente artigo deve ser notificada ao Secretário-Geral do Conselho da Europa.

ARTIGO 3º

1 – As autoridades centrais dos Estados contratantes devem cooperar entre si e promover uma actuação concertada entre as autoridades competentes dos seus países respectivos. Devem agir com toda a diligência necessária.

2 – Com vista a facilitar a aplicação da presente Convenção, as autoridades centrais dos Estados contratantes:

a) Assegurarão a transmissão dos pedidos de informação emanando das autoridades competentes e que respeitem a questões de direito ou de facto relativas a processos em curso;

b) Comunicarão reciprocamente, a seu pedido, informações sobre o direito respeitante à guarda de menores e sua evolução;

c) Manter-se-ão mutuamente informadas das dificuldades que possam suscitar-se na aplicação da Convenção e empenhar-se-ão, na medida do possível, em eliminar os obstáculos à sua aplicação.

ARTIGO 4º

1 – Qualquer pessoa que tenha obtido num Estado contratante uma decisão rela-

tiva à guarda de um menor e que deseje obter noutro Estado contratante o reconhecimento ou a execução dessa decisão pode dirigir-se, para esse efeito, através de requerimento, à autoridade central de qualquer Estado contratante.

2 – O requerimento deve ser acompanhado dos documentos mencionados no artigo 13º.

3 – A autoridade central demandada, quando não seja a autoridade central do Estado requerido, transmitirá os documentos a esta última directamente e sem demora.

4 – A autoridade central demandada pode recusar a sua intervenção quando seja manifesto que não se encontram preenchidas as condições requeridas pela presente Convenção.

5 – A autoridade central demandada informará, sem demora, o requerente do seguimento dado ao seu pedido.

ARTIGO 5º

1 – A autoridade central do Estado requerido tomará ou fará tomar, com a maior brevidade, todas as medidas que julgar apropriadas, incumbindo, se necessário, as suas autoridades competentes de:

a) Descobrir o paradeiro do menor;

b) Evitar, especialmente pelas medidas provisórias necessárias, que os interesses do menor ou do requerente sejam lesados;

c) Assegurar o reconhecimento ou a execução da decisão;

d) Assegurar a entrega do menor ao requerente quando seja concedida a execução da decisão;

e) Informar a autoridade requerente das medidas tomadas e do seu seguimento.

2 – Quando a autoridade central do Estado requerido tiver razões para crer que o menor se encontra no território de outro Estado contratante, transmitirá os documentos à autoridade central desse Estado, directamente e sem demora.

3 – Exceptuando as despesas de repatriamento, os Estados contratantes comprometem-se a não exigir do requerente qualquer pagamento pelas medidas tomadas nos termos do nº 1 do presente artigo pelas suas autoridades centrais, incluindo as custas judiciais e, eventualmente, as despesas resultantes da assistência de um advogado.

4 – Se o reconhecimento ou a execução forem recusados e se a autoridade central do Estado requerido considerar que deve dar seguimento ao pedido do requerente no sentido de intentar nesse Estado uma acção quanto à matéria de fundo, essa autoridade deverá providenciar para que seja assegurada a representação do requerente no processo em condições não menos favoráveis do que aquelas de que pode beneficiar uma pessoa residente e nacional desse Estado e, para esse efeito, poderá, nomeadamente, solicitar a colaboração das suas autoridades competentes.

ARTIGO 6º

1 – Sem prejuízo dos acordos particulares concluídos entre as autoridades centrais interessadas e do disposto no nº 3 do presente artigo:

a) As comunicações dirigidas à autoridade central do Estado requerido serão redigidas na língua ou numa das línguas oficiais desse Estado ou acompanhadas de uma tradução nessa língua;

b) A autoridade central do Estado requerido deve, no entanto, aceitar as comunicações redigidas em língua francesa ou inglesa ou acompanhadas de uma tradução numa destas línguas.

2 – As comunicações emanando da autoridade central do Estado requerido, incluindo os resultados dos inquéritos efectuados, podem ser redigidas na língua ou numa das línguas oficiais desse Estado ou em francês ou inglês.

3 – Qualquer Estado contratante pode excluir a aplicação total ou parcial do disposto no nº 1, alínea *b*), do presente artigo. Sempre que um Estado contratante tiver feito essa reserva, qualquer outro Estado contratante pode igualmente aplicá-la relativamente a esse Estado.

TÍTULO II
Reconhecimento e execução das decisões e restabelecimento da guarda de menores

ARTIGO 7º

As decisões relativas à guarda proferidas num Estado contratante são reconhecidas e, se forem executórias no Estado de origem, são postas em execução em qualquer outro Estado contratante.

ARTIGO 8º

1 – Em caso de deslocação ilícita, a autoridade central do Estado requerido mandará proceder imediatamente à restituição do menor:

a) Se no momento da propositura da acção no Estado em que a decisão foi proferida ou na data da deslocação ilícita, caso esta tenha ocorrido anteriormente, o menor e os seus pais tinham unicamente a nacionalidade desse Estado e o menor tinha a sua residência habitual no território desse Estado; e

b) Se o pedido de restituição tiver sido formulado a uma autoridade central num prazo de 6 meses a partir da deslocação ilícita.

2 – Se, de acordo com a lei do Estado requerido, não for possível satisfazer o disposto no nº 1 do presente artigo sem a intervenção de uma autoridade judiciária, nenhum dos fundamentos de recusa previstos na presente Convenção será aplicável ao processo judicial.

3 – Se for celebrado um acordo homologado por uma autoridade competente entre a pessoa a quem o menor foi confiado e uma outra, no sentido de ser concedido a esta um direito de visita, e se, expirado o prazo acordado, o menor, tendo sido levado para o estrangeiro, não tiver sido restituído à pessoa que tinha a sua guarda, proceder-se-á ao restabelecimento do direito de guarda de acordo com os nºs 1, alínea *b*), e 2 do presente artigo. Do mesmo modo se procederá no caso de a decisão da autoridades competente conceder esse mesmo direito a uma pessoa que não tenha a guarda do menor.

ARTIGO 9º

1 – Nos casos de deslocação ilícita não previstos no artigo 8º e se tiver sido dirigido requerimento a uma autoridade central num prazo de 6 meses a partir da deslocação, o reconhecimento e a execução só poderão ser recusados:

a) Se, no caso de uma decisão proferida na ausência do réu ou do seu representante legal, o acto de propositura da acção ou um acto equivalente não foi comunicado ou notificado ao réu regularmente e em tempo útil para que este possa defender-se; contudo, esta falta de comunicação ou notificação não poderá constituir fundamento de recusa do reconhecimento ou da execução quando a comunicação ou notificação não tenha sido levada a efeito por o réu ter dissimulado o local onde se encontra à pessoa que moveu a acção no Estado de origem;

b) Se, no caso de uma decisão proferida na ausência do réu ou do seu representante legal, a competência da autoridade que a proferiu não se fundou:

i) Na residência habitual do réu; ou
ii) Na última residência habitual comum dos pais do menor, desde que um deles aí resida ainda habitualmente; ou
iii) Na residência habitual do menor;

c) Se a decisão for incompatível com uma decisão relativa à guarda tornada executória no Estado requerido antes da deslocação do menor, a menos que este tenha tido a sua residência habitual no território do Estado requerente no ano anterior à sua deslocação.

2 – Se não tiver sido apresentado requerimento a uma autoridade central, o disposto no nº 1 do presente artigo será igualmente aplicável quando o reconhecimento e a execução sejam pedidos num prazo de 6 meses a partir da deslocação ilícita.

3 – A decisão não poderá ser, em caso algum, objecto de exame quanto à matéria de fundo.

ARTIGO 10º

1 – Nos casos não previstos nos artigos 8º e 9º, o reconhecimento e a execução poderão ser recusados não só pelos fundamentos referidos no artigo 9º, mas ainda por um dos fundamentos seguintes:

a) Se se constatar que os efeitos da decisão são manifestamente incompatíveis com os princípios fundamentais do direito da família e de menores no Estado requerido;

b) Se se constatar que, em face da alteração das circunstâncias, incluindo o decurso do tempo, mas excluindo a mera mudança de residência do menor na sequência de uma deslocação ilícita, os efeitos da decisão inicial já não são manifestamente conformes com o interesse do menor;

c) Se, no momento da propositura da acção no Estado de origem:

i) O menor tinha a nacionalidade do Estado requerido ou a sua residência habitual nesse Estado, não existindo qualquer desses vínculos com o Estado de origem;

ii) O menor tinha simultaneamente a nacionalidade do Estado de origem e do Estado requerido e a sua residência habitual no Estado requerido;

d) Se a decisão for incompatível com uma decisão proferida no Estado requerido ou num terceiro Estado, sendo executória no Estado requerido, em consequência de um processo instaurado antes da introdução do pedido de reconhecimento ou de execução, e se a recusa for conforme com o interesse do menor.

2 – Nos mesmos casos, o processo de reconhecimento e o processo de execução podem ser suspensos por um dos fundamentos seguintes:

a) Se a decisão inicial for objecto de um recurso ordinário;

b) Se um processo relativo à guarda do menor, instaurado antes de ter sido proposta a acção no Estado de origem, estiver pendente no Estado requerido;

c) Se outra decisão relativa à guarda do menor for objecto de um processo de execução ou de qualquer outro processo relativo ao reconhecimento dessa decisão.

ARTIGO 11º

1 – As decisões sobre o direito de visita e as disposições das decisões relativas à guarda que incidam sobre o direito de visita são reconhecidas e tornadas exequíveis nas mesmas condições que as outras decisões relativas à guarda.

2 – No entanto, a autoridade competente do Estado requerido pode fixar as modalidades da execução e do exercício do direito de visita, tendo em conta, especialmente, os compromissos assumidos pelas partes a este respeito.

3 – Quando não se tenha tomado nenhuma decisão sobre o direito de visita ou se o reconhecimento ou a execução da decisão relativa à guarda for recusado, a autoridade central do Estado requerido pode incumbir as suas autoridades competentes de decidir sobre o direito de visita, a pedido da pessoa que invoque este direito.

ARTIGO 12º

Se à data em que o menor atravessar uma fronteira internacional não existir decisão executória sobre a guarda proferida num Estado contratante, o disposto na presente Convenção aplica-se a qualquer decisão posterior relativa à guarda desse menor que declare a deslocação ilícita, proferida num Estado contratante a pedido de qualquer pessoa interessada.

TÍTULO III
Processo

ARTIGO 13º

1 – O pedido tendente ao reconhecimento ou à execução, noutro Estado contratante, de uma decisão relativa à guarda deve ser acompanhado:

a) De um documento que habilite a autoridade do Estado requerido a agir em nome do requerente ou a designar, para o efeito, outro representante;

b) De uma cópia da decisão que preencha os requisitos necessários à sua autenticidade;

c) Quando se trate de uma decisão proferida na ausência do réu ou do seu representante legal, de qualquer documento comprovativo de que o acto de propositura da acção ou um acto equivalente foi devidamente comunicado ou notificado ao réu;

d) Quando necessário, de um documento comprovativo de que, segundo a lei do Estado de origem, a decisão é executória;

e) Se possível, de uma informação indicando o local onde poderá encontrar-se o menor no Estado requerido;

f) De propostas sobre as modalidades do restabelecimento da guarda do menor.

2 – Os documentos acima mencionados deverão, se necessário, ser acompanhados de tradução, de acordo com o disposto no artigo 6º.

ARTIGO 14º

Cada um dos Estados contratantes aplicará ao reconhecimento e à execução das decisões relativas à guarda um processo simples e rápido. Para o efeito, deverá assegurar que o pedido de exequatur possa ser apresentado por simples requerimento.

ARTIGO 15º

1 – Antes de estatuir sobre a aplicação do nº 1, alínea *b*), do artigo 10º, a autoridade competente do Estado requerido:

a) Deverá tomar conhecimento da opinião do menor, salvo se houver uma impossibilidade prática, atenta, especialmente, a sua idade e a sua capacidade de discernimento; e

b) Poderá solicitar que sejam efectuadas as averiguações apropriadas.

2 – Os custos das averiguações efectuadas num Estado contratante ficarão a cargo do Estado em que forem efectuadas.

3 – Os pedidos de averiguação e os respectivos resultados poderão ser dirigidos à autoridade competente por intermédio das autoridades centrais.

ARTIGO 16º

Para os efeitos da presente Convenção, não poderá ser exigida qualquer legalização ou formalidade análoga.

TÍTULO IV
Reservas

ARTIGO 17º

1 – Qualquer Estado contratante poderá formular a reserva de que, nos casos previstos nos artigos 8º e 9º ou num destes artigos, o reconhecimento e a execução das decisões relativas à guarda poderão ser recusados pelos motivos previstos no artigo 10º que forem indicados na reserva.

2 – O reconhecimento e a execução das decisões proferidas num Estado contratante que tenha feito a reserva prevista no nº 1 do presente artigo podem ser recusados em qualquer outro Estado contratante por um dos motivos adicionais indicados nessa reserva.

ARTIGO 18º

Qualquer Estado contratante poderá fazer a reserva no sentido de não se considerar vinculado pelas disposições contidas no artigo 12º As disposições da presente Convenção não se aplicam às decisões referidas no artigo 12º que tenham sido proferidas num Estado contratante que tenha feito essa reserva.

TÍTULO V
Outros instrumentos

ARTIGO 19º

A presente Convenção não impede que um outro instrumento internacional vinculando o Estado de origem e o Estado requerido ou o direito não convencional do Estado requerido sejam invocados para a obtenção do reconhecimento ou execução de uma decisão.

ARTIGO 20º

1 – A presente Convenção não prejudicará os compromissos que um Estado contratante possa ter em relação a um Estado não contratante, em virtude de um instrumento internacional relativo a matérias reguladas pela presente Convenção.

2 – Se dois ou mais Estados contratantes tiverem estabelecido ou vierem a estabelecer uma legislação uniforme no domínio da guarda de menores ou um sistema específico de reconhecimento ou execução das decisões neste domínio, terão a facul-

dade de aplicar entre si essa legislação ou esse sistema em vez da presente Convenção ou de parte desta. Para se prevalecerem desta disposição, esses Estados deverão notificar a sua decisão ao Secretário-Geral do Conselho da Europa. Qualquer modificação ou revogação dessa decisão deve igualmente ser notificada.

TÍTULO VI
Cláusulas finais

ARTIGO 21º

A presente Convenção fica aberta à assinatura dos Estados membros do Conselho da Europa. Será susceptível de ratificação, aceitação ou aprovação. Os instrumentos de ratificação, aceitação ou aprovação serão depositados junto do Secretário-Geral do Conselho da Europa.

ARTIGO 22º

1 – A presente Convenção entrará em vigor no primeiro dia do mês que se seguir ao termo de um período de 3 meses após a data em que três Estados membros do Conselho da Europa tenham expresso o seu consentimento em ficarem vinculados pela Convenção nos termos do disposto no artigo 21º.

2 – Para qualquer Estado membro que, posteriormente, manifeste o seu consentimento em ficar vinculado pela Convenção, esta entrará em vigor no primeiro dia do mês seguinte ao termo de um período de 3 meses após a data do depósito do instrumento de ratificação, aceitação ou aprovação.

ARTIGO 23º

1 – Após a entrada em vigor da presente Convenção, o Comité de Ministros do Conselho da Europa poderá convidar qualquer Estado não membro do Conselho a aderir à presente Convenção por uma decisão tomada pela maioria prevista no artigo 20º, alínea *d*), do Estatuto, e por unanimidade dos representantes dos Estados contratantes com direito a assento no Comité.

2 – Para os Estados aderentes, a Convenção entrará em vigor no primeiro dia do mês que se seguir ao termo de um período de 3 meses após a data do depósito do instrumento de adesão junto do Secretário-Geral do Conselho da Europa.

ARTIGO 24º

1 – Qualquer Estado poderá, no momento da assinatura ou no momento do depósito do seu instrumento de ratificação, aceitação, aprovação ou adesão, designar o território ou territórios a que se aplicará a presente Convenção.

2 – Qualquer Estado poderá, em qualquer momento posterior, mediante declaração dirigida ao Secretário-Geral do Conselho da Europa, estender a aplicação da presente Convenção a qualquer outro território designado na declaração. A Conven-

ção entrará em vigor relativamente a este território no primeiro dia do mês que se seguir ao termo de um período de 3 meses após a data de recepção da declaração pelo Secretário-Geral.

3 – Qualquer declaração feita ao abrigo dos dois números anteriores poderá ser retirada, no que se refere a qualquer território designado na declaração, mediante notificação dirigida ao Secretário-Geral. A retirada produzirá efeitos no primeiro dia do mês que se seguir ao termo de um período de 6 meses após a data de recepção da notificação pelo Secretário-Geral.

ARTIGO 25º

1 – Um Estado que compreenda duas ou mais unidades territoriais em que se apliquem diferentes sistemas jurídicos em matéria de guarda de menores e de reconhecimento e de execução de decisões relativas à guarda pode, no momento do depósito do seu instrumento de ratificação, aceitação, aprovação ou adesão, declarar que a presente Convenção se aplicará a todas essas unidades territoriais ou apenas a uma ou algumas dentre elas.

2 – Pode, em qualquer momento posterior, mediante declaração dirigida ao Secretário-Geral do Conselho da Europa, estender a aplicação da presente Convenção a qualquer outra unidade territorial designada na declaração. A Convenção entrará em vigor, relativamente a essa unidade territorial, no primeiro dia do mês que se seguir ao termo de um período de 3 meses após a data de recepção da declaração pelo Secretário-Geral.

3 – Qualquer declaração feita ao abrigo dos dois números anteriores poderá ser retirada, no que diz respeito a qualquer unidade territorial designada na declaração, mediante notificação dirigida ao Secretário-Geral. A retirada produzirá efeitos no primeiro dia do mês que se seguir ao termo de um período de 6 meses após a recepção da notificação pelo Secretário-Geral.

ARTIGO 26º

1 – Em relação a um Estado que, em matéria de guarda de menores, possua dois ou mais sistemas jurídicos de aplicação territorial:

a) A referência à lei da residência habitual ou da nacionalidade de uma pessoa deve ser entendida como referência ao sistema jurídico determinado pelas normas em vigor nesse Estado ou, na falta dessas normas, ao sistema ao qual a pessoa em questão esteja mais estreitamente vinculada;

b) A referência ao Estado de origem ou ao Estado requerido deve ser entendida, conforme o caso, como referência à unidade territorial em que a decisão foi proferida ou à unidade territorial em que o reconhecimento ou execução da decisão ou o restabelecimento da guarda é pedido.

2 – O nº 1, alínea *a*), do presente artigo aplica-se igualmente *mutatis mutandis* aos Estados que, em matéria de guarda de menores, tenham dois ou mais sistemas jurídicos de aplicação pessoal.

ARTIGO 27º

1 – Qualquer Estado poderá, no momento da assinatura ou no momento do depósito do respectivo instrumento de ratificação, aceitação, aprovação ou adesão, declarar que fará uso de uma ou várias das reservas previstas no nº 3 do artigo 6º, no artigo 17º e no artigo 18º da presente Convenção. Nenhuma outra reserva é admitida.

2 – Qualquer Estado contratante que tenha formulado uma reserva ao abrigo do número anterior poderá retirá-la, integral ou parcialmente, dirigindo uma notificação nesse sentido ao Secretário-Geral do Conselho da Europa. A retirada produzirá efeitos na data de recepção da notificação pelo Secretário-Geral.

ARTIGO 28º

No termo do terceiro ano seguinte à data de entrada em vigor da presente Convenção e, por sua iniciativa, em qualquer momento após essa data, o Secretário-Geral do Conselho da Europa convidará os representantes das autoridades centrais designadas pelos Estados contratantes a reunirem-se, a fim de estudar e facilitar o funcionamento da Convenção. Qualquer Estado membro do Conselho da Europa que não seja parte na Convenção poderá fazer-se representar por um observador. Os trabalhos de cada uma dessas reuniões serão objecto de um relatório, que será remetido ao Comité de Ministros do Conselho da Europa para informação.

ARTIGO 29º

1 – Qualquer das Partes poderá, em qualquer momento, denunciar a presente Convenção, dirigindo uma notificação ao Secretário-Geral do Conselho da Europa.

2 – A denúncia produzirá efeitos no primeiro dia do mês que se seguir ao termo de um período de 6 meses após a data de recepção da notificação pelo Secretário-Geral.

ARTIGO 30º

O Secretário-Geral do Conselho da Europa notificará os Estados membros do Conselho e os Estados que tenham aderido à presente Convenção:

a) Das assinaturas;

b) Do depósito de todos os instrumentos de ratificação, aceitação, aprovação ou adesão;

c) Das datas de entrada em vigor da presente Convenção, nos termos dos seus artigos 22º, 23º, 24º e 25º;

d) De quaisquer outros actos, notificações ou comunicações relacionados com a presente Convenção.

Em fé do que, os abaixo assinados, devidamente autorizados para o efeito, assinaram a presente Convenção.

Feita no Luxemburgo, aos 20 dias do mês de Maio de 1980, em francês e inglês, fazendo os dois textos igualmente fé, num único exemplar, que será depositado nos arquivos do Conselho da Europa. O Secretário-Geral do Conselho da Europa enviará cópias certificadas a todos os Estados membros do Conselho da Europa e a todos os Estados convidados a aderir à presente Convenção.

Convenção sobre os Aspetos Civis do Rapto Internacional de Crianças

Decreto do Governo nº 33/83, de 11 de maio

O Governo decreta, nos termos da alínea *c*) do nº 1 do artigo 200º da Constituição, o seguinte:

ARTIGO ÚNICO

É aprovada a Convenção sobre os Aspectos Civis do Rapto Internacional de Crianças, concluída na Haia em 25 de Outubro de 1980, pela Conferência da Haia de Direito Internacional Privado, cujos textos, em francês e em inglês, e sua tradução para português, vão anexos ao presente decreto.

Visto e aprovado em Conselho de Ministros de 3 de Março de 1983. – *Francisco José Pereira Pinto Balsemão – José Manuel Meneres Sampaio Pimentel – Paulo Henrique Lowndes Marques.*

Ratificado em 25 de Março de 1983.

Publique-se.

O Presidente da República, ANTÓNIO RAMALHO EANES.

Referendado em 29 de Março de 1983.

O Primeiro-Ministro, *Francisco José Pereira Pinto Balsemão.*

Convenção sobre os Aspectos Civis do Rapto Internacional de Crianças

Os Estados signatários da presente Convenção, Firmemente convictos de que os interesses da criança são de primordial importância em todas as questões relativas à sua custódia;

Desejando proteger a criança, no plano internacional, dos efeitos prejudiciais resultantes de uma mudança de domicílio ou de uma retenção ilícitas e estabelecer as formas que garantam o regresso imediato da criança ao Estado da sua residência habitual, bem como assegurar a protecção do direito de visita;

Decidiram concluir uma Convenção para esse efeito e acordaram nas seguintes disposições:

CAPÍTULO I
Âmbito da Convenção

ARTIGO 1º

A presente Convenção tem por objecto:

a) Assegurar o regresso imediato das crianças ilicitamente transferidas para qualquer Estado Contratante ou nele retidas indevidamente;

b) Fazer respeitar de maneira efectiva nos outros Estados Contratantes os direitos de custódia e de visita existentes num Estado Contratante.

ARTIGO 2º

Os Estados Contratantes deverão tomar todas as medidas convenientes que visem assegurar, nos respectivos territórios, a concretização dos objectivos da Convenção. Para o efeito, deverão recorrer a procedimentos de urgência.

ARTIGO 3º

A deslocação ou a retenção de uma criança é considerada ilícita quando:

a) Tenha sido efectivada em violação de um direito de custódia atribuído a uma pessoa ou a uma instituição ou a qualquer outro organismo, individual ou conjuntamente, pela lei do Estado onde a criança tenha a sua residência habitual imediatamente antes da sua transferência ou da sua retenção; e

b) Este direito estiver a ser exercido de maneira efectiva, individualmente ou em conjunto, no momento da transferência ou da retenção, ou o devesse estar se tais acontecimentos não tivessem ocorrido.

O direito de custódia referido na alínea *a*) pode designadamente resultar quer de uma atribuição de pleno direito, quer de uma decisão judicial ou administrativa, quer de um acordo vigente segundo o direito deste Estado.

ARTIGO 4º

A Convenção aplica-se a qualquer criança com residência habitual num Estado Contratante, imediatamente antes da violação do direito de custódia ou de visita. A aplicação da Convenção cessa quando a criança atingir a idade de 16 anos.

ARTIGO 5º

Nos termos da presente Convenção:

a) O «direito de custódia» inclui o direito relativo aos cuidados devidos à criança como pessoa, e, em particular, o direito de decidir sobre o lugar da sua residência;

b) O «direito de visita» compreende o direito de levar uma criança, por um período limitado de tempo, para um lugar diferente daquele onde ela habitualmente reside.

CAPÍTULO II
Autoridades centrais

ARTIGO 6º

Cada Estado Contratante designará uma autoridade central encarregada de dar cumprimento às obrigações que lhe são impostas pela presente Convenção.

Os Estados federais, os Estados em que vigorem vários sistemas legais ou os Estados em que existam organizações territoriais autónomas terão a liberdade de designar mais de uma autoridade central e de especificar a extensão territorial dos poderes de cada uma delas. O Estado que utilize esta faculdade deverá designar a autoridade central à qual os pedidos poderão ser dirigidos para o efeito de virem a ser transmitidos à autoridade central competente desse Estado.

ARTIGO 7º

As autoridades centrais devem cooperar entre si e promover a colaboração entre as autoridades competentes dos seus respectivos Estados, por forma a assegurar o regresso imediato das crianças e a realizar os outros objectivos da presente Convenção.

Em particular, deverão tomar, quer directamente, quer através de um intermediário, todas as medidas apropriadas para:

a) Localizar uma criança deslocada ou retida ilicitamente;

b) Evitar novos danos à criança, ou prejuízos às partes interessadas, tomando ou fazendo tomar medidas provisórias;

c) Assegurar a reposição voluntária da criança ou facilitar uma solução amigável;

d) Proceder à troca de informações relativas à situação social da criança, se isso se considerar de utilidade;

e) Fornecer informações de carácter geral respeitantes ao direito do seu Estado, relativas à aplicação da Convenção;

f) Introduzir ou favorecer a abertura de um procedimento judicial ou administrativo que vise o regresso da criança ou, concretamente, que permita a organização ou o exercício efectivo do direito de visita;

g) Acordar ou facilitar, conforme as circunstâncias, a obtenção de assistência judiciária e jurídica, incluindo a participação de um advogado;

h) Assegurar no plano administrativo, se necessário e oportuno, o regresso sem perigo da criança;

i) Manterem-se mutuamente informados sobre o funcionamento da Convenção e, tanto quanto possível, eliminarem os obstáculos que eventualmente se oponham à aplicação desta.

CAPÍTULO III
Regresso da criança

ARTIGO 8º

Qualquer pessoa, instituição ou organismo que julgue que uma criança tenha sido deslocada ou retirada em violação de um direito de custódia pode participar o facto à autoridade central da residência habitual da criança ou à autoridade central de qualquer outro Estado Contratante, para que lhe seja prestada assistência por forma a assegurar o regresso da criança.

O pedido deve conter:

a) Informação sobre a identidade do requerente, da criança e da pessoa a quem se atribua a deslocação ou a retenção da criança;

b) Se possível, a data de nascimento da criança;

c) Os motivos em que o requerente se baseia para exigir o regresso da criança;

d) Todas as informações disponíveis relativamente à localização da criança e à identidade da pessoa com a qual se encontre presumivelmente a criança.

O requerimento pode ser acompanhado ou completado por:

e) Uma cópia autenticada de qualquer decisão ou acordo considerado útil;

f) Um atestado ou uma declaração sob juramento, emitidos pela autoridade central, ou por qualquer outra entidade competente do Estado da residência habitual, ou por uma pessoa qualificada, relativa ao direito desse Estado na matéria;

g) Qualquer outro documento considerado útil.

ARTIGO 9º

Quando a autoridade central que tomou conhecimento do requerimento mencionado no artigo 8º tiver razões para acreditar que a criança se encontra num outro Estado Contratante, deverá transmiti-lo directamente e sem demora à autoridade central desse Estado Contratante e disso informará a autoridade central requerente ou, se for caso disso, o requerente.

ARTIGO 10º

A autoridade central do Estado onde a criança se encontrar deverá tomar ou mandar tomar todas as medidas apropriadas para assegurar a reposição voluntária da mesma.

ARTIGO 11º

As autoridades judiciais ou administrativas dos Estados Contratantes deverão adoptar procedimentos de urgência com vista ao regresso da criança.

Se a respectiva autoridade judicial ou administrativa não tiver tomado uma decisão no prazo de 6 semanas a contar da data da participação, o requerente ou a autoridade central do Estado requerido, por sua própria iniciativa ou a solicitação da autoridade central do Estado requerente, pode pedir uma declaração sobre as razões da demora. Se for a autoridade central do Estado requerido a receber a resposta, esta autoridade deverá transmiti-la à autoridade central do Estado requerente ou, se for necessário, ao próprio requerente.

ARTIGO 12º

Quando uma criança tenha sido ilicitamente transferida ou retida nos termos do artigo 3º e tiver decorrido um período de menos de 1 ano entre a data da deslocação ou da retenção indevidas e a data do início do processo perante a autoridade judicial ou administrativa do Estado contratante onde a criança se encontrar, a autoridade respectiva deverá ordenar o regresso imediato da criança.

A autoridade judicial ou administrativa respectiva, mesmo após a expiração do período de 1 ano referido no parágrafo anterior, deve ordenar também o regresso da criança, salvo se for provado que a criança já se encontra integrada no seu novo ambiente. Quando a autoridade judicial ou administrativa do Estado requerido tiver razões para crer que a criança tenha sido levada para um outro Estado, pode então suspender o processo ou rejeitar o pedido para o regresso da criança.

ARTIGO 13º

Sem prejuízo das disposições contidas no artigo anterior, a autoridade judicial ou administrativa do Estado requerido não é obrigada a ordenar o regresso da criança se a pessoa, instituição ou organismo que se opuser ao seu regresso provar:

a) Que a pessoa, instituição ou organismo que tinha a seu cuidado a pessoa da criança não exercia efectivamente o direito de custódia na época da transferência ou da retenção, ou que havia consentido ou concordado posteriormente com esta transferência ou retenção; ou

b) Que existe um risco grave de a criança, no seu regresso, ficar sujeita a perigos de ordem física ou psíquica, ou, de qualquer outro modo, a ficar numa situação intolerável.

A autoridade judicial ou administrativa pode também recusar-se a ordenar o regresso da criança se verificar que esta se opõe a ele e que a criança atingiu já uma idade e um grau de maturidade tais que levem a tomar em consideração as suas opiniões sobre o assunto.

Ao apreciar as circunstâncias referidas neste artigo, as autoridades judiciais ou administrativas deverão ter em consideração as informações respeitantes à situação social da criança fornecidas pela autoridade central ou por qualquer outra autoridade competente do Estado da residência habitual da criança.

ARTIGO 14º

Para determinar a existência de uma transferência ou retenção ilícitas nos termos do artigo 3º, as autoridades judiciais ou administrativas do Estado requerido poderão tomar conhecimento directo do direito e das decisões judiciais ou administrativas formalmente reconhecidas ou não no Estado da residência habitual da criança sem ter de recorrer a procedimentos específicos para prova dessa legislação ou para reconhecimento de decisões estrangeiras que seriam aplicáveis de modo diferente.

ARTIGO 15º

As autoridades judiciais ou administrativas de um Estado Contratante podem, antes de ordenar o regresso da criança, solicitar a produção pelo requerente de uma decisão ou de um atestado passado pelas autoridades do Estado da residência habitual da criança comprovando a ilicitude da transferência ou da retenção nos termos do artigo 3º da Convenção, desde que esta decisão ou essa declaração possam ser obtidas no referido Estado. As autoridades centrais dos Estados Contratantes deverão na medida do possível, auxiliar os requerentes a obter tal decisão ou atestado.

ARTIGO 16º

Depois de terem sido informadas da transferência ilícita ou da retenção de uma criança no contexto do artigo 3º, as autoridades judiciais ou administrativas do Estado Contratante para onde a criança tenha sido levada ou onde esteja retida não poderão tomar decisões sobre o fundo do direito de custódia sem que seja provado não estarem reunidas as condições previstas na presente Convenção para regresso da criança, ou sem que tiver decorrido um período razoável de tempo sem que haja sido apresentado qualquer requerimento em aplicação do prescrito pela presente Convenção.

ARTIGO 17º

O facto de ter sido tomada numa decisão relativa à custódia ou de a mesma ser passível de reconhecimento no Estado requerido não pode justificar a recusa de fazer regressar a criança nos termos desta Convenção; mas as autoridades judiciais ou administrativas do Estado requerido poderão tomar em consideração os motivos desta decisão no âmbito da aplicação da presente Convenção.

ARTIGO 18º

As disposições deste capítulo não limitam o poder das autoridades judiciais ou administrativas para ordenar o regresso da criança em qualquer momento.

ARTIGO 19º

Qualquer decisão sobre o regresso da criança, tomada ao abrigo da presente Convenção, não afecta os fundamentos do direito de custódia.

ARTIGO 20º

O regresso da criança de acordo com as disposições contidas no artigo 12º poderá ser recusado quando não for consentâneo com os princípios fundamentais do Estado requerido relativos à protecção dos direitos do homem e das liberdades fundamentais.

CAPÍTULO IV
Direito de visita

ARTIGO 21º

O pedido que vise a organização ou a protecção do exercício efectivo do direito de visita poderá ser dirigido à autoridade central de um Estado Contratante nos mesmos moldes do pedido que vise o regresso da criança.

Às autoridades centrais incumbe, de acordo com os deveres de cooperação previstos no artigo 7º, promover o exercício pacífico do direito de visita, bem como o preenchimento de todas as condições indispensáveis ao exercício deste direito. As autoridades centrais deverão providenciar no sentido de removerem, tanto quanto possível, todos os obstáculos ao exercício desse mesmo direito.

As autoridades centrais podem, quer directamente, quer através de intermediários, encetar ou favorecer o processo legal que vise organizar ou proteger o direito de visita e as condições a que o exercício deste direito poderia ficar sujeito.

CAPÍTULO V
Disposições gerais

ARTIGO 22º

Nenhuma caução ou depósito, qualquer que seja a sua denominação, poderão ser impostos para garantir o pagamento de custas e despesas relativas aos processos judiciais ou administrativos na presente Convenção.

ARTIGO 23º

Nenhuma legalização nem formalidade similar serão exigíveis no contexto da presente Convenção.

ARTIGO 24º

Os requerimentos, comunicações e outros documentos são enviados na língua original à autoridade central do Estado requerido e acompanhados de uma tradução na língua oficial ou numa das línguas oficiais deste Estado, ou, quando tal tradução for dificilmente realizável, de uma tradução em francês ou inglês.

No entanto, um Estado Contratante poderá, ao fazer a reserva prevista no artigo 42º, opor-se à utilização do francês ou do inglês em qualquer requerimento, comunicação ou outro documento enviado à respectiva autoridade central.

ARTIGO 25º

Os nacionais de um Estado Contratante e as pessoas que habitualmente residem nesse Estado terão direito, em tudo o que se relacione com a aplicação da presente Convenção, à assistência judiciária e jurídica em qualquer outro Estado Contratante nas mesmas condições dos nacionais desse outro Estado e das pessoas que nele habitualmente residam.

ARTIGO 26º

Cada autoridade central deverá suportar os encargos que resultam da aplicação da Convenção.

A autoridade central e os outros serviços públicos dos Estados Contratantes não deverão exigir o pagamento de quaisquer custas pela interposição de pedidos feitos ao abrigo da presente Convenção. Não poderão, especialmente, reclamar do requerente o pagamento de custas e de despesas efectuadas com o processo ou, eventualmente, com a participação de um advogado. Mas poderão exigir o pagamento das despesas ocasionadas pelo regresso da criança.

Todavia, qualquer Estado Contratante poderá, ao fazer a reserva prevista no artigo 42º, declarar que não se obriga ao pagamento dos encargos previstos no parágrafo anterior, referentes à participação de advogado ou de consultor jurídico ou ao pagamento das custas judiciais, excepto se esses encargos puderem ser cobertos pelo seu sistema de assistência judiciária e jurídica.

Ao ordenar o regresso da criança ou ao regular o direito de visita no quadro da presente Convenção, as autoridades judiciais ou administrativas podem, se necessário, impor à pessoa que deslocou ou que haja retido a criança ou que tenha impedido o exercício do direito de visita o pagamento de todas as despesas necessárias efectuadas pelo requerente ou em seu nome, incluindo as despesas de viagem, as efectuadas com a representação judiciária do requerente e com o regresso da criança, bem como todas as custas e despesas feitas para localizar a criança.

ARTIGO 27º

Quando for manifesto que as condições exigidas pela presente Convenção, não se encontram preenchidas ou que o pedido não tem fundamento, nenhuma autoridade central será obrigada a receber tal pedido. Em tal caso, a autoridade central informará de imediato o requerente das suas razões ou, se necessário, a autoridade central que haja remetido o pedido.

ARTIGO 28º

Qualquer autoridade central poderá exigir que o pedido seja acompanhado de uma autorização escrita dando-lhe poderes para agir em nome do requerente, ou para nomear um representante habilitado a agir em seu nome.

ARTIGO 29º

Esta Convenção, não deverá impedir qualquer pessoa, instituição ou organismo que julgue ter havido violação do direito de custódia ou de visita, nos termos dos artigos 3º ou 21º, de se dirigir directamente às autoridades judiciais ou administrativas de qualquer dos Estados Contratantes, ao abrigo ou não das disposições da presente Convenção.

ARTIGO 30º

Todo o pedido apresentado às autoridades centrais ou, directamente, às autoridades judiciais ou administrativas de um Estado Contratante ao abrigo da presente Convenção, bem como qualquer documento ou informação a ele anexado ou que seja fornecido por uma autoridade central, deverão ser recebidos pelos tribunais ou pelas autoridades administrativas dos Estados Contratantes.

ARTIGO 31º

Em relação a um Estado que, em matéria de custódia da criança, possua dois ou mais sistemas de direito aplicáveis em diferentes unidades territoriais:

a) Qualquer referência à residência habitual nesse Estado significa residência habitual numa unidade territorial desse Estado;

b) Qualquer referência à lei do Estado da residência habitual corresponde à lei da unidade territorial onde a criança tenha a sua residência habitual.

ARTIGO 32º

Em relação a um Estado que, em matéria de custódia de crianças, possua dois ou vários sistemas de direito aplicáveis a diferentes categorias de pessoas, qualquer referência à lei desse Estado corresponde a uma referência ao sistema legal definido pelo direito desse Estado.

ARTIGO 33º

Um Estado cujas diferentes unidades territoriais tenham as suas próprias regras de direito em matéria de custódia de crianças não será obrigado a aplicar a presente Convenção quando um outro Estado com um sistema de direito unificado não se tenha obrigado a aplicá-lo.

ARTIGO 34º

Nas matérias às quais se aplique a presente Convenção, esta prevalecerá sobre a Convenção de 5 de Outubro de 1961 Relativa à Competência das Autoridades e à Lei Aplicável em Matéria de Protecção de Menores entre os Estados partes nas duas Convenções. Por outro lado, a presente Convenção não impedirá que outro instrumento internacional vigore entre o Estado de origem e o Estado requerido, nem que o direito não convencional do Estado requerido seja invocado para obter o regresso de uma criança que tenha sido ilicitamente deslocada ou retida, ou para organizar o direito de visita.

ARTIGO 35º

Nos Estados Contratantes, a presente Convenção apenas se aplica às transferências ou às retenções ilícitas que tenham ocorrido depois da sua entrada em vigor nesses Estados. Se, em conformidade com os artigos 39º ou 40º, tiver sido feita a declaração neles prevista, a referência a um Estado Contratante feita no parágrafo anterior corresponde à referência à unidade ou às unidades territoriais às quais a Convenção se aplica.

ARTIGO 36º

Nada haverá na presente Convenção que possa impedir que dois ou vários Estados Contratantes, para limitarem as restrições a que pode estar sujeito o regresso da criança, estabeleçam entre si um acordo para derrogarem as disposições que possam implicar tais restrições.

CAPÍTULO VI
Cláusulas finais

ARTIGO 37º

A Convenção é aberta à assinatura dos Estados que eram membros da Conferência da Haia de Direito Internacional Privado à data da sua 14ª sessão.

A Convenção será ratificada, aceite ou aprovada e os instrumentos de ratificação, de aceitação ou de aprovação serão depositados junto do Ministério dos Negócios Estrangeiros do Reino dos Países Baixos.

ARTIGO 38º

Qualquer outro Estado poderá aderir à Convenção.

O instrumento de adesão será depositado junto do Ministério dos Negócios Estrangeiros do Reino dos Países Baixos.

A Convenção entrará em vigor para o Estado aderente no primeiro dia do terceiro mês do calendário após o depósito do respectivo instrumento de adesão.

A adesão apenas produzirá efeito nas relações entre o Estado aderente e os Estados Contratantes que tenham declarado aceitar essa adesão. Esta declaração deverá ser igualmente feita por qualquer Estado membro que ratifique, aceite ou aprove a Convenção após tal adesão. Esta declaração será depositada junto do Ministério dos Negócios Estrangeiros do Reino dos Países Baixos, que, por via diplomática, enviará uma cópia autenticada a cada um dos Estados Contratantes.

A Convenção entrará em vigor entre o Estado aderente e o Estado que tenha declarado aceitar essa adesão no primeiro dia do terceiro mês do calendário após o depósito da declaração de aceitação.

ARTIGO 39º

Qualquer Estado poderá, no momento da assinatura, da ratificação, da aceitação, da aprovação ou da adesão, declarar que a Convenção será extensiva ao conjunto dos territórios que internacionalmente ele representa ou apenas a um ou a vários de entre eles.

Esta declaração produzirá efeito no momento em que a Convenção entrar em vigor para esse Estado.

A mesma declaração, bem como qualquer extensão posterior, será notificada ao Ministério dos Negócios Estrangeiros do Reino dos Países Baixos.

ARTIGO 40º

O Estado Contratante que compreenda duas ou várias unidades territoriais onde se apliquem diferentes sistemas de direito às matérias reguladas pela presente Convenção poderá declarar, no momento da assinatura, da ratificação, da aceitação, da aprovação ou da adesão, que a presente Convenção se aplicará a todas as suas unidades territoriais ou somente a uma ou a várias de entre elas, e poderá, em qualquer momento, modificar essa declaração apresentando outra em sua substituição.

Essas declarações serão notificadas ao Ministério dos Negócios Estrangeiros do Reino dos Países Baixos, mencionando expressamente as unidades territoriais às quais a Convenção se aplicará.

ARTIGO 41º

Quando um Estado Contratante possuir um sistema de governo em virtude do qual os poderes executivo, judiciário e legislativo são partilhados entre as autoridades centrais e outras autoridades desse Estado, a assinatura, a ratificação, a aceitação ou a aprovação da Convenção, ou adesão a esta, ou a declaração feita nos termos do artigo 40º, não trarão qualquer consequência quanto à partilha interna de poderes nesse Estado.

ARTIGO 42º

Qualquer Estado Contratante poderá, até ao momento da ratificação, da aceitação, da aprovação ou da adesão, ou até à data da declaração feita nos termos dos artigos 39º ou 40º, fazer uma ou as duas reservas previstas nos artigos 24º e 26º, terceiro parágrafo. Nenhuma outra reserva será admitida.

Qualquer Estado poderá, a todo o momento, retirar uma reserva que haja feito. Esta retirada será notificada ao Ministério dos Negócios Estrangeiros do Reino dos Países Baixos. O efeito da reserva cessará no primeiro dia do terceiro mês do calendário após a notificação mencionada no parágrafo anterior.

ARTIGO 43º

A Convenção entrará em vigor no primeiro dia do terceiro mês do calendário após o depósito do terceiro instrumento de ratificação, aceitação, aprovação ou adesão previsto nos artigos 37º e 38º.

Em seguida, a Convenção entrará em vigor:

1) Para cada Estado que a ratifique, aceite, aprove ou a ela adira posteriormente, no primeiro dia do terceiro mês do calendário após o depósito do respectivo instrumento de ratificação, aceitação, aprovação ou adesão;

2) Para os territórios ou unidades territoriais onde a Convenção tenha sido tornada extensiva nos termos dos artigos 39º ou 40º, no primeiro dia do terceiro mês do calendário após a notificação prevista nestes artigos.

ARTIGO 44º

A Convenção terá uma duração de 5 anos a partir da data da sua entrada em vigor, em conformidade com o primeiro parágrafo do artigo 43º, mesmo para os Estados que posteriormente a tenham ratificado, aceite, aprovado ou a ela aderido.

A Convenção será tacitamente renovada de 5 em 5 anos, salvo denúncia.

A denúncia será notificada ao Ministério dos Negócios Estrangeiros do Reino dos Países Baixos pelo menos 6 meses antes de ter expirado o período de 5 anos. A denúncia poderá limitar-se a certos territórios ou unidades territoriais onde a Convenção vigore.

A denúncia só produzirá efeito em relação ao Estado que a tenha notificado. A Convenção permanecerá em vigor em relação aos outros Estados Contratantes.

ARTIGO 45º

O Ministério dos Negócios Estrangeiros do Reino dos Países Baixos notificará os membros da Conferência, bem como os Estados que tenham aderido, em conformidade com as disposições contidas no artigo 38º:

1) Das assinaturas, ratificações, aceitações e aprovações previstas no artigo 37º;
2) Das adesões previstas no artigo 38º;
3) Da data em que a Convenção entrar em vigor, de acordo com o artigo 43º;
4) Das extensões visadas pelo artigo 39º;
5) Das declarações mencionadas nos artigos 38º e 40º;
6) Das reservas previstas nos artigos 24º e 26º, terceiro parágrafo, e da retirada das reservas previstas no artigo 42º;
7) Das denúncias previstas no artigo 44º.

Em fé do que, os abaixo assinados, devidamente autorizados, assinaram a presente Convenção.

Feita na Haia, em 25 de Outubro de 1980, em francês e em inglês, fazendo ambos os textos igualmente fé, num único exemplar, que será depositado nos arquivos do Governo do Reino dos Países Baixos e do qual será remetida, por via diplomática, uma cópia certificada conforme a cada um dos Estados Membros da Conferência da Haia de Direito Internacional Privado à data da sua 14ª sessão.

ÍNDICE ANALÍTICO DO REGIME GERAL DO PROCESSO TUTELAR CÍVEL

ÍNDICE ANALÍTICO DA LEI TUTELAR EDUCATIVA

ÍNDICE ANALÍTICO DA LEI DE PROTEÇÃO DE CRIANÇAS E JOVENS EM PERIGO

ÍNDICE-SUMÁRIO

III. PROTEÇÃO DE MENORES

VI. GUARDA DE MENORES

SUMÁRIO

I. PROCESSO TUTELAR CÍVEL

II. LEI TUTELAR EDUCATIVA

III. PROTEÇÃO DE MENORES